特殊地质条件下公路隧道灾害防控关键技术研究及应用

富志鹏 李博融 韩常领 等 著

科学出版社

北京

内 容 简 介

本书以海南省五指山—海棠湾高速公路工程五指山特长隧道项目、湖北省武十高铁十堰北站—武当山站城市快速路项目以及青海省国道 310 线循化—隆务峡段公路项目等复杂地质环境下的公路隧道为工程背景，采用数值模拟、理论分析、现场监测和工程应用等手段，对复杂地质条件下公路隧道灾害防控技术问题开展了系统深入的研究。本书主要针对隧道断层破碎带突涌水、岩爆、砂卵石地层及层状软岩中隧道工程稳定性等问题，分别阐述了复杂地质条件下超长、超大跨度公路隧道动态力学响应特性及其对应的灾害防控关键技术与施工方法。本书主要内容包括：绪论、不良地质体与隧道地质灾害、隧道断层破碎带突涌水灾害防控技术研究、隧道岩爆防控技术研究、松散砂卵层隧道开挖施工技术研究、超大跨度软岩公路隧道致灾动力机制与超大跨度层状软岩公路隧道施工控制技术研究。

本书可作为从事隧道或隧道工程研究、勘察、设计、施工技术人员和从事相关技术工作的管理人员、高等院校研究生的参考书。

图书在版编目（CIP）数据

特殊地质条件下公路隧道灾害防控关键技术研究及应用 ／ 富志鹏等著. —北京：科学出版社，2024.3
ISBN 978-7-03-077566-5

Ⅰ.①特… Ⅱ.①富… Ⅲ.①公路隧道—灾害防治 Ⅳ.①U459.2

中国国家版本馆 CIP 数据核字（2024）第 013819 号

责任编辑：王 运 张梦雪 ／ 责任校对：何艳萍
责任印制：肖 兴 ／ 封面设计：北京图阅盛世

科 学 出 版 社 出版
北京东黄城根北街 16 号
邮政编码：100717
http://www.sciencep.com

北京华宇信诺印刷有限公司印刷
科学出版社发行 各地新华书店经销

*

2024 年 3 月第 一 版　开本：787×1092　1/16
2024 年 3 月第一次印刷　印张：16 1/4
字数：385 000
定价：218.00 元
（如有印装质量问题，我社负责调换）

本书作者名单

富志鹏　李博融　韩常领

刘　慧　刘　智

前 言

按照国家"十四五"规划和"一带一路"倡议，我国重点基础设施建设将向西部地区倾斜，推动加快完善铁路、公路骨架网络等工程建设，众多长隧道、大隧道和水电站等相继投入建设。随着我国公路隧道设计、施工技术的飞速发展，目前已成为世界上隧道数量最多、建设规模最大、发展速度最快的国家。"多、长、大、深"是隧道发展的总趋势，所遇到的隧道工程地质条件也越来越复杂。

隧道的设计、施工等各个方面无不受地质条件的制约。在隧道施工过程中，由于开挖而诱发的各类地质灾害具有不可选择性、复杂性、特殊性及突发性，常常成为制约隧道修建的主要因素，尤其是在我国西部山区，工程地质分布极为复杂。现有的测试手段仍不能全面、准确地掌握复杂地质环境下隧道工程的地质分布情况，因此，在隧道工程建设中时常出现预料不到的大规模塌方、冒顶、涌水等工程事故，轻则影响工程进度、损失国家财产，重则造成人员伤亡，产生恶劣的负面社会效应，而且此类事故处理难度大。因此，开展特殊地质条件下公路隧道灾害防控关键技术研究及应用对隧道工程建设具有重要的意义。

21世纪是隧道工程和地下工程大发展的世纪。目前，虽然从大量工程实践中获得了复杂地质条件下隧道设计与施工的成功经验，但由于隧道围岩是复杂地质体的产物，不同的区域、不同的地质条件对不同的设计与施工工法提出了不同的要求。而且针对错综复杂的地质条件与千变万化的隧道工程施工灾害尚缺乏针对性强、施工工艺完善、处治效果显著的技术措施，因此，非常有必要深入系统地开展针对特殊地质条件下公路隧道灾害防控技术的研究，为实践工程施工可能出现的灾害提供经济合理的预防与处治方案，确保施工安全。

本书的内容是作者负责的陕西省交通运输重大科技项目（2015-11K）、西藏自治区科学技术厅重点研发与转化计划（XZ201801-GB-07）、陕西省创新能力支撑计划项目（交通基础设施健康保障创新团队，2022TD-16）、国家自然科学基金（42277172）、陕西省科学技术厅重点研发计划项目（2024SF-YBXM-626）的部分研究成果。在此，对西藏自治区科学技术厅、陕西省交通运输厅、国家自然科学基金委员会、陕西省科学技术厅的资助表示衷心的感谢。

本书的内容包括7章：第1章是绪论；第2章介绍了隧道工程中遇到的不良地质体及隧道地质灾害类型；第3章介绍了隧道断层破碎带突涌水灾害防控技术；第4章开展了隧道岩爆理论研究，提出了隧道岩爆防控技术；第5章基于颗粒流的砂卵层围岩-结构力学机理，针对松散砂卵层隧道工程，开展了砂卵石隧道施工监测及变形受力分析，提出了砂卵石隧道预加固技术和防坍塌控制技术；第6章开展了超大跨度软岩公路隧道致灾动力机制研究，在考虑应变软化特性的前提下，得到了超大跨度软岩隧道开挖理论解析，提出了超大跨度公路隧道施工失稳破坏致灾机制和超大跨度公路隧道施工风险防控技术；第7章分析了超大跨度层状软岩隧道变形影响因素，对超大跨度层状软岩公路隧道施工控制技术进行了研究，提出了超大跨度软岩隧道围岩稳定性控制基准和稳定性控制技术。

第1章由富志鹏、李博融、韩常领撰写；第2章由李博融、刘智、董长松撰写；第3章由刘慧、富志鹏、韩常领撰写；第4章由李博融、刘慧、刘智撰写；第5章由李博融、刘慧、梁博撰写；第6章由富志鹏、李博融、刘智撰写；第7章由李博融、梁博、富志鹏撰写。

本书的理论及国内外研究现状部分介绍了国内外同行的研究成果，文后虽然列出了许多文献，但是难免挂一漏万。在此，对所有被引用内容的作者表示感谢。

吴涛教授级高级工程师、董长松教授级高级工程师、赵力国教授级高级工程师、曹升亮高级工程师、李震高级工程师、王磊副教授、魏尧高级工程师、田俊峰博士等直接参与了项目的研究工作。潘振兴博士、戴昕悦博士、刘梦洁博士、王润祺硕士、朱闽楷硕士、韩森磊硕士、王迪硕士等进行了书稿的校核。

需要指出的是，关于特殊地质条件下公路隧道灾害防控技术的研究仍需大量的实践工程验证。本书的成果只是初步的，加之作者水平有限，书中难免存在错误和疏漏，敬请读者批评指正。

作　者

2024年2月

目 录

前言
1 绪论 ·· 1
   1.1 隧道工程发展历程 ··· 2
   1.2 隧道开挖地质灾害问题 ·· 4
   1.3 复杂地质条件下隧道灾害研究现状 ··· 5
   1.4 公路隧道工程建设现状 ·· 10
   参考文献 ·· 12
2 不良地质体与隧道地质灾害 ·· 15
   2.1 断层及其破碎带 ··· 15
   2.2 节理密集发育破碎岩体 ·· 16
   2.3 岩溶 ··· 17
   2.4 软岩与含水体 ·· 20
   参考文献 ·· 22
3 隧道断层破碎带突涌水灾害防控技术研究 ··· 24
   3.1 突涌水灾害等级评价及影响因素分析 ··· 24
   3.2 断层破碎带隧道涌水量预测 ··· 39
   3.3 隧道突涌水灾害风险分级及应对措施研究 ·································· 65
   3.4 断层破碎带注浆堵水关键技术研究 ·· 76
   3.5 断层破碎带隧道突涌水灾害分析案例 ··· 87
   参考文献 ·· 92
4 隧道岩爆防控技术研究 ··· 95
   4.1 岩爆基本理论 ·· 95
   4.2 现代系统科学和非线性理论在岩爆研究中的应用 ························· 97
   4.3 岩爆预测模型 ·· 98
   4.4 岩爆特性试验研究 ·· 102
   4.5 五指山隧道岩爆外在影响因素分析 ·· 111

  4.6 岩爆防治措施研究 ·· 132
  参考文献 ··· 138

5 松散砂卵层隧道开挖施工技术研究 ··· 141
  5.1 基于颗粒流的砂卵层围岩-结构力学机理 ·· 141
  5.2 砂卵石隧道预加固技术研究 ··· 155
  5.3 砂卵石隧道施工监测及变形受力分析 ·· 159
  5.4 砂卵石隧道防坍塌控制技术研究 ··· 167
  5.5 公伯峡砂卵石隧道实践应用 ··· 175
  参考文献 ··· 176

6 超大跨度软岩公路隧道致灾动力机制 ··· 178
  6.1 超大跨度软岩地层中隧道工程特性分析 ·· 178
  6.2 超大跨度公路隧道施工动态力学响应特性研究 ······································· 178
  6.3 模型建立及参数确定 ·· 179
  6.4 超大跨公路隧道围岩压力及变形规律分析 ·· 183
  6.5 考虑应变软化特性的超大跨度软岩隧道开挖理论解析 ··························· 186
  6.6 超大跨度公路隧道施工致灾机制研究 ·· 190
  6.7 超大跨度公路隧道施工致灾因子分析 ·· 193
  6.8 超大跨度公路隧道施工失稳破坏致灾机制分析 ······································· 197
  6.9 超大跨度公路隧道施工风险防控技术 ·· 209
  参考文献 ··· 213

7 超大跨度层状软岩公路隧道施工控制技术研究 ··· 215
  7.1 层状软岩隧道非对称支护技术 ·· 215
  7.2 工程概况 ··· 216
  7.3 超大跨度层状软岩隧道变形影响因素分析 ·· 218
  7.4 超大跨度软岩隧道围岩稳定性控制基准 ·· 224
  7.5 超大跨度软岩隧道稳定性控制技术 ··· 227
  7.6 超大跨度公路隧道施工控制技术 ··· 249
  参考文献 ··· 251

1 绪 论

十九大报告提出了将我国发展成为交通强国的重要目标，交通领域的发展将成为经济社会发展的重中之重，公路隧道因其特有的优势成为重要的公路交通基础设施之一。我国公路建设发展迅速（图 1-1），公路通车里程居世界第一，截至 2022 年底，我国公路通车里程为 535.48 万 km，公路养护里程达 535.03 万 km，占公路总里程比重 99.9%。目前，全国公路隧道共 24850 处，2678.43 万 m，其中特长隧道 1752 处、795.11 万 m，长隧道 6715 处、1172.82 万 m。

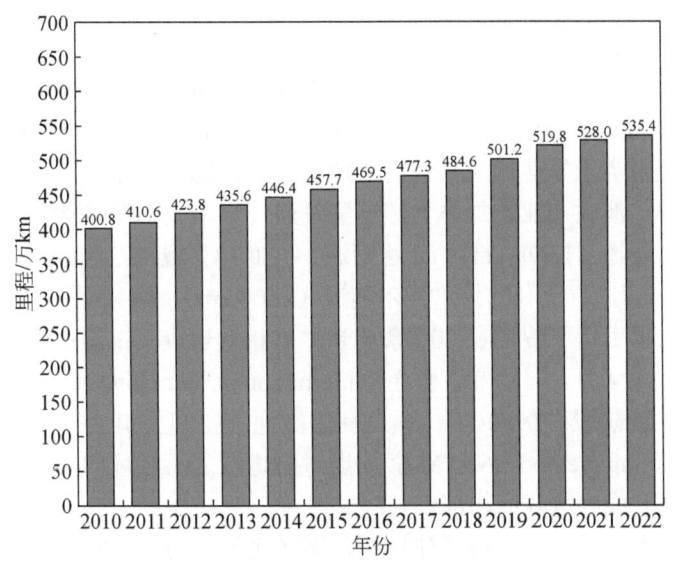

图 1-1 2010~2022 年中国公路隧道里程统计

随着我国公路隧道设计、施工技术的飞速发展，隧道工程数量、长度、施工跨度以及埋深逐年增加，同时遇到的隧道工程地质条件也越来越复杂。由于隧道工程是隐蔽工程，非均质、不连续、复杂的不良工程地质条件给隧道设计和施工带来了很大的盲目性，从而使隧道工程建设中经常出现大规模塌方、冒顶、涌水、岩爆等工程事故，轻则影响施工、损坏施工机械、增加工程造价、损失国家财产，重则造成人员伤亡，且事故发生后的处理工作难度大，会产生极大的负面社会效应。

目前，隧道工程灾害与防治研究已成为隧道工程建设的关键科学与技术问题，系统地开展复杂不良地质条件下公路隧道建设中的灾害防治机理及施工技术研究具有广泛的应用背景及重要的实践工程意义。

1.1 隧道工程发展历程

隧道工程是人类文明发展的产物，其发展与国民经济的发展息息相关，受制于当代科学技术水平，又反映了人类社会的新需求。随着大工业生产的兴起与发展，隧道工程建设首先在欧洲兴起。随后美国、日本、南非、澳大利亚也相继发展，之后大批发展中国家在与经济发展相适应的情况下陆续发展隧道工程，中南美洲各国、中国与东南亚各国也逐渐兴起。

隧道工程建设最早始于欧洲，以挪威、瑞士、奥地利、法国、荷兰、德国、瑞典、英国、意大利最为显著。1826年，历史上第一条马拉式铁路隧道——法国的泰尔努瓦（Terrenoir）隧道通车；1836年，世界上第一条机械化铁路隧道——英国的基尔斯比山（Kilsby Ridge）隧道建成。19世纪末到第一次世界大战期间，铁路隧道大量地在英国、意大利、法国、德国、奥地利、俄国、挪威等国家修建。随着欧洲能源的短缺，地下水电站、水工隧道相继建设，挪威、西班牙、意大利、法国等国家于1930~1940年及1959~1960年出现两次建设高潮。在全世界800多座地下水电站中，仅挪威就占有200多座。20世纪50年代中期至70年代中期，是世界上发达国家高速公路隧道及城市地下铁路建设的高峰期。欧洲各国、美国、日本、南非、澳大利亚、加拿大等迅猛发展，如瑞士的圣哥达隧道（16.285 km）、奥地利的阿尔贝格隧道（13.98 km）、芬达隧道、波斯拉克隧道，法国与意大利之间的弗雷儒斯隧道（13.98 km），意大利的佛尔托尔隧道（1600 km）、格兰-萨索隧道（10000 km），以及南非的莱索引水工程（隧道长200余千米）等相继建成。中国在此期间完成了北京地铁一期工程。1974年4月，国际隧道协会（International Tunnelling Association，ITA）成立，隧道工程发展进入新阶段。1980年，奥地利国家地下空间委员会提出隧道建设的新奥法（new Austrian tunneling method，NATM），即通过隧道围岩承载环的主动作用使硐室周围的围岩（岩体或土体）成为承载结构部件。

随着经济与技术的发展，出现了建设长距离海底隧道的需求和可能。日本建造了穿越津轻海峡的青函海底隧道（54 km）；英法联合完成了横穿英吉利海峡的海底大隧道（3条线路总长156km）的建设；挪威建造的伦法斯特海底公路隧道，最大埋深达223 m，为目前世界上最深的海底隧道；丹麦建造了大贝尔特海峡隧道。目前世界上最长的公路隧道为瑞士的圣哥达公路隧道，全长约为57 km。日本经济发展的需求与较为复杂的地质条件促使其隧道技术快速发展，尤其是软土、软岩隧道技术在国际上处于领先地位，截止到2021年全世界已建设的29座长20 km以上的铁路隧道中，日本占5座。在过去的10年中，挪威的隧道工程建设以每年100~200 km的速度递增，在其西南部的斯塔万格（Stavanger）附近的洪斯峡湾（Hongsfjord）将建设世界上第一座悬浮隧道。

在国际城市，如伦敦、巴黎、开罗、阿姆斯特丹、法兰克福、纽约、慕尼黑、莫斯科、北京、上海、广州等先后完善城市地下铁路体系，其中，在闹市区及对环境要求极为严格的地区，如高层建筑下、名胜古迹下、河道下，安设管道的微型隧道迅速发展起来。微型隧道是小型隧道暗挖技术，开挖直径为25~300 cm，一次开挖长度可达600 m，能适应各种地质条件，具有快速、精确、经济、安全的特点，且可完全采用遥测、遥控自动化操作。

近年来,该项技术发展极为迅速,仅在日本就有3000多家企业从事微型隧道的开挖和管道铺设工作。

当前隧道建造技术得到前所未有的发展,近年来,成功修建的世界上较长的窄轨铁路隧道有瑞士的弗卡(Furka)隧道(15.4 km)、德国的兰德吕肯(Landrucken)双线铁路隧道(10.78 km)、意大利的蓬泰加尔代纳(Ponte Gardena)双线铁路隧道(13.2 km)、俄罗斯的北穆单线铁路隧道(15.3 km)、加拿大的麦克唐纳(Marc Donald)单线铁路隧道(14.6 km)、中国西安的安康秦岭铁路隧道(18.46 km)等,这些工程促进了地下工程开挖技术的发展。从总的技术研究水平而言,日本处于世界领先地位,欧洲国家次之,北美则处于相对落后的状态。

我国的隧道工程起步较晚,1887年在台北至基隆开挖了第一条铁路隧道,长261.4 m,采用明挖法施工。1890年开挖了兴安隧道,长3077.2 m。新中国成立前共开挖铁路隧道238条,总长89 km。新中国成立后至20世纪80年代初飞速发展,尤其是"八五"期间,隧道建设突飞猛进,20世纪80年代建设的总延长相当于之前建设的总和。截至1984年,我国已修建铁路隧道3900多条,总延长2500 km以上。近十年我国运营的隧道共4588座,总长度已超过2260 km,其中大瑶山隧道、南岭隧道、军都山隧道、花果山隧道、秦岭隧道、二郎山隧道等相继建成,京九铁路隧道的建设技术在规划、支护、疏排水等方面的技术已接近于国际水平。秦岭隧道的建设创造了多项全国纪录:秦岭Ⅰ线长18.452 km,是我国乃至亚洲最长的标准轨距铁路单线隧道,也是国内首创采用大面积地质调绘的综合勘探方法试点,其地质预报的准确性在国内领先,国内首次应用全球定位技术(GPS)在勘测及施工阶段进行控制量测;秦岭隧道埋深超过1000 m的地段长约3.8 km,最大埋深约1600 m,属国内山岭铁路隧道之首;秦岭Ⅰ线隧道是我国首次使用TBM(掘进机)开挖的铁路隧道,月进度最高达到528.1 m,日进度最高达到40.5 m,创造了国内铁路隧道修建的最高纪录;秦岭Ⅰ线隧道模筑混凝土衬砌用模板台车施工,最高月进度达1196 m,为国内第一;秦岭Ⅱ线隧道在平行导坑施工中,实现了9 km长距离独头通风,达到国际领先水平,实现了5.8 km长距离反坡排水,创下了国内最高纪录。

随着公路建设步伐的加快,以及高速公路对线路和坡度的特殊要求,隧道已成为高速公路翻山越岭的最优方案,公路隧道的建设也得到了前所未有的发展。我国已建成的公路隧道达420座,总长约120 km,单洞最长达4706 m。青银高速公路唐山路隧道是目前亚洲最大跨度公路隧道,最大断面开挖净跨度达32 m,高19 m。当前,辽宁、山西、福建、广东、浙江、陕西、云南、贵州、西藏、四川、重庆等地区都有大量在建隧道或即将开工建设的隧道,计划修建的单洞最长隧道已达10300 m。此外,我国水电工程已建成的隧洞有400余条,总长达400多千米,包括引滦入津的黎河隧洞、引大入秦工程的盘道岭隧洞、黄河上游的龙羊峡水电站导流洞及黄河小浪底超大型综合工程隧洞群等。

近几十年来,我国已修建了总长达2000多千米的隧道工程,积累了丰富的经验,已逐渐形成了具有中国特色的隧道施工方法。自1960年上海用盾构法建造了黄浦江打浦路水底公路隧道后,1964年北京兴建地铁一期工程,1970年天津开始修建地铁,1993年北京西单地铁车站工程用"双眼镜"浅埋暗挖法修建成功,广州地铁也修建成功,我国的其他各大城市也都将城市地下交通隧道的建设提上日程。随着交通工程建设的需要,越来越多的隧道将建设在深部岩层及复杂地层中。隧道工程建设已日趋成熟，海底隧道建设也逐渐发展起来，即将建设的琼州海峡隧道将是面向21世纪的雄伟工程。

1.2 隧道开挖地质灾害问题

长期以来，隧道围岩的稳定性及安全问题是隧道工程建设过程中的重要问题。研究表明，影响隧道围岩稳定性的主控因素有：地层岩性、地质构造、原岩应力场、地下水、地质工程环境、隧道设计结构、开挖工艺方法与支护体系等。其中前五大因素为客观地质因素，后三大因素为人为因素，且受控于前五大因素。由于地质灾变而引起的隧道稳定性问题在国内屡见不鲜，据不完全统计，在我国1992年以前已建成的铁路隧道中，有五分之四在施工中发生过不同程度的涌水灾害，其中有30余座属大型涌水；在成昆线全线有427座隧道，总长341 km，施工开挖期间约有25%的隧道发生过大型塌方，93.5%的隧道发生过不同程度的水害，其中涌水量超过10000 m^3/d 的有8座，同时有多座隧道出现了塌陷、岩爆等灾害。此外，在运营期间，有约36 km的衬砌发生过病害，在10 km的整体道床中有近4.0 km的衬砌发生病害。京广线长达6.06 km的南岭隧道，总涌水量最大达81000 m^3/d，成昆线沙木拉达隧道长6.379 km，总涌水量达19550 m^3/d；穿越了地形、地质条件复杂的秦岭、大巴山、云贵高原等山区的宝成、襄渝、贵昆、川黔、湘黔、枝柳等铁路都修建了大量的隧道工程，这些隧道在建设和运营期间都发生过规模不等的塌方，许多隧道洞身也遭受偏压以及地表塌陷等地质灾害，著名的大瑶山隧道中段地表塌陷、F_9 断层上盘压碎岩段发生大量塌方和涌水，遇到0.5 m^3/s 的突水，射程达8～10 m；军都山隧道岩体破碎段施工中发生了罕见的地下泥砂石流和大量的塌方灾害；家竹箐隧道在1995年的建设中，洞内多处发生岩溶管道涌水，水量达8万 m^3/d，由于涌水发生在高洞口端无法自行流向洞口排放，曾数次淹没隧道而迫使其停工；草庵隧道是南昆线威舍—昆明段的单线隧道，在施工中地下水量增大，出现几次较大规模涌水，并伴有塌方，涌水量最大达6500 m^3/d。

公路隧道地质灾害频频发生，国内公路隧道华蓥山隧道穿越了煤层断层、石油气层、高地应力区等复杂地层，开挖中曾遭遇涌水、涌泥、瓦斯突出、断层坍塌、岩爆及大变形等地质灾害；川藏公路二郎山隧道高地应力引起的岩爆、中梁山隧道与缙云山隧道在开挖不到一年内发生较大塌方8次；已修建完成的雅砻江锦屏二级水电站，长探硐3次遇到特大型突水，PD_1 平硐3948 m处涌水时的喷水距为35～37 m，流量达0.61 m^3/s，实测水压高达5 MPa。在日本近2130 km的铁路隧道中，发生涌水灾害的也占总隧道的56%以上，涌水灾害最为严重的旧丹那隧道，于1918年开工后曾6次遇到大突水，最大的一次断层突水达3.3 m^3/s，水头压力高达1.4～4.2 MPa，贯通时总涌水量达1.68 m^3/s，涌水灾害的影响致使该隧道历时16年才建成。隧道灾害后果严重，危害巨大。由地质灾害而引起的开挖停工短则几个月，长则半年甚至几年，降低了经济效益，造成不良社会影响。而在治理此类灾害时，往往是应症式应急处理，以"不惜一切代价"作为处理原则，缺乏规律性指导，尤其是提出西部大开发战略以来，隧道工程作为交通工程、水利工程及其他相关工程的主要组成部分将发挥其越加重要的作用。我国西部地区山地、丘陵和高原面积分布范围广，地质环境复杂，不良地质条件对隧道的整个建设过程都提出了更严格的技术要求。因此，对隧道地质灾害规律的认识及防治对策的系统研究已迫在眉睫。

同时，我们也必须看到我国西部地质背景的复杂性，由于我国大地构造格局受长期地壳演化制约，也明显受控于近期的地球动力学作用，如印度板块向北漂移，并在喜马拉雅地区与欧亚板块碰撞，不仅产生了喜马拉雅山脉的巨型推掩构造体系，而且造成青藏地块的挤压隆起，以及新疆、甘肃、内蒙古外围的推挤剪切和川滇岩片的侧向滑移。可以说整个西部的地壳运动和变形的动力均来自板块的碰撞。此板块碰撞的地球动力学机制造成了我国西部独特的地壳变形和构造应力体系：以强烈挤压应力状态为主，仅在隆起区具有次生压力状态；地壳运动和构造性极强，地壳变形呈现弹塑性变形特征。如此复杂的地质环境必然决定着工程地质条件的复杂性，如何保持隧道工程的稳定性及最大可能减小其危害是摆在建设者面前的一个重大课题。在对隧道工程进行可行性论证及设计施工时，必须对工程地质环境作出系统的评价：区域地壳稳定性、工程区域岩体稳定性、隧洞围岩结构稳定性等。由此可见，认识不良地质条件分布特征、隧道开挖地质灾害产生机理及规律，并由此指导其防治对策，对于减少隧道开挖期间由地质灾变而引起的灾难性事故、保证施工人员的生命安全、保护和节约国家财产、使隧道工程能保质保量按期完成具有重大意义。

我国对重大工程的灾害与防治给予了高度重视，并于1999年11月23～25日在北京九华山庄召开了以"重大工程灾害与防治"为主题的科学论坛，指出了复杂的工程灾害和艰巨的防灾减灾任务，给中国科技工作者提出了一系列有挑战性的科学问题，迫切要求开展系统研究。考虑到中国灾害的实际情况和国际科学勘察发展的整体趋势，我国在21世纪上半叶分期分批、深入系统地开展了"重大工程灾害与防治"的研究工作。隧道工程灾害与防治是报告中的主要内容之一。隧道工程灾害与防治研究已引起人们的高度重视，因此，深入系统地研究隧道工程建设中的地质灾害规律及防治对策具有重要意义。

1.3 复杂地质条件下隧道灾害研究现状

地下岩体既是隧道工程体的对象，又是其宿体，其地质特性对隧道开挖过程中的稳定性或灾害产生的类型及规模起主要作用。影响工程体稳定性及安全性的有五大主控地质因素：地层岩性、地质构造、原岩应力场、地下水与地质工程坏境。由于不同区域地层形成的历史条件、机制不同，不同地层区域对隧道施工的影响不同。当地层条件较为简单时，产生灾害的主控因素可能只有一个或两个；当地质条件较为复杂时，五个因素则有可能起综合作用。

1. 隧道围岩力学性质研究现状

隧道开挖的直接作用对象为岩体，应加强对岩体的研究，尤其强调现场试验和监控是获得岩体参数信息的主要渠道。目前，关于围岩特性曲线一般是基于弹性论、弹塑性论及线性黏弹性论而展开的。Kiyama等（1992）根据圆形隧道的二维弹性解析，从理论上研究了围岩特性曲线与支护反力曲线的构成方法。Fairhurst和Daemen（1980）从弹塑性论出发，应用围岩特性曲线研究了围岩与支护的相互作用，以及支护刚度的影响，并与隧洞支护设计方法相联系。Yamatomi（1993）也应用弹塑性模型，通过对软弱围岩中开挖硐室的周边变形计算，给出围岩特性曲线。Stille 等（1989）则应用弹塑性模型研究了锚杆支护条件下围岩特性曲线。Ladanyi 和 Gill（1988）利用线性弹塑性模型对围岩特征曲线进行了研究，并在此基础上对非线性的麦克斯韦（Maxwell）体的情况进行了分析和讨论。金丰年和浦奎英（1995）应用能够描述应变软化（屈服和破坏）和非线性黏弹性特征的本构方程式来计算和分析围岩特性，并考虑了时间效应。围岩参数也可由隧道施工的实际量测位移值进行蒙特卡罗（Monte Carlo）有限元法反推。隧道围岩位移是表征和控制隧道工作状态的重要参数。

半个多世纪以来，众多研究者采用各种岩体本构模型和不同强度准则，对围岩应力和位移进行广泛研究。Sulem 等（1987）建立了一种同时考虑弹塑黏特性及掌子面对隧道围岩应力状态影响的围岩应力分布与位移变化的理论模型，但忽略了围岩的应变软化和剪胀特点。朱维申（1981）在圆形巷道黏弹性解的基础上，研究了围岩中出现峰值后软化区的解析解，在软化区中采用了带扩容性的黏塑性模型，同时考虑了隧道部分围岩进入残余强度状态的情况以及带有弹性衬砌的情况。张良辉等（1997）考虑了围岩应变软化、塑性剪胀及其蠕变性质，建立了围岩位移理论模型，简单实用。在隧道工程设计和施工过程中，了解工程所在地层的岩性特征，能够预见所面临的岩石力学问题。当前，对地层岩性的研究多停留在各向同性的假设前提下，大都集中在岩体结构，即岩体中节理面的存在使岩体产生的力学性质的各向异性，对于岩石的物质组成引起的各向异性，如页岩、砂岩等的各向异性特征，还有待于从理论上进行深入研究。

2. 隧道围岩岩体结构的研究现状

从通常意义上讲，影响隧道开挖岩体稳定性的结构性因素，主要是其自身的岩体结构。从工程角度看，工程岩体大多为节理岩体，具有不连续性及非均质性。岩体不连续性表现为岩石矿物组成（即前述的岩体的各向异性）中的微裂隙及宏观上的各种类型的节理和断层，结构面是节理岩体结构的主要组成部分。结构面研究是正确评价隧道围岩稳定性的重要基础。如何采用合理的方法描述节理岩体的力学特性，一直是岩石力学的热点问题。潘别桐和陶振宇（1991）据地质成因将结构面分为三大类型：原生结构面、构造结构面和次生结构面。一般而言，将结构面切割的岩体看作一种块结构。在块体理论中认为结构面是贯通的，且强度很低。近年来，石根华（2006）又将块体理论进一步发展形成了不连续变形分析（discontinuous deformation analysis，DDA）理论，认为工程岩体的稳定性取决于结构面的发育程度（组数、产状、规模及空间组合关系）和结构面的力学性质（连续性、隙宽、充填度及充填物性质、结构面壁岩强度、粗糙度系数和蚀变特征等）。就节理岩体的模拟分析方法来看，可分为两大类型，即实际节理与完整节理的直接模拟与采用等效连续介质模拟的间接模拟。前者常用的数值分析方法包括有限元法、边界元法、离散元法等。其中 Cundall（1971）提出的离散元法是分析裂隙块状岩体较好的方法之一；王泳嘉和邢纪波（1987）将这一方法按裂隙断层等结构面的切割情况，由计算机优化划分单元，从而应用于边坡稳定性分析；张子新和孙钧（1996）将块体理论与分形几何法相结合，形成了分形块体理论与方法。目前应用最多的是块体理论，块体受力以重力为主，但未考虑地质应力的影响，尤其是在断层区域的工程岩体中。

3. 隧道岩爆灾害的研究现状

岩爆问题是国内外研究的热点，但关于岩爆的定义、岩爆的形成机制、岩爆的分类和岩爆烈度的分级还未形成统一认识和定论。德国学者布霍依诺、挪威岩爆权威人士拉森斯（B. F. Russeness）等对岩爆进行了定义及分类，Hoek 和 Bray（1974）等国外学者对岩爆的发生机制进行了全方位的研究。我国学者王兰生等对岩爆进行了定义，汪泽斌、郭志、谭以安、左文智、张齐桂等对岩爆进行了分类。谭以安（1992）率先依据岩爆发生时的力学与声学特征、破坏方式及其危害程度，对岩爆烈度进行了分级。对岩爆灾害的预测与防治，目前主要的方法有：①利用特殊的地质现象来宏观预测岩爆；②σ_1/R_b 判据法；③岩石储能测试分析法，包括岩爆倾向性指数（Wet）判别与岩爆能量冲击性指标（Acf）判别；④岩爆临界深度法；⑤声发射现场监测预报法；⑥岩体电磁辐射监测预报法；⑦模糊数学综合评判法等。对岩爆的预测防治还有待于深入扩展，以更好地为隧道工程服务。

4. 隧道涌水灾害的研究现状

隧道涌水是隧道建设中严重的地质灾害之一，国内外学者及工程技术人员都非常重视隧道涌水的预测问题，对此进行了大量勘探、试验及分析研究工作。隧道涌水是地下水在岩体介质中的裂隙和孔隙中流动的结果，研究地下水流动起源于 19 世纪下半叶的渗流力学。1856 年，法国工程师亨利·达西（Henry Darcy）通过大量的实验提出了线性渗流定律，为渗流理论的发展奠定基础，从而揭开了渗流力学研究的序幕。J. Dupuit 以达西（Darcy）定律为基础，推导出地下水单向及平面径向稳定流公式，描述了特定条件下地下水的运动状态，对地下水力学的发展起到了重要的作用。1889 年 H. E. 茹可夫斯基首先推导出渗流的微分方程。此后许多地下水动力学与岩体力学工作者对渗流模型及其解析方法进行了广泛而深入的研究。人们对于岩体渗流的定量研究始于 1959 年 12 月 2 日法国马业帕塞拱坝（Malpasset）的突然全坝溃决，经分析得出该拱坝溃决的主要原因是设计者对岩体渗流认识不足。之后，Snow（1965）、Louis（1974）等相继开展了岩体水力学的试验研究，建立了裂隙岩体的渗流模型，至 20 世纪 70 年代末，岩体的渗流理论已初具雏形。从 20 世纪 80 年代至今，岩体水力学研究十分活跃，研究领域十分广阔，综观国内外有关裂隙岩体介质渗流特性的研究，可分为不考虑变形条件下裂隙介质渗流特性研究和变形条件下裂隙介质渗流特性研究两个方面。

1）不考虑变形条件下裂隙介质渗流特性研究

该研究是从岩体单裂隙渗流特征研究起步的。早在 20 世纪 40 年代，苏联学者 Володъко 和 Ломизе 在实验室用一对平行板模拟了单条裂隙中的水流，验证了单裂隙介质中地下水运动的立方定律（Cubic Law），即

$$q = \frac{\gamma b^3}{12\mu} J_f = \frac{\rho g b^3}{12\mu} J_f = \frac{g b^3}{12\nu} J_f \tag{1-1}$$

$$K_f = \frac{\gamma b^2}{12\mu} = \frac{g b^2}{12\nu} \tag{1-2}$$

式中，q 为裂隙内单宽流量（L²/T）；K_f 为单裂隙介质渗流系数（L/T）；b 为裂隙宽度（L）；

J_f 为裂隙内水力梯度（无量纲）；μ 为地下水的动力黏滞系数（M/LT）；g 为重力加速度（L/T^2）；ν 为地下水的运动黏滞系数（L^2/T）；γ 为地下水的容重（M/L^{2}T^2）；ρ 为地下水的密度（M/L^3）。

此后，Louis（1974）和 Witherspoon 等（1980）先后提出了单裂隙中地下水渗流公式，增加了裂隙粗糙度的修正系数 f。单裂隙中地下水渗流公式的具体表达式为

$$q = \frac{gb^3}{12\nu} \cdot \frac{1}{f} \cdot J_\mathrm{f} \tag{1-3}$$

在此基础上，对裂隙系统渗流问题的研究日趋深入，主要涉及岩体裂隙渗流模型研究和岩体裂隙水力学参数确定等方面。

2）变形条件下裂隙介质渗流特性研究

外界条件（如应力的改变）对裂隙介质及其网络有一定的影响，进而影响到其中的流体，产生裂隙场与应力场的耦合问题。对于工程岩体赋存地质环境各影响因素间的相互作用的研究还很少。耦合理论从 20 世纪 50 年代美国水库诱发地震分析的萌芽，到 Witherspoon 等（1980）的正式提出，再到 80 年代以来 Noorishad 等（1984）的完善发展，都局限于工程岩体地下水渗流场与应力场之间的耦合作用分析研究。20 世纪 80 年代中期，Barton 等（1985）对工程岩体地下水渗流场、应力场与温度场之间的耦合作用进行了初步研究，但只是针对工程岩体的稳定性和冻土地区隧道涌水问题进行了个别应用性研究，到目前为止尚缺乏全面系统的理论体系研究。进入 20 世纪 90 年代中期，结合放射性废物处理问题的研究，瑞典核能研究所的学者给出了相对较系统的岩体地下水渗流场、应力场和温度场的耦合作用的研究模型，但从模型的简化实用角度来说，相关研究还不够。我国对该领域的研究始于 20 世纪 80 年代末期，仵彦卿等（1994）进行了有意义的探索和研究，主要针对渗流场与应力场之间、温度场与应力场之间的耦合作用进行了研究，黄涛等（1999）对地下水渗流场、应力场、温度场之间的耦合作用体系作了较为系统研究；王媛（1995）对于应力场与渗流场之间的耦合作用进行了较为细致的研究。

Snow（1966）得出的渗透系数（K_h）与应力（p）的关系式：

$$K_\mathrm{h} = K_0 + A\left(\frac{\rho g b^2}{4\mu s}\right) \cdot \frac{p - p_0}{K_\mathrm{n}} \tag{1-4}$$

式中，K_0 为初始应力 p_0 作用下的渗透系数；K_n 为裂隙的法向刚度；A 为系数。

Jones（1975）提出了碳酸盐岩石裂隙渗透系数（K）的经验方程：

$$K = K_0 \left[\ln\left(\frac{p_h}{p}\right)\right]^3 \tag{1-5}$$

Louis 等（1974）根据一坝址裂隙岩体中不同深度的钻孔抽水试验资料，总结出渗透系数与应力状态之间的经验公式：

$$\begin{aligned} K &= K_0 \exp(-\alpha\sigma) \\ \sigma &= \gamma_H - p \end{aligned} \tag{1-6}$$

式中，K_0 为岩体出露在地表的渗透系数；γ_H 为岩体重量；p 为水压力；α 为系数；σ 为法向应力。

通过对完整裂隙花岗岩的室内试验，Kranz 等于 1979 年得出渗透系数（K）的改变量

是侧压力（σ_c）与孔隙压力（p）的函数。

$$K \propto -\left(\sigma_c - \frac{b}{a}p\right) \tag{1-7}$$

式中，b、a 为常数，对于裂隙岩体，$\frac{b}{a}<1$；对于完整岩体，$\frac{b}{a}=1$。

Walsh 于 1984 年得出了渗透系数与有效应力（σ_e）的经验公式：

$$K = K_0\left[1-(\sqrt{2}\xi)\ln\left(\frac{\sigma_e}{\sigma_{e0}}\right)\right]^3 \tag{1-8}$$

式中，K_0 为初始渗透系数；σ_{e0} 为初始有效应力；ξ 为与裂隙几何有关的系数。

Kelsall 于 1984 年提出了一个简单的方法来考察应力对岩体渗透系数的影响：

$$K_e = \frac{K_{e0}\left[1+A\left(\frac{\sigma_{e0}}{\xi}\right)^t\right]^3}{\left[1+A\left(\frac{\sigma_e}{\xi}\right)^t\right]^3} \tag{1-9}$$

式中，K_e 为有效应力为 σ_e 时的渗透参数，且 σ_e 作用于 K_e 的主方向上；A、t 和 ξ 分别为岩体裂隙内的材料常数。

赵阳升等（1994）通过大量室内试验，得出了煤岩的渗透率（k）与应力（σ）及流体压力（p）之间的关系式。

加载过程：$\qquad\qquad\qquad k = K_\beta \exp[-\beta(F-p)] \tag{1-10}$

卸载过程：$\qquad\qquad\qquad k = K_c(F-p)^{-C} \tag{1-11}$

式中，F 为围压力；p 为流体压力；K_β、β、K_c、C 分别为试验常数。

$$k = a\exp(-b\sigma + cp) \tag{1-12}$$

式中，$\sigma = \sigma_1 + \sigma_2 + \sigma_3$，为体积应力；$a$、$b$、$c$ 为常数。

根据 Elsworth 1989 年的研究，变形引起的裂隙岩体渗透性改变量可表示为

$$\Delta K = \frac{\rho g}{12s\mu}(b+s\Delta\varepsilon)^3 \tag{1-13}$$

式中，$\Delta\varepsilon$ 为垂直于裂隙组的应变。

Bai 和 Elsworth 1994 年考虑了岩体中裂隙与岩石的弹性变形，推导出了裂隙岩体渗透系数与应变的关系式：

$$\Delta K = \frac{\rho g b^3}{12s\mu}\left[1+\Delta\varepsilon\left(\frac{K_n b}{E}+\frac{b}{s}\right)^1\right]^3 \tag{1-14}$$

式中，E 为弹性模量。

张金才等（1997）提出了水压力、自重力及应力与裂隙岩体渗透系数及渗透量的关系式：

$$K = K_0\left[1+\frac{p-\gamma H(\cos^2\theta + \lambda\sin^2\theta)}{bK_n}\right]^4 \tag{1-15}$$

$$K = Q_0 \left[1 + \frac{p - \gamma H(\cos^2\theta + \lambda \sin^2\theta)}{bK_n} \right]^3 \quad (1\text{-}16)$$

$$K_z = K_0 \left\{ 1 + \frac{\Delta\sigma_x}{bK_n} - \frac{s}{Eb}[\Delta\sigma_x - \nu(\Delta\sigma_y + \Delta\sigma_z)] \right\}^3 \quad (1\text{-}17)$$

式中，K_z 为沿 z 向渗透系数；K_0 为应力变化前的渗透系数；Q_0 为应力变化前的流量；$\Delta\sigma_x$、$\Delta\sigma_y$、$\Delta\sigma_z$ 分别为垂向（z 向）及横向（x、y 向）的应力增量；H 为高度；λ 为侧压力系数。

张玉卓和张金才（1997）通过多条裂隙岩体的渗流与应力耦合实验得出裂隙岩体的渗流量（Q）与压应力呈四次方的关系：

$$Q = A[1 - B(\sigma_x + \sigma_y)]^4 \quad (1\text{-}18)$$

Liu 等（1997）得出了煤层开采后的水力传导系数与应变的关系。

1.4　公路隧道工程建设现状

公路隧道常穿越复杂的山体岩层，具有隐蔽性大、循环周期长、作业空间有限、环境恶劣等特点，且公路隧道洞身开挖处的施工环境较差。随着交通事业的迅速发展，公路隧道的建设也加快了步伐，我国在隧道工程建设技术方面积累了大量经验，取得了丰硕的成果。

目前，国内的公路隧道洞身开挖以"新奥法"为理论基础，需综合考虑隧道长度、断面大小、洞身地质条件、机械设备和工期等方面要求确定开挖方法，选择的开挖方法应具有较强的适应性，且注重与后期工序的协调；此外，综合超前地质预报和监测反馈是应对复杂地质条件、调整开挖方法以及其他复杂变化的有效途径。

已有的研究成果表明，在复杂地质条件下，隧道洞口处尽量不设置路堑，开挖隧道提倡早进晚出，避免破坏原有自然环境和对围岩扰动，并尽早做好洞口的防排水设施。隧道处于不良地质段时，必须监测围岩的变形，并及时施作初期支护（初衬或初支）和二次衬砌（二衬）。尽量缩短台阶长度，并及时闭合仰拱使其成环，地质条件特差的地段宜采用多台阶留核心土法，以有效地控制隧道的拱顶下沉及收敛变形。在施工中坚持"动态施工、动态设计、动态管理"的方针。对于复杂地质条件下长、大暗挖区间隧道下穿地面建筑物的施工，应该贯彻"管超前、短进尺、密注浆、强支护、早封闭、勤量测"的方针，并及时根据监控反馈信息调整开挖、支护的参数，修改施工工序，保证施工安全。在大跨度隧道的洞口段，若为顺层偏压地段，可在靠山一侧适当位置设预加固桩，以消除或减弱山体的滑移对结构物和线路的危害；若为地形非常陡峻，且衬砌基础是软弱围岩的地段，为防止开挖对山体的扰动，可在靠山一侧设置锚杆挡墙以减少刷方高度，采取超前大管棚和反压混凝土的施工方法，解决进洞困难的问题。

对于软弱围岩大断层，超前预注浆技术能够堵水和防止坍塌，该方法操作简便、可控性强、速度快、效果好。断层破碎带和软弱破碎地段施工应采用台阶法施工，在施工中要严格控制台阶长度，并及时进行支护，保证施工安全。对于膨胀性围岩，可从止水和防水两方面选取支护方案，采用超前双层管棚注浆、混凝土护拱、护墙支护等措施控制膨胀性围岩的软化，为解决富水膨胀性围岩复杂地质条件下的隧道施工技术难题提供参考。对于高海拔地区且地质条件复杂的隧道围岩大变形问题，总结了"一个理念、四大支护原则"。一个理念包括：适时支护、增大刚度、封闭成环、允许变形。四大支护原则包括：①采用长锚杆加固软弱围岩；②增加钢拱架数量，提高支护刚度，以控制围岩变形；③适时采用小导管注浆以加固软弱围岩和堵水；④增加预留变形量，加大仰拱厚度、减小仰拱半径，改善结构受力。

尽管目前已从多个方面对隧道灾害进行了较为全面的研究，并起到了减灾防灾的实践效果。但隧道灾害仍时有发生，除受现场的工程实践因素影响外，还须对隧道开挖地质灾害进行更深入全面的规律性研究。

综上所述，目前对于复杂地质条件下隧道的建设仍存在以下亟待解决的关键技术难题。

（1）虽然当前从大量工程实践中总结了复杂地质条件下隧道设计与施工的成功经验，但由于隧道围岩的非连续性，不同的区域、不同的地质条件对设计与施工工法提出了不同的要求。因此有必要进一步开展对典型区域、典型工程的设计与施工工法的研究，通过对地质条件、隧道设计参数和施工工法等综合比较，预防隧道施工中可能的各种灾害，确保施工安全。

（2）虽已有多种对隧道施工灾害的防治措施，然而，面对错综复杂的地质条件与千变万化的施工灾害尚缺乏针对性强、设计参数取值标准明确、施工工艺完善、处治效果显著的技术措施，因此需要继续开展经济合理的预防与处治方案研究。

（3）随着科技进步和安全管理水平的提高，隧道施工事故大幅度减少，但由于隧道工程的复杂性，尤其是不良地质条件下的隧道，各种事故时有发生。虽然目前各单位已研发了一系列的公路隧道施工安全管理系统，但是这些系统还有待进一步优化与集成。因此，有必要加强隧道施工安全管理研究。

针对上述问题，本书依托海南省五指山至保亭至海棠湾高速公路工程（五指山特长隧道）、十堰市武十高铁十堰北站至武当山站城市快速路项目以及青海省境内国道310线循化至隆务峡段公路工程，并结合国内外关于超大跨度公路隧道的建设经验和安全控制措施，以设计、施工工法与灾害防治等技术问题为前提，以施工安全保障管理系统与现场监控量测系统为平台，构建复杂地质条件下隧道建设安全保障技术体系。针对隧道断层破碎带突涌水、岩爆、砂卵石地层及层状软岩中隧道工程开挖稳定性等问题，重点阐述了复杂地质条件下超长、超大跨度公路隧道动态力学响应特性及其对应的灾害防控关键技术与施工方法，主要包括隧道断层破碎带突涌水灾害防控技术研究、隧道岩爆防控技术研究、松散砂卵层隧道开挖施工技术研究、超大跨度层状软岩公路隧道致灾动力机制、超大跨度层状软岩公路隧道施工控制技术研究、公路隧道施工监测信息管理系统构建等内容。从而为我国公路隧道的安全施工提供有效的技术支撑，为进一步提升我国特殊地质公路隧道创新能力提供科学依据，保证隧道施工的顺利实施，提升高速公路隧道建设的技术水平，进而达到减少隧道施工地质灾害、挽救人民生命财产安全、促进行业技术进步、构建和谐社会的目的。

参 考 文 献

白矛, Elsworth D, 刘天泉.1998. 采动引起的岩体变形及地下水流动的数值分析——稳定流研究[J]. 煤炭学报, (3): 67-72.

杜炜平. 2001. 隧道开挖地质灾害规律与防治对策研究[D]. 长沙: 中南大学.

何发亮, 张玉川. 2011. 隧道施工地质灾害与不良地质体及其预报[M]. 成都: 西南交通大学出版社.

黄俊, 李大鹏, 张忠宇, 等. 2021. 隧道噪声控制环保技术与实践[M]. 北京: 科学出版社.

黄润秋, 王贤能. 1998. 深埋隧道工程主要灾害地质问题分析[J]. 水文地质工程地质, (4): 23-26.

金丰年, 浦奎英. 1995. 关于粘弹性模型的讨论[J].岩石力学与工程学报, (4):355-361.

李术才, 薛翊国, 张庆松, 等. 2008. 高风险岩溶地区隧道施工地质灾害综合预报预警关键技术研究[J]. 岩石力学与工程学报, (7) : 1297-1307.

李术才, 石少帅, 李利平, 等. 2014. 三峡库区典型岩溶隧道突涌水灾害防治与应用[J]. 岩石力学与工程学报, 33(9): 1887-1896.

李术才, 王康, 李利平, 等. 2017. 岩溶隧道突水灾害形成机理及发展趋势[J]. 力学学报, 49(1) : 22-30.

李铁汉, 潘别桐. 1980. 岩体力学[M]. 北京: 地质出版社.

刘善利, 赵坚, 盛金昌. 2006. 环境工程中多场耦合作用研究综述[C]//中国岩石力学与工程学会废物地下处置专业委员会成立大会暨首届学术交流大会论文集. 北京: 中国岩石力学与工程学会废物地下处置专业委员会.

刘伟. 1999. 公路隧道建设中应注意的几个问题[J]. 公路, (9) : 40-43.

刘燕鹏, 缑婷, 田正, 等. 2015. 公路隧道运营期衬砌病害分析及对策研究[J]. 公路, 60(10) : 257-263.

路为, 张孝伦, 周宗青, 等. 2019. 隧道岩溶突涌水机理与治理方法及工程应用[M]. 北京: 人民交通出版社.

罗琼. 1999. 中国隧道修建法在米花岭隧道出口端的施工实践[J]. 铁道工程学报, (1) : 48-53.

罗衍俭. 1997. 隧道工程世纪之梦[J]. 世界隧道, (6) : 2-3.

潘别桐, 陶振宇. 1991. 岩石力学原理与方法[M]. 武汉: 中国地质大学出版社.

申志军, 李树忱, 吴治家, 等. 2016. 运营隧道缺陷与病害整治技术[M]. 北京: 人民交通出版社.

石根华. 2006. 一般自由面上多面节理生成、节理块切割与关键块搜寻方法 [J].岩石力学与工程学报,(11): 2161-2170.

谭以安. 1992. 岩爆烈度分级问题[J]. 地质论评, (5): 439-443.

王建宇. 1991. 长大隧道修建技术的发展[J]. 地下空间, (2) : 150-155，183.

王梦恕. 2004. 21 世纪山岭隧道修建的趋势[J]. 铁道标准设计, (9) : 38-40，104.

王效良. 2000. 我国铁路运营隧道 1999 年末统计数据[J]. 世界隧道, (5) : 17.

王泳嘉, 邢纪波. 1987. 离散元法及其与边界元法的耦合[C]//边界元法在岩石力学和工程中应用会议文集. 北京：中国岩石力学与工程学会岩石力学数值计算及模型试验专业委员会.

仵彦卿, 张倬元, 王士天, 等. 1994. 岩体渗流场与应力场耦合的集中参数型数学模型研究[J]. 工程地质学报, (1):9-14.

谢海洋, 向晓莉. 1999. 隧道塌腔的力学行为分析及处治对策[J]. 世界隧道, (4) : 63-65+53.

徐林生, 王兰生, 李天斌. 1999. 国内外岩爆研究现状综述[J]. 长江科学院院报, (4): 25-28, 39.

许崇帮, 王元清, 李磊. 2022. 隧道病害处治技术研究[M]. 北京: 科学出版社.

杨艳娜, 许模, 曹化平, 等. 2017. 岩溶隧道涌突水灾害预测预报及风险评价体系研究进展[J]. 勘察科学技术, (5): 8-11.

张浩. 2015. 武都西隧道地下水渗流分析与涌水控制措施研究[D]. 西安: 长安大学.

张金才, 张玉卓, 刘天泉. 1997. 节岩体渗流与煤层底板突水[M]. 北京: 地质出版社.

张良辉, 熊厚金, 张清. 1997. 隧道围岩位移的弹塑粘性解析解[J]. 岩土工程学报, (4): 66-72.

张庆松, 李术才, 韩宏伟, 等. 2009. 岩溶隧道施工风险评价与突水灾害防治技术研究[J]. 山东大学学报(工学版), 39(3): 106-110.

张素芳. 1991. 南水北调长隧洞专题情报调研简述[J]. 地下空间, (2): 155-158, 170-184.

张玉卓, 张金才. 1997. 裂隙岩体渗流与应力耦合的试验研究[J]. 岩土力学, (4): 59-62.

张祉道, 白继承. 1998. 家竹箐隧道高瓦斯、大变形、大涌水的整治与对策[J]. 世界隧道, (1): 1-10.

张子新, 孙钧. 1996. 分形块体理论及其在三峡高边坡工程中的应用[J]. 同济大学学报(自然科学版), (5): 552-557.

赵阳升. 1994. 煤体-瓦斯耦合数学模型及数值解法[J]. 岩石力学与工程学报, (3): 229-239.

郑道坊. 1999. 复杂地质条件下的公路隧道建设[J]. 世界隧道, (5): 5-8.

郑玉欣. 1999. 隧道施工塌方机理分析及处治技术[J]. 铁道工程学报, 62(2): 69-72.

周宗青, 李术才, 李利平, 等. 2013. 浅埋隧道塌方地质灾害成因及风险控制[J]. 岩土力学, 34(5): 1375-1382.

朱维申. 1981. 粘弹-塑性介质中围岩与衬砌的应力状态[J]. 力学学报, (1): 56-67.

Barton N, Bandis S, Bakhtar K. 1985. Strength, deformation and conductivity coupling of rock joints[J]. International Journal of Rock Mechanics and Mining Sciences & Geomechanics, 22 (2): 121-140.

Cundall P A. 1971. The measurement and analysis of acceleration on rock slopes[M]. London: University of London, Imperial College of Science and Technology.

Fairhurst C, Daemen J J K. 1980. Practical inferences from research on the design of tunnel support[J]. Underground Space, 4: 297-311.

Hoek E, Bray J. 1974. Rock Slope Engineering[M]. London: Institution of Mining and Metallurgy.

Jones F O. 1975. A laboratory study of the effects of confining pressure on fracture flow and storage capacity in carbonate rocks[J]. Journal of Petroleum Technology, 27(1):21-27.

Kiyama H, Fujimura H, Nishimura T, Ikezoe Y. 1992. Theoretical Construction of Bearing Characteristic Curve in Tunnelling[J]. Journal of the Society of Materials Science, Japan, 41(463): 417-423.

Ladanyi B, Gill D E. 1988. Design of tunnel linings in a creeping rock[J]. International Journal of Mining and Geological Engineering, 6: 113-126.

Liu J, Elsworth D, Brady B H. 1999. Linking stress-dependent effective porosity and hydraulic conductivity fields to RMR[J]. International Journal of Rock Mechanics and Mining Sciences, 36(3): 581-596.

Louis C. 1974. Rock Hydraulics in Rock mechanics[M]. New York:Verlay Wien .

Noorished J, Tsang C F, Witherspoon P A. 1984. Coupled thermal-hydraulic-mechanical phenomena in saturated fractured porous rocks: numerical approach[J]. Journal of Geophysical Research, 89(B12): 10365-10373.

Snow D T. 1965. A parallel plate model of fractured permeable media[D]. Berkeley: University of California,

Berkeley.

Snow D T. 1966. Three-hole pressure test for anisotropic foundation permeability[J]. Rock Mechanics and Engineering Geology, 4(4): 198-314.

Stille H, Holmbers M, Nord G. 1989. Support of weak rock with grouted bolts and shotcrete[J]. International Journal of Rock Mechanics and Mining Sciences Geomechanics, 26: 99-113.

Sulem J, Panet M, Guenot A. 1987. An analytical solution for time-dependent displacements in a circular tunnel[J]. International Journal of Rock Mechanics and Mining Sciences Geomechanics, 24(3): 155-164.

Witherspoon P A, Wang J S Y, Iwai K, et al. 1980. Validity of Cubic Law for fluid flow in a deformable rock fracture[J] .Water Resources Research, 16(6): 1016-1024.

Yamatomi J.1993. A rheology model for viscoplastic behavior of rock[C]// Application of Computer Methods in Rock Mechanics—Proceedings of International Symposium on Application of Computer Methods in Rock Mechanics and Engineering(Volume 1). Xi'an: Shaanxi Science and Technology Press.

2 不良地质体与隧道地质灾害

环境复杂、风险因素多的复杂地质条件，一般包括富水、断层发育、岩体破碎、软黏土、冲填土、岩洞等地带。在公路隧道的施工过程中，遇到这些特殊的复杂地质条件，容易出现施工安全问题。

2.1 断层及其破碎带

岩石在断裂变形阶段产生的构造统称断裂构造，凡两侧岩块沿断裂面发生显著位移的断裂构造称为断层（fault）（图 2-1）。

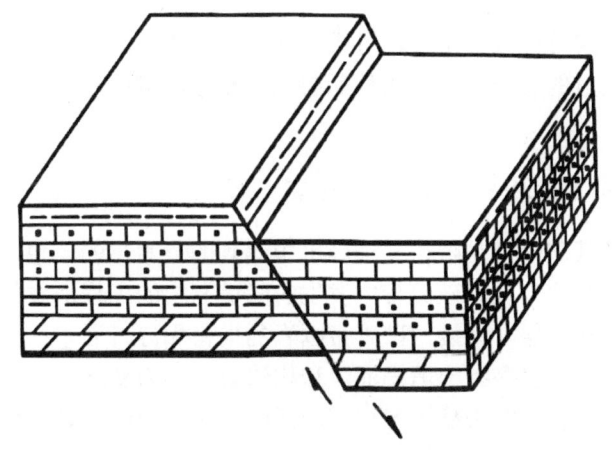

图 2-1 断层示意图

断层按断盘的移动形式可分为正断层、逆断层和平移断层；按断层的走向与区域构造线（如褶皱轴向）的关系可分为纵断层、横断层和斜断层；按断层与地层产状的关系可分为走向断层、倾向断层、斜向断层和顺层断层；按断层产生的力学性质可分为压性断层、张性断层和扭性断层。

1. 压性断层

发育完整的压性断层通常由主干断层带、断层破碎带和断层影响带组成。

主干断层带多为断层泥（fault gouge）和糜棱岩（mylonite）。断层泥的主要成分是黏土矿物，其次为原岩的碎粉和碎砾，这是断层剪切滑动、碎裂、碾磨和黏土矿化作用的产物。片状黏土矿物一般定向排列，如平行或与断面斜交或环绕碎砾。由于断层活动的多期性和复杂性，断层泥条带可以发生破碎、混杂、面理弯曲、揉皱等变化。碎砾包括岩石的角砾和单矿物角砾，其砾径小至 1 mm 以下，大至几厘米，形状主要为棱角状、透镜状、浑圆状等。

糜棱岩是指具有糜棱结构的岩石。糜棱岩是受强烈破碎塑变作用形成的岩石，往往分布在断裂带两侧。受压扭应力作用的岩石发生错动，研磨粉碎，并由于强烈的塑性变形，细小的碎粒在塑性流变状态下呈定向排列。糜棱岩常由花岗质岩石和砂岩类岩石组成，所以主要矿物成分是石英和长石，并常被压扁、拉长，石英碎粒还可能出现平行光轴的波状消光带。糜棱岩常具条带状和纹层状构造，条带和纹层的形成是由矿物成分、颜色、颗粒大小等差别造成的。在糜棱岩中也常见一部分新生矿物，如绿泥石、绢云母、多硅白云母、绿帘石、滑石、蛇纹石等。这些矿物常作定向排列，致使条带构造更趋明显。

相对而言，由断层泥和糜棱岩构成的压性断层主干断层带具有隔水作用。断层破碎带主要由破碎岩体构成，具有良好的导水性；由于主干断层具有隔水性，上盘断层破碎带破碎岩体中往往富水并夹黏土。断层影响带主要表现为断层错动的牵引构造和岩体节理裂隙的发育。

2. 张性断层

张性断层主干断层带由张裂角砾岩组成，角砾棱角显著、大小不一，一般无定向排列，角砾的成分与断层两盘的成分相同，张性断层主干断层两侧破碎带岩体破碎，具有良好的导水特性。

3. 隧道施工通过断层可能带来的地质灾害

断层（断裂）及其破碎带是隧道工程施工中遇到的最常见的，也是最为复杂的不良地质体之一，在断层（断裂）及其破碎带中发生的隧道洞内的工程地质问题极为复杂，也极为严重，其中不仅包括断层（断裂）破碎带围岩的失稳塌方、涌水问题，还包括断层带上盘侧过饱水断层泥及破碎岩夹黏土坍塌涌泥和构造岩（动力变质岩，包括构造角砾岩、碎裂岩、糜棱岩及片理化岩）的失稳塌方和变形问题，严重地威胁着隧道施工和隧道施工人员的人身安全。

压性断层主干断层带：①围岩变形；②围岩失稳塌方。
压性断层破碎带：①破碎围岩变形；②破碎围岩失稳塌方；③涌水；④上盘破碎带饱水夹黏土破碎围岩坍塌流动形成隧道洞内泥石流。
张性断层主干断层带及两侧破碎带：①围岩变形；②围岩失稳塌方；③涌水。

2.2 节理密集发育破碎岩体

节理（joint）是岩石在断裂变形阶段产生的构造，这些构造统称为断裂构造，断裂两侧的岩石沿断裂面没有发生明显的位移，或仅有微量位移的断裂，称为节理。

按节理的成因分类，节理包括原生节理和次生节理两大类。原生节理是指成岩过程中形成的节理，如沉积岩中的泥裂、火山熔岩冷凝收缩形成的柱状节理、岩浆入侵过程中流动及冷凝收缩产生的节理等。次生节理是指成岩后形成的节理，包括非构造节理（风化节理）和构造节理。

构造节理是最常见的节理类型。根据节理与岩层产状要素的关系可分为走向节理、倾向节理、斜向节理和顺层（层面）节理；按节理走向与构造（如褶皱）走向关系可分为纵节理、横节理和斜节理；根据节理的力学成因可分为剪节理、张节理。

在岩体受构造应力作用过程中，局部脆性岩层或岩体节理密集发育，节理切割导致岩体破碎，形成节理密集发育破碎岩体带。由于节理密集发育破碎岩体带具有良好的储水特性和导水特性，可能带来的地质灾害包括：①围岩变形失稳坍塌；②涌水。

2.3 岩 溶

岩溶（karst）是指可溶性岩石，特别是碳酸盐类岩石（如石灰岩、石膏等）受含有二氧化碳的流水溶蚀、搬运、沉积作用而形成的地貌。岩溶往往呈奇特形状，包括洞穴、石芽、石沟、石林、溶洞、地下暗河及峭壁。

地下岩溶的发育主要受岩石性质、地质构造、地下水动力条件及气候等因素的控制。可溶岩、地质构造和地下水动力条件是岩溶发育的三个必要条件。

1. 可溶岩

可溶性岩石是岩溶发育的前提条件。岩石的可溶性越强，就越有利于岩溶发育。在常见的碳酸盐类岩石中，纯石灰岩比白云质灰岩及白云岩易受溶蚀；白云岩比硅质灰岩易受溶蚀。在各种碳酸盐类岩石分布地区，岩溶主要在厚层纯灰岩中发育。

在碳酸盐类岩石中，不溶于酸的物质（黏土、二氧化硅、沥青等）含量越多，岩石的可溶性就越低，岩溶就越不易发育。这些非可溶物质的存在，阻碍了水同岩石中可溶成分的接触，尤其是这些非可溶物质呈分散状态或以胶结状态存在时，更是如此。

可溶性岩石按岩溶发育程度可分为五类：

（1）质纯厚层石灰岩岩溶发育程度最强，以溶隙和中小型溶洞为主，并有一定数量的大型溶洞；

（2）白云质灰岩及白云岩岩溶次之；

（3）大理岩岩溶发育较弱；

（4）泥质灰岩、泥灰岩及泥质、白云质角砾岩岩溶发育很弱；

（5）蚀变灰岩、夕卡岩岩溶发育甚微。

根据以上分类，在泥灰岩中一般很少发现有强烈的岩溶现象。此外，当存在非可溶性岩石夹层时，岩溶发育较弱且分布不均。

需指出的是，岩溶多沿着可溶岩层与非可溶岩层接触带分布。碳酸盐类岩石与非可溶性岩层或岩体的接触带，常是地下水运动汇集的地方。由于地下水流常常在这里集中并沿着接触带流动，岩溶常沿着可溶岩层与非可溶岩层接触带一侧的可溶岩发育。当产状倾斜的可溶岩层与上覆和下伏的非可溶岩层接触时，常在其上覆接触带形成一系列溶井、落水洞等垂直形态的岩溶，在下伏接触带常形成系列岩溶接触泉。

2. 地质构造

地质构造对岩溶发育的影响主要是通过岩体破裂和变形形成的结构面表现出来的，构造裂隙的延伸方向常常控制着地下岩溶的发展方向。可溶性岩石中的构造裂隙为地下水的运动提供了空间，地下水不断沿着岩石裂隙运移，对可溶岩进行化学溶蚀，从而形成空洞。

地质构造对岩溶发育的影响主要表现在以下几个方面。

（1）岩溶沿断层破碎带发育（图2-2）。

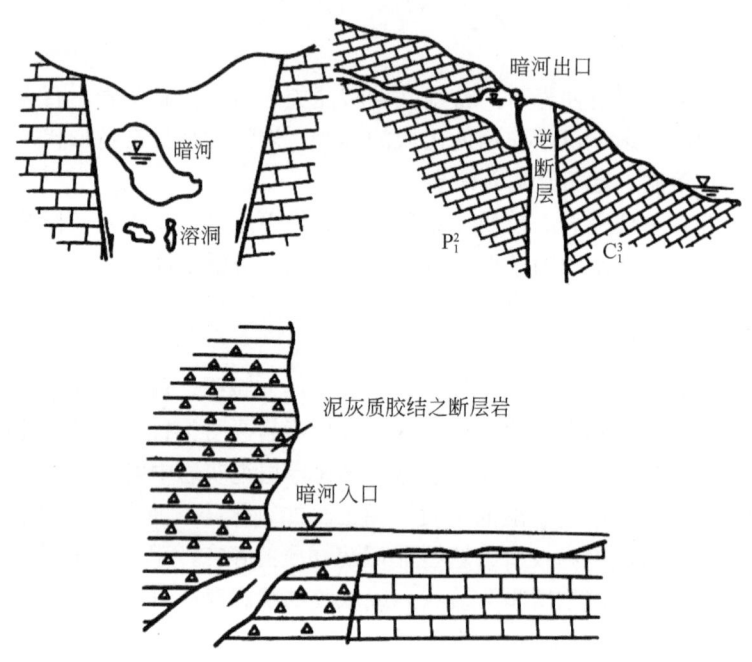

图2-2 沿断层破碎带发育的岩溶（据陈成宗等，2005）

（2）对岩溶发育起着控制作用。

（3）可溶岩层的断层破碎带，特别是张性断层破碎带，有利于地下水的运移，地下岩溶特别发育，常发育地下暗河等大型岩溶，在断层交叉的部位常形成大型溶洞、地下河天窗及地下湖泊等。

（4）在褶曲构造的轴部，纵张裂隙（断层）较多，有利于地下水活动，地下水易沿着张裂隙溶蚀扩展，形成溶蚀裂隙和溶洞，进一步发展成为大型岩溶或暗河。

（5）岩溶沿着层面构造裂隙发育。

在原状水平岩层褶皱过程中，岩层往往发生层间错动或滑动，在层间可产生层面张裂隙或层面扭裂隙，为地下水活动提供运移通道，易发育顺层岩溶。

3. 地下水动力条件

在具备前两个条件基础上，只有在地下水的溶蚀、溶解或冲蚀等水动力作用下，才可能发生岩溶。所以说，地下水动力条件、可溶岩与地质构造是岩溶发育的三个必要条件。

因此，岩溶发育往往具有以下规律。

（1）受可溶岩与非可溶岩接触带位置控制（图2-3）。

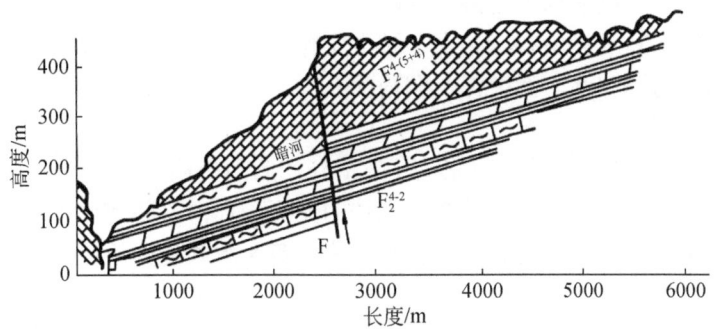

图2-3　沿可溶岩与非可溶岩接触界面发育的岩溶（据陈成宗等，2005）

（2）受构造控制：岩溶地下暗河受断层破碎带控制。

（3）溶洞洞壁受岩层层面或垂直节理面控制（图2-4）。

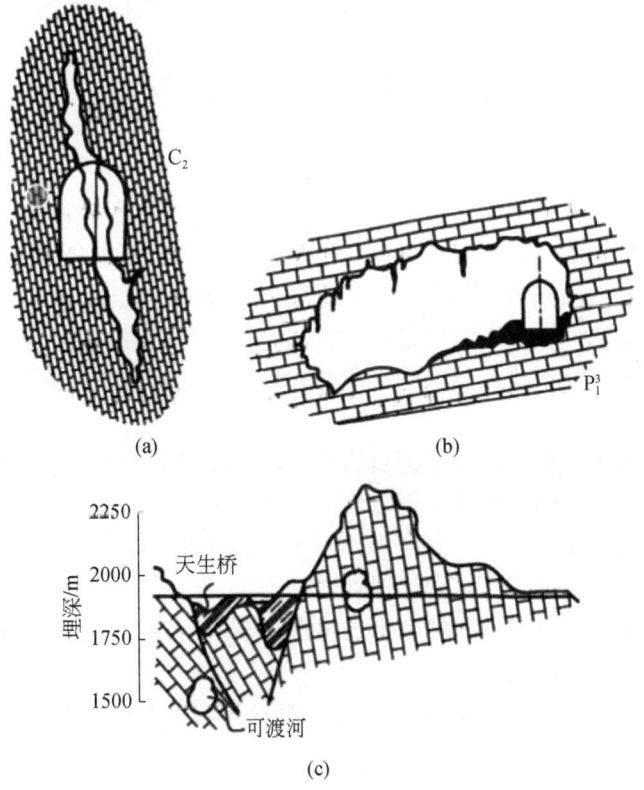

图2-4　顺层面发育的岩溶洞穴（据陈成宗等，2005）

4. 隧道施工遇岩溶可能带来的地质灾害

（1）充水岩溶-涌突水；

(2) 充填饱水黏土岩溶-涌突泥；

(3) 充填饱水黏土夹块石岩溶-隧道洞内泥石流；

(4) 充填饱水黏土质粉细砂岩溶-涌沙；

(5) 充填非饱水黏土夹块石、黏土、黏土质粉细砂岩溶-围岩变形失稳塌方；

(6) 由隧道洞内涌突水、涌突泥、洞内泥石流、涌沙及围岩变形失稳塌方引发的地表塌陷及地表水源枯竭。

由于岩溶中充填的黏土自稳能力极差，隧道开挖后因初期支护不及时或支护强度不足，围岩易发生变形乃至失稳破坏或造成初期支护的变形破坏；当隧道底部存在较大型岩溶且岩溶充填物（岩溶洞穴中充填的黏土、黏土夹块石等）承载能力不足时，往往造成施工机械（特别是大型机具）被陷。

涌突水是岩溶地区隧道施工中最常见的地质灾害。据统计，80%以上的隧道在施工过程中遭遇过涌水灾害，至今仍有30%的隧道工程处于地下水的威胁中。岩溶涌突水主要是隧道施工揭穿充水岩溶和岩溶水突破隧道洞壁与充水岩溶壁间岩盘所致。涌泥是岩溶地区铁路隧道特有的一种地质灾害，岩溶洞穴中充填的黏土是该类灾害发生的主要地质影响因素。

2.4 软岩与含水体

1. 软岩

软岩是一种特定环境下的具有显著塑性变形的复杂岩石力学介质，可分为地质软岩和工程软岩两大类别。地质软岩指强度低、孔隙度大、胶结程度差、受构造面切割及风化影响显著或含有大量膨胀性黏土矿物的松、散、软、弱岩层，该类岩石多为泥岩、页岩、粉砂岩和泥质矿岩，是天然形成的复杂地质介质。工程软岩是指在工程力作用下能产生显著塑性变形的工程岩体。

当工程荷载相对于地质软岩（如泥页岩等）的强度足够小时，地质软岩不产生软岩显著的塑性变形力学特征，即不作为工程软岩；只有在工程力作用下发生显著变形的地质软岩，才作为工程软岩。在大深度、高应力作用下，部分地质硬岩（如泥质胶结砂岩等）也呈现了显著的变形特征，则应视其为工程软岩。

根据软岩特性的差异及产生塑性变形的机理，软岩可分为膨胀性软岩、高应力软岩、节理化软岩和复合型软岩四类。

隧道施工穿越软岩可能造成的地质灾害包括：围岩变形、软岩大变形、侵限、失稳塌方等。

2. 含水体

含水体或含水层是指岩石或岩体中孔隙率相对较大，且孔隙中被水所充填的岩体或岩层。

造成隧道施工涌水灾害的含水体通常为岩溶充填水体、向斜地下盆地含水体、密集节理发育破碎岩体和构造破碎岩体含水体、与含水构造单元相连的具有良好导储水特性构造破碎带含水体。隧道施工开挖揭穿含水体会造成隧道施工涌水灾害发生。

1）岩溶充填水体与岩溶涌水

岩溶充填水体主要包括岩溶地下暗河、充水溶洞、充水岩溶管道、充水溶缝等。

地下岩溶多具连通性，特别是地下岩溶与地表岩溶、地表河流相连通时，隧道（洞）内揭穿的岩溶涌水量大、时间长，且涌水量变化与地面大气降水有直接的联系（图2-5）。隧道周边突水不属于隧道施工地质预报范畴，不易被重视，更具破坏性。

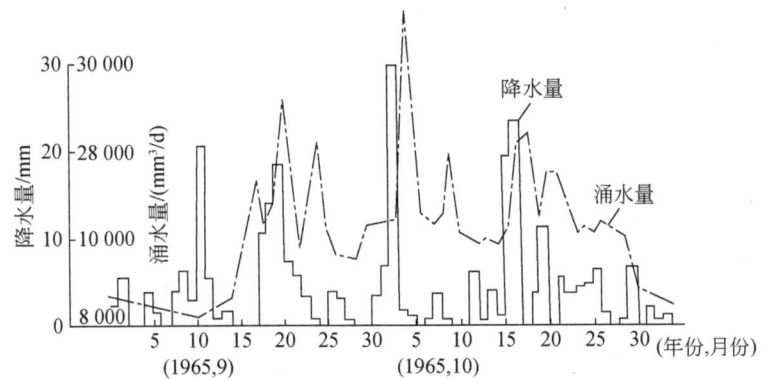

图2-5　隧道洞内涌水量与大气降水的关系（据陈成宗等，2005）

2）密集节理发育破碎岩体和构造破碎岩体含水体

节理密集发育破碎岩体带一般储水量有限，若断层破碎带未切穿地下含水构造单元且与地表水无连通关系，仅作为储水构造，隧道施工揭穿密集节理破碎和构造破碎岩体含水体发生涌水，由于这类含水带或储存运移通道规模有限，涌水量在稳定一定时间后多呈现下降直至枯竭的趋势；张性断层破碎带涌水量变化由大变小直至枯竭，水质清；压性断层上盘破碎带涌水则由水量小到大再变小直至枯竭，水质由浑浊逐渐变清。

3）地下向斜构造单元含水体

向斜地下盆地，特别是当向斜底部有相对隔水层时，往往成为相对独立的含水构造单元。由于汇水面积大及相邻含水构造单元越流补给，涌水除具承压性外，涌水时间长、涌水量稳定是其重要特点。若侧向存在地表河流水补给，涌水量则长期保持稳定。隧道（洞）施工穿越向斜地下盆地含水构造单元，若不进行超前预注浆堵水或超前预注浆堵水效果不好，必将遇到大流量的压力涌水，且涌水时间长。

4）与含水构造单元相连的具有良好导储水特性构造破碎带含水体

当构造特别是主干断层带两侧强烈破碎岩体构成的地下水储存运移通道与含水构造单元相连时，隧道施工揭穿涌水致使与地下水储存运移通道相连的含水构造单元降落漏斗形成，带来对相邻含水构造单元水的补给，涌水呈现经久不竭且涌水量大的特点，同时涌水多由初时的浑浊变得清澈稳定。

参 考 文 献

陈成宗, 王石春, 熊兴汉, 等. 2005. 岩溶与隧道工程[M]//陈成宗, 何发亮. 隧道工程地质与声波探测技术[M]. 成都: 西南交通大学出版社: 201-213.

范海军, 鲁光银, 朱自强, 等. 2006. 公路隧道地质灾害探测技术探讨与实践[J]. 中南公路工程, (1): 1-3, 23.

封晓黎, 崔洪军. 2021. 隧道施工塌方事故应急救援管理[M]. 北京: 中国建材工业出版社.

郭高峰, 朱田野, 黄小年. 2022. 复杂地质条件下隧道灾害成因分析及处置措施[J]. 公路, 67(5): 224-227.

何发亮. 2019. 隧道施工地质灾害与致灾构造及其致灾模式[J]. 现代隧道技术, 56(S1): 138-143.

何发亮, 张玉川. 2011. 隧道施工地质灾害与不良地质体及其预报[M]. 成都: 西南交通大学出版社.

何发亮, 郭如军, 李苍松, 等. 2009. 岩体温度法隧道施工掌子面前方涌水预报[M]. 成都: 西南交通大学出版社.

黄世武. 2018. 隧道突涌灾害形态分析法[M]. 北京: 科学出版社.

李浪, 戎晓力, 王明洋, 等. 2016. 深长隧道突水地质灾害三维模型试验系统研制及其应用[J]. 岩石力学与工程学报, 35(3): 491-497.

李术才, 薛翊国, 张庆松, 等. 2008. 高风险岩溶地区隧道施工地质灾害综合预报预警关键技术研究[J]. 岩石力学与工程学报, (7): 1297-1307.

李岩, 周辉, 蔡宁波, 等. 2022. 铁路隧道页岩气地质灾害风险评价[J]. 地下空间与工程学报, 18(S2): 1001-1007.

李尧, 李术才, 刘斌, 等. 2017. 钻孔雷达探测地下不良地质体的正演模拟及其复信号分析[J]. 岩土力学, 38(1): 300-308.

廖烟开. 2011. 隧道前方不良地质体复杂地震波场数值模拟研究[D]. 成都: 西南交通大学.

吕理军. 2020. 隧道岩体渗流特性及水害防治机理研究[M]. 郑州: 黄河水利出版社.

罗利锐, 刘志刚. 2011. 岩溶地区超前地质预报方法对比分析[J]. 岩土工程学报, 33(S1): 351-355.

秦鹏飞. 2020. 不良地质体注浆细观力学模拟研究[J]. 煤炭学报, 45(7): 2646-2654.

武汉地质学院, 成都地质学院, 南京大学地质系, 等. 1979. 构造地质学[M]. 北京: 地质出版社.

夏彬伟. 2006. 公路隧道施工地质灾害预测预报研究[D]. 重庆: 重庆大学.

徐贵辉. 2010. 复杂岩溶地区隧道施工综合地质预报技术及工程应用[D]. 长沙: 中南大学.

薛翊国, 孔凡猛, 杨为民, 等. 2020. 川藏铁路沿线主要不良地质条件与工程地质问题[J]. 岩石力学与工程学报, 39(3): 445-468.

Mie L C, Wang C K, Liu Z Y, et al. 2023. An integrated geological and geophysical approach to identify water-rich weathered granite areas during twin tunnels construction: a case study[J]. Tunnelling and Underground Space Technology, 135: 105025.

Liu N, Pei J H, Cao C Y, et al. 2022. Geological investigation and treatment measures against water inrush hazard in karst tunnels: a case study in Guiyang, southwest China[J]. Tunnelling and Underground Space Technology, 124: 104491.

Shi S S, Bu L, Li S C, et al. 2017. Application of comprehensive prediction method of water inrush hazards induced by unfavourable geological body in high risk karst tunnel: a case study[J]. Geomatics Natural Hazards & Risk, 8(2): 1407-1423.

Wang M, Yang W, Zhou Z, et al. 2022. Research on the evolution mechanism of water inrush in karst tunnel and the safety thickness of water-resisting rock mass[J]. Geomatics Natural Hazards & Risk, 40: 4539-4549.

Wang W, Zhang C, Hu M, et al. 2019. Monitoring and analysis of geological hazards in Three Gorges area based on load impact change[J]. Natural Hazards, 97: 611-622.

Xu Z, Lin P, Xing H, et al. 2021. Hydro-mechanical coupling response behaviors in tunnel subjected to a water-filled karst cave[J]. Rock Mechanics and Rock Engineering, 54: 3737-3756.

3 隧道断层破碎带突涌水灾害防控技术研究

隧道工程是非常复杂的系统化工程，受地质作用的综合影响，隧道断层破碎带会产生地质迁移，若其中的软弱夹层区域内降水较多，或地下水十分丰富，那么在该区域开展隧道挖掘施工就易发生涌水、突泥等突发性地质灾害。隧道面临"高应力、强岩溶、高水压、构造复杂、灾害频发"等问题，极易产生"强突发性、超大流量、高水压力"的突水突泥灾害。突水突泥灾害还会引起次生灾害的发生，如围岩垮塌、地表塌陷、水资源枯竭及生态破坏等，对经济和社会造成严重不良影响。隧道突涌水灾变过程极为复杂，导致灾害发生具有强突发性和强致灾性，已经成为制约隧道工程快速发展的重要工程难题之一。隧道及地下工程突涌水灾害防控的基础理论与关键技术难题的研究，既是我国基础设施工程建设亟待解决的工程难题，又是国际科学前沿问题。

3.1 突涌水灾害等级评价及影响因素分析

3.1.1 突涌水灾害发生概率等级评价指标体系

隧道突涌水灾害发生概率评价指标体系的指标应涵盖隧道突涌水灾害的各项影响因素。影响隧道突涌水灾害发生的因素具有复杂性和多面性，因此需要将众多因素分成多个层级和类别，进行分级综合评价。通过调研，并对因素间的相互关联和影响作用情况进行分析，得到了 5 个一级要素和 17 个二级要素。5 个一级要素分别为自然因素、工程地质因素、水文地质因素、设计因素和施工因素；17 个二级要素分别为降水量、地形地貌、围岩级别、地层岩性、岩层产状、破碎带、蚀变带或接触带、层面与层间裂隙、不良地质、围岩含水量、地下水位高差、含水层渗透性、等效断面面积、深度比、开挖方法、支护措施和爆破扰动。隧道突涌水灾害发生概率评价指标体系一级、二级要素的分类情况如图 3-1 所示，其中，一级要素作为指标体系的准则层。

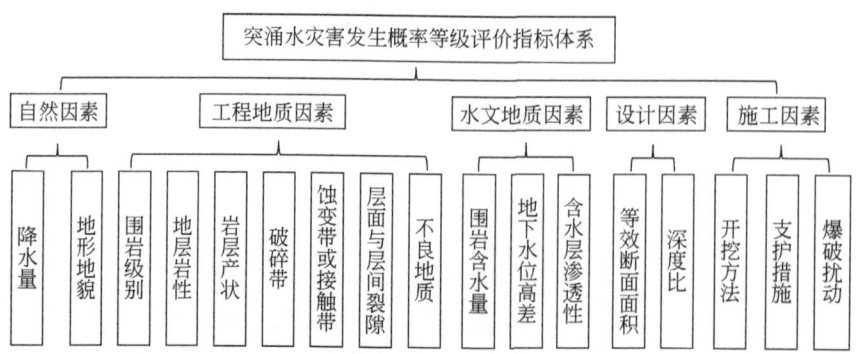

图 3-1 突涌水灾害发生概率评价指标体系分类

1. 自然因素

1) 降水量

隧道周围若存在大量的塌陷、漏斗、水洞和岩溶沟渠，降水可以通过这些区域直接渗流补给地下水。长时间的阴雨天气以及暴雨天气会形成过大的降水量，尤其是长时间连续降水，会导致大量的水渗透进入地表，造成岩体软化，而且使得孔隙水压力大大增加，很大程度上降低了地层的承重能力，从而导致突涌灾害发生。降水是造成隧道突涌的一个很重要的因素，根据区域年降水量的多少将降水量指标划分为 5 个水平：<200 mm、200~<500 mm、500~<800 mm、800~1000 mm、>1000 mm。

2) 地形地貌

地形地貌是地下水运移及发育的地质环境，直接影响地下水的汇集面积与补给面积，比如洼地、落水洞、漏斗、沟槽等都是地下水的汇集点。地形地貌的坡度则直接影响地下水的渗流速度和流量，进而影响着隧道涌水量的大小。可将影响隧道突涌水风险等级的地形地貌因素划分为五个等级：①平坦无地表水汇集；②小型负地形（<2 km^2）；③中型负地形且为汇水区（2~5 km^2）；④大型负地形（>5 km^2）或溪流或水田；⑤水库或河流。

2. 工程地质因素

1) 围岩级别

围岩力学性质是突涌水灾害是否发生的重要因素。若围岩完整性好、强度高、无不利结构面，则抗变形能力强，施工扰动变形量小，在施作超前地质预报与监控量测等措施情况下，一般不易发生突涌水等灾害。若围岩完整性差、强度低、不利结构面发育，则抗变形能力弱，施工扰动变形量大，特别是断层破碎带、充填型溶腔等软弱带（体）在地下水作用下，较易产生渗透失稳或整体挤出破坏，施工稍有不当，即可造成突水突泥等灾害。

2) 地层岩性

岩性是隧道洞内地质灾害的物质基础，是隧道洞内地下水的赋存和运移场所。地层岩性对突涌水风险构成影响主要表现在岩石的矿物成分、岩体结构特征、可溶性以及透水性等方面。

隧洞中的岩溶区是突涌水的高发区，而对岩溶发育起控制性作用的是岩石的可溶性。地层岩性由岩石结构和岩石类型两个二级指标表征。不同岩石类型的岩层溶化程度等级划分如表 3-1 所示。

表 3-1 不同岩石类型的岩层溶化程度等级划分表

岩性等级	岩性特征	结构特征	透水性
强可溶岩	纯灰岩、大理岩	稀疏宽大的原生裂隙	强
中等可溶岩	泥质灰岩、厚层大理岩	镶嵌结构、孔隙率较高	较强
弱可溶岩	泥质灰岩、白云岩	裂隙网络泥质填充、白云岩或方解石岩脉填充	较弱
非可溶岩	相对隔水层，如砂岩、页岩	整体结构较好	弱

3）岩层产状

在超长深埋隧洞中，岩层的产状复杂多变，岩层走向、倾角、倾向的不同对岩溶发育和地下水的流动有重要影响。地下水在岩层中的渗透性具有各向异性，沿垂直方向远小于水平方向；岩层产状对岩溶区域扩张、发育程度亦产生影响，水平状岩层比垂直状岩层的发育程度强，可用岩层倾角作为描述岩层产状的因子。

溶蚀裂隙的发育程度和扩展方向决定了溶洞的发育程度、方向和大小。不同倾斜角度的岩层直接导致不同的地下水补给、径流速度和存储，影响岩溶发育的程度。岩层倾角约为 45°时，地下水遇到的空气阻力最小，使得地下水径流最快，水力侵蚀强烈，岩溶发育程度最高，岩溶洞穴形成概率最大。许振浩等（2011）根据资料统计分析，认为最有利于岩溶发育的岩层产状是倾角为 25°～65°的向斜或背斜翼部，岩层倾角为 0°～10°时，发生突涌水的风险最小。根据岩层倾角、岩溶发育程度和溶洞形成概率，可将岩层产状水平分级为 4 级，如表 3-2 所示。

表 3-2 岩层产状水平分级表

岩层倾角/（°）	岩溶发育程度	溶洞形成概率/%
0～10	无	10
80～90	弱发育	27
10～25	发育	27
25～65	极发育	36

4）破碎带

破碎带主要包括断层带、节理裂隙带、构造带和风化深槽等。破碎带岩土体物理力学性能差，而且富含地下水，易于发生突泥涌水事故。尤其是断裂风化破碎夹层以及褶皱等地层强度较低，容易发生形变，而且透水性能强，因此这类地层在力学性能方面与其他地质类型有很大差异。加之勘测方面的误差，往往形成的突涌水灾害呈现强破坏性及突发性。突涌水的运移通道和储水构造主要考虑不良地质的断层，可用破碎带宽度表述运移通道宽度，用破碎带性质反映导水性能，通常选用两个二级指标（破碎带性质、破碎带宽度）来评价破碎带对突涌水的影响。

5）蚀变带或接触带

在软弱蚀变带和岩性接触带附近，两者的矿物成分、化学成分、温度、压力等差异，导致两者间为适应新的物理-化学条件发生热变质、接触交代变质而产生新的矿物或矿物组合，在接触带附近形成新的蚀变岩。而蚀变演化过程经常发育蒙脱石化、伊利石化、高岭石化蚀变，造成岩石完整性变差、强度弱化，从而导致地面和地下工程开发中坍塌、突泥、底鼓、滑坡等问题，给工程建设造成极大困难。

6）层面与层间裂隙

层面与层间裂隙的发育程度影响地下水的活动程度和渗流条件，并在地下水动力学和溶蚀动力学方面引起岩溶发育形态的变化。一般来说，在层面与层间裂隙较发育的地区，地下水活动频繁，岩溶发育；在裂隙极其发育的石灰岩中，常形成不同规模的溶洞，岩溶发育程度较高。在该地层中施工时容易发生坍塌和突涌水事故。在裂隙较发育的薄层状灰岩中，由于灰岩强度较低，极易形成强富水带。

7）不良地质

不良地质是指岩溶、采空区、煤层及人为坑洞等。这些不良地质体往往作为突涌物质的储存空间及通道。因此，其同突涌灾害的孕育、演化密切相关。根据相关研究成果，对不良地质的等级划分见表3-3。

表3-3 不良地质的等级划分表

等级划分	突涌水灾害发生条件
强致灾性	开挖轮廓线2倍洞径范围内有大型溶洞、采空区、人为坑洞等不良地质体
较强致灾性	开挖轮廓线2倍洞径范围外有大型溶洞、采空区、人为坑洞等不良地质体或2倍洞径范围内有小型不良地质体
中致灾性	隧道开挖轮廓线2倍洞径范围外有中型不良地质体
弱致灾性	隧道开挖轮廓线附近有连通性较差的小型不良地质体
无致灾性	隧道开挖轮廓线附近无连通性差的不良地质体

3. 水文地质因素

1）围岩含水量

水是所有可能导致突涌灾害发生的原因中影响力最大的因素。地下水不仅仅能够经过静水压力、物理作用、化学反应（水解、氧化等），使得岩石的自稳能力大幅度下降；而且还能够和周围较软的岩石发生耦合效应，蕴含巨大能量，往往突破围岩造成突涌灾害。所以，在有关水文地质的各个因素中，岩体的涌水量和含水量是影响突涌灾害发生的关键因素，通常将围岩含水量分为五个等级：无水、贫水、弱富水、较富水、富水。

2）地下水位高差

地下水是突涌水的基本因素。当灾害源位于岩溶水不同的垂直动力带时，其致灾特征也不同。饱和带位于地下水位上，岩溶管道以导水为主，水量小；季节变化带岩溶作用强，岩溶管网密集，集水能力强；饱和带位于地下水位以下，地下水常年循环，形成了完整的岩溶管道系统。管道储水能力大，随着深度的增加，水压逐渐升高。以地下水位与隧道底板间的差作为地下水位影响的评价指标，地下水位的影响可划分为四个水平：<10 m、$10\sim<30$ m、$30\sim<60$ m、>60 m。

3）含水层渗透性

含水层的渗透性直接影响到岩溶水系统的补给速度和补给范围。在没有明显的地质缺陷岩体中，节理裂隙是裂隙岩体中地下水的主要渗流通道，因此，含水层的渗透性与岩溶管道周围岩体的完整性密切相关。可将含水层的渗透性划分为四个水平：$0\sim<1$ m/d、$1\sim<5$ m/d、$5\sim10$ m/d、>10 m/d。

4. 设计因素

1）等效断面面积

由于隧道掌子面的空间效应和变形的时间效应受围岩的扰动、变形和应力调整的影响，隧道的截面越大,破坏范围和概率也就较大。若仅考虑隧道开挖断面的大小,可划分为:非常小($<40\ m^2$)、小型($40\sim<60\ m^2$)、中型($60\sim<90\ m^2$)、较大型($90\sim120\ m^2$)和大型($>120\ m^2$)。

2)深度比

深度比指隧道洞顶到地表的距离(埋深)与隧道高度的比值。在对深埋隧道进行开挖后,隧道上方产生承重能力很好的拱圈。如果覆盖隧道的地层比较薄,那么开挖隧道时产生的力会传到地面,导致不能产生自然拱,那么隧道围岩的稳定性就会大大降低,如果开挖后隧道的支撑力过小,容易导致岩体倒塌。所以隧道越浅,具有的稳定性和支撑能力就越差,就越容易发生坍塌和突涌水事故,可将深度比分为四个等级:<10、$10\sim<20$、$20\sim40$、>40。

5. 施工因素

1)开挖方法

隧道建设中开挖方法的选取,一般依据围岩等级、机械设备、施工水平等综合确定,合理地选择开挖方法能够有效地预防突涌水灾害的发生,对于隧道的安全性起着重要的作用。

2)支护措施

隧道施工过程中针对突水涌泥灾害一般采取超前支护手段,目的是加固围岩或者排水降压,以此来确保施工安全。隧道超前支护的方法有许多种,包括超前锚杆、超前小导管、超前大管棚等。选择合理的支护方案对隧道的稳定性有很大影响,进而影响着隧道发生突涌水的概率。由于难以对支护措施进行定量化的划分,实际工程中多采用定性的语言来描述施工方法的合理性,可将支护方法分为四个等级:合理、较合理、较不合理、不合理。

3)爆破扰动

隧道施工中爆破方案的选取至关重要,爆破会对隧道围岩产生扰动,当隧道周边的岩溶构造、溶洞等受到震动时,可能会引起这些地质构造破裂和贯通,提高了突涌水灾害发生的概率。按照爆破扰动的大小,将其划分为四个等级:无扰动、轻微扰动、中等扰动、巨大扰动。

3.1.2 隧道突涌水灾害发生概率评价指标权重计算

1. 计算方法概述

1)专家打分法

为确定评价体系指标主观权重,需邀请本专业内专业知识、实际工作经验丰富的专家,判断决策体系指标的重要程度,其结果用于层次分析法中的第一步——构建判断矩阵。

所邀请专家须根据调查人制定好的评分规则(表3-4),分层对决策体系指标重要程度发表意见,并将意见填入调查人设计的调查表中,由调查人汇总。

表 3-4 重要程度标度表

指标重要性等级	标度	含义
一般重要	1～3	标度为 1 时表征的重要程度最小,标度为 3 时表征的重要程度最大
明显重要	4～6	标度为 4 时表征的重要程度最小,标度为 6 时表征的重要程度最大
强烈重要	7～9	标度为 7 时表征的重要程度最小,标度为 9 时表征的重要程度最大

2) 层次分析法

根据各专家给出的决策体系指标重要程度标度,利用层次分析法分别进行指标主观权重计算。层次分析法的计算过程为构建判断矩阵、计算权重值、计算最大特征根、一致性检验。

A. 构建判断矩阵

判断矩阵是由指标层各因素对目标层影响的相对重要程度进行两两比较数值组成。用 1～9 级表示重要程度的情况来达到量化的结果,将数字分成奇数和偶数,奇数从小到大表示重要性递增,偶数表示重要性居于相邻奇数之间,具体如表 3-5 所示。

表 3-5 判断矩阵标度及其含义

标度	含义
1	表示两个因素相比,具有相同的重要性
3	表示两个因素相比,一个因素比另一个因素稍微重要
5	表示两个因素相比,一个因素比另一个因素明显重要
7	表示两个因素相比,一个因素比另一个因素强烈重要
9	表示两个因素相比,一个因素比另一个因素极端重要
2、4、6、8	分别为上述相邻判断的中值
备注	因素 i 与因素 j 相比得 b_{ij},且 i 与 j 比判断为 $1/b_{ij}$

利用上述标度,可对每一层次中各因素相对重要性给出判断,得到判断矩阵(**A**),通过计算与比较分析,并进行判断矩阵的一致性检验。经过多次比较调整和检验,即可得出合理的判断矩阵,如式(3-1)所示。

$$A = \begin{bmatrix} b_{11} & b_{12} & \cdots & b_{1n} \\ b_{21} & b_{22} & \cdots & b_{2n} \\ \vdots & \vdots & & \vdots \\ b_{n1} & b_{n2} & \cdots & b_{nn} \end{bmatrix} \quad (3\text{-}1)$$

式中,b_{ij} 为因素 i 与因素 j 相比后得到的重要性比值。

B. 计算特征向量和指标权重

对矩阵各列求和,得到 $\sum_{i=1}^{n} b_{ij}$,根据式(3-2)对每一列进行归一化处理:

$$B = \frac{b_{ij}}{\sum_{i=1}^{n} b_{ij}} \quad (3\text{-}2)$$

计算得到特征向量（B）后，对特征向量进行归一化处理，得到计算指标的权重值（W_i），如式（3-3）所示。

$$W_i = \frac{B_j}{\sum_{j=1}^{n} B_j} \quad (3\text{-}3)$$

C. 一致性检验

判断矩阵是研究人员凭借个人知识及经验建立起来的，会有研究人员的主观因素，从而存在误差。为使判断结果更好地与实际状况相吻合，在得到最大特征值后，还需要进行一致性检验。若检验通过，则证明计算所得的权重可靠、合理；若不通过，则需要重新构造判断矩阵，重新计算。

进行一致性检验，首先需要计算最大特征根（λ_{max}）[式（3-4）]，再利用判断矩阵的一致性检验公式 $C_r = C_i/RI$ 进行计算，其中 C_r 为一致性比率，C_i 为一致性检验指标，按式（3-5）计算。

$$\lambda_{max} = \sum_{i=1}^{n} \frac{(AW)_i}{nW_i} \quad (3\text{-}4)$$

$$C_i = \frac{\lambda_{max} - n}{n - 1} \quad (3\text{-}5)$$

式中，n 为判断矩阵的阶数；RI 为随机一致性指标，具体取值见表 3-6 所示。

表 3-6 随机一致性指标（RI）的数值表

n	1	2	3	4	5	6	7	8	9	10	11
RI	0	0	0.58	0.90	1.12	1.24	1.32	1.41	1.45	1.49	1.51

当一致性比率 $C_r < 0.1$ 时，认为 A 的不一致程度在允许范围之内，计算所得权重合理，否则要重新构造成判断矩阵，对 A 加以调整。

3）熵权法

受不完备信息和对目标认识程度等不确定因素的影响，通过层次分析法计算所得到的指标主观权重通常具有较大的差别，而熵权法能够解决多指标综合评价问题。熵权法的主要计算过程包括数据标准化、求解信息熵、求解指标权重。

设 S_1、S_2、$\cdots$、S_m 为 m 个专家，其构成评价专家组。B_1、B_2、$\cdots$、B_n 为 n 个待评价目标。$x_{ij}(i=1,2,\cdots,m;j=1,2,\cdots,n)$ 是第 j 个专家对第 i 个指标的指标主观权重。主观指标向量 $\boldsymbol{x}_j = (x_{1j}, x_{2j}, \cdots, x_{nj})^T \in E^n$ 是专家在一次评价过程中的评价结果，矩阵 $\boldsymbol{X} = (x_{ij})_{n \times m}$ 是专家组的评价结果。

A. 数据标准化

首先，分别按列筛选出矩阵 $\boldsymbol{X} = (x_{ij})_{n \times m}$ 中的 n 个最大值及 n 个最小值，利用式（3-6）对矩阵内数据进行标准化处理，得到归一化矩阵 $\boldsymbol{Y} = (y_{ij})_{n \times m}$。

$$Y_{ij} = \frac{x_{ij} - \min(x_i)}{\max(x_i) - \min(x_i)} \tag{3-6}$$

式中，$\max(x_i)$ 为按列筛选所得最大值；$\min(x_i)$ 为按列筛选所得最小值。

B. 求解信息熵

根据信息论中信息熵的定义，利用信息熵计算公式[式(3-7)]，得到各指标信息熵（E_j）。

$$E_j = -\ln(m)^{-1} \sum_{i=1}^{n} p_{ij} \ln p_{ij} \tag{3-7}$$

式中，p_{ij} 为第 j 个专家对第 i 个指标赋予的指标主观权重的比重，可由式（3-8）进行计算，若 $p_{ij}=0$，定义 $\lim_{p_{ij} \to 0} p_{ij} \ln p_{ij} = 0$。

$$p_{ij} = \frac{y_{ij}}{\sum_{i=1}^{n} y_{ij}} \tag{3-8}$$

熵值（E_j）表示各专家给出的指标主观权重的不确定性程度，从而能够衡量该专家的评价水平。熵值越小，则专家的评价水平越高，评价结果的可信度越高；反之，熵值越大，专家给出的指标主观权重可信度越低。

C. 求解指标权重

根据各指标信息熵，利用各指标权重计算公式[式（3-9）]，得到各专家水平权重。

$$c_j = \frac{1 - E_j}{m - \sum_{i=1}^{m} E_j} (i=1,2,\cdots,m) \tag{3-9}$$

式中，E_j 为第 j 个专家水平熵值。

c_j 值越大，表示专家 j 的意见在评价中占的比重越大；反之，c_j 值越小，则表示专家 j 的意见在评价中占的比重越小。

D. 加权融合计算组合权重

设 m 为专家组成员个数，n 为指标个数。层次分析法计算所得为指标主观权重，第 j 个专家给出的指标主观权重向量为 $W_j = (w_{j1}, w_{j2}, \cdots, w_{jn})^T$。满足 $0 < w_{jl} < 1$，$\sum_{i=1}^{n} w_{ji} = 1, i=1,2,\cdots,n; j=1,2,\cdots,m$。

熵权法计算所得为专家自身权重，专家自身权重向量为 $c = (c_1, c_2, \cdots, c_m)^T$，满足 $0 < c_j < 1$，$\sum_{j=1}^{m} c_j = 1, j=1,2,\cdots,m$。

将指标主观权重与专家自身权重进行加权融合，可得到决策指标组合权重向量 $W = (w_1, w_2, \cdots, w_n)^T$，其中 $W_i = \sum_{j=1}^{m} w_{ji} \times c_j$，满足 $0 < W_i < 1$，$\sum_{i=1}^{n} W_i = 1$，$i=1,2,\cdots,n$；$j=1,2,\cdots,m$。

将利用层次分析法计算出的指标主观权重与熵权法计算出的专家自身权重进行加权融合，既考虑了专家的主观判断，又避免了主观随意性对决策结果的干扰，能够较好地反映评价对象的复杂性和多样性。该方法计算所得组合权重优于按算术平均方法计算所得组合权重。另外，可根据指标主观权重具体情况将权重极小的专家意见剔除，并将其他专家意见的权重归一计算，从而提高最终权重的准确性。

2. 各指标权重计算

隧道突涌水发生概率等级评价体系包含自然因素、工程地质因素、水文地质因素、设计因素、施工因素五个方面。将其分别命名为 A1、A2、A3、A4、A5，通过判断矩阵来计算各影响因素权重。在得到指标主观权重后，利用熵权法对专家水平进行分析，得到专家水平熵值及自身权重，进而利用加权融合的方法，得到同时考虑指标主观权重和专家自身权重的指标组合权重。

3.1.3 隧道突涌水灾害发生概率等级评价

为确保隧道突涌水灾害发生概率等级评价指标权重在实践中的效果，需选择操作简便、科学可靠的方法进行决策。常用的决策方法包括分层评估法、加权平均法、模糊综合评价法。由于隧道突涌水灾害发生概率等级评价过程中需考虑的因素复杂多变，部分因素的实际情况并不完全是"非此即彼"的明晰性形态，多数情况下属于"亦此亦彼"的过渡性形态，难以进行定量处理。采用模糊综合评价法进行决策，利用模糊集合和隶属度的概念对模糊不确定性因素进行量化处理，为解决隧道突涌水灾害发生概率等级评价不确定性问题提供了可行方法。

1. 模糊综合评价法原理及基本概念

1）模糊集合的概念

对于普通集合，一个元素 x 和一个集合 A 的关系只能是 $x \in A$ 或 $x \notin A$。普通集合也可以通过特征函数来刻画，并且每一个集合都有一个特征函数。设 A 是论域 U 中的一个集合，对任意的 $x \in U$，令

$$V_A(x) = \begin{cases} 1 & (当 x \in A) \\ 0 & (当 x \notin A) \end{cases} \tag{3-10}$$

则称 $V_A(x)$ 为集合 A 的特征函数。

$V_A(x)$ 是定义在 U 上的一个实值函数，表征 x 对 A 的隶属程度（只有 1 和 0 两种极端状况）。

模糊数学则是将二值逻辑 $\{0,1\}$ 推广到可取 $[0,1]$ 上无穷多个数的连续逻辑。因此，特征函数隶属函数 $\mu(x)$，它满足：$0 < \mu(x) < 1$。

设给定论域 U 上的模糊集合 A，指定 U 为 $[0,1]$ 的映射：

$$\mu_A: U \to [0,1]$$
$$\mu_A: x \to \mu_A(x)$$

式中，μ_A 为 A 的隶属函数；$\mu_A(x)$ 为 x 对 A 的隶属程度。

论域 U 上的模糊集合 A 由隶属度 $\mu_A(x)$ 表征，$\mu_A(x)$ 的取值范围为区间 $[0,1]$，$\mu_A(x)$

的大小反映了 x 对模糊集合的隶属程度。当 $\mu_A(x)$ 值接近于 1 时，表示 x 从属于 A 的程度很高；当 $\mu_A(x)$ 值接近于 0 时，表示 x 从属于 A 的程度很低；特别是当 $\mu_A(x)$ 的值域取 [0, 1] 闭区间的两个端点，亦即 {0, 1} 两个值时，A 退化为一个普通集合，即隶属函数退化为特征函数。

2）模糊关系与模糊矩阵

若客观事物之间存在着中间过渡、界限不清的关系，则称为模糊关系。

模糊关系是模糊集合的推广，表现了事物之间更广泛的联系。如果设定因素集 U 和评判集 V 分别为有限集合 $U=\{u_1,u_2,\cdots,u_m\}$，$V=\{v_1,v_2,\cdots,v_n\}$，那么 $U \times V$ 的模糊关系 $\boldsymbol{R}$ 可以用 $m \times n$ 阶矩阵表示为

$$\boldsymbol{R} = (r_{ij})_{m \times n} = \begin{bmatrix} r_{11} & r_{12} & \cdots & r_{1n} \\ r_{21} & r_{22} & \cdots & r_{2n} \\ \vdots & \vdots & & \vdots \\ r_{m1} & r_{m2} & \cdots & r_{mn} \end{bmatrix}$$

矩阵 $\boldsymbol{R}$ 即为模糊矩阵。式中 r_{ij} 即表示集合 U 中第 i 个元素 u_i 隶属于集合 V 中第 j 个元素 v_j 的程度。

$$r_{ij} = \boldsymbol{R}(u_i, v_j), \quad r_{ij} \in [0,1]$$

2. 模糊综合评价的基本步骤

模糊评价的基本步骤分为两类，一类为单层次模糊综合评价，另一类为多层次模糊综合评价。隧道突涌水灾害发生概率等级评价问题属于多层次模糊综合评价。多层次模糊综合评价的主要步骤如下：首先对最低层次的各因素进行单层次模糊综合评价，其评价结果构成上一层次的模糊矩阵；然后对上一层次的各因素再次进行单层次模糊综合评价，以此类推，最终可得到总的模糊综合评价结果。

（1）把因素论域根据属性划分成 s 个子集：

$$\begin{cases} U = \{U_1, U_2, \cdots, U_s\} \\ U_i \cap U_j = \varnothing, (i \neq j) \end{cases} \tag{3-11}$$

（2）对每一个因素子集，分别进行单层次模糊综合评价。设评价等级论域为 $V = \{v_1, v_2, \cdots, v_n\}$，因素 u_{ij} 相对于子集 U_i 的权重向量为 $\boldsymbol{A}_i = \{a_{i1}, a_{i2}, \cdots, a_{im}\}$，其单因素评价矩阵为 $\boldsymbol{R}_i$，可表示为

$$\boldsymbol{R}_i = \begin{bmatrix} R_1 \\ R_2 \\ \vdots \\ R_s \end{bmatrix} = \begin{bmatrix} r_{11} & r_{12} & \cdots & r_{1n} \\ r_{21} & r_{22} & \cdots & r_{2n} \\ \vdots & \vdots & & \vdots \\ r_{s1} & r_{s2} & \cdots & r_{sn} \end{bmatrix} \tag{3-12}$$

式中，r_{ij} 为评价因素 u_i 对评语集中元素 v_j 的隶属度。

按照单层次模糊综合评价方法可得到子集 U_i 的模糊综合评价结果：

$$\boldsymbol{B}_i = \boldsymbol{A}_i \cdot \boldsymbol{R}_i = (b_{i1}, b_{i2}, \cdots, b_{in})$$

或 $\boldsymbol{B}_i = (b_{i1}, b_{i2}, \cdots, b_{im}) = (a_{i1}, a_{i2}, \cdots, a_{im}) \circ \begin{bmatrix} r_{11} & r_{12} & \cdots & r_{1n} \\ r_{21} & r_{22} & \cdots & r_{2n} \\ \vdots & \vdots & & \vdots \\ r_{m1} & r_{m2} & \cdots & r_{mn} \end{bmatrix}$ (3-13)

式中，B 为模糊综合评价集，即为模糊综合评价的结果；$b_j(j=1,2,\cdots,m)$ 为模糊综合评价指标，反映了因素集中元素对各等级的总体隶属程度；$\circ$ 为模糊合成算子 $M(\otimes, \Theta)$，"$\otimes$" 和 "Θ" 是模糊变换的两种运算。

模糊合成算子 $M(\otimes, \Theta)$ 由两步运算组成：首先进行第一步 "$\otimes$" 运算，用于 a_i 对 r_{ij} 的修正；然后进行第二步 "Θ" 运算，用于 a_i 对 r_{ij} 的综合。其具体表现形式为

$$B = A \circ R = (b_1, b_2, \cdots, b_m) = (a_1 \otimes r_{1j}) \Theta (a_2 \otimes r_{2j}) \Theta \cdots \Theta (a_n \otimes r_{nj}) \quad (j=1,2,\cdots,m)$$

常用的模糊合成算子类型见表 3-7。

表 3-7 常用的模糊合成算子类型

类型		算子含义
（取小，取大）	(∧, ∨)	$a \wedge b = \min(a,b), a \vee b = \max(a,b)$
（乘积，取大）	(*, ∨)	$a * b = b * a, a \vee b = \max(a,b)$
（取小，有界和）	(∧, +)	$a \wedge b = \min(a,b), a+b = \max(a+b,1)$
（乘积，有界和）	(*, +)	$a * b = b * a, a+b = \max(a+b,1)$

在隧道突涌水灾害发生概率等级评价中，以采用（乘积，有界和）算子为宜，其运算式为

$$b_j = \min \left\{ \sum_{i=1}^n a_i r_{ij}, 1 \right\} \quad j=(1,2,\cdots,m) \tag{3-14}$$

这种算子的优点是在运算时兼顾了各元素的权重大小，评价结果体现了被评价对象的整体特征，包含了所有因素的共同作用。另外，这种算子很好地解决了模糊综合评价失效的问题，适用于隧道突涌水灾害发生概率等级评价。

（3）把每一个子集 U_i 看成为一个综合因素，B_i 作为其单因素评价结果，可得隶属关系矩阵：

$$\widetilde{R} = \begin{bmatrix} B_1 \\ B_2 \\ \vdots \\ B_s \end{bmatrix} = \begin{bmatrix} b_{11} & b_{12} & \cdots & b_{1n} \\ b_{21} & b_{22} & \cdots & b_{2n} \\ \vdots & \vdots & & \vdots \\ b_{s1} & b_{s2} & \cdots & b_{sn} \end{bmatrix} = \begin{bmatrix} \tilde{r}_{11} & \tilde{r}_{12} & \cdots & \tilde{r}_{1n} \\ \tilde{r}_{21} & \tilde{r}_{22} & \cdots & \tilde{r}_{2n} \\ \vdots & \vdots & & \vdots \\ \tilde{r}_{s1} & \tilde{r}_{s2} & \cdots & \tilde{r}_{sn} \end{bmatrix} \tag{3-15}$$

设定综合因素 U_i 的权重向量为 $W = \{w_1, w_2, \cdots, w_n\}$，则二级模糊综合评价结果如式（3-16）所示，并以此类推。

$$W \cdot \widetilde{R} = (w_1, w_2, \cdots, w_n) \cdot \begin{bmatrix} \tilde{r}_{11} & \tilde{r}_{12} & \cdots & \tilde{r}_{1n} \\ \tilde{r}_{21} & \tilde{r}_{22} & \cdots & \tilde{r}_{1n} \\ \vdots & \vdots & & \vdots \\ \tilde{r}_{s1} & \tilde{r}_{s2} & \cdots & \tilde{r}_{sn} \end{bmatrix} \qquad (3\text{-}16)$$

（4）模糊综合评价结果的确定。

模糊综合评价是评价对象对各等级模糊子集对应的隶属度数值，是由模糊子集构成一个向量而不是一个点值，反映了评价对象在评价等级集中的等级情况。模糊综合评价结果中的评价对象并不严格隶属于某一个级别，而是在各个级别中都有分值分布，各分值表明了评价对象隶属于各级别的大小。

针对模糊综合评价结果分析的方法主要有：最大隶属度法、加权平均法、最大接近度法等。

3.1.4 隧道突涌水灾害影响因素

隧道断层破碎带突涌水的影响因素繁多且复杂，总体上可以概括为工程地质因素、水文地质因素和工程因素。工程地质因素主要包括地形地貌、地层岩性及结构特征、地质构造和花岗岩风化特性等；水文地质因素主要包括气象条件和水文条件等；工程因素主要包括设计因素、施工因素和管理因素等。

1. 工程地质因素

1）地形地貌

地形地貌对于隧道突涌水有着重要的影响，从宏观上控制着不同类别的岩土分布，影响着隧道围岩的类别、稳定性及渗透性，地下水的埋藏及补给、渗流，以及围岩的局部应力状态。

地形地貌反映了岩土体在三维空间的展布特点，不同的地势位置一般具有不同的地应力特征，如向斜构造时的挤压作用使岩体内储存了较高的地应力，即便在后期的剥蚀作用下，也难以完全松弛释放；水流冲刷作用导致河流阶地面剥蚀，使得地应力可能大于其实际自重应力，呈现超固结状态；从山顶到山脚不同位置处，应力集中及作用方向也会发生改变，易发生应力集中现象。因此，地形地貌通过影响隧道围岩应力对隧道的突涌水产生影响。

2）地层岩性及结构特征

围岩的成分、特性、结构等决定了其强度、变形特性、风化特征、渗透性等，深刻影响着围岩的稳定性及变形规律等，是突涌水灾害的类型、发展及演变规律的重要影响因素。

A. 围岩成分对强度及风化特征的影响

岩石由各种矿物构成，不同的矿物成分具有不同的物理、力学及化学特性，对岩石的力学性能有直接影响。通常情况下，硬质矿物成分含量越高，比如石英、长石等含量越高，岩石强度越高，抵抗变形的能力越强，其弹性、脆性就比较显著；而硬度低的矿物，如云母、绿泥石、高岭石及蒙脱石含量越高，岩石强度就越低，抵抗变形的能力越弱，其塑性、韧性就比较明显。

岩石的风化特征也受矿物成分的影响。在自然界常见的成岩矿物中，石英是最稳定的，长石稳定性一般，角闪石次之，辉石再次之，橄榄石最易风化。因此，岩石成分不同，其抗风化能力差别会较大。

B. 围岩结构及构造特征对物理力学特性的影响

除受矿物成分本身性质影响外，岩石的物理力学特性还受岩石的结构及构造影响。矿物成分的颗粒形状、排列组合方式以及晶体形态、胶结方式或者原生层理、节理等特征，均会对岩石的物理力学特性产生较大的影响。一般来说，颗粒形状比较均匀、胶结比较好、晶粒细、层理或节理较少的岩石强度较高。完整岩石比破碎岩石的强度更高，也更稳定。块状构造岩石要比层状构造岩石更稳定，厚层状构造岩石要比薄层状构造岩石更稳定。

C. 地层岩性及结构特征对突涌水的综合影响

岩性及结构特征对岩石的强度、变形特性、风化特性、特殊理化性质、均匀性及连续性等具有重要影响。从岩质看，脆性岩石一般强度较高，不易被水流冲刷、侵蚀，围岩稳定性较好，透水性好，此类岩石隧道突涌水以直接突涌水为主，且不易坍塌。塑性岩石一般裂纹容易闭合，且含更多黏土矿物，强度较低，围岩稳定性差，变形后更具有流变、蠕变效应，压力拱易产生动态变化，易被冲刷、侵蚀，甚至软化、崩解。此类岩石隧道突涌水常伴发大规模的塌方，形成泥石混合流，并导致突涌水的滞后发生以及多次发生。

从围岩风化程度看，全风化岩体一般结构已经破坏，多呈松散状，稳定性极差，极易发生突涌水事故，且矿物发生蚀变后易软化崩解。

从围岩的结构特征看，完整性好的岩石自稳能力强，松动圈及裂隙开裂范围小，通常以局部破坏为主，而层理发育、结构面发育的岩石稳定性更差，渗透性更好，更容易发生大规模的突涌水事故。由此可见，地层岩性及结构特征对隧道突涌水具有显著影响。

3）**地质构造**

根据工程实践经验，岩层内的隧道突涌水多发生于岩溶地区及断层带内。对于非可溶的花岗岩地区隧道突涌水问题而言，地质构造的影响主要是形成并控制了区域的断裂构造，即断层带的分布特征。而断层带内围岩受构造挤压、剪切、错动或张拉作用，岩石通常呈现碎裂状、片理化、角砾化、糜棱化、泥化等现象，导致围岩较破碎，孔隙率较大，结构较松散，导水性、储水性较好。特别是张性断层带围岩更松散破碎，往往形成良好的储水构造，为隧道的突涌水提供了地下水来源。断裂构造特征、空间展布特点决定了区域断层带的富水性特点。因此，地质构造是富水断层带内隧道施工可能面临突涌水灾害的重要影响因素。

4）**花岗岩风化特性**

A. 一般岩石断层带风化特点

在不考虑断层带及岩层分界的影响下，岩石的风化线或者风化深度相对均匀，包括普通花岗岩自地表风化深度波动也不大。如石英砂岩、灰岩，特别是灰岩，除溶蚀及机械破碎外，基本上看不到风化带。普通沉积岩，如黏土类岩石，抵抗风化的能力较弱，具有遇水容易软化、崩解的特性，可形成大量的泥质填充裂隙。再比如泥岩，在自断裂构造形成后，地下水及空气难以深入地层深部而继续加剧岩层风化。故在泥岩的野外勘探中，断层带的风化属性与两侧较完整岩石基本一致，很少形成沿断层带的风化深槽。常规风化线以下，到达微风化或未风化层后断层带内仅仅是机械破碎后的新鲜岩块、岩屑、岩粉，几乎观测不到上部强-弱风化带中常见的铁锰质氧化物、次生高岭土条带等风化痕迹。

B. 花岗岩断层带风化特点及对突涌水的影响

据工程实践经验，花岗岩张性断层带一般多形成风化深槽，随着风化作用沿断层带向地表深处延伸，远远超过常规风化带数十米甚至数百米，导致断层带及两侧影响带内的岩石被风化蚀变呈砂土或含砂砾状黏性土，或散体状碎块，成为全强风化物甚至残积土，强度极低。

花岗岩断层带易形成风化深槽的特点引发了兴建隧洞时要面临的两个突出问题，即富水及全风化土、残积土等易软化崩解的围岩状况，以及断层影响下形成的大量易风化、具导水性的节理裂隙，由此导致隧洞涌水突泥的风险极高。同时，在深埋条件下，松散富水围岩塑性松动圈及塌落拱形成动态扩展效应，造成多层次的涌水突泥现象，具备滞后涌水突泥及二次涌水突泥，使得整体的涌水突泥现象更趋于复杂多变。

2. 水文地质因素

隧道突涌水形成的条件除了基本的导水、储水构造外，必须有充足的地下水及补给来源。其中，气象及地下水是主导因素。

1) **气象条件**

通常，地区地表径流的流量、水位及地下水在当地气象条件的主导下，受控于大气降水及地面蒸发的平衡关系。地区气温的高低决定了蒸发强度，而气候特点决定了地区的总降水量，降水强度则决定了短时间内的地表水量。

对隧道突涌水而言，从空间分布来看，大气降水丰沛地区一般突涌水多发。就时间而言，雨季突涌水灾害较枯水季节更为严重，短时间降水强度高，突涌水量会增大；丰水季节一般地下水水位的水压相对较高，有利于岩石裂隙的开展，因而易发生突涌水。通常情形下，各地地下水均具有明显季节性变化特点，相应地，隧道突涌水也随着季节气候及降水的变化而变化。

2) **水文条件**

围岩的富水性、地下水压力对于隧道突涌水具有明显的影响，在多雨湿润的地区或雨水丰沛的季节，张性断层内储备了丰富的地下水，更易发生突涌水灾害，且水量更大。在深埋条件下，水压较高，隧道内也易产生突涌水事故。高水压地下水具有更高的势能，会加速围岩裂隙开展，扩展渗流通道，加快渗流速度，加剧水流对岩石的冲刷侵蚀，从而引发围岩的劣化，降低围岩的强度，突破更厚的隔水岩墙，突涌水后会带出大量的岩块、岩屑及泥质。因此，高水压地下水极易引发大规模塌方及突涌水事故，可形成水石流、泥石流等。

地下水的补给条件对于隧道突涌水的水量及持续性也具有重要影响。地表径流发育，地下水与附近水源连通，加强了地下水的补给。断层带及附近岩质疏松，区域地表溪流发育，导致地表易被风化侵蚀，使得区域断层带内的地下水与地表水之间形成紧密的水力联系。同时，由于储水断层之间的相互连通及相互渗流补给作用，断层储水体加强了局部突涌水后的水力补给及突涌水总量，增大了隧道突涌水的概率，在深埋条件下突涌水的水量更具有持续性。

在断层破碎带区域，地下水风化作用使岩石强度降低。另外，断层破碎带区域内的残积土遇水软化、崩解后，容易产生塌落等大变形，在隧道突涌水后形成泥石流，造成大规模突泥灾害。

3. 工程因素

隧道断层突涌水的发生除了受上述地质因素影响外，还受设计、施工、管理等主观工程因素的影响。大量的工程实践表明，设计方案、施工方法和管理措施的不当，均会引起隧道发生大变形、坍塌，甚至是突水突泥等地质灾害。

1）设计因素

设计因素对隧道突涌水的影响主要包括勘察和设计两个方面。在勘察中，如果技术人员的水平有限，未能准确发现潜伏不良地质体，或是虽已了解不良地质体的初步情况，但对其可能导致的地质灾害认识不足或不够重视，而未及时采取正确有效的措施，这些都为地质灾害发生埋下了隐患。在设计中，如果采用了不合理的设计方案，或是发现实际地质条件与设计不相符时未及时进行修改等，也均可能导致隧道建设过程中发生不同形式的地质灾害。

2）施工因素

施工对隧道突涌水等地质灾害的影响可以归结于开挖和支护两个关键工序。隧道开挖方式对围岩稳定性有一定的影响，如果开挖速度过快，支护又未及时跟上，易导致灾害发生。支护可以约束围岩的变形，如果支护强度不够，会导致围岩产生大变形，并引发进一步的灾害。此外，受时空效应影响，隧道开挖后应及时支护，才能有效地防止围岩的过大变形和破坏。

3）管理因素

管理是否科学对隧道突涌水的发生与否也有重要的影响。如果管理人员知识水平不够，对现场施工环境变化信息掌握不够，或者管理人员意识不当，一味追求施工进度而忽视隧道施工过程中出现的异常情况，均会导致关键信息反馈不及时，错失阻止灾害发生的最佳时机，造成灾害的发生。

由于隧道工程的复杂性，围岩的变形破坏及突涌水的发展是动态变化的过程，且与地质环境相互影响。因此，勘察、设计及施工三者相辅相成，相互影响，甚至互为因果。在实际工程中，三者是不可分割的重要组成，任何一方面出现失误，都有可能造成严重后果。若勘察不准或者深度不够，突涌水产生的条件及位置则难以明确；若施工不科学，未按要求控制质量，则会留下安全隐患，如人为破坏防突岩层或强烈扰动围岩诱发突涌水事故。因此，在隧道建设过程中勘察、设计及施工的任何一个环节出现偏差，均有可能导致突涌水防控不力而事故多发。

3.2 断层破碎带隧道涌水量预测

3.2.1 常用隧道涌水量预测方法

20世纪50年代,日本学者高桥彦治在修建北陆隧道时,首次提出隧道突涌水经验公式。20世纪60年代后期,日本学者伊藤洋、佐藤邦明等根据室内渗流槽试验提出水下隧道的突涌水量预测的非稳定流方法。苏联学者V. I. Arvin和S. N. Numerov提出采用复数速度势理论计算水底条形渗渠的突涌水量。我国学者在国外突涌水量预测方法的基础上,发展的新型预测模型主要包括三类:非确定性模型、确定性模型和随机性数学模型。所采用的方法包括:地下水动力学方法、水均衡法、数值法、随机数学方法、非线性理论法、模型预测法等。

目前,区域最大涌水量可采用古德曼经验公式、佐藤邦明非稳定流公式预测,区域稳定涌水量的预测一般采用裘布依理论公式、佐藤邦明经验公式。

1. 解析法

解析法又称地下水动力学法,是一种常规传统的水文地质计算方法,该法对水文地质模型进行了概化,简化了水文地质条件,具有快速实用的特点。地下水动力学是在稳定流理论和非稳定流理论的基础上,结合实际工程经验推导出的半理论半经验公式,如基于稳定流理论的裘布依理论公式、科斯佳科夫公式、落河敏郎公式等,以及基于非稳定流理论的佐藤邦明公式、大岛洋志公式等。

1) 落河敏郎公式

隧道概化模型如图3-2所示,单位突涌水量计算公式为

$$q = K\left[\frac{H^2 - h^2}{R - r} + \frac{\pi(H - h)}{\ln(4R/W)}\right] \tag{3-17}$$

式中,q为隧道单位长度稳定突涌水量,m³/(d·km);K为隧道钻孔抽水试验取得的渗透系数,m/d;H为含水体厚度,m;h为隧道排水沟水深,m;R为隧道突涌水影响宽度,m;W为隧道断面宽度,m。

该公式适用条件为基岩山地越岭隧道,含水体为无界潜水。

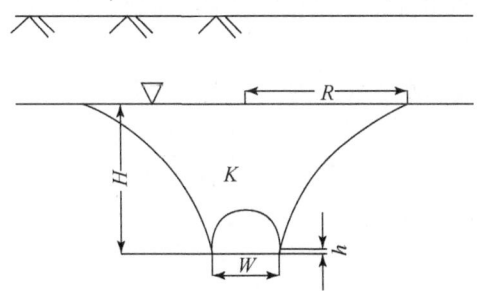

图3-2 潜水含水层概化模型

2) 大岛洋志公式

大岛洋志给出隧道可能最大突涌水量公式为

$$q = \frac{2\pi K(H-r)m}{\ln[4(H-r)/r]} \tag{3-18}$$

式中，q 为洞身通过含水体单位长度可能最大突涌水量，$m^3/(d \cdot km)$；K 为含水体渗透系数，m/d；H 为静止水位至洞底距离，m；r 为洞身横断面等价圆的半径，m；m 为转化系数，取 0.86。

适用条件：基岩山地越岭隧道，含水体为无界潜水，其概化后的模型如图 3-3 所示。

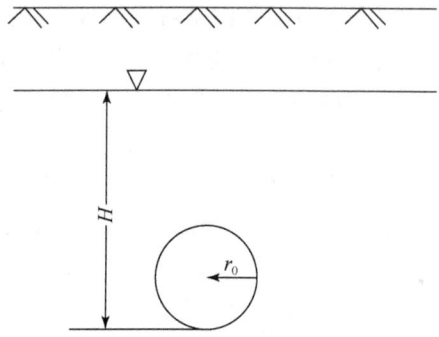

图 3-3　大岛洋志公式概化模型

3) 柯斯嘉科夫公式

柯斯嘉科夫隧道稳定突涌水量公式为

$$q = \frac{2\alpha KH}{\ln(R/r)} \tag{3-19}$$

式中，q 为隧道单位长度稳定突涌水量，$m^3/(d \cdot km)$；K 为隧道钻孔抽水试验取得的渗透系数，m/d；H 为含水体厚度，m；$\alpha = \pi/2 + H/R$ 为修正系数；R 为隧道突涌水影响宽度，m；r 为隧道横断面宽度的一半，即 $r = W/2$。

适用条件为基岩山地越岭隧道，含水体为无界潜水，含水体为无限厚度。概化后的模型如图 3-2 所示。

4) 裘布依理论公式

根据裘布依理论作如下假设：①层状含水结构中的各地层为均匀的多孔介质；②渗流符合达西定律，即各方向的渗流速度和水力坡度成正比；③层状含水结构中各地层的渗透系数各方向相同，见图 3-4。

裘布依理论隧道稳定突涌水量公式为

$$Q = KL \frac{H^2 - h^2}{2R} \tag{3-20}$$

式中，L 为隧道通过含水地层的长度。

2. 经验法

工程经验或工程类比法在工程实践中发挥着重要的作用，在许多情况下，工程经验依然是指导实践的主要方法。隧道突涌水量计算方法,尤其是基于地下水动力学理论并结合实际工程总结而得出的方法和公式,在其适用范围内,既简便好用又能达到一定的预测精度,可满足隧道工程勘测、初步设计和施工的要求。

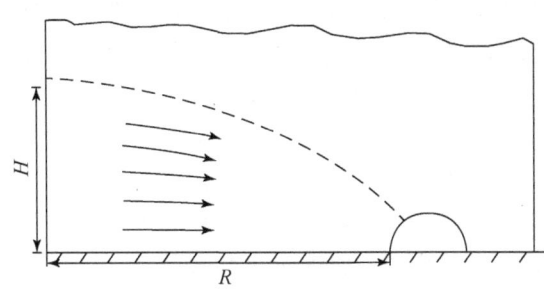

图 3-4 裘布依假定

1）福希海默公式

法国水利学家福希海默在 20 世纪 40 年代,为计算集取地下水的地下明渠流量提出如下公式:

$$q = K(H_0^2 - h_0^2)/R \tag{3-21}$$

式中,q 为地下明渠(单位长度)流量,$m^3/(d·m)$;K 为含水体渗透系数,m/d;H_0 为含水体总厚度,m;h_0 为隧底至下伏隔水层的距离,m;R 为对一侧隧道的影响范围,m。

2）半经验半理论公式

福希海默公式用来计算集取地下水的地下明渠流量,而在含水层中进行排水的隧道可视为人工开辟的一条集水渠道。考虑到隧道排水方式与集水明渠不同,隧道排水只在排水沟内进行,据此对上述公式加以修正,将隧道内的排水沟排水这一因素考虑进去,运用回归分析方法得出修正公式,简化后得出以下公式:

$$q_s = 52.4K(b/B + iK)(H^2 - h^2)/R \tag{3-22}$$

式中,q_s 为隧道通过含水地段单位长度突涌水量,$m^3/(d·m)$;b 为洞内排水沟假设水深,m;B 为洞身横断面宽度,m;i 为经验系数,d/m,取 0.105。

该公式的适用范围:隧道埋深在地下水位以下不超过 70 m;含水体的渗透系数为 0.005~6.50 m/d。在这一范围内应用此公式能取得较为准确的结果,计算概念图如图 3-5 所示。

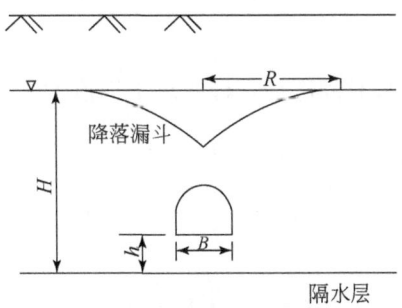

图 3-5 福希海默公式概念图

3. 随机数学法

针对目前国内外对隧道突涌水量计算方法的缺点，随机性数学模型比确定性数学模型更切合实际突涌水区域情况，根据水文地质条件的随机性特征，借助随机性数学方法，建立新的隧道突涌水灾害预测方法以及预测模式。常用随机性数学方法包括：虚拟变量多元回归方法、离散型平稳随机过程预测模型等。

1）虚拟变量多元回归方法

在选定突涌水量预测参数时，这些因子有的是定性的，有的是定量的。首先将定性因子人为分级，进行量化处理，将隧道突涌水灾害进行等级划分，然后在对各个因子进行归一化后采用关联度分析法，建立隧道突涌水灾害影响因素灰色关联度分析表，最后根据数量化判别方法算出判据值。

设突涌水量大小与 P 个因素有关，而因素 X_j 又有 $Z(j)$ 种级别，则虚拟变量个数 n 为

$$n = Z(1) + Z(2) + \cdots + Z(P) - P \tag{3-23}$$

设获得 m 组调查数据：

$X_{1t}, X_{2t}, \cdots, X_{nt}, y_t (t=1,2,\cdots,m)$

根据多元回归方法，y 与 x 有如下线性关系：

$$y = b_0 + \sum_{j=1}^{p} \sum_{k=1}^{Z(j)} b_{jk} X_{jk} \tag{3-24}$$

再逐步剔除异常，系统误差补偿、虚拟变量对换等方法可使前述线性关系式误差变小，方程稳定，各系数的值与地质经验相符，即可得到精密度较高的预测方程。

2）离散型平稳随机过程预测模型

隧道渗突涌水量受地质条件、大气降水等多种复杂随机因素的影响，在获得突涌水量准确观测数据情况下，运用离散型平稳随机模型进行渗突涌水量预测，且每预测一步都要检验数据的平稳性，主要包括以下步骤。

A. 平稳性判断

通过将样本观测值在 $t \sim x_t$ 坐标中绘制散点图，判断时间序列 $x_t (t=1,2,\cdots, N)$ 是否可视为平稳序列，是将样本观测值在 $t \sim x_t$ 坐标中绘制散点图。如果各观测点在 $\mu = \dfrac{1}{N}\sum_{t=1}^{N} x_t$ 水平直线上下波动，则可视该样本为平稳序列 $x(t)$。

B. 预测模型

设 $x_t (t=1,2,\cdots, N)$ 为平稳时间序列，样本总平均值为

$$\bar{x} = \frac{1}{N}\sum_{t=1}^{N} x_t \tag{3-25}$$

样本均方差为

$$\sigma = \sqrt{\frac{1}{N}\sum_{t=1}^{N}(x_t - \bar{x})^2} \tag{3-26}$$

各观测值距 $\bar{x}$ 的偏离度（σ）满足置信度的要求，则可视 $\bar{x}$ 为未来的预测值。如果 σ 很

大,就需要在 $\bar{x}$ 的基础上,叠加一个新的时间序列 $x'_t = x_t - \bar{x}$ 的未来预测值。

4. 断面流量法

断面法多用于径流条件良好的地下水浅埋区。有些地区的基岩,如花岗岩类等岩层的风化裂隙水与第四系孔隙潜水的水文地质条件很近似,在进行基岩风化裂隙以及较均匀分布的构造裂隙潜水的地下水资源评价时,可以采用达西公式进行计算:

$$Q = KIHB \tag{3-27}$$

式中,Q 为动储量,t/d;K 为含水层渗透系数,m/d;H 为含水层在枯水期的厚度,m;B 为计算断面宽度,m;I 为水力坡度。

应用断面流量法时,在含水层的渗透系数、厚度、沿水流表面的水力坡度相差很大的情况下,应把计算断面划分为参数相似的小块,分别计算流量然后相加得出。

5. 降水入渗法

根据水量平衡的原理,大气降水后只有部分渗入地下,在具备储水条件的地段形成含水体。若隧道通过该含水体,则在隧道影响宽度(集水范围)内渗入补给的水量同隧道排出量应保持平衡。在基岩裂隙包括构造裂隙和风化裂隙水的分布区,以大气降水的深入补给为主时,可采用渗入系数法估算隧道突涌水量。具体计算时,应根据降水量、地质、植被、覆盖层、岩性及厚度等特点进行全面评价,分成大致相同的若干小区域,然后分别确定各个区域的渗入系数值(λ),按下列公式计算各区段地下水补给量(Q):

$$Q = \lambda AF \tag{3-28}$$

式中,A 为年平均降水量,t/a;F 为计算区面积,m²;λ 为渗入系数。

然后将各区段地下水补给量相加,即为全计算区的地下水径流量。如区内尚有地表水渗入地下时,应测出河流漏失量,再补充到区内地下径流量总值中去。这个方法的关键是渗入系数的确定,常见的确定方法有:计算法(直接统计法、均衡计算法、地下水运动模型数值计算法、直线斜率法等)、地质渗透仪试验法和经验法等。

渗入系数确定方法如下:
(1)根据典型地段水位动态资料按有限差分方程式计算确定大面积范围内的渗入系数;
(2)根据大量地质渗透仪器记录的大气降水渗入量值确定渗入系数;
(3)根据断面径流量值确定渗入系数。

$$\lambda = \frac{Q_P + Q_A}{AF} \tag{3-29}$$

式中,F 为剖面以上汇水流域面积,m²;A 为剖面以上汇水流域内年降水量,t/a;Q_A 为断面地下水流量,t/a;Q_P 为水文站枯水期流量,t/d。

针对降水入渗系数法求解的困难,朱大力和李秋风(1995)提出用经验方法来确定入渗系数,其中降水入渗系数(λ)经验值取值参考见表 3-8。

隧道涌水量预测的经验公式为

$$Q_s = 2.74\lambda WA \tag{3-30}$$

式中,Q_s 为隧道通过含水体地段的经常涌水量,m³/d;λ 为降水入渗系数;W 为年降水量,

mm；A 为隧道集水面积，km²。

表 3-8 降水入渗系数经验值

地层名称	λ 值	地层名称	λ 值
亚黏土层	0.01~0.02	半坚硬岩石（裂隙较少）	0.10~0.15
亚砂土	0.02~0.08	裂隙岩石（裂隙中等）	0.15~0.18
粉砂	0.08~0.12	裂隙岩石（裂隙较大）	0.18~0.20
细砂	0.12~0.18	裂隙岩石（裂隙极深）	0.20~0.25
中砂	0.18~0.24	岩溶化极弱的灰岩	0.01~0.1
粗砂	0.24~0.3	岩溶化较弱的灰岩	0.1~0.15
圆砾（夹砂）	0.3~0.35	岩溶化中等的灰岩	0.15~0.2
卵石（夹砂）	0.02~0.08	岩溶化较强的灰岩	0.2~0.3
坚硬岩石（裂隙极少）	0.01~0.10	岩溶化极强的灰岩	0.3~0.5

6. 地下水径流模数法

地下水径流模数是指单位时间内单位流域面积上的地下水流量。表达式为

$$M_i = Q_i / F_i \tag{3-31}$$

式中，M_i 为隧道通过区第 i 条支沟流域的地下径流模数，m³/(d·km²)；Q_i 为隧道通过区第 i 条支沟流域枯水期的地表流量，代表该流域地下径流量，m³/d；F_i 为隧道通过区第 i 条支沟流域地表水汇水面积，代表相应区域地下水的流域面积，km²。

若隧道富水性分区只通过一个流域，则表达式为

$$q_i = M_i L_i \tag{3-32}$$

式中，L_i 为流域长度，m。

若隧道富水性分区跨越多个流域，则表达式如下：

$$q_i = \sum (M_i B_i L_i) / \sum L_i \tag{3-33}$$

式中，B_i 为不同富水性分区中隧道两侧影响宽度之和，km；L_i 为包含多个流域的富水性分区中隧道在第 i 个流域的长度，km；q_i 为某一富水性分区中隧道的单位突涌水量，m³/(d·km²)。

7. 钻孔-隧道比拟法

徐则民等（2000）将钻孔和隧道近似视为无界含水层中的两个不同方向的抽水井，采用比拟的方法进行涌水量预测。承压完整井的井流公式可以表示为

$$Q = 2.73 \frac{KMs_w}{\lg(R/r_w)} \tag{3-34}$$

式中，M 为厚度；s_w 为降深；R 为影响半径；r_w 为过滤器的进水面积。

由式（3-34）可以看出，对于确定厚度和渗透性（M，K）的含水层，在影响半径（R）和降深（s_w）一定的条件下，涌水量与过滤器的进水面积呈正相关，即 r_w 越大，涌水量越

大。当井径与垂直井管方向的含水层分布范围充分小时，即含水层可以被视为无界时，可认定为是径向进水。在径向进水条件下，井的进水量与进水断面面积（井的表面积）成正比。对比井管和隧道断面，在获得井管垂直方向含水层分布大小时，将钻孔和隧道近似为无界含水层中两个不同方向的抽水井，其涌水量可通过式（3-35）进行对比：

$$Q = Q' \frac{LC}{lc} \tag{3-35}$$

式中，Q、Q' 分别为隧道和钻孔的涌水量；L、l 分别为隧道和钻孔的进水长度；C、c 分别为隧道和钻孔横截面的周长。

3.2.2 断层破碎带隧道涌水量修正预测公式

目前国内学者总结了多种隧道涌水量计算方法，但均有适用范围，存在一定的局限性，特别是对于破碎带涌水量的计算，由于边界条件的不一致，在计算过程中对实际地质体进行了较大的简化，多是采用分段计算，在以不同角度穿越破碎带时，此种计算方法与实际涌水量相比，往往会产生比较大的差异。

本书通过对地下水动力学方法进行修正后，预测破碎带隧道涌水量。主要考虑陡倾破碎带，假定破碎带倾角为90°。

1. 地下水动力学法预测涌水量的影响因素

1）影响半径

隧洞排水引发灾害主要发生在疏干漏斗的范围内，由于隧道长度远大于宽度，加之穿越层状含水结构时，两侧地层的渗透性能存在差异，所以"降落漏斗"的地表往往呈椭圆形，特别是在岩溶较发育的地层，在一定的排水条件下，可形成巨大的各向异性的降落漏斗，沿可溶岩走向的长轴半径（b）远远大于短轴半径（a），如图3-6所示。

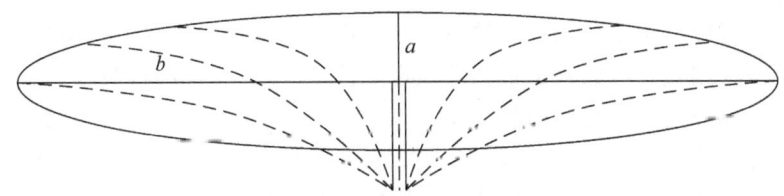

图3-6 层状含水结构影响半径示意图

2）水位降深

采用解析法预测隧道涌水量时，往往将地下水位到隧道底板的距离视为隧道涌水时的最大降深，但是对于埋深很大的隧道工程来说，就会造成较大的偏差，特别是对于渗透系数较小的均匀介质来说，水位降深一般不会到达底板高程。最大降深计算的问题，至今在理论和实践上仍是难题。

3）渗透系数

由于岩溶介质发育不规律的特点，渗透系数的选取主要依靠勘探及水文资料，结合实际工程经验来判断，特别是对于地质条件复杂的地区，往往准确的地质判断，比纯粹依靠试验计算更为可靠。不同的涌水量计算公式对渗透系数的敏感程度亦有不同。

2. 涌水量计算修正

1) 解析法涌水量计算过程

大量的实验证明，只有当 $Re<10$ 的条件下，通过多孔介质的流体作层流运动，渗流满足线性渗透定律（即达西定律）：

$$Q = K\omega \frac{H_1 - H_2}{L} \tag{3-36}$$

式中，Q 为渗透流量，m^3/d；K 为渗透系数，m/d；ω 为过水断面积，m^2；H_1、H_2 分别为两断面的水头，m；L 为两断面之间的距离，m。

根据隧道疏干地下水的运动形式，可将垂直于隧道延伸方向分解为无穷多个断面，计算每个断面的单宽流量，叠加成隧道的总涌水量，地下水向隧道运动的剖面如图3-7所示。

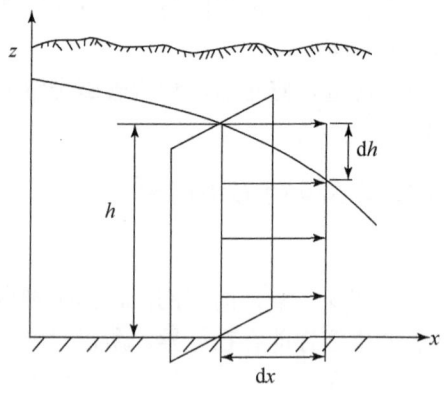

图3-7 地下水向隧道运动剖面示意图

垂直层状涌水模式由于含水介质的不同和隧洞穿越位置的差异，隧洞左右两侧涌水量也不尽相同，故采用充分考虑补给来源的稳定流计算方法，再根据实际边界条件对参数进行调整，运用于此类情况可提高预测精度。

稳定流计算公式主要有裘布依理论公式、科斯佳科夫公式、落河敏郎公式等，做出以下几点假设：①层状含水结构中的各地层为均匀的多孔介质；②渗流符合达西定律，即各方向的渗流速度和水力坡度成正比；③层状含水结构中各地层的渗透系数沿各个方向相同。稳定流计算公式是根据达西定律，结合实际情况所推导，如裘布依理论公式，假定渗流断面是铅垂面（图3-4）。

各断面上水力梯度相等，则潜水平面运动任意断面处的单宽流量表示为

$$q = -Kh\frac{dh}{dx} \tag{3-37}$$

积分得

$$\int_0^R \frac{q}{K} dX = \int_h^H -h\,dh \tag{3-38}$$

由于含水层均质各向同性，因此 K 值不变，各断面处的 q 值不变，则得

$$\frac{q}{K}\int_0^R 1\mathrm{d}X = \int_h^H -h\mathrm{d}h \tag{3-39}$$

积分后得出：

$$q = K\frac{H^2 - h^2}{2R} \tag{3-40}$$

已知隧道长为 L 时，隧道涌水量为

$$Q = KL\frac{H^2 - h^2}{2R} \tag{3-41}$$

式（3-41）即为裘布依理论公式。

上述方法均是建立在无限均质含水层的理想模型上，各地层虽视为均质含水层，但是整个结构为非均质的，若运用合理的方法，将非均质的层状含水结构转化为均质体，即整个结构各方向渗透系数相等，就可以应用稳定流涌水量计算公式对隧道涌水量进行较准确的计算。

2）穿越破碎带隧道涌水量修正

根据隧道与破碎带空间关系，存在三种方式穿越破碎带的情况：①隧道延伸方向与破碎带走向一致（纵向），如图 3-8 所示；②隧道延伸方向与破碎带走向近于垂直（横向），如图 3-9 所示；③隧道延伸方向与破碎带走向呈一定角度相交（斜向），如图 3-10 所示。

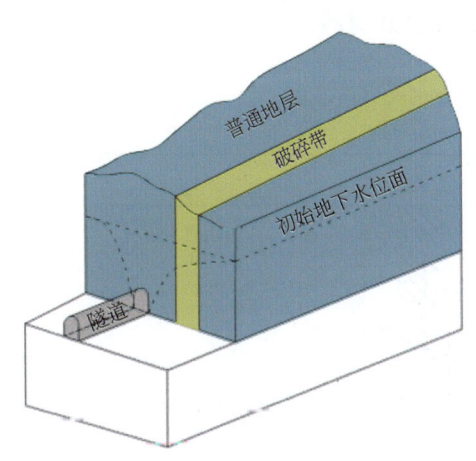
图 3-8　隧道纵向穿越破碎带

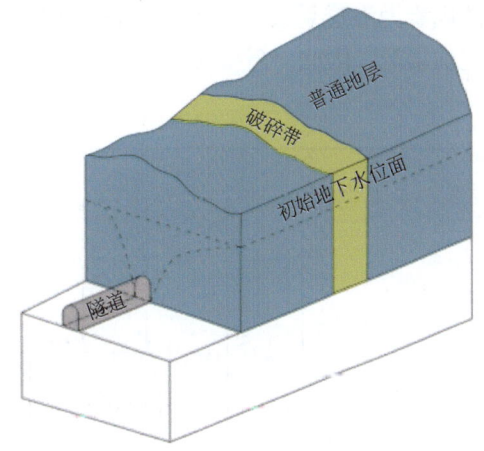
图 3-9　隧道横向穿越破碎带

A. 纵向穿越

隧道纵向穿越破碎带区域可分为两种情况考虑，即隧道的影响半径大于等于、小于隧道距破碎带的距离，这是由于两种情况下隧道所接受地下水侧向补给的边界条件不同。

当隧道疏干地下水的影响半径（R）小于隧道距破碎带边界距离（R_1）时，即 $R < R_1$ 时，隧道不会对破碎带中地下水产生影响，可直接采用由稳定流推导的半理论半经验公式计算隧道涌水量。

而当隧道疏干地下水的影响半径（R）大于等于隧道距破碎带边界距离（R_1）时，即 $R \geqslant R_1$ 时，地层和破碎带边界可视为弱透水边界，降落漏斗形态发生改变，根据常用的影响半径计算公式——库萨金公式：

$$R = 2S\sqrt{KH_0} \tag{3-42}$$

式中，s 水位降深，m。

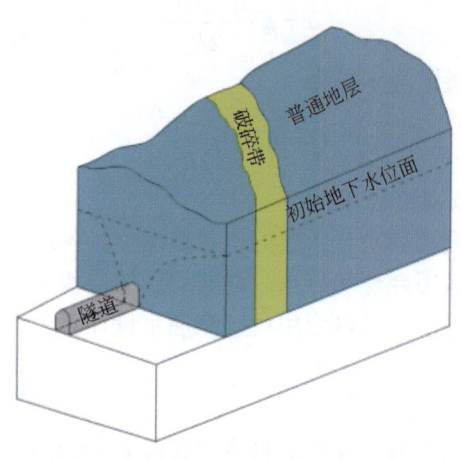

图 3-10 隧道斜向穿越破碎带

由图 3-11 和图 3-12 可知，强含水层中影响半径大于弱含水层中的影响半径，起决定影响的因素为渗透系数（K），若直接采用稳定流计算公式对隧道涌水量进行计算，会产生一定的误差，因此，需要对渗透系数进行修正。

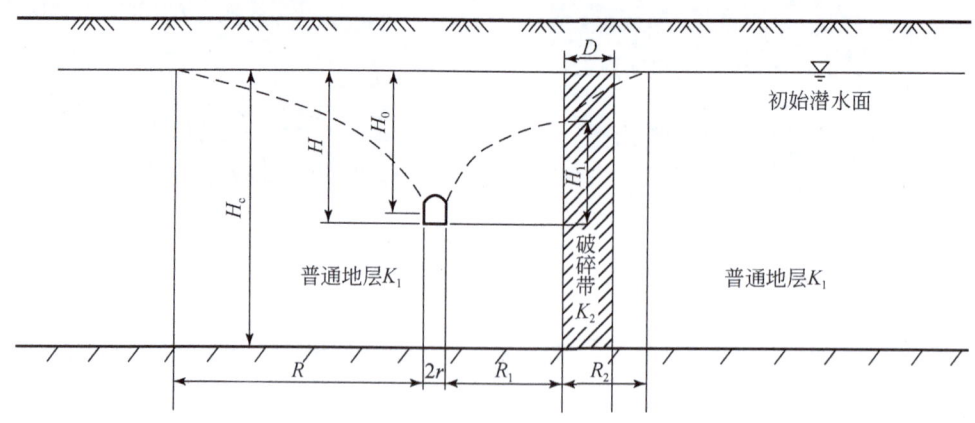

图 3-11 隧道纵向穿越渗流场剖面示意图

如图 3-13 所示，可运用叠加法计算隧道纵向穿越破碎带的涌水量，图 3-13（a）、（b）、（c）、（d）分别对应的涌水量为 Q_a、Q_b、Q_c、Q_d，则隧道纵向穿越破碎带的涌水量为

$$Q_z = Q_a + Q_b + Q_c - Q_d \tag{3-43}$$

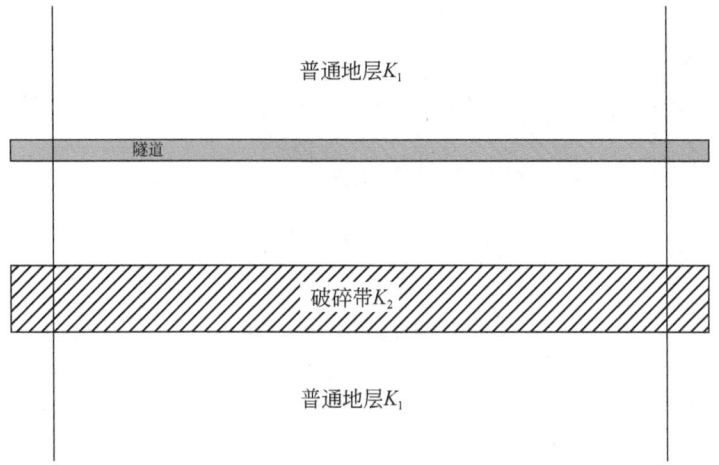

图 3-12 隧道纵向穿越渗流场平面图

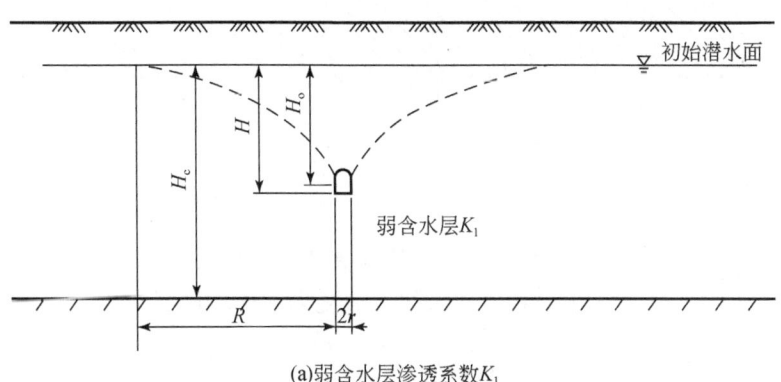

(a) 弱含水层渗透系数 K_1

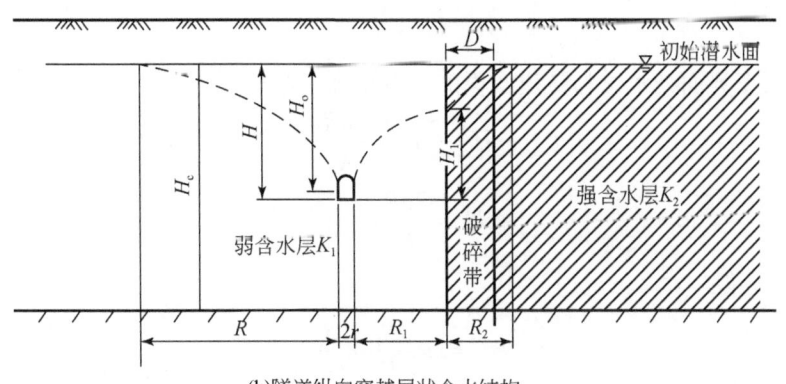

(b) 隧道纵向穿越层状含水结构一

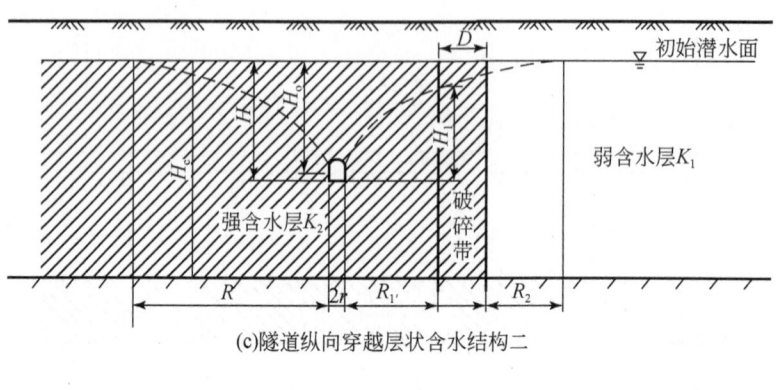

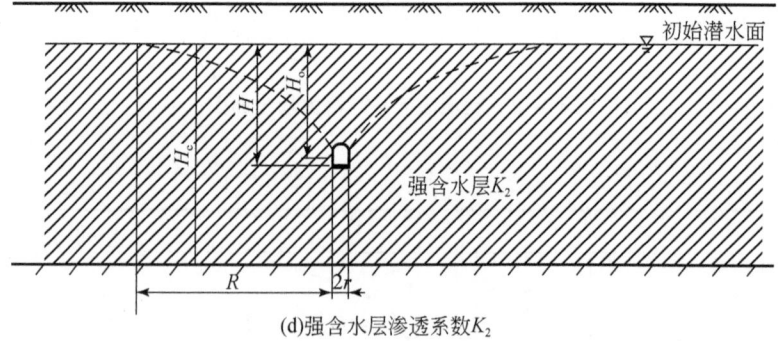

图 3-13　隧道纵向穿越破碎带涌水量计算模型

根据地下水动力学分段法求解透水性沿流向突变的非均质含水层中地下水稳定运动的渗透系数，如图 3-13（b）所示，将等水头线近似视为和非均质界面平行，则

$$q_1 = K_2 \frac{H^2 - H_1^2}{2R_2} \tag{3-44}$$

$$q_2 = K_2 \frac{H_1^2}{2R_1} \tag{3-45}$$

其中，H_1 为突变界面处水位与隧道底板的垂直距离，可得

$$H^2 - H_1^2 = \frac{2qR_2}{K_2} \tag{3-46}$$

$$H_1^2 = \frac{2qR_1}{K_1} \tag{3-47}$$

两式相加，得

$$H^2 = 2q\left(\frac{R_1}{K_1} + \frac{R_2}{K_2}\right) \tag{3-48}$$

再由式（3-44）和式（3-45）联立可解得

$$H_1 = \sqrt{\frac{K_2 H^2 R_1}{K_1 R_1 + K_2 R_2}} \tag{3-49}$$

若非均质结构假设为渗透系数为 K_v 的均质含水层，则得到平均渗透系数：

$$K_v = \frac{R_1 + R_2}{\frac{R_1}{K_1} + \frac{R_2}{K_2}} \tag{3-50}$$

在实际工程中应用解析法计算涌水量，K_1、K_2、R_1 是已知值，而 R_2 是未知值，因此需求得 R_2，由裘布依稳定井流公式可知，R_1 处的水位降深（H_1）为

$$H_1 = \sqrt{H^2 \frac{\ln\frac{R_1}{r}}{\ln\frac{R}{r}}} \tag{3-51}$$

采用库萨金公式计算影响半径（R_2）：

$$R_2 = 2(H - H_1)\sqrt{K_2(H - H_1)} = 2H\left(1 - \sqrt{\frac{\ln\frac{R_1}{r}}{\ln\frac{R}{r}}}\right)\sqrt{K_2 H \left(1 - \sqrt{\frac{\ln\frac{R_1}{r}}{\ln\frac{R}{r}}}\right)} \tag{3-52}$$

将式（3-52）代入式（3-50）可得

$$K_v = \frac{R_1 + 2H\left(1 - \sqrt{\frac{\ln\frac{R_1}{r}}{\ln\frac{R}{r}}}\right)\sqrt{K_2 H \left(1 - \sqrt{\frac{\ln\frac{R_1}{r}}{\ln\frac{R}{r}}}\right)}}{\frac{R_1}{K_1} + \frac{2H\left(1 - \sqrt{\frac{\ln\frac{R_1}{r}}{\ln\frac{R}{r}}}\right)\sqrt{K_2 H \left(1 - \sqrt{\frac{\ln\frac{R_1}{r}}{\ln\frac{R}{r}}}\right)}}{K_2}} \tag{3-53}$$

此时隧道远离非均质界面一侧的影响半径（R）由库萨金公式可得

$$R = 2H\sqrt{K_1 H} \tag{3-54}$$

那么靠近非均质界面一侧的影响半径 $R = R_1 + R_2$。

B. 横向穿越

当隧道横向穿越破碎带时，沿隧道两侧进水方向上，地层无限延伸，所以层状结构中各地层可视为无限均质含水层，如图 3-14 和图 3-15 所示。涌水量计算采用分段求解的方式，对渗透系数不同的各地层分别采用基于稳定流推导的半理论半经验公式计算其涌水量，因此不对已有公式进行修正。

C. 斜向穿越

斜向穿越是实际工程中最常遇到的情况，隧道以一定的角度穿越层状含水结构，由达西公式可知：

$$Q = \omega V \tag{3-55}$$

式中，Q 为渗透流量，m^3/d；ω 为过水断面面积，m^2；V 为渗透流速，m/s，且式中 V 为矢量，可将隧道斜向穿越时的流量分解为横向穿越和纵向穿越两个方向上，如图 3-16 所示。

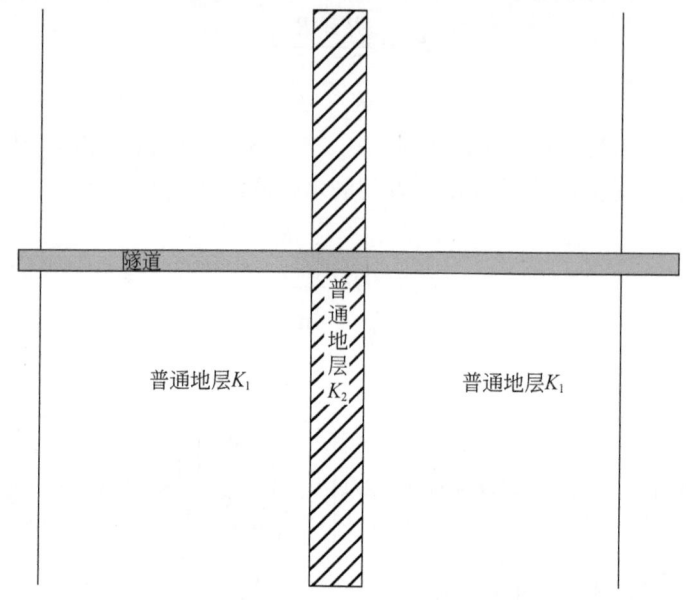

图 3-14　隧道横向穿越破碎带平面示意图

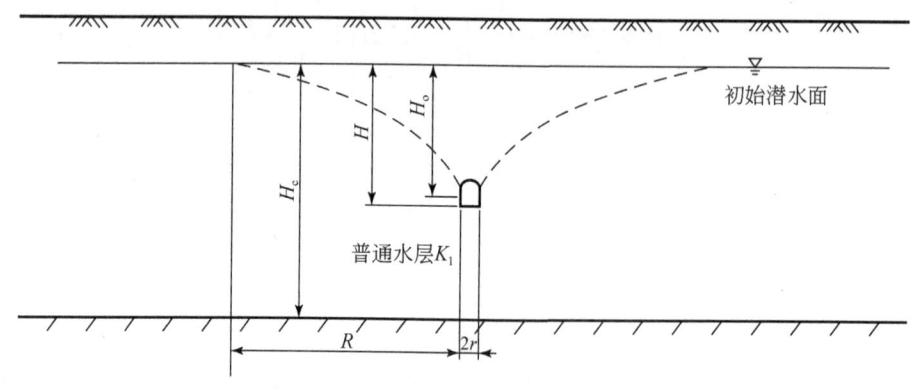

图 3-15　隧道横向穿越剖面示意图

此时可将隧道等效分解为横向穿越时的流量和纵向穿越时的流量，分别计算出两个方向上的流量，再叠加成斜向穿越时的流量即可。假设隧道以角度 α 穿越破碎带。

在横向上，有效穿越总长度为 $L\sin\alpha$，根据前述横向穿越层状含水结构的模式，采用分段求解的方式可以计算得到其涌水量 Q_1。

在纵向上，参考隧道纵向穿越破碎带的涌水量计算方法，采用叠加法计算其涌水量 Q_2。

以隧道纵向穿越层状含水结构为例 [图 3-13（b）]，由于含水介质渗透系数的不同，故将其分解成两段，假如先计算穿越弱含水介质的隧道段，在进行靠近非均质界面一侧的涌水量计算时，沿地层走向可分为无穷多个断面，每个断面的流量（q）与前述纵向穿越层状

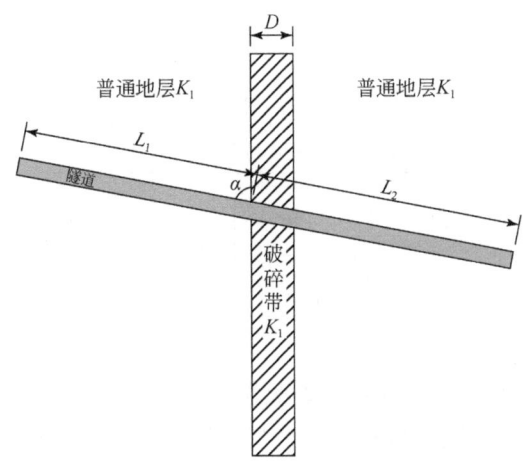

图 3-16　隧道斜向穿越平面示意图

含水结构计算方法一致，然后将分成的无穷个断面上的流量累加，可近似得到一个顶底面长轴相等，短轴不等的 1/4 椭圆柱的总流量，该椭圆柱的体积为

$$V = \frac{1}{2}H(S_1 + S_2) \tag{3-56}$$

式中，S_1 和 S_2 分别为 L_1 和 L_2 对应的面积。

为了使计算简便，将隧道在非均质面上的投影近似视为椭圆柱的高，如图 3-17 所示。其中 r_1 为隧道在强含水介质中的影响半径，其值与 R_2 相等。

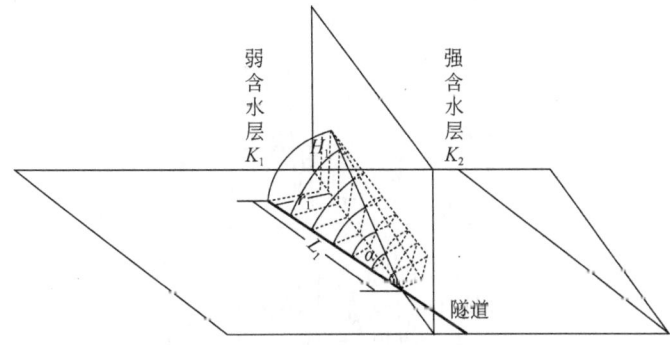

图 3-17　隧道斜向穿越垂向渗流场示意图

以裘布依理论公式为例，可运用顶底面面积不等的椭圆柱体积的算法求得

$$q_1 = \frac{1}{4} L_1 \cos\alpha \left[\left(K_{v1} \frac{H^2 - h^2}{r_1 + r_2 - r} \right) + K_2 \frac{H^2 - h^2}{R_1 - r} \right] \tag{3-57}$$

$$r_1 = L_1 \sin\alpha \tag{3-58}$$

$$r_2 = 2\left(H - \sqrt{H^2 \frac{\ln\frac{r_1}{r}}{\ln\frac{R_1}{r}}} \right) \sqrt{K_2 \left(H - \sqrt{H^2 \frac{\ln\frac{r_1}{r}}{\ln\frac{R_1}{r}}} \right)} \tag{3-59}$$

$$K_{v1} = \frac{r_1 + 2H\left(1 - \sqrt{\frac{\ln\frac{r_1}{r}}{\ln\frac{R_1}{r}}}\right)\sqrt{K_2 H\left(1 - \sqrt{\frac{\ln\frac{r_1}{r}}{\ln\frac{R_1}{r}}}\right)}}{\frac{r_1}{K_1} + \frac{2H\left(1 - \sqrt{\frac{\ln\frac{r_1}{r}}{\ln\frac{R_1}{r}}}\right)\sqrt{K_2 H\left(1 - \sqrt{\frac{\ln\frac{r_1}{r}}{\ln\frac{R_1}{r}}}\right)}}{K_2}} \quad (3\text{-}60)$$

式中，K_{v1} 为隧道穿越弱含水介质的平均等效渗透系数，m/d；r_1 为隧道距非均质界面的最大水平距离，m；r_2 为隧道穿越弱含水介质时在强含水介质中的最大影响半径，m；R_1 为隧道在弱含水介质中的最大影响半径，m；L_1 为隧道穿越弱含水介质中的距离，m；α 为隧道穿越层状含水结构的夹角，(°)。

同理可求得穿越强含水介质的隧道段的纵向流量：

$$q_2 = \frac{1}{4} L_2 \cos\alpha \left[\left(K_{v2} \frac{H^2 - h^2}{r_3 + r_4 - r}\right) + K_1 \frac{H^2 - h^2}{R_1 - r}\right] \quad (3\text{-}61)$$

$$r_3 = L_2 \sin\alpha \quad (3\text{-}62)$$

$$r_4 = 2\left(H - \sqrt{H^2 \frac{\ln\frac{r_3}{r}}{\ln\frac{R_2}{r}}}\right)\sqrt{K_1\left(H - \sqrt{H^2 \frac{\ln\frac{r_3}{r}}{\ln\frac{R_2}{r}}}\right)} \quad (3\text{-}63)$$

$$K_{v2} = \frac{r_3 + 2H\left(1 - \sqrt{\frac{\ln\frac{r_3}{r}}{\ln\frac{R_2}{r}}}\right)\sqrt{K_1 H\left(1 - \sqrt{\frac{\ln\frac{r_3}{r}}{\ln\frac{R_2}{r}}}\right)}}{\frac{r_3}{K_2} + \frac{2H\left(1 - \sqrt{\frac{\ln\frac{r_3}{r}}{\ln\frac{R_2}{r}}}\right)\sqrt{K_1 H\left(1 - \sqrt{\frac{\ln\frac{r_3}{r}}{\ln\frac{R_2}{r}}}\right)}}{K_1}} \quad (3\text{-}64)$$

式中，K_{v2} 为隧道穿越强含水介质的平均等效渗透系数，m/d；r_3 为隧道距非均质界面的最大水平距离，m；r_4 为隧道穿越强含水介质时在弱含水介质中的最大影响半径，m；R_2 为隧道在强含水介质中的最大影响半径，m；L_2 为隧道穿越强含水介质中的距离，m；α 为隧道穿越层状含水结构的夹角，(°)。

远离非均质界面两侧的涌水量则按照由稳定流推导出的半理论半经验公式求得。

3.2.3 基于井流理论的破碎带隧道涌水量预测

1. 破碎带涌水量计算模型

隧道穿越断层破碎带地层时,断层破碎带及两边山体中的地下水将渗入隧道,同时两边山体中的地下水流向破碎带。隧道开挖引起的突涌水数学模型,如图 3-18 所示。

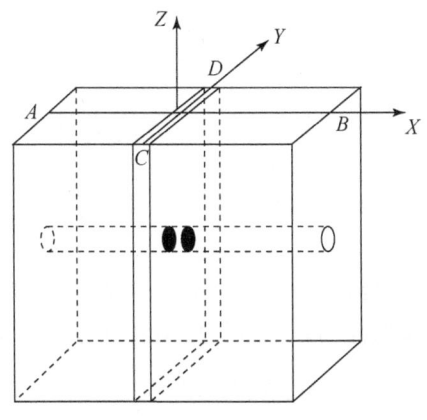

图 3-18 突涌水计算模型

假设:
(1)破碎带和两边山体中的水为承压水,非稳定流;
(2)只考虑隧道穿过破碎带的部分涌水;
(3)地下水运动符合达西定律;
(4)两边山体和破碎带在地面位置都为定水头边界,并且水位相同;
(5)在破碎带中圆孔处涌水为定降深涌水;
(6)破碎带和两边山体在半平面无限延伸;
(7)两边山体的介质完全一样,关于破碎带对称;
(8)在破碎带中介质的渗透系数和储水率随埋深呈负指数衰减,而在山体中为均匀的。

2. 流场控制方程

在采动条件下,无论是陷落柱、断层破碎带、岩溶管道等都是由破碎岩体组成的,属于大孔隙的多孔介质,灾害水体在突水通道的流动极其复杂。针对不同地质构造,应当选取合适的流场方程,突出其流动机制,描述灾害水体在不同含水介质的运动规律。

Skjetne 的研究结果表明,水在复杂多孔介质中有六种流动机制:①达西层流;②小惯性流;③小惯性流到大惯性流;④大惯性流;⑤大惯性流到紊流;⑥紊流。不同的流动机制有着不同的适用范围。

从最基本的流态分类研究灾害水体在断层破碎带的流态,断层破碎岩体只存在两种流态:达西流和非达西流。在已有研究成果基础上建立达西流及非达西流的统一偏微分方程作为数值计算的控制方程,形成适合开挖作用下断层破碎带的渗流突水力学数值计算方法,正确描述断层破碎带内部灾害水体运动状态,探讨断层破碎带型涌突水的灾害水体流动演化特征,同时进行突涌水区域的涌水量预测。

1)达西型控制方程

达西定律为线性方程,表达式为

$$v = KJ \tag{3-65}$$

式中,v 为渗流速度;K 为渗透系数,是固定常数;J 为水力梯度。

微分形式为

$$v = -K\left(\frac{\partial h}{\partial x}i + \frac{\partial h}{\partial y}j + \frac{\partial h}{\partial z}k\right) \tag{3-66}$$

式中,h 为水头,包括位置水头和压力水头;负号为渗流速度 v 与水力梯度反方向;i、j、k 分别为 x、y、z 三个方向的单位向量。

达西定律在一定的雷诺数(Re)范围内适用,存在上下限。达西速度在上下限之间才能满足条件。

隧道岩体介质中的地下水系统属于渗流或者缓慢流系统,可采用基于达西定律的地下水非稳定流运动偏微分方程作为控制方程进行模拟和计算,控制方程如下:

$$\Delta(K\nabla H) = S_s \frac{\partial H}{\partial t} \tag{3-67}$$

$$K\nabla H = \begin{pmatrix} K_{xx} & K_{xy} & K_{xz} \\ K_{yx} & K_{yy} & K_{yz} \\ K_{zx} & K_{zy} & K_{zz} \end{pmatrix} \begin{pmatrix} \dfrac{\partial H}{\partial x} \\ \dfrac{\partial H}{\partial y} \\ \dfrac{\partial H}{\partial z} \end{pmatrix} \tag{3-68}$$

式中,K 为渗透系数;H 为水头;S_s 为含水层单位储水系数。

当含水介质渗透主方向与选取的坐标一致时,可简化为

$$\frac{\partial\left(K_{xx}\dfrac{\partial H}{\partial x}\right)}{\partial x} + \frac{\partial\left(K_{yy}\dfrac{\partial H}{\partial y}\right)}{\partial y} + \frac{\partial\left(K_{zz}\dfrac{\partial H}{\partial z}\right)}{\partial z} = S_s \frac{\partial H}{\partial t} \tag{3-69}$$

其中,K_{xx}、K_{yy}、K_{zz} 分别为三个主方向的渗透系数,若含水体是均质各向同性时,则 $K_{xx}+K_{yy}+K_{zz}=K$。

当沿 y 方向渗流速度接近为零时,流动限于 xz 平面,属于二维问题。但所用参数应该是渗透系数(K)和含水层单位储水系数(S_s),而不能用导数系数(T)和比储水系数(S)。

$$\frac{\partial\left(K_{xx}\dfrac{\partial H}{\partial x}\right)}{\partial x} + \frac{\partial\left(K_{zz}\dfrac{\partial H}{\partial z}\right)}{\partial z} = S_s \frac{\partial H}{\partial t} \tag{3-70}$$

2)非达西型控制方程

A. 非达西型偏微分方程

达西定律为岩体介质中饱和渗流的基本方程,表明了水力梯度与渗流速度之间成线性关系,在高渗流速度情况下,达西定律不再成立。通常情况下,在地质构造形成的导水通

道（断层破碎带或岩溶管道）中的流动状态既不是线性达西层流，也不是自由的紊流，而是惯性力占主导的高速非线性流。经典的非线性渗流基本方程有两类。

非线性渗透定律，又称福熙海麦（Forchheimer）定律：

$$J = av + bv^2 \tag{3-71}$$

式中，v 为渗流速度；J 为水力坡降；a、b 为经验常数。

斯姆列盖尔公式：

$$v = K_s J^{\frac{1}{m}} \tag{3-72}$$

式中，K_s 为经验常数；m 为含水层中水流流态系数，紊流时 $m=2$，层流时 $m=1$，过渡阶段取值范围为 1～2。

将岩体介质中的达西-非法西流本构方程表达为 $v = K(J)J$ 的统一形式：

$$v = \left(\frac{\sqrt{a^2 + 4bJ} - a}{2bJ} \right) J \tag{3-73}$$

式（3-72）可以表达为

$$v = \left(K_s J^{\frac{1}{m}-1} \right) J \tag{3-74}$$

Y. S. Wu 的研究表明，通过 Forchheimer 二次型方程描述高速非线性流具有更好的适用性。Forchheimer 方程为二次型方程，形式简单、相关参数较少：

$$J = \frac{\mu}{\rho g k} v + \frac{\beta}{g} v^2 \tag{3-75}$$

式中，μ 为灾害水体的动力黏滞系数，kg/(m·s)；k 为岩体介质的渗透率，m^2；ρ 为液体的密度，kg/m^3；β 为非达西流影响系数，m^{-1}；g 为重力加速度，m/s^2。

$$v = \left\{ -\frac{\mu}{2k\rho\beta} + \left[\left(\frac{\mu}{2k\rho\beta} \right)^2 + \frac{g}{\beta} J \right]^{\frac{1}{2}} \right\} J^{-1} \times J \tag{3-76}$$

将式（3-76）改写为偏微分的形式：

$$-K_{xx} \frac{\partial H}{\partial x} = \left\{ -\frac{\mu}{2k\rho\beta} + \left[\left(\frac{\mu}{2k\rho\beta} \right)^2 + \frac{g}{\beta} J \right]^{\frac{1}{2}} \right\} J_{xx}^{-1} \times J_{xx} \tag{3-77}$$

$$-K_{yy} \frac{\partial H}{\partial y} = \left\{ -\frac{\mu}{2k\rho\beta} + \left[\left(\frac{\mu}{2k\rho\beta} \right)^2 + \frac{g}{\beta} J \right]^{\frac{1}{2}} \right\} J_{yy}^{-1} \times J_{yy} \tag{3-78}$$

B. 非达西流影响系数

根据已有研究结果，β 受多因素综合影响，直接影响因素包括孔隙结构、孔隙介质颗粒的影响以及流体性质三大方面。孔隙结构包括孔隙度、迂曲度以及结构中存在的裂隙等，这些微观因素是影响非达西流影响系数的最主要因素。孔隙介质颗粒的粒径、颗粒表面的粗糙程度以及颗粒自身的渗透性能等均不同程度影响非达西流影响系数。流体的密度、流动速度、黏滞性能、抗压缩能力等流体性质也是确定非达西流影响系数要考虑的因素。

若要准确应用 Forchheimer 公式研究灾害水体的流动,那么非达西流影响系数的确定就要准确。β 一般通过试验直接获得,但多孔介质材料的孔隙结构、孔隙介质颗粒及流体性质各不相同,试验测定较为烦琐。建立 β 与影响因素的关系式时,影响因素应当能够通过试验获取较为精确的数值。一般建立 β 与渗透率 k 或孔隙率 ϕ 的关系式。

定义反映非达西渗流非线性程度的量 (Bv),即非达西速度系数 (B) 和流速 (v) 的乘积,如式 (3-79) 所示。通过分析建立经验公式:

$$Bv = \frac{k\rho\beta}{\mu} \tag{3-79}$$

$$\beta = \frac{9.5\times10^7}{(k\phi)^{0.665}} \tag{3-80}$$

王媛等 (2012) 通过光滑平行板的高速非达西流试验数据,确定出 k 与 β 的指数型函数关系式:

$$\beta = 0.0003k^{-0.6134} \tag{3-81}$$

深埋隧洞开挖会引起灾害水体在断层破碎带中流动呈现非达西渗流特性。断层破碎带作为灾害水体的运移通道,是含水层与隧道之间的过渡阶段。灾害水体在断层破碎带的流动介于达西渗流方程和 N-S 方程之间,考虑非达西渗流方程。

$$v = \left\{-\frac{\mu}{2k\rho\beta} + \left[\left(\frac{\mu}{2k\rho\beta}\right)^2 + \frac{g}{\beta}J\right]^{\frac{1}{2}}\right\}J^{-1}\times J \tag{3-82}$$

推导求得含水层灾害水体的非达西非稳定流偏微分控制方程为

$$\frac{\partial\left(K_{xx}(J)\frac{\partial H}{\partial x}\right)}{\partial x} + \frac{\partial\left(K_{zz}(J)\frac{\partial H}{\partial z}\right)}{\partial z} = S_s\frac{\partial H}{\partial t} \tag{3-83}$$

$$K(J) = J^{-1}\left\{-\frac{\mu}{2k\rho\beta} + \left[\left(\frac{\mu}{2k\rho\beta}\right)^2 + \frac{g}{\beta}J\right]^{\frac{1}{2}}\right\} \tag{3-84}$$

3. 破碎带隧道涌水量计算

如果将断裂带水平放置,考虑两侧山体向断裂带中涌水情况类似于第一类越流系统中的定降深井流,如图 3-19 所示。

参考井流理论,可以得到破碎带隧道涌水量为

$$Q(t) = 2\pi Ts_w G\left(t_D, \frac{r_w}{B}\right) \tag{3-85}$$

式中,

$$t_D = \frac{Tt}{r_w^2 S}$$

$$G\left(t_D, \frac{r_w}{B}\right) = \frac{r_w}{B} \frac{K_1(r_w/B)}{K_0(r_w/B)} + \frac{4}{\pi^2} \exp\left[-t_D\left(\frac{r_w}{B}\right)^2\right] \int_0^\infty \frac{x \exp[-t_D x^2]}{J_0^2(x) + Y_0^2(x)} \frac{\mathrm{d}x}{x^2 + (r_w/B)^2}$$

$$B = \sqrt{\frac{TM'}{K'}}$$

式中，T 为主导水系数；S 为储水系数；s_w 为井中降深；r_w 为隧道半径；M' 为计算的隧道长度；K' 为围岩的渗透系数；K_0 和 K_1 分别为虚宗量零阶和一阶第二类贝塞尔函数；t 为时间。

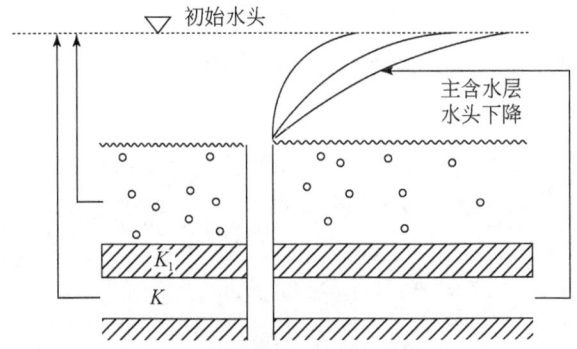

图 3-19 定降深井流计算模型

当 t 趋近于无穷大时，井中流量达到稳定状态，这时流量达到最小值：

$$Q_{\min} = 2.73 \frac{T s_w}{\lg\left(\frac{1.12B}{r_w}\right)} \tag{3-86}$$

各点降深：

$$s = s_w z(t_D, r_D, \beta) \tag{3-87}$$

其中，

$$z(t_D, r_D, \beta) = \frac{K_0(\beta r_D)}{K_0(\beta)}$$

$$+ \frac{2}{\pi} \exp[-t_D \beta^2] \int_0^\infty \frac{[J_0(x\rho)Y_0(x\rho) - Y_0(x\rho)J_0(x)] \exp[-t_D x^2]}{[J_0^2(x) + Y_0^2(x)](x^2 + \beta^2)} x \mathrm{d}x$$

$$\beta = \frac{r_w}{B}$$

当 t 趋近于无穷大时，各点降深达到最大值：

$$s_{\max} = s_w \frac{K_0(r/B)}{K_0(r_w/B)} = \frac{Q_{\min}}{2\pi T} K_0\left(\frac{r}{B}\right) \tag{3-88}$$

当 $r/B < 0.05$ 时，式（3-88）简化为

$$s_{\max} = -\frac{2.3 Q_{\min}}{2\pi T} \lg\left(\frac{0.89r}{B}\right) \tag{3-89}$$

3.2.4 五指山隧道涌水量预测

1. 工程概况

海南省五指山至保亭至海棠湾高速公路工程，项目路线起点（K19+800）位于五指山市冲山镇，顺接国高网 G9811（中线高速）的五指山连接线，设置互通连接五指山市和周边乡镇，向南经畅好乡至南圣镇设互通连接国道 G224 线和附近乡镇，设五指山特长隧道穿越驳白岭，至保亭县城设保亭互通和连接线与国道 G361 相接，经加茂镇、南茂农场设互通与县道 X665 连接，向南经三道镇东侧设三道互通和连接线，与国道 G224 线连接。路线向南经赤田水库东侧，至终点升昌枢纽互通的连接线，路线全长 55.865 km。隧道洞口如图 3-20 所示。

图 3-20　五指山隧道洞口

五指山隧道为小净距隧道，属特长深埋隧道。左线隧道起讫桩号 ZK36+010～ZK40+855，长 4845 m，隧道最大埋深约 383 m，位于 ZK38+500 处；右线隧道起讫桩号 YK36+000～YK40+870，长 4870 m，隧道最大埋深约 370 m，位于 ZK38+520 处。进洞口设计标高左线 404.09 m、右线 404.27 m，出洞口设计标高左线 301.20 m、右线 300.77 m。拟建隧道呈曲线形展布，轴线方向呈 127°—100°—161°方向展布。

隧道左线平面线形依次为 R-1900、缓和曲线 A-700、R-∞、缓和曲线 A-600、R-1420，右线平面线形依次为 R-1900、缓和曲线 A-700、R-∞、缓和曲线 A-600、R-1450；隧道进口线间距 16.7 m，出口线间距 28.6 m；隧道左、右线纵坡分别为-2.150%/5262.696、-2.150%/5200 的单向坡。

1）工程地质条件

A. 地形地貌

五指山隧道位于丘陵地貌区，区内最高标高在 ZK38+045 右侧 210 m 处，高 816 m，最低标高在隧道进口，高 292 m，相对高差为 524 m。隧道进出口端山坡坡度较陡，一般为 30°～45°，植被发育，水土保持较好。

B. 地层岩性

根据野外调查及钻探、物探资料，隧道出露地层为燕山期（$\gamma_5^{2(1)}$）花岗岩、海西期（$\gamma\eta_4^3$）花岗岩，以及第四系坡积碎石土、粉质黏土（Q^{dl}）和残积砂质黏性土（Q^{el}）。其岩性特征、岩石强度指标、波速测试结果如表3-9所示。

表3-9 地层岩性特征

系	统	组	代号	岩性特征	揭露厚度/m
第四系	全新统		Q^{dl}	粉质黏土：灰黄色，硬塑，土质均匀，黏性一般，主要成分为黏粒，含少量砂砾，纵波速度 V_p=530～1100 m/s，电阻率值一般为100～300 Ω·m	1.30～4.00
				碎石土：灰黄色，稍湿，稍密，碎石母岩为花岗岩，呈棱角状，含量约55%，粒径为2～13 cm，间隙充填黏性土，纵波速度 V_p=530～1100 m/s，电阻率值一般为100～300 Ω·m	3.00～3.80
	更新统		Q^{el}	砂质黏性土：褐黄色，硬塑，土质均匀，黏性差，由花岗岩风化残积而成，纵波速度 V_p=530～1100 m/s，电阻率值一般为100～300 Ω·m	1.30～12.60
	燕山期		$\gamma_5^{2(1)}$	花岗岩：灰色、灰白色、褐色，全风化层纵波速度 V_p=530～1100 m/s，电阻率值一般为100～300 Ω·m；强风化层 V_p=1300～2600 m/s，电阻率值一般为200～700 Ω·m；中-微风化层 V_p=2500～4300 m/s，电阻率值一般>500 Ω·m	$\gamma_5^{2(1)}$
	海西期		$\gamma\eta_4^3$		

2）地质构造

隧道区有5条断裂构造破碎带及一条岩性接触带通过。

F_3：ZK36+470/YK36+510段与路线相交，产状100°∠81°，为压性断层，该断层为一硅化带，长大于1.0 km，宽约3.0 m，断面呈陡坡状，构造岩组成物为块状石英脉、强硅化碎裂岩、强硅化中粗粒似斑状黑云母花岗岩等。断层两侧为中粗粒似斑状黑云母花岗岩。物探显示为断裂构造或破碎带，推测带内岩石破碎，岩质软，裂隙发育，隧道围岩稳定性差，易坍塌和漏水。

WF_2：地表投影ZK37+160～180段和YK37+190～210段EH4表现为斜向低阻异常，为WF_2（物探推测断裂构造或破碎带），推测岩体破碎，裂隙极发育，岩石变质和风化作用强，围岩稳定性差，易坍塌，同时有漏水甚至涌水可能。

ZK36+800/YK36+800段为燕山期（$\gamma_5^{2(1)}$）花岗岩与海西期（$\gamma\eta_4^3$）花岗岩岩性接触带，物探表现为斜向低阻异常，带内岩石破碎，岩质软，裂隙发育，隧道围岩稳定性差，易坍塌和漏水。

WF_3：地表投影ZK37+510～530段和YK37+470～490段EH4表现为斜向低阻异常，为WF_3（物探推测断裂构造或破碎带），推测岩体破碎，裂隙极发育，岩石变质和风化作用强，围岩稳定性差，易坍塌，同时有漏水甚至涌水可能。

F_4：ZK37+570/YK37+620段与线路相交，产状50°∠83°，为压性断层，该断层为一硅化带，长大于1.0 km，宽约2.0 m，断面呈陡坡状，构造岩组成物为块状石英脉、强硅化碎裂岩、硅质岩、强硅化中细粒二长花岗岩等。断层两侧为海西期二长花岗岩等。物探表现为斜向低阻异常，阻值低，带内岩石破碎，岩质软，裂隙发育，隧道围岩稳定性差，易坍塌和漏水。

WF₄：地表投影 ZK39+190～210 段和 YK39+200～220 段 EH4 表现为斜向低阻异常，为 WF₄（物探推测断裂构造或破碎带），推测岩体破碎，裂隙极发育，岩石变质和风化作用强，围岩稳定性差，易坍塌，同时有漏水甚至涌水可能。

3）水文地质条件

区内地表水系较发育，隧道进口端坡脚下为常流水水沟。地表水主要为大气降水形成的地表面流，地表径流条件较好，隧道进出口位于斜坡下部，分布标高较高，但汇水面积大，水量多，地表水仍然对隧道施工有一定的影响，应注意暴雨期间地表面流对洞口的冲刷破坏作用，宜采取截流、疏排措施。

该隧道地下水为表层坡积粉质黏土、碎石土、残积砂质黏性土中的孔隙水、基岩风化带内的裂隙水及构造裂隙水，水量大小受裂隙发育程度及季节变化影响，补给来源主要为大气降水下渗补给。由于洞身较长，穿越地层的时代不同，各岩性差异风化较明显，且有断裂通过，不同类型的结构面发育，局部具较强的透水性，地表水顺各结构面渗入地下，成为丰富的地下水水源，使得隧道区局部地下水较为发育，丰富的地下水将影响隧道的施工。

松散层孔隙水：赋存于斜坡上第四系各种成因的松散堆积体中，多属上层滞水，主要受大气降水补给，但多分布在较高位置，径排条件好，且零星分布，厚度较小，水量贫乏。

基岩裂隙水：可分为风化裂隙水和构造裂隙水。风化裂隙水一般分布于基岩表部的节理、裂隙中，含水层厚度较小，水位变化大，多为潜水；构造裂隙水一般赋存于构造裂隙中，断裂带岩石破碎，节理裂隙发育，有利于地表水的渗入，部分地段水量较大，且具承压性。

CSK39508 钻孔钻至 222.3 m 孔口开始涌水，钻至 231.5 m 处水量增大，终孔后测得涌水量为 106.8 m³/d，该孔涌水与 F₄ 断层有关，表明 F₄ 断层是富水断层（受 F₄ 断层影响，该孔岩心 203.7～236 m 裂隙总体发育，岩心破碎）；该孔终孔后接套管 9.0 m（高出孔口 9.0 m）仍出现涌水，未测得水头高度（该孔承压水为断层裂隙水，估计与山体高度有关）；对该孔进行了抽水试验，试验结果显示涌水量为 243.6 m³/d，水位降深为 12.20 m，得渗透系数 K=1.638 m/d。隧道开挖时，该断层破碎带透水性及涌水量可能有较大的增幅，可能产生涌水。

区内地下水主要受大气降水垂直入渗补给；基岩裂隙水赋存于岩体断层、裂隙中，主要受地形地貌控制，由大气降水补给，通过导水的裂隙系统补给深部含水层。

由于隧道区标高较高，地表径流排泄条件好。其天然排泄主要呈线状、散点状排泄于地形切割较深的冲沟、地貌突变处。地下水位变幅不大。

据 CSK39508、CSK41504-2 钻孔所取水样分析结果：pH=7.15～7.82，侵蚀性$\rho(CO_2)$=0.00～5.05 mg/L，$c(HCO_3^-)$=0.42～0.92 mmol/L，参照《公路工程地质勘察规范》(JTG C20—2011) 标准，结合区域水文地质条件进行综合判断，地下水对混凝土结构具微腐蚀性，对钢筋混凝土结构中的钢筋具微腐蚀性。

隧道区基岩多为相对隔水层，水量较贫乏，地下水对隧道施工影响不大；但由于受断层以及强烈风化的影响，局部形成透水带，在隧道施工时可能产生涌水；地下水对隧道施工有不利影响，隧道水文地质条件较复杂。

2. 五指山隧道涌水量预测

根据五指山隧道水文地质资料，考虑涌水量预测方法的适用性，采用地下水动力学法、降水入渗法以及地下径流模数法等进行五指山隧道ZK37+640～ZK37+680段涌水量预测。表3-10为基于常用方法的五指山隧道涌水量预测方法。

表3-10 基于常用方法的五指山隧道涌水量预测

方法	使用说明	预测涌水量/[$m^3/(d·km)$]
地下水动力学法	采用地下水动力学方法，如落河敏郎公式、大岛洋志公式和科斯佳科夫公式，隧道埋深取240 m，h取0.5 m，进行抽水试验得到渗透系数为1.638 m/d，R为隧道涌水影响宽度，取200 m，隧道断面宽度取13.5 m，隧道等效直径取12 m	落河敏郎公式：788.26 大岛洋志公式：475.39 科斯佳科夫公式：621.27 裘布依理论公式：235.87
降水入渗法	隧道通过含水体集水面积(A)为4.87 km^2，年平均降水量(W)为1400～1800 mm，根据区域水文地质资料，结合该区地形特征、植被覆盖情况，渗入系数($α$)选用0.18	3362.6～4323.4
地下径流模数法	根据区域水文地质资料，燕山期($\gamma_5^{2(1)}$)花岗岩、海西期(γ_4^3)花岗岩地层地下径流模数M=2～5 L/(s·km^2)，含水岩组面积A=4.87×1.0 km^2=4.87 km^2	841.5～2103.8
钻孔隧道比拟法	CSK39508钻孔钻至222.3 m孔口开始涌水，钻至231.5 m水量增大，钻孔后测得涌水量为106.8 m^3/d，该孔涌水与F_4断层有关，表明F_4断层是富水断层(受F_4断层影响，该孔岩心203.7～236 m裂隙总体发育，岩心破碎)；该孔钻后接套管9.0 m(高出孔口9.0 m)仍出现涌水，未测水头高度(该孔承压水为断层裂隙水，估计与山体高度有关)；对该孔进行了抽水试验，试验结果：涌水量为243.6 m^3/d，水位降深12.20 m，算得渗透系数K=1.638 m/d；钻孔半径取40 cm，隧道等价半径取6 m	3654

如表3-10所示，采用常用的隧道涌水量计算公式得到的五指山隧道ZK37+640～ZK37+680段（F_4断层影响区域）涌水量在227.11～4323.4 $m^3/(d·km)$，各预测方法得到的涌水量差别较大，难以确定隧道涌水量。采用修正的预测公式和基于井流理论的破碎带隧道涌水量预测公式计算得到五指山隧道ZK37+640～ZK37+680段涌水量如表3-11所示。

表3-11 基于修正公式的五指山隧道涌水量预测

方法	使用说明	预测涌水量/[$m^3/(d·km)$]
修正的裘布依理论公式	断层宽度取4 m，埋深取240 m，h取0.5 m，L_1和L_2取100 m，普通围岩渗透系数取1.638 m/d，断层破碎带渗透系数取5 m/d，隧道涌水影响宽度取200 m，隧道断面宽度13.5 m，隧道等效直径取12 m	245.55
修正的科斯佳科夫公式	断层宽度取4 m，埋深取240 m，h取0.5 m，L_1和L_2取100 m，普通围岩渗透系数取1.638 m/d，断层破碎带渗透系数取5 m/d，隧道涌水影响宽度取200 m，隧道断面宽度13.5 m，隧道等效直径取12 m	646.77
修正的落河敏郎公式	断层宽度取4 m，埋深取240 m，h取0.5 m，L_1和L_2取100 m，普通围岩渗透系数取1.638 m/d，断层破碎带渗透系数取5 m/d，隧道涌水影响宽度取200 m，隧道断面宽度13.5 m，隧道等效直径取12 m	820.6

续表

方法	使用说明	预测涌水量/[m³/(d·km)]
基于井流理论的破碎带隧道涌水量预测	断层宽度取 4 m，隧道埋深取 240 m，隧道计算长度取 200 m，普通围岩渗透系数取 1.638 m/d，断层破碎带渗透系数取 5 m/d，水位降深取 12.20 m	1441.86

2020 年 5 月 13 日，五指山隧道左洞施工至 K37+620-762 段时，隧道裂隙水渗漏严重，该段主要为 WF₃ 断层破碎带和 F₄ 断层影响区域。现场工作人员估量涌水量在 4～5 km³/d，单位长度涌水量为 821～1026 m³/(d·km)，取 900 m³/(d·km)进行计算。预测结果和实际涌水量如图 3-21 所示。

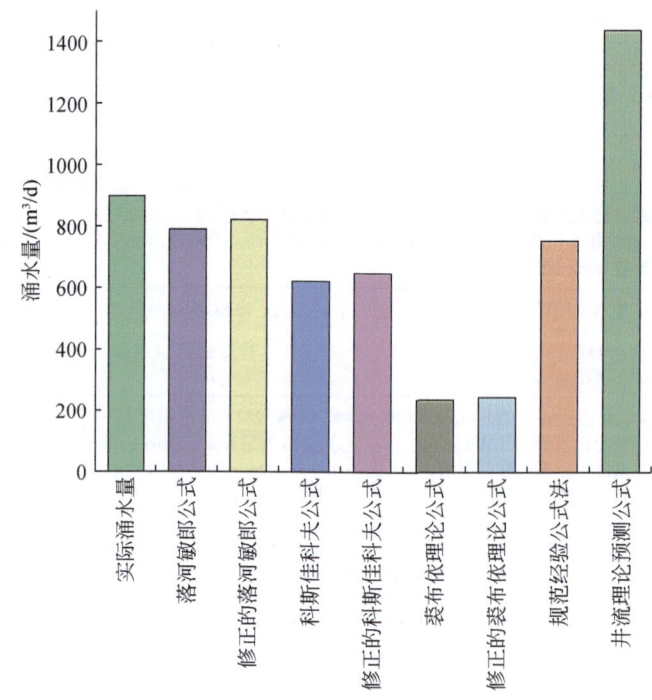

图 3-21　五指山隧道涌水量预测结果对比

如图 3-21 所示，用裘布依公式计算隧道纵向穿越层状含水结构时，无论是原始公式还是修正公式，涌水量计算结果都与实际涌水量差异大，因此裘布依公式不适宜计算穿越破碎带隧道的涌水量。落河郎敏公式计算得出单位长度涌水量为 788.26 m³/d，与实际涌水量相差 12.4%；修正后的公式计算值为 820.6 m³/d，与实际值相差 8.8%。科斯佳科夫公式计算得出单位长度涌水量为 621.27 m³/d，与实际值的误差约为 30.9%；修正的科斯佳科夫公式预测值为 646.77 m³/d，与实际涌水量相差约 28.1%。基于井流理论的破碎带隧道涌水量预测值为 1441.86 m³/d，与实际涌水量相差较大。

将各修正公式与实际涌水量对比分析发现，采用修正公式计算的准确性更高。这是由于隧道纵向穿越破碎带结构时，地层的非均质性对隧道涌水量影响较大，而传统公式未能考虑含水层的边界条件，因此，修正公式计算隧道涌水量更为可靠。采用修正后的落河敏郎公式和科斯佳科夫公式计算隧道穿越断层破碎带的涌水量比原公式更为准确。

3.3 隧道突涌水灾害风险分级及应对措施研究

3.3.1 突涌水灾害风险分级

1. 最大集中涌水量与后果等级对应关系

根据已有研究成果，在隧道开挖过程中，当涌水量在 1000 m³/d 以下时，对工程的危害不是很大；当开挖至张性断层裂隙带或小型溶洞，涌水量小于 10000 m³/d 时，一般也不会造成重大工程事故；当发生涌水量在 50000 m³/d 以上的重大型涌突水，或涌水量大于 100000 m³/d 的特大型突涌水时会造成灾难性后果。综合现有研究成果，得到隧道最大集中涌水量与后果等级的对应关系（表 3-12）。

表 3-12 最大集中涌水量对应灾害后果等级归纳表

后果等级	突涌水规模	突涌水特征	最大集中涌水量/（万 m³/d）
Ⅳ级	超大涌水量	类似洪水、河流般涌出	>100
	特大涌水量	类似小型洪水、直泻而出	10～100
	大涌水量	大管道状、大股状喷涌而出	5～10
Ⅲ级	中涌水量	股状、密集线面状渗水、滴水、流水	1～5
Ⅱ级	小涌水量	点状（线状）滴水、渗水	0.1～1
Ⅰ级	微涌水量	滴水、渗水	<0.1

2. 突涌水灾害风险等级标准

依据《公路桥梁和隧道工程施工安全风险评估指南》，隧道突涌水灾害风险分级包括灾害发生概率的等级标准、灾害发生后果的等级标准和风险的等级标准。可将突涌水灾害发生概率分为四级，见表 3-13。

表 3-13 突涌水灾害发生概率等级标准

概率范围	中心值	概率等级描述	概率等级
>0.3	1	很可能	Ⅳ级
0.03～0.3	0.1	可能	Ⅲ级
0.003～0.03	0.01	偶然	Ⅱ级
<0.003	0.001	不太可能	Ⅰ级

根据隧道突涌水灾害造成的人员伤亡、财产损失、工期延误以及生态破坏等方面将隧道突涌水灾害发生的后果分为四级，如表 3-14 所示。

表 3-14 突涌水灾害后果等级标准

后果等级	安全	环境	投资	工期		后果定性描述
	人员伤亡（F死亡数，SI重伤数，MI轻伤数）	影响描述	经济损失R/万元	延误时间Y（控制性工程）/月	延误时间Y_6（非控制性工程）/月	
Ⅳ级	$F>9$ 或 $SI>10$	永久性	$300<R$	$1<Y$	$6<Y_6$	灾难性
Ⅲ级	$1≤F≤9$ 或 $1≤SI≤10$	长期性	$100<R≤300$	$0.1<Y≤1$	$2<Y_6≤6$	严重
Ⅱ级	$SI=1$ 或 $1<MI≤10$	临时但严重	$30<R≤100$	$0.01<Y≤0.1$	$0.5<Y_6≤2$	较大
Ⅰ级	$MI=1$	临时且轻微	$R≤30$	$Y<0.01$	$Y_6<0.5$	轻微

结合突涌水灾害发生的概率和后果等级，可将突涌水灾害风险等级分为四级，如表 3-15 所示。

表 3-15 突涌水灾害风险等级标准

概率等级	后果等级	Ⅰ级	Ⅱ级	Ⅲ级	Ⅳ级
		轻微	较大	严重	灾难性
Ⅰ级	不太可能	Ⅰ级（低度）	Ⅱ级（中度）	Ⅱ级（中度）	Ⅲ级（高度）
Ⅱ级	偶然	Ⅱ级（中度）	Ⅱ级（中度）	Ⅲ级（高度）	Ⅲ级（高度）
Ⅲ级	可能	Ⅱ级（中度）	Ⅲ级（高度）	Ⅲ级（高度）	Ⅳ级（极高）
Ⅳ级	很可能	Ⅲ级（高度）	Ⅲ级（高度）	Ⅳ级（极高）	Ⅳ级（极高）

3.3.2 隧道突涌水灾害风险防控措施

1. 风险接受准则及处置方法

隧道突涌水灾害的风险接受准则与采取的风险处理措施如表 3-16 所示。

表 3-16 风险接受准则与处理措施

风险等级	接受准则	处理措施
Ⅳ级（极高）	不可接受	此类风险最大，必须高度重视并规避，否则要不惜代价将风险至少降低到不期望的程度
Ⅲ级（高度）	不期望	此类风险较大，必须采取风险处理措施降低风险并加强监测，且满足降低风险的成本不高于风险发生后的损失
Ⅱ级（中度）	可接受	此类风险次之，一般不需要采取风险处理措施，但需予以监测
Ⅰ级（低度）	可忽略	此类风险较小，不采取风险处理措施和监测

2. 隧道突涌水灾害风险防控建议措施

1）隧道突涌水极高风险（Ⅳ级）防控措施

对于突涌水极高风险，需要综合采用多方面防控措施。隧道突涌水极高风险（Ⅳ级）作为最高的风险等级，发生事故的风险较高，且一旦发生事故，危害严重。采用疏水泄压、分流降压、分区注浆等手段预防突涌水灾害。在对隧道突涌水极高风险（Ⅳ级）进行地质预报时，采用长、中、短距离预报相结合的形式，并进行钻孔验证；此外，在辅助施工措施、开挖中观察措施、开挖作业、抽排水措施、应急救援措施等方面均需合理控制，预防隧道突涌水。

A. 超前地质预报

极高风险（Ⅳ级）应着重加强超前地质预报工作。长距离物探可采用隧道地震波预报勘探（tunnel seismic prediction, TSP）手段进行，探测距离为 100~120 m；中距离可以利用瞬变电磁仪，探测距离为 20~100 m；短距离可以利用地质雷达，探测距离为 15~20 m。针对掌子面前方水体的探测，可采用红外线探水的方式进行，有效距离为 30 m。然后必须采用超前钻孔的方式进行验证，钻孔数一般为 3~5 个，钻孔长度为 30~50 m，平均深度要在 40 m 以上。

B. 辅助施工措施

对于在极高风险（Ⅳ级）下的施工辅助措施，应根据实际地质情况选择合适的施工方法。在特殊地质条件下可综合采用多个措施相结合的方式进行。当所采用的排水措施不会对环境造成显著影响时，可利用排水孔进行排水。排水孔长度要保证能够疏干掌子面后的地下水，环向间距可控制在 0.5~1.0 m。若遇到困难可设置集水坑。在水量较大时可采用泄水洞进行排水，泄水洞可采用全断面爆破开挖施工，引水横通道可采用机械开挖、个别部位爆破为辅的施工方法，开挖后人工挂设钢筋网，C20 混凝土喷锚支护。泄水洞采用 C30 钢筋混凝土模筑衬砌，横通道采用 C20 或 C25 混凝土模筑衬砌。

在地下水补给充分时可以考虑采用注浆堵水的方式。一般情况下采用水泥-水玻璃浆液进行注浆，浆液浓度应根据不同的围岩情况进行选择。注浆孔应由掌子面向开挖方向呈辐射状，钻孔布置成圆形，内外圈按梅花形排列，浆液扩散半径为 1.0~2.0 m，孔底间距不大于 3.0 m。在硬岩条件下注浆分段长度宜为 3.0~5.0 m，软岩条件下注浆分段长度宜为 1.0~2.0 m。分段最大长度不超过 5 m，每段需留止浆盘。

对于超前支护措施，在采用超前大管棚时，可用 C25 混凝土作为管棚导向墙，采用 Φ108 无缝钢管，环向间距不大于 0.4 m，纵向搭接长度不小于 3 m。在采用超前小导管时，可用双层 Φ42 无缝热轧钢管制成的小导管，前端加工成锥形。纵向搭接长度应不小于 1.5 m，导管长度为 5 m，每环约 40 根，环向间距约 0.4 m，外插角为 45°，双层小外插角为 10°~15°，可在管内插入小于导管直径的螺纹钢筋增加受力。

C. 开挖中观察措施

在开挖过程中，应注意岩体是否有斑锈状且环向滴水渗水、岩性突变、突遇断层破碎带且变潮、邻近富水断层下盘泥岩页岩等隔水层明显软化、钻孔涌水量剧增、掌子面空气变冷或出现雾气、非断层破碎带出现岩层内牵引现象或内倾小断层，以及附近岩层已发生氧化现象等突涌水前兆。如若存在这些现象，应及时进行处理。

D. 开挖作业

在开挖作业中，可采用三台阶法，必要时可采用环形导坑预留核心土、双侧壁导坑法进行开挖。每次循环进尺宜为 0.5~1.0 m，当围岩不稳定时，喷 10 cm 厚 C20 混凝土进行封闭，并根据监控量测结果调整支护参数，如加密初期支护钢筋网（20 cm×20 cm）、减小钢拱架间距（通常不宜大于 50 cm）、采用全环 I18 工字钢钢拱架、加强二次衬砌（采用钢筋混凝土衬砌，衬砌厚度不小于 50 cm）等。如若遇到基础较软的情况时，可采用 C20 混凝土换填，并设置排水沟。

对于Ⅳ、Ⅴ级围岩，仰拱与开挖面间距不宜大于 40 m，封闭成环距离不宜大于 35 m，二次衬砌距离掌子面不宜大于设计规定，且在仰拱混凝土强度达到设计值 70%时应尽快施作闭合。

爆破的药量应根据断面大小、开挖进尺和炮眼密度等参数进行计算，爆破时应控制药量使爆破为弱爆破。

E. 抽排水设施

当隧道施工处于反坡状态时，洞内应设置大功率抽水站，其与掌子面距离需保证隧道在设计最大突水量下不没顶，且预留有 2 m 的安全高度；抽排水能力按照设计最大突水量 1.2 倍进行配置，并且水泵与管路应有备用，电源供电有双回路；洞口应配有大功率备用抽水设备，并定期维护保证随时能投入使用。

F. 应急救援措施

在极高风险（Ⅳ级）条件下，隧道施工应保证以下几点：隧道施工人员工作期间必须穿戴救生衣；隧道施工配备报警设施，在发生突水涌泥风险时第一时间发出警报；隧道内应配置足够数量的救生圈、逃生爬梯、逃生绳、逃生台架等用以逃生、自救的用具，必要时可增设救生舱、防水闸门等设施；现场应该做好在突水涌泥下的疏散方案，并做好预演工作，让施工人员提前熟悉逃生路线。

2）隧道突涌水高度风险（Ⅲ级）防控措施

在高度风险（Ⅲ级）下，总体上讲，事故发生可能性相对较高，事故造成损失相对较大。因此，需要加强对于防控措施的重视程度。遵循排水为主、预留岩盘、择机封堵的处置原则，在对隧道进行防控时，主要针对超前地质预报、施工辅助措施、开挖中观察措施、开挖作业、抽排水设施、应急救援措施等方面加强防控。

A. 超前地质预报

隧道突涌水（Ⅲ级）在超前地质预报方面的防控可采取与隧道突涌水极高风险相同的防控措施。需要注意的是，根据超前地质预报结果，可以考虑采用超前钻孔的方式进行验证，钻孔数一般为 1~3 个，平均深度要在 30 m 以上。

B. 施工辅助措施

对于在高度风险（Ⅲ级）下的施工辅助措施，应根据地质情况进行讨论，选择合适的施工方法，通常依据设计要求采用相应的辅助措施，在遇到特殊情况时，可以参考极高风险下的防控措施建议。

需要注意的是，在高度风险下，可以考虑利用水泥-水玻璃双液浆进行周边深孔预注浆，浆液浓度应根据岩体条件加以调整。浆液扩散半径不大于 2.0 m，孔底间距不大于 3.0 m。注浆分段长度宜为 5.0~6.0 m，分段最大长度不超过 8 m，每段需留止浆盘。

C. 开挖中观察措施

开挖中对于掌子面突水涌泥预兆的观察可以参照极高风险下的建议，如若发现，应及时进行处理。

D. 开挖作业

可采用短台阶法进行开挖，台阶长度为 10~15 m，并缩短闭合时间。特殊情况下可采用环形导坑预留核心土开挖法、双侧壁导坑法进行开挖。在Ⅳ级围岩下单次进尺不宜超过 2.0 m，当围岩为Ⅴ级时，单次进尺不宜超过 2 榀钢拱架。此外，可根据实际开挖情况对二衬结构进行加强，如采用钢筋混凝土衬砌等。仰拱与掌子面的距离、二次衬砌形成闭合断面与掌子面的距离应该严格遵循规范要求。

E. 抽排水设施

在高度风险（Ⅲ级）下同样应准备抽排水设施。在隧道施工处于反坡状态时，洞内应设置大功率抽水站，其与掌子面距离需保证隧道在设计最大突水量下不没顶且预留有 2.0 m 安全高度；抽排水能力按照设计最大突水量 1.2 倍进行配置，并且水泵与管路应有备用设备。

F. 应急救援措施

在高度风险（Ⅲ级）条件下，隧道施工应保证以下几点：隧道内应配置足够数量的救生圈、逃生爬梯、逃生绳、逃生台架等用以逃生、自救的用具；隧道施工配备报警设施，在发生突涌水风险时第一时间发出警报；现场应该做好在突水涌泥下的疏散方案，并做好预演工作，让施工人员提前熟悉逃生路线。

3）隧道突涌水中度风险（Ⅱ级）防控措施

当突涌水风险为中度风险（Ⅱ级）时，风险发生的概率总体不是很高，但发生可能性也较大。采取水量分流、侧向注浆等手段预防突涌水灾害，主要应加强超前地质预报、开挖作业、辅助施工措施等方面的控制措施。

A. 超前地质预报

中度风险下（Ⅱ级）的施工需要在超前地质预报工作的配合下进行。长距离物探可采用 TSP 手段进行，探测距离为 120~150 m；短距离下可以利用地质雷达，探测距离为 15~30 m，每段至少搭接 5 m。根据探测结果，可以考虑采用超前钻孔的方式进行验证，采用浅孔钻探方式进行验证，平均深度要在 10 m 以上。

B. 辅助施工措施

对于在中度风险（Ⅱ级）下的施工辅助措施，应严格遵循施工安全规范，根据地质情况选择合适的施工方法。此外，可以根据实际情况施作超前支护以及超前预加固措施。当掌子面前方需要进行注浆堵水时，可利用超前小导管注浆，纵向搭接长度应不小于 1.0 m，导管长度为 4.0 m，环向间距为 0.5 m。

C. 开挖作业

隧道开挖断面和进尺应根据设计文件与现场情况选择合适的进尺和爆破用量，在条件允许的情况下应采取光面爆破。当地质条件较差时，应讨论改变施工方法与开挖措施。在隧道开挖后应迅速喷射混凝土，及时进行封闭支护，并在强度达到设计强度 70%后方可进行下一循环。对于不良地质段，应讨论是否缩小钢拱架间距或采用其他临时支护措施。仰拱与掌子面的距离、二次衬砌形成闭合断面与掌子面的距离应该严格遵循规范要求。

D. 开挖中观察措施

开挖中对于掌子面突涌水预兆的观察可以参照高风险下防控措施，如若发现，应及时进行处理。

　　E. 抽排水设施

　　在中度风险（Ⅱ级）下应准备抽排水设施。抽排水能力按照设计最大突水量 1.2 倍进行配置，并且水泵与管路应有备用设施。

　　F. 应急救援措施

　　在中度风险（Ⅱ级）条件下，隧道施工应保证以下几点：隧道内应配置足够数量的逃生爬梯、逃生绳、逃生台架、医疗用品等用以逃生、自救的防灾用具；隧道施工配备报警设施，在发生突涌水风险时第一时间发出警报；现场应该做好在突水涌泥下的疏散方案，并做好预演工作，让施工人员提前熟悉逃生路线。

　　4）隧道突涌水低度风险（Ⅰ级）防控措施

　　在低度风险（Ⅰ级）下，发生灾害的可能性等级较低，但仍需要加强防控措施。遵循排水注浆、快速掘进的原则，对于隧道突涌水低度风险（Ⅰ级）在超前地质预报、施工辅助措施、开挖作业、开挖中观察措施、抽排水措施、应急救援措施等方面，可参考隧道突涌水中度风险（Ⅱ级）防控建议并适当降低防护等级。此外，在地质资料完备性、设计文件的校对、施工组织及培训内容等方面也需进行风险防控。

　　3. 隧道突涌水灾害处置建议

　　在山岭隧道施工期间，当突涌水灾害发生时，采取的处置措施主要包括：超前钻孔排水、超前小导管注浆堵水、超前围岩预注浆堵水和井点降水等。如果对突涌水灾害完全采用注浆封堵的方式，从隧道围岩稳定性和施工技术方面考虑都不合理；若完全采用排水的方式则会改变地下水的运动途径，破坏生态环境，因此，隧道突涌水灾害处置应采用"以堵为主，堵排结合"的技术方针。

　　注浆堵水加固是目前针对山岭隧道突涌水处置使用范围最广的一种辅助工法。隧道注浆堵水加固方案主要包括超前预注浆和后注浆两种。超前预注浆包括全断面深孔预注浆和全断面周边预注浆两种。后注浆是指在开挖施工及初期支护完成后，不能满足工程质量要求时采取的一种注浆措施，主要包括径向注浆、局部注浆或补充注浆两种。注浆方案的选择参考现场超前地质预测预报资料成果，适用条件标准如表3-17所示。

表3-17　山岭隧道注浆方案适用条件

方案		适用条件
超前预注浆	全断面深孔预注浆	①可溶岩与非可溶岩接触带或断层破碎带等富水地段； ②超前钻孔单孔涌水量 $Q \geq 40 \text{ m}^3/\text{h}$； ③施工中可能发生突涌水风险极高的地段
	全断面周边预注浆	①岩层接触带或物探电阻异常带； ②超前钻孔单孔涌水量 $Q \geq 40 \text{ m}^3/\text{h}$； ③施工中可能发生突涌水风险高的地段
后注浆	径向注浆	①一般富水地段，岩体较完整段； ②物探异常地段； ③超前钻孔单孔涌水量 $2 \text{ m}^3/\text{h} \leq Q \leq 40 \text{ m}^3/\text{h}$

续表

方案		适用条件
后注浆	局部注浆或补充注浆	①一般富水地段，岩体较完整，能保证开挖安全； ②施工开挖后有较大的流水； ③初期支护完成后不能满足排水量的要求

对隧道不同的突涌水情况，根据隧道现场的涌水量大小可采用不同的处置措施（表3-18）。

表 3-18　山岭隧道突涌水处置技术措施

突涌水处置措施	适用条件
施工排水	当隧道施工现场发生突涌水灾害但涌水量较小，且地下水的补给来源有限的情况下，一般采用超前钻孔排水进行处置。等到地下水基本排出洞外，地下水量减少后，方可继续进行隧道开挖工作。钻孔排水的方法对非含水层、弱含水层的隧道是最适合的
排水孔+超前预注浆	当突涌水灾害的水流量大且源源不断流入隧道，超前预报显示掌子面前方围岩稳定性很差，节理裂隙发育，很可能发生坍塌时，一般在隧道掌子面设置止浆墙进行全断面预注浆堵水并加固岩层，进行超前支护，同时结合超前钻孔排水措施
排水孔+径向注浆	当隧道涌水较小且施工能够继续开挖掌子面施工时，可在开挖过程中用超前钻孔排水，在开挖后采用径向注浆堵水，使前围岩在开挖后能够自稳
泄水洞+迂回导坑	当隧道掌子面涌水量大，水头压力很大，对隧道施工造成极大困难，无法按时完成施工时，可以利用迂回导坑跳过突涌水段
止浆墙+全断面注浆	当隧道掌子面发生大规模的涌水，破坏机械设备，影响隧道施工时，可直接设置止浆墙封闭掌子面，破坏地下水通道，使动态的地下水变为静态，然后利用全断面注浆封堵涌水通道，加固围岩

3.3.3　超前地质预报

1. 超前地质预报方法

超前地质预报方法一般分为地质分析法和地球物理法。地质分析法主要有地质调查法、超前钻探法等。地球物理法主要有 TSP 超前预报法、陆地声呐法、地质雷达法、瞬变电磁或激发极化法、红外探水法等。不同预报方法的特点如表 3-19 所示，适用范围如表 3-20 所示。

表 3-19　常见的超前预报方法的特点

预报方法		特点
地质分析法	地质调查法	可以随时进行，不干扰施工，通过对资料的分析，以推断和预报隧道施工前方的工程地质和水文地质情况。通过该方法，可以预报围岩类别、涌水、断层、地温、高应力、有害气体，但分析结果较为宏观，不能做到精确判断，需要与物探方法相结合。地质素描作为地质调查法的主要手段，优点是不占用施工时间，设备简单，不干扰施工，出结果快，预报效果好，而且为整个隧道提供完整的地质资料，缺点是预报距离较短
	超前钻探法	这种方法可以反映岩体的大概情况，比较直观，施工人员可根据现场的地质情况来安排下一步施工。可以预报围岩类别、涌水、断层、高应力、有害气体等，不足之处为：①在复杂地质条件下预报效果较差，很难预测到正洞掌子面前方的小断层和贯穿性大节理，特别是与隧道轴线平行的结构面，其预报无反映；②钻孔与钻孔之间的地质情况反映不出来

续表

预报方法		特点
地球物理法	TSP超前预报法	可以对岩体的参数进行定量的显示,对工作面前方遇到与隧道轴线接近垂直的不连续体节理、裂隙、断层破碎带等的界面,可预报断层、溶洞和富水带的位置和规模,结果比较可靠,但如果不连续体的界面形状不规则,准确预报的难度较大,且每次耗时约2 h,占用工期较长,每次预报距离为150 m
	陆地声呐法	陆地声呐法是探查中小溶洞、溶槽以及破碎岩体的有效方法,目前的主要问题是无法准确测定各层岩体的波速,影响预报精度,每次耗时约1 h,预报距离为100 m
	地质雷达法	地质雷达能预报掌子面前方地层岩性的变化,对于断裂带特别是含水带、破碎带有较高的识别能力,重点预报涌水,预测断层、溶洞和富水带的位置和规模,但是探测的距离较短,雷达记录易受干扰,每次耗时约1 h,预报距离为10～25 m
	瞬变电磁或激发极化法	能够探查掌子面前方的含水体、断层、溶洞和富水带的位置和规模,目前精确定位的问题尚待深入研究,在隧道中探测易受干扰,每次耗时约2 h,预报距离为50 m
	红外探水法	红外探水法是一种辅助探水方法,该法不占用掌子面,操作简单,费用较低,可以全程跟踪掌子面开挖进行探测,每次预报距离为25 m,缺点是该方法仅能定性预报含水的可能性

表3-20 超前地质预报方法及适用范围

预报方法	预报距离	技术原理	适用范围
工程地质法	全洞段	地质知识	围岩类别、富水带、断层、地温、高地应力、有害气体等
经验法	前方一定距离	工程地质经验	富水带、断层、岩爆、高地应力、有害气体等
超前钻探法	30 m	勘探法	围岩类别、富水带、断层、高地应力、有害气体等
TSP超前预报方法	150 m	地震波法	围岩类别、岩性变化、断层、溶洞及富水带位置
地质雷达法	10～25 m	电磁波	断层、溶洞及富水带位置和规模
红外探水法	30 m	红外线法	含水构造
瞬变电磁法	50 m	电磁法	充水断层、充水充泥溶洞、充水充泥破碎带的位置和规模
激发极化法	30～50 m	电法	富水带位置和规模

2. 超前地质预报分级

采用超前地质预报可以及时发现隧道突涌水灾害,为避免地质预报工作的浪费,对不同隧道突涌水灾害风险进行分级,以合理使用人力、财力、物力,保证隧道施工安全(表3-21)。

表3-21 隧道超前地质预报分级和应对的预测预报项目

超前预报分级	风险等级	超前预报项目
A	Ⅰ级	①地质素描;②长距离预报:TSP203(150 m);③必要时地质雷达(30 m)
B	Ⅱ级	①地质素描;②长距离预报:TSP203(100≤150 m);③短距离预报:超前水平钻孔(30 m)1～3孔,超前炮孔(5 m)3孔;④异常段地质雷达(15～30 m)
C	Ⅲ级	①地质素描;②长距离预报:TSP203(≤100 m);③短距离预报:超前水平探孔(30 m)1～3孔、超前炮孔(5 m)3～5孔、地质雷达(15～30 m);④瞬变电磁或激发极化(50 m)
D	Ⅳ级	①地质素描;②长距离预报:TSP203(≤80 m);③中距离预报:超前水平探孔(30～60 m)1～3孔,配合瞬变电磁、激发极化(50 m);④短距离预报:地质雷达(15～30 m)、超前炮孔(5 m)5孔(炮孔向拱顶及边墙放射状打孔)

3.3.4 隧道突涌水灾害预警

隧道突水灾害主要受岩溶洞穴或断层规模和富水特征的影响，突水等级与岩溶洞穴或断层规模、涌水量、水压、隧道周边位移、钢拱架应力等因素有关。因此，在施工过程中通过监测进行预警，预警等级可分为四级（Ⅰ、Ⅱ、Ⅲ、Ⅳ），其中Ⅳ级最严重，Ⅰ级不影响施工。

1. 灾变前兆信息监测

1）微震信息监测

充填介质体失稳和隔水岩体破坏会引起岩体稳定及变形破坏问题。常规的研究和监测手段准确率较低，而微震监测技术可以进行不间断、实时、三维空间监测。因此，对隧道开展微震监测是必要的，其主要目的是对危险区域进行自动实时长效监测，分析隧道防突结构的状态。研究防突结构渐进破裂演化过程中微震监测数据的特征，获取防突结构失稳破裂的前兆信息，指导现场采取安全措施，确保隧道施工安全。

2）应力信息监测

常见原地应力监测方法有水压致裂法和应力解除法，水压致裂法受岩石原生节理裂隙和人为因素影响较大；而应力解除法的抗干扰性、耐久性较差。现场布设压力盒也是常见的应力监测方法。围岩三维应力光栅监测方法是在橡胶基质的立方体表面分别粘贴 3 根与 x、y、z 方向平行的光纤光栅，形成对三维应力敏感的测试结构。

3）位移信息监测

高精度数字位移计能够精确计量隧道周边岩体内部变形量，预测围岩体稳定情况。隧道开挖扰动及灾害源水体渗流共同作用下，隧道临空面周边围岩体发生变形，利用智能位移计分别获取开挖时、开挖后的量测数据，预判隧道围岩体稳定性。

4）渗流场（渗压）信息监测

灾害源与临空面安全厚度过小时，突水灾害就会发生。此时，围岩体内部渗流场重新分布，渗压信息快速变化。通过监测点处渗压信息变化实现突水破裂口位置的预测，同时渗压力大小反映了灾害源水体压力大小，一定程度上反映了突涌水破坏能级的大小。

2. 地质现象

当隧道临近断层、大型溶洞水体和暗河等不良地质体时有以下前兆。

1）临近断层水源体的前兆

（1）临近断层的前兆：临近断层破碎带时，节理组数急剧增加；临近断层破碎带时，出现牵引褶曲或牵引褶皱；临近断层破碎带时，有时会出现由弧形节理组成的小型旋卷构造或反倾节理；临近断层破碎带时，岩石强度明显降低；逆断层为主的断层破碎带附近会出现压裂岩和碎裂岩，多数情况下出现夹泥或铁锈染压裂岩、碎裂岩；平移断层为主的断层破碎带附近节理密度明显增加。

（2）下盘泥岩、页岩等隔水岩层明显湿化、软化或出现淋水现象。

（3）其他水流的痕迹开始出现。

2）临近大型溶洞水体前兆

（1）临近各种水源体前兆出现较多的铁锈染或夹泥的裂隙。

（2）小溶洞出现的频率增加。

3）临近暗河前兆

（1）出现大量铁锈染裂隙或小溶洞。

（2）大量出现的小溶洞含有河沙。

（3）钻孔中的涌水量剧增，且夹有泥砂或小砾石。

4）水质变化

实践证明，隧道涌水的水质变化能间接反映隧道突水的风险状态。一般情况下，如果水质澄清，且没有变化，则发生突水的可能性很小。水质由澄清变浑浊是隧道突水突泥前兆。

3. 涌水量

涌水量直接影响着突水灾害的严重程度，涌水量越大，灾害程度越大。即使水压再大，如果水量很少，突水也不会造成大的灾害。因此，估算涌水量是突水灾害预警的主要指标之一。但涌水量往往估算不准确，根据施工过程中钻孔喷射距离（喷距）或钻孔涌水量可以大致推断涌水量和涌水规模。

1）钻孔喷距

涌水量是隧道涌水大小的关键指标之一，涌水量越大，隧道涌水等级越高。涌水量大小与隧道掌子面钻孔的流速关系密切，而钻孔的流速与钻孔水的喷射距离成比例关系。

$$S = v\sqrt{\frac{2h}{g}} \tag{3-90}$$

式中，S 为钻孔水平喷射距离，m；v 为钻孔水流速，m/s；h 为钻孔距隧道底板的距离，m；g 为重力加速度，m/s²。

因此，可以根据钻孔的喷射距离求得隧道的涌水量，判断开挖后突水灾害的预警等级，涌水量和钻孔喷射距离关系如图 3-22 所示。

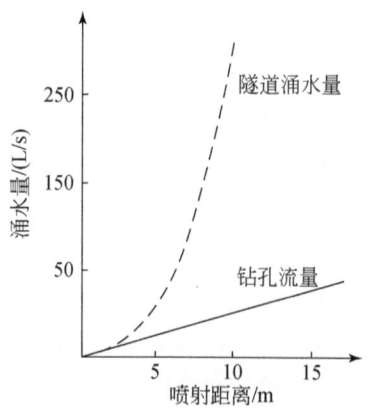

图 3-22 钻孔喷射距离与涌水量关系

A. 监测方法

（1）堵死其余所有炮眼，只留下一个喷距最远的炮眼；
（2）量测水平喷射距；
（3）换算成 $y=1\,\text{m}$ 条件的水平喷射距；
（4）依据水平喷距计算涌水量；
（5）预报开挖后的涌水量（涌水级别）。

B. 判断标准

根据距隧道 1 m 的独孔喷射距，可判断涌水规模（表 3-22）。

表 3-22 钻孔水喷距与预警等级关系

预警等级	喷距/m	涌水等级
Ⅰ级	[0, 5)	股状涌水
Ⅱ级	[5, 9)	小型涌水
Ⅲ级	[9, 12)	中型涌水
Ⅳ级	[12, ∞)	大型涌水

2）局部涌水

对于非钻孔涌水，可根据局部涌水量的变化和水质判断预警等级表，如表 3-23 所示，如果水质澄清，则不会发生突水；若水质一直混浊，且泥沙含量一直增加，就要探明前方是否有溶洞或暗河等不良地质体。

表 3-23 局部涌水量与预警等级关系

预警等级	涌水量 $Q/(\text{m}^3/\text{h})$	水质	涌水等级
Ⅰ级	[0, 100)	混浊或由澄清变浑浊	股状涌水
Ⅱ级	[100, 300)	混浊或由澄清变浑浊	小型涌水
Ⅲ级	[300, 400)	混浊或由澄清变浑浊	中型涌水
Ⅳ级	[400, ∞)	混浊或由澄清变浑浊	大型涌水

4. 水压力

水压力是隧道所承受的水头压力。水压力越大，越容易导致围岩、岩溶管道填充物等发生破坏，产生突水突泥灾害。且水压力增大，突水灾害发生的概率也增大。当水位比水压力更好量测时，也可根据相对水位的变化进行预警。

1）监测方法

一般采用关水试验测试隧道水压力。为确保水压力测试数据的可靠性，现场采用混凝土封闭掌子面，封闭厚度为 1.5~2.0 m。水压力稳定时间不得低于 48 h。水压力测试方法有渗压计法和压力表法两种，现场多采用压力表法测试。

水压力的监测程序比较烦琐，在施工过程中，若不能进行水压力监测且水位可观测，可以通过地下水位相对于隧道底板的变化来间接反映水压力的变化。

2）判断标准

当水压力达到围岩临界水压力（p_{cr}）的85%时，围岩在水压作用下破坏发生突水的风险增大，水压力与预警等级的关系如表3-24所示。

表3-24 水压力与预警等级的关系

预警等级	水压力变化量	预警措施
Ⅰ级	$p<0.85p_{cr}$ 且 $\Delta p \leq 0$	正常施工
Ⅱ级	$p<0.85p_{cr}$ 且 $\Delta p>0$	加强监测
Ⅲ级	$0.85p_{cr}<p<p_{cr}$ 且 $\Delta p \leq 0$	加强监测，加强戒备
Ⅳ级	$0.85p_{cr}<p<p_{cr}$ 且 $\Delta p>0$	停止施工，制定施工方案

5. 地下水位

地下水位增加，水害程度增加，发生突水的可能性也增大，地下水位相对于隧道底板变化量与突水预警等级的关系如表3-25所示。

表3-25 水位与预警等级的关系

预警等级	水位/m	预警措施
Ⅰ级	$\Delta h \leq 5$	正常施工
Ⅱ级	$5<\Delta h \leq 10$	加强监测
Ⅲ级	$10<\Delta h \leq 30$	加强监测，加强戒备
Ⅳ级	$\Delta h>30$	停止施工，制定施工方案

3.4 断层破碎带注浆堵水关键技术研究

3.4.1 地下水限排标准

1. 既有隧道地下水限排标准

随着环境保护意识的不断增强，隧道施工过程中对地下水的处理已经由以前的"以排为主"原则转变为现在的"以堵为主，限量排放"原则。我国的一些隧道也在实际施工过程中践行了"限量排放"的指导方针。

目前，国内山岭隧道地下水限排量基本在 0.7～5 m³/（m·d）。山岭隧道埋深大，地下水位高，水压力大，对地下水的控制难度也大。地下水处理不当，会引起隧道衬砌结构失稳，从而影响隧道的正常施工和运营，还可能导致隧址区生态环境的破坏，引发不可逆的后果。

2. 基于生态保持的地下水限排标准

在富水地区隧道开挖和运营过程中,地下水通过隧道渗漏,导致地下水位下降,地表蓄水减少,甚至地表水也变得干涸。从植被需求的角度出发,利用地下水动力学中的面井法,建立隧道排水条件下的地下水渗流模型。然后根据对地下水总排放量(Q)与以降水入渗补给为主的总补给量(W)的平衡分析,求得保持地下水平衡的排水量计算方法。

1) 植被与地下水关系

天然植被生长与土壤含水率关系密切,据研究,在干旱区土壤含水率与地下水位埋深存在如下关系式:

$$\theta=35.726\exp(-0.185H) \tag{3-91}$$

式中,θ 为土壤剖面平均含水率,%;H 为地下水埋深,m。

按照式(3-91),可得到含水率与地下水埋深的关系,如表 3-26 所示。

表 3-26　土壤含水率与地下水埋深关系

地下水埋深/m	平均土壤含水率/%	植物长势
1.0~2.5	26.1	十分有利
2.5~4.5	19	适宜生长
4.5~6.5	13.1	开始凋萎
6.5~10	8.2	衰败枯死

从表 3-26 中可以看出,适宜植被生长的地下水位不宜超过 4.5 m。当然,不同地区由于气候、土壤等因素不同,同一植物在不同地区其适宜生长的地下水埋深可能不同。

植被与地下水位密切相关,因此在确定隧道排水量时,有必要引入地下水的生态平衡埋深。隧道排水引起的地下水下降必须保证不超过地下水的生态平衡埋深,以保护隧道场地的植被不受破坏。

2) 隧道排水量计算方法

基于地下水生态平衡埋深,隧道排水量计算的具体过程如图 3-23 所示。

目前隧道排水后地下水位降深的计算方法一般是基于地下水动力学中的井流理论。在井流理论中,假设井径无限小,是竖直的,降深出现在井口周围。而隧道相当于水平方向的井,地下水降深漏斗将出现在隧道顶部。因此,假设隧道壁由无限多个抽水井组成,并考虑无限多个抽水井的叠加,如图 3-24 所示。采用地下水动力学中的面井法可得到地下水降深。

地下水位降深的计算是井流的一个重要问题。隧道从建设到使用期,形成稳定流时间很长,加之有边界补给及降水补给,非稳定流计算地下水位降深更符合工程实际情况。在地下水非稳定流中泰斯(Theis)公式运用最为广泛,其基本方程如下:

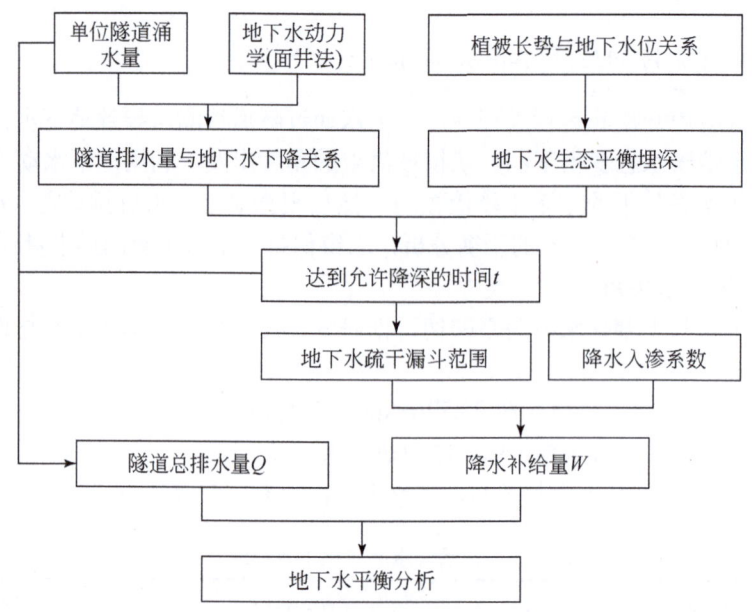

图 3-23 隧道排水量计算方法的具体过程

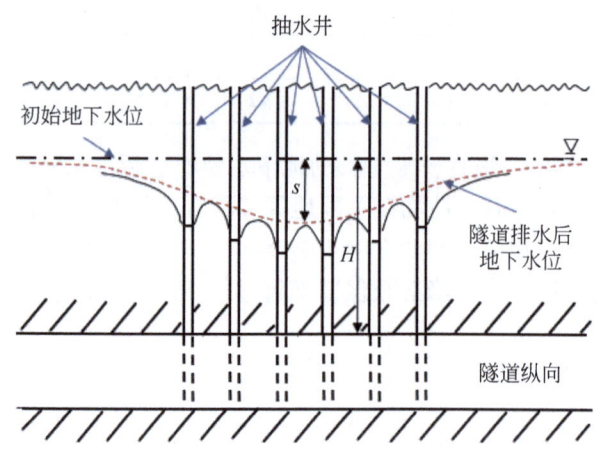

图 3-24 隧道纵向抽水井示意图

s 为地下水降深；H 为含水层厚度

$$s = \frac{Q}{4\pi T} W(u) \quad (3\text{-}92)$$

$$u = \frac{r^2 \mu}{4Tt} \quad (3\text{-}93)$$

$$W(u) = \int_{\frac{r^2}{4at}}^{\infty} \frac{\mathrm{e}^{-x}}{x} \mathrm{d}x \quad (3\text{-}94)$$

式中，s 为降水影响范围内的任意点的水位降深，m；Q 为隧道每天涌水量，m³/d；T 为含水层导水系数，m²/d；a 为压力传导系数，$a=T/\mu$；μ 为给水度；t 为渗漏开始到计算时刻的时间，s；r 为任意降深点到井的距离，m；$W(u)$ 为井函数。

单点井降水和多点井降水均可采用泰斯公式，但是对于隧道排水，既不同于单点降水，也不同于多点降水。因此，通常引入面井法来计算地下水位的降深。面井法（综合面状）是指当在某种几何形状（如矩形和圆形）面积上井孔的流量分布比较均匀时，可以将井群视为一个整体，把从各个点井抽水的井群视为在井群分布面积上均匀"蒸发"的面积井，即汇面。

假设：①隧道截面为圆形，隧道整体为圆柱形（若隧道截面形状为马蹄形，需要根据面积等效原理转换成圆）；②隧道壁面涌水量均匀、稳定，处处相等。

隧道长度为 L，半径为 R_0（图 3-25）。当隧道墙面扩展成一个平面，面井长度 $L=2l_x$ 和宽度是 $2\pi R_0=2l_y$（图 3-26）。假设平面是由无数微小的渗水面组成，则平面上的入渗水量处处相等。微面对任意点 M 的作用可以看作是单井的作用，对微元的积分可得整个面对 M 点的作用。

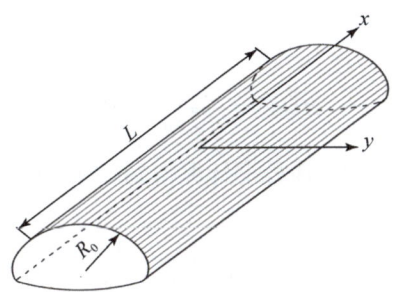

图 3-25　隧道轮廓

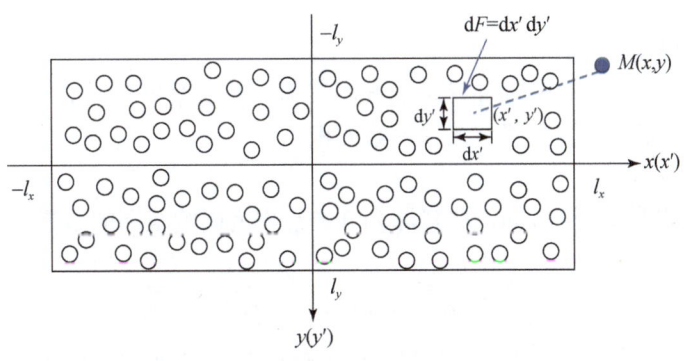

图 3-26　面井示意图

假设隧道每米涌水量为 q，则汇面上单位时间涌水量（Q）为隧道单位长度涌水量（q）与长度（L）的乘积，即

$$Q = qL \tag{3-95}$$

那么单位面积上的涌水量为

$$\varepsilon = \frac{Q}{2l_x \cdot 2l_y} = \frac{qL}{2l_x \cdot 2l_y} \tag{3-96}$$

计算可得矩形面井下，任意点 $M(x, y)$ 任意时刻的降深方程：

$$s = \frac{\varepsilon}{4T} \cdot \int_0^t \left[\frac{1}{\sqrt{\pi}} \int_{-l_x}^{l_x} \frac{e^{\frac{-(x-x')^2}{4a\xi}}}{\sqrt{\xi}} dx' \cdot \frac{1}{\sqrt{\pi}} \int_{-l_y}^{l_y} \frac{e^{\frac{-(y-y')^2}{4a\xi}}}{\sqrt{\xi}} dy' \right] d\xi \quad (3\text{-}97)$$

$$s = \frac{\varepsilon t}{4\mu} A_r(l_x, l_y, x, y, at) \quad (3\text{-}98)$$

式中，A_r 为矩形面井的井函数；s 为降深；T 为含水层导水系数；a 为压力传导系数；ε 为单位面积上的涌水量；t 为渗漏开始到计算时刻的时间。

$$A_r = S^*\left(\frac{x+l_x}{\sqrt{4at}}, \frac{y+l_y}{\sqrt{4at}}\right) + S^*\left(\frac{x+l_x}{\sqrt{4at}}, \frac{l_y-y}{\sqrt{4at}}\right) + S^*\left(\frac{l_x-x}{\sqrt{4at}}, \frac{l_y+y}{\sqrt{4at}}\right) + S^*\left(\frac{l_x-x}{\sqrt{4at}}, \frac{l_y-y}{\sqrt{4at}}\right) \quad (3\text{-}99)$$

S^* 为定义函数：

$$S^*(\alpha, \beta) = \int_0^1 \mathrm{erf}\left(\frac{\alpha}{\sqrt{\pi}}\right) \mathrm{erf}\left(\frac{\beta}{\sqrt{\pi}}\right) d\tau \quad (3\text{-}100)$$

$\mathrm{erf}(v)$ 为高斯误差函数：

$$\mathrm{erf}(v) = \frac{2}{\sqrt{\pi}} \int_0^v e^{-x^2} dx \quad (3\text{-}101)$$

函数 $S^*(\alpha, \beta)$ 通过编制 MATLAB 程序计算得到。对于单洞隧道中心点，隧道中心点的地下水位降深可由式（3-102）表示。

$$s_c = \frac{\varepsilon t}{\mu} S^*\left(\frac{l_x}{\sqrt{4at}}, \frac{l_y}{\sqrt{4at}}\right) \quad (3\text{-}102)$$

式（3-102）为隧道排水引起的最大地下水位降深计算公式，显然最大地下水位位于隧道中心处。

3）隧道排水影响范围

隧道长时间排水后，疏干漏斗呈现倒椭圆锥体，在地面形态上呈现椭圆形。地面上的椭圆面积即为隧道影响范围内降水入渗补给面积。

A. 横向影响范围

在横向上，即隧道垂直方向，取降深为 0 的点作为影响范围的边界，令 $x=0$，$y=b$。

$$s = \frac{\varepsilon_1 t}{2\mu}\left[S^*\left(\frac{l_x}{\sqrt{4at}}, \frac{l_y+b}{\sqrt{4at}}\right) + S^*\left(\frac{l_x}{\sqrt{4at}}, \frac{l_y-b}{\sqrt{4at}}\right)\right] \quad (3\text{-}103)$$

当 $s=0$ 时，此时求解出来的 b，为椭圆短半轴，即为横向影响范围。

B. 纵向影响范围

在纵向上，即隧道走向方向，取降深为 0 的点作为影响范围的边界，令 $x=l$，$y=0$。

$$s = \frac{\varepsilon_1 t}{2\mu}\left[S^*\left(\frac{l_x+l}{\sqrt{4at}}, \frac{l_y}{\sqrt{4at}}\right) + S^*\left(\frac{l_x-l}{\sqrt{4at}}, \frac{l_y}{\sqrt{4at}}\right)\right] \quad (3\text{-}104)$$

当 $s=0$ 时，此时求解出来的 l，为椭圆长半轴，即为纵向影响范围。

已知椭圆长短轴半径后，则可得到椭圆面积（F），即隧道影响范围内降水补给面积。

$$F = \pi l b \quad (3\text{-}105)$$

4）隧道排水影响范围内降水补给

大气降水落在地面上后,一部分蒸发,一部分形成地表径流,其余部分则补给地下水。对于山区隧道而言,补给源头以降水为主,通常采用降水入渗系数来确定降水补给量。

$$W_1 = pW_a F/365 \quad (3-106)$$

式中,W_1 为日均降水补给量,m^3/d;p 为降水入渗系数;W_a 为年平均降水量,m;F 为降水入渗补给面积,m^3。

5）地下水平衡分析

在进行降深计算时,单位时间内每延米的排水量为 q,则 t 时间内的总排放量为

$$Q = qLt \quad (3-107)$$

同时,t 时间内总补给量为

$$W = W_1 t \quad (3-108)$$

若 $Q=W$,则地下水总量保持平衡,地下水位不会持续下降;若 $Q>W$,则排水量过大,在此排水量下隧道地下水会被疏干,影响生态环境,应适当减小排水量;若 $Q<W$,则该排水量适合,无须对地下水进行处理。

3.4.2 注浆圈厚度

根据地下水动力学理论,以含水层中的竖井为例进行理论分析,考虑隧道所处的地下水头很高,水流为稳定流,可以简化为轴对称薄壁问题。

隧道中心点位于水下 H,二次衬砌的内半径为 r_0,初期支护衬砌外半径为 r_1,二次衬砌的外半径为 r_2,注浆圈外半径为 r_g,围岩体的外半径为 r_m。初期支护衬砌渗透系数为 k_1,注浆圈渗透系数为 k_g,围岩体的渗透系数为 k_m,如图 3-27 所示。

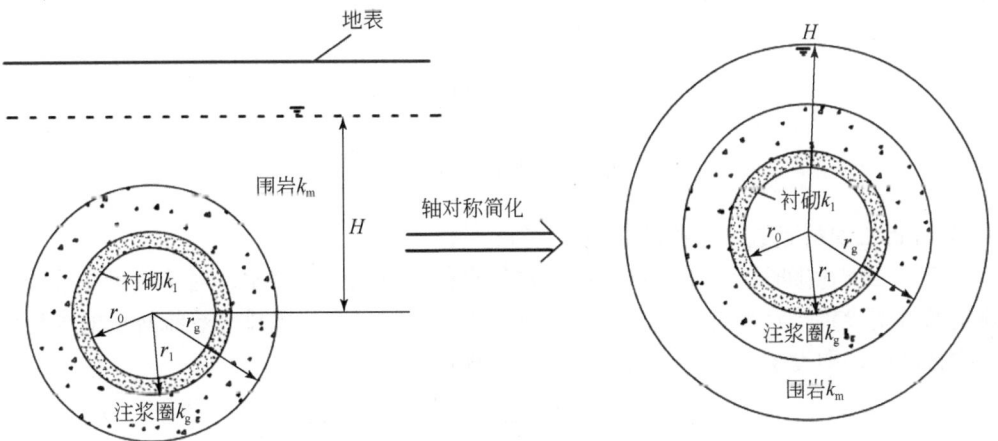

图 3-27 围岩渗流场计算示意图

根据达西定律:

$$\frac{\partial}{\partial r}\left(r\frac{\partial h}{\partial r}\right) = 0 \quad (3-109)$$

设 Q_m 为断面通过围岩的流量,即 $r_g < r < r_m$,有

$$H - h = \frac{Q_m \ln \frac{r_m}{r}}{2\pi k_m} \qquad (3\text{-}110)$$

设 Q_g 为断面通过注浆圈的流量，即 $r_1 < r < r_g$，有

$$h_g - h = \frac{Q_g \ln \frac{r_g}{r}}{2\pi k_g} \qquad (3\text{-}111)$$

设 Q_c 为断面通过初期支护衬砌的流量，即 $r_2 < r < r_1$，有

$$h_1 - h = \frac{Q_c \ln \frac{r_1}{r}}{2\pi k_1} \qquad (3\text{-}112)$$

设 Q 为断面通过初期支护衬砌的流量，即 $r_0 < r < r_2$，有

$$h_2 - h = \frac{Q \ln \frac{r_2}{r}}{2\pi k_2} \qquad (3\text{-}113)$$

根据流量相等，联立求解，可得

$$Q = \frac{2\pi(H-0)k_m}{\ln \frac{H}{r_g} + \frac{k_m}{k_g}\ln \frac{r_g}{r_1} + \frac{k_m}{k_1}\ln \frac{r_1}{r_2} + \frac{k_m}{k_2}\ln \frac{r_2}{r_0}} \qquad (3\text{-}114)$$

1) 初期支护后，未施作二次衬砌前情况

当不设置二次衬砌时，初期支护内表面的水压力为 0，且 $Q_m = Q_g = Q_s$，则

$$Q_s = \frac{2\pi(H-0)k_m}{\ln \frac{H}{r_g} + \frac{k_m}{k_g}\ln \frac{r_g}{r_1} + \frac{k_m}{k_1}\ln \frac{r_1}{r_2}} \qquad (3\text{-}115)$$

$$h_1 = \frac{H\frac{k_m}{k_1}\ln \frac{r_1}{r_2}}{\ln \frac{H}{r_g} + \frac{k_m}{k_g}\ln \frac{r_g}{r_1} + \frac{k_m}{k_1}\ln \frac{r_1}{r_2}} \qquad (3\text{-}116)$$

2) 设置二次衬砌进行限排的情况

当设置二次衬砌时，由于二次衬砌设置防水板，可认为不透水。对于限量排放的矿山法隧道通常要设置排水系统，为了方便进行解析解，将二次衬砌排水系统排出的水量均摊到二次衬砌中，即设置二次衬砌的等效渗透系数 k_2，则

$$Q = \frac{2\pi(H-0)k_m}{\ln \frac{H}{r_g} + \frac{k_m}{k_g}\ln \frac{r_g}{r_1} + \frac{k_m}{k_1}\ln \frac{r_1}{r_2} + \frac{k_m}{k_2}\ln \frac{r_2}{r_0}} \qquad (3\text{-}117)$$

二次衬砌外表面的水压力为

$$h_2 - h_o = \frac{Q_c \ln \frac{r_2}{r_0}}{2\pi k_2} \qquad (3\text{-}118)$$

$$h_2 = \frac{H \frac{k_m}{k_2} \ln \frac{r_2}{r_0}}{\ln \frac{H}{r_g} + \frac{k_m}{k_g} \ln \frac{r_g}{r_1} + \frac{k_m}{k_1} \ln \frac{r_1}{r_0} + \frac{k_m}{k_2} \ln \frac{r_2}{r_0}} \quad (3\text{-}119)$$

当隧道进行限排时：

$$\lambda = \frac{Q}{Q_s} = \frac{\ln \frac{H}{r_g} + \frac{k_m}{k_g} \ln \frac{r_g}{r_1} + \frac{k_m}{k_1} \ln \frac{r_1}{r_2}}{\ln \frac{H}{r_g} + \frac{k_m}{k_g} \ln \frac{r_g}{r_1} + \frac{k_m}{k_1} \ln \frac{r_1}{r_2} + \frac{k_m}{k_2} \ln \frac{r_2}{r_0}} \quad (3\text{-}120)$$

深埋高水压隧道限排模式下二次衬砌外水压力解析式为

$$h_2 = \frac{H \frac{k_m}{k_2} \ln \frac{r_2}{r_0}}{\ln \frac{H}{r_g} + \frac{k_m}{k_g} \ln \frac{r_g}{r_1} + \frac{k_m}{k_1} \ln \frac{r_1}{r_0} + \frac{k_m}{k_2} \ln \frac{r_2}{r_0}} = \left(1 - \frac{Q}{Q_s}\right) H \quad (3\text{-}121)$$

$$h_2 = \left(1 - \frac{Q}{Q_s}\right) H \quad (3\text{-}122)$$

深埋高水压隧道限排模式下的二次衬砌等效渗透系数 k_2 解析式为

$$k_2 = \frac{k_m \ln \frac{r_2}{r_0} \left(\dfrac{1}{1 - \dfrac{Q}{Q_s}} - 1\right)}{\ln \dfrac{H}{r_g} + \dfrac{k_m}{k_g} \ln \dfrac{r_g}{r_1} + \dfrac{k_m}{k_1} \ln \dfrac{r_1}{r_2}} \quad (3\text{-}123)$$

洞周二次衬砌的水压力值为

$$p = \left(1 - \frac{Q}{Q_s}\right) H \cdot \gamma_w \quad (3\text{-}124)$$

目前注浆圈渗透系数的范围在 10^{-6} cm/s 左右，注浆厚度通常为 2～6 m。

3.4.3 防突层厚度

对于隔水岩体破坏型突涌水灾害来说，掌子面前方起防突作用的是一定厚度的完整岩体或裂隙岩体。在岩溶高压水和开挖扰动的双重作用下，完整岩体受到的拉弯作用或压剪力超出围岩强度发生破坏而失去隔水作用，或水压及外力扰动下裂隙岩体内部裂隙萌生、扩展、贯通，隔水岩体的防突能力不断下降，最终难以抵抗高压岩溶水作用而发生破坏。

与隔水岩体破坏型突涌水灾害不同，隧道掌子面前方的隔水结构为富水断层等充填结构时，突涌水灾害的发生与充填体渗透破坏的灾变过程密切相关。随着隧道开挖形成新的临空面，原始的地下水平衡状态被打破，地下水具有向隧道内流动的趋势，在渗流作用或外部降水等因素的影响下，充填体内部软弱面或与围岩交界面成为地下水的优势渗流通道，当充填结构体的渗透系数增大到一定限度，渗流速率达到一定阈值时，充填体结构将会发生局部渗透破坏或充填结构整体滑移失稳。

1. 隔水岩体破坏型突涌水最小防突厚度

突涌水灾害分为隔水岩体破坏和充填结构失稳两大类,依据计算模型、围岩质量的差异和适用情况的限制,又可以将隔水岩体破坏型防突厚度计算方法分为适用于完整岩体的计算方法与适用于裂隙岩体的计算方法两种。

1）适用于完整岩体的最小安全厚度计算公式

基于连续均质弹性体假设,将隧道突涌水灾害发生过程简化为弹性梁板在水压作用下的弯曲或剪切破坏。

A. 固支梁弯曲破坏

将在岩溶水压力（掌子面前方）作用下,隔水岩体简化为固支梁受力模型,假设隔水岩体发生弯曲破坏,最小安全厚度为

$$h \geqslant n\sqrt{\frac{3p_w L^2}{4\sigma_t}} \tag{3-125}$$

式中,p_w 为水压力；h 为隔水岩体厚度；L 为隧道直径；σ_t 为岩体容许抗弯强度；n 为修正系数,取 0～1。

B. 弹性厚板弯曲破坏

郭佳奇（2011）将隔水岩体简化为周边固支弹性厚板模型,忽略自重应力和开挖扰动等效应的影响,假设水压力均匀分布,最大弯矩点出现在隧道边界处,推导得出掌子面前方的防突厚度为

$$h \geqslant \sqrt{\frac{15(1-\mu^2)D^2}{160\sigma_t(1-\mu)/p_w - 96\mu}} \tag{3-126}$$

式中,p_w 为水压力；h 为隔水岩体厚度；D 为隧道直径；σ_t 为隔水岩体的抗拉强度；μ 为隔水岩板的泊松比。

C. 岩柱剪切破坏

在三维空间中,根据极限分析原理的表达式,杨子汉等结合模型几何关系,在 M-C 准则下给出的岩溶隧道岩柱最小安全厚度为

$$h = \frac{D}{2}\cot\varphi\left(1 - \sqrt{\frac{c\cot\varphi}{p_w + \cot\varphi}}\right) \tag{3-127}$$

式中,h 为岩柱安全厚度；D 为隧道直径；φ 为内摩擦角；c 为黏聚力。

D. 突变理论

李利平（2009）、孙谋和刘维宁（2011）基于结构稳定性理论,对系统势能函数的分析,推导出隧道掌子面前方发生突涌水的防突岩体最小安全厚度：

$$h \geqslant \sqrt[3]{\frac{3D^3(1-\mu)p_w}{40E}} \tag{3-128}$$

式中,μ 为隔水岩体泊松比；E 为隔水岩体弹性模量。

2）适用于裂隙岩体的最小安全厚度计算公式

工程岩体由岩石块体和结构面组成，掌子面附近围岩包含大量裂隙，在水压与开挖扰动作用下的扩展贯通常是突涌水通道形成的重要条件。在断裂力学的基础上，根据所考虑的外力因素、围岩所赋存的地应力条件和不同的裂纹扩展模式有不同的计算模型。

A. 单裂纹起裂及三区划分时，隔水岩体安全厚度为

$$h_s \geq h_1 + \frac{1}{\pi}\left(\frac{K_{IC}}{1.12\left(\dfrac{\sigma_1+\sigma_3}{2}-\dfrac{\sigma_1-\sigma_3}{2}\cos(2\beta)\right)-p_w}\right)^2 + h_3 \quad (3\text{-}129)$$

式中，h_s 为隔水岩体安全厚度；h_1 为施工引起的松弛厚度区，取 1~3 m；K_{IC} 为岩石断裂韧度；h_3 为裂隙区，通过雷达探测或钻探验证；β 为裂隙与最大主应力之间的夹角；σ_1、σ_3 为最大和最小主应力。

B. 两带划分

将最小安全厚度视为由裂隙带与抗裂区构成的防突结构，以侧压力系数为 1 时的临界水压力为分界点，郭佳奇等根据断裂力学得出：

$$h_s = h_c + h_f \quad (3\text{-}130)$$

$$h_f \geq \frac{11R}{17}\left[\ln\lambda - \ln\left(\lambda - \frac{2000p_w\sqrt{\pi a}\tan\varphi + 2000K_{2C}}{\gamma H\sqrt{\pi a}(\tan\varphi - \tan\varphi\cos 2\beta - \sin 2\beta)} + \frac{\tan\varphi + \tan\varphi\cos 2\beta + \sin 2\beta}{\tan\varphi - \tan\varphi\cos 2\beta - \sin 2\beta}\right)\right] \quad (3\text{-}131)$$

式中，h_c 为施工引起的松弛厚度区，取 1~3 m；h_f 为抗劈裂保护区厚度；K_{2C} 为岩石 II 型断裂韧度，基于一般物探结果常取 1~3 m；λ 为原始侧压力系数，其他符号意义同前。

C. 多组裂隙

在两带划分的基础上，含多组平行裂隙的节理岩体最小安全厚度为

$$h_f \geq \frac{11R}{17}\left[\ln\lambda - \ln\left(\lambda - \frac{2000p_w a\tan\varphi\cos\beta - 1000K_{IC}\sqrt{\pi l_c}}{\gamma Ha[\sin 2\beta + \tan\varphi(1+\cos 2\beta)]\cos\beta + \gamma H\pi l_c} - \frac{a[\sin 2\beta - \tan\varphi(1-\cos 2\beta)]\cos\beta}{a[\sin 2\beta + \tan\varphi(1+\cos 2\beta)]\cos\beta + \pi l_c}\right)\right] \quad (3\text{-}132)$$

式中，$l_c = D/2\sin\varphi$，D 为断续节理排距；$K_{IC} = K_{IW}(l_c)$，为分支裂纹扩展至临界长度时尖端应力强度因子。

2. 充填结构失稳型突涌水计算方法

整体滑移型突涌水灾害的充填体胶结紧密，表现为弱透水或不透水性质，潜在的破坏面为充填体与周围岩体的接触面。在施工开挖扰动和岩溶水压力的作用下充填体与围岩之间的黏结作用被不断弱化，当充填结构体所受到的来自周边岩体的抗滑力不足以抵抗隧道向临空面滑动的致滑力时，发生整体滑移失稳。按照极限平衡理论，对充填体的受力进行

分析，可推导出发生滑移失稳的最小安全厚度为

$$h = -\frac{1}{k}\ln\left(\frac{4b}{4b - \pi D^2 k p_w \sin\beta}\right) \quad (3\text{-}133)$$

$$b = \frac{1}{4}\pi D^2 \gamma_s \sin\beta + \frac{1}{4}\pi D^2 \gamma_w\left(\frac{h_0 \sin\beta}{L} + \sin^2\beta\right), \quad k = \frac{4K_0}{D}\tan\varphi$$

式中，D 为管道半径；p_w 为含水体压力；β 为充填体轴线与水平面的夹角；γ_w 为水的重度；h_0 为以充填体顶面为基准面的水位；φ 为内摩擦角；K_0 为各向同性充填体的侧压力系数。

3.4.4 注浆堵水设计

实现地下水综合处理的主要方式是注浆堵水。根据不同的处理目的，可以采用不同的注浆方案。针对隧道的不同工程地质、水文地质情况选择注浆措施。施工中应采用综合超前地质预测预报手段（超前地质钻孔、TSP-202/203、红外线探水、地质雷达探测法、陆地声呐法）探测掌子面前方岩溶发育情况（规模、性质及位置等）、地下水赋存情况（水量及水压等），用超前探孔并辅以加深炮眼孔进行验证，同时根据地表环境要求进行综合分析，合理选择注浆措施，山岭隧道注浆方案适用条件标准见表 3-17。

由于破碎带岩体风化严重，节理和裂隙发育，强度低，含水量大，无自稳能力或自稳能力差，开挖时容易发生涌水突泥和坍塌。因此，注浆加固和堵水是保证施工安全和质量的重要手段。常用的超前预注浆方案有全断面注浆、上半断面注浆、周边帷幕注浆、周边小导管和大管棚注浆等；开挖后注浆一般分为径向注浆、回填注浆等，径向注浆一般用来回填初期支护背后的空洞，并对距离开挖轮廓线外一定范围内的围岩进一步加固和补强，抑制变形，封堵地下水；回填注浆一般主要用来回填二次衬砌背后的空洞。

不同的地质条件和设计要求应选择不同的注浆方案，影响注浆方案选择的因素较多，主要有地质条件、隧道埋深、设计要求、施工方法、机械设备等，其中地质条件对注浆堵水方案影响最大，应重点进行研究和探讨。在地质条件方面应主要考虑开挖面稳定情况、水压力、涌水量、泥沙含量等。根据类似工程经验并结合前期试验结果，注浆方案的选择如表 3-27 所示，注浆方案的施工参数及工艺如表 3-28 所示。

表 3-27 注浆方案的选择

适用条件注浆方案	地层情况	探孔最大出水量/(m³/h)	水压力/MPa	水中泥沙含量/(kg/m³)
全断面超前预注浆	整个断面无法自稳	≥20	≥0.3	≥100
周边帷幕注浆	周边土体无法自稳	≥10	≥0.2	≥10
小导管/大管棚注浆	周边土体自稳能力差	≥5	≥0.1	≥1
局部和补充注浆	局部稳定性差或水量大	>1	>0.05	≥0.1
径向注浆	初期支护后变形大或出水量不满足设计要求			

表 3-28 注浆方案的施工参数及工艺

优缺点注浆方案	加固长度/m	加固范围/m	注浆压力/MPa	扩散半径/m	施工工艺
全断面超前预注浆	20~50	3~8	3~6	1.5~3	分段注浆
周边帷幕注浆	10~30	3~5	3~4	1~2	分段注浆
小导管或大管棚注浆	3~5 30~50	1~3	1~3	0.5~1	分段或孔一次性
局部和补充注浆	10~20	3~5	2~4	1~2	全孔一次性
径向注浆	3~5	1~2		0.5~1	分段或孔一次性

根据钻孔涌水量和裂隙发育程度确定注浆方式。当岩石裂隙发育、钻孔涌水量较大时，采取前进式分段注浆工艺；当岩石裂隙不够发育、钻孔涌水量较小时，采取后退式分段注浆工艺；当裂隙不发育、水量小时，采取全孔一次性注浆。注浆区域按围岩止水的有效范围进行计算。注浆工艺的主要优缺点对比分析见表 3-29。

表 3-29 几种注浆工艺的主要优缺点比较分析

注浆方式	优点	缺点	适用地层
全孔一次性注浆	工艺简单，操作方便，施工效率高	地层软弱破碎、塌孔后，浆液扩散困难，难以保证注浆效果	地层具有较好的成孔条件，深度较浅
分段前进式注浆	适用性强，易保证注浆效果	重复扫孔次数多，工艺复杂，工作量大，工效低	地层软弱破碎，水量较大，成孔困难
钻杆后退式注浆	工效高，重复扫孔工作量小，能实现定位、控域注浆	易卡钻杆，工艺比较复杂，对孔口密封要求较高	地层软弱破碎，水量较小，成孔困难
钢管孔底注浆	能保证孔底及钻孔全长均有浆液，能起到棚架作用	工艺比较复杂，成孔要求高，地层加固作用强	地层软弱破碎，基本无水，成孔比较容易

3.5 断层破碎带隧道突涌水灾害分析案例

3.5.1 岑溪大隧道断层破碎带突涌水及处置措施

1. 工程概况

岑溪至水汶高速公路岑溪大隧道穿越岑溪市岑城镇钓石村及岑溪市大隆镇均昌村之间的崇山峻岭，隧道中部还从岑溪市岑城镇山心村、岭脚村下部穿过。隧道设计为分离式小净距，右线起讫桩号为 CK6+477~CK10+765，长 4288 m，设计高程为 317.03~303.84 m；左线起讫桩号为 DK6+455~DK10+725，长 4270 m，设计高程为 316.92~304.48 m。隧道最小埋深约 90 m，左、右线隧道均属小间距特长隧道。

2. 突涌水情况分析

岑溪大隧道中部 K7+500~K8+160 段穿越山心村带状谷地附近，2013 年 9 月 11 日，当隧道右洞掘进至 CK7+838 桩号时，遭遇断层构造，导致大规模突涌水地质灾害，造成洞内初期支护破坏，道路、房屋开裂，地表塌陷，池塘、水井干涸等次生灾害。施工方采用从岑溪和水汶两端同时进行掘进施工。当右洞开挖至 CK7+486 段，隧道周边开始出现大面积淋水，局部呈涌流状。

隧道进口右洞施工至 CK7+775 时，施工采用环形预留核心土开挖方式，由于掌子面水量较大，加之围岩属全-强风化，极其破碎，岩体整体稳定性差，对掌子面周边采用化学注浆对围岩进行止水，堵水效果较好，但注浆对岩体固结作用较小，围岩较为松散破碎。

当隧道右洞开挖至 CK7+838 时，掌子面上台阶右侧开始突涌水，水柱直径约为 80 cm，流速较大。2013 年 9 月 11、12 日，初期突涌水量约为 1200 m^3/h；至 9 月 11 日晚，积水淹没至 CK6+690 段，13 h 内隧道积水达 15820 m^3，9 月 13 日后，突涌水量逐渐减少并维持在 700 m^3/h。

突涌水对左右洞已开挖支护但未施作二衬的段落造成了严重影响，初期支护出现大面积沉陷、变形和开裂甚至塌方；同时，距离隧道地表右侧 700 m 左右的山心村区域内较大范围内地表和房屋出现下沉、开裂，甚至局部塌陷，地表局部的水塘、溪流等出现水位下降或断流。

1）突涌水段地质概况

CK7+830～CK8+160 段为裂隙发育带，岩性主要为全-强风化的花岗岩或混合花岗岩，岩体呈较破碎-破碎，富水。其中 CK7+840～CK8+020 段裂隙密集发育，岩体破碎，富水，该裂隙密集发育带近直立状（往出口端倾）。

2）突涌水原因分析

依据岑溪大隧道突涌水影响因素和形成条件的分析，岑溪大隧道突涌水段受断层破碎带影响，又地处地表分水岭附近，该范围属强渗透区，地层中存在地下水通道，隧道开挖临空面成为地下水最好的排泄通道。在各种因素的作用下，满足了隧道突涌水发生的条件，继而发生突涌水事故。

3. 处治措施

1）抽水

隧道内的积水如果不能及时排出，将会给隧道带来更大的损害。隧道围岩若长时间处于积水浸泡的情况下，岩体软化，自承能力下降，导致围岩变形严重，支护承载力严重不足，初衬变形、二衬开裂，这些都将带来更大的损失。因此，需及时排出洞内的积水。

2）洞内封堵措施

在 CK7+818～CK7+820 段发生坍塌冒顶，堵住了突涌水通道，随着洞内积水水位的降低，具备施工机械作业的条件，为了稳定围岩的变形，现场采取了洞渣及沙袋回填反压措施。为了确保现场施工作业的安全，现场成立有专门的测量小组，对水位和围岩变形进行量测，根据量测结果及时调整方案及加固措施。

3）地表沉陷处理

2013 年 9 月 21 日洞内坍塌导致地表冒顶，最大陷坑半径约 15 m，塌陷深度约 9 m，如不及时处理，随着地下水的继续流失，再遇上下雨天气，随时会造成二次塌陷。塌坑处理时首先对塌坑外围设排水截水沟，防止地表水进入塌坑内，用泵送混凝土填充塌腔，同时在塌腔内投放杂木，减缓混凝土的下渗速度。塌腔填充完毕后，在平台面上铺设防水板，防止地表水下渗，然后横竖布置钢筋网及型钢形成骨架，浇筑混凝土封面，平面设定一定的坡度，利于排水。

4）注浆加固技术处置措施

根据洞内调查结果，右线 CK7+774、左线 DK7+758 的初期支护在此次突涌水地质灾害后发生不同程度的变形。在 CK8+838 掌子面周边围岩形成了一个强扰动段，即隧道右线 CK7+774～CK7+898 段、左线 DK7+758～DK7+874 段；位于强扰动段和未扰动段之间的段落，即隧道右线 CK7+898～CK7+990 段、左线 DK7+874～DK8+000 段为富水破碎段，这两段采用注浆堵水限排和加固围岩，微调支护参数的方案。

隧道穿越山心村段，隧址区地下水向隧道排泄，会降低山心-岭脚村带状谷地范围内的地下水位，影响隧道上方居民的生活生产。若要避免隧道工程对环境水产生的不利影响，则必须严格控制隧道洞身开挖后对地下水的疏干量。因此，处置方案必须对地下水以注浆堵水和限量排放为原则。CK7+774～CK7+807 段与 DK7+758～DK7+782 段采用径向超前小导管注浆加固。CK7+807～CK7+838 段与 DK7+782～DK7+814 段，考虑到受已施作初期支护的影响较大，全断面帷幕的可操作性和注浆效果可能达不到设计的预期目标，因此，这两个段落在全断面帷幕注浆基础上采用径向超前小导管注浆补充加固。右线 CK7+838～CK7+990 段、左线 DK7+814～DK8+000 段为富水破碎段，这两段考虑注浆堵水限排和加固围岩，采用帷幕注浆施工。

3.5.2 钟家山隧道 F_2 断层破碎带突水突泥及处置措施

1. 工程概况

钟家山隧道位于吉安至莲花高速公路西段，隧道进口位于永新县龙田镇的刘家村，出口位于莲花县升坊镇的江口村。隧道纵坡为双向坡，设计为分离式长隧道。左线起讫桩号为 ZK90+349～ZK92+835，长 2486 m，进出洞口设计底板标高分别为 172.93 m 和 195.01 m。右线起讫桩号为 YK90+335～YK92+829，长 2494 m，进出洞口设计底板标高分别为 172.73 m 和 194.82 m。

2. 突水突泥情况分析

吉莲高速公路钟家山隧道工程地质条件极为复杂，隧道修建进入断层后，进口左右洞曾发生十余次规模大、持续时间长、破坏性大的突水突泥灾害，并且在突水突泥后，隧道山顶出现土体开裂、地表塌陷，给工程建设带来巨大损失。

从 2012 年 7 月 2 日至 8 月 18 日，进口左洞共发生 8 次大规模突水突泥，突泥量约 17000 m^3，泥水超过 50000 m^3，突水突泥口位于 ZK91+316 段附近。从 2012 年 8 月 12 日至 10 月 25 日，右洞共发生 7 次大规模突水突泥，与左洞相比，右洞以突出大量淤泥为主，突出泥水量小些，累计突出淤泥约 22500 m^3，泥水超出 1400 m^3，突水突泥位于 YK91+376 段附近。

进口右洞前三次大规模突水突泥前，进口山顶未见明显异常。右洞发生第三次突水突泥后，发现在右洞 YK91+371～389 设计线内侧附近（F_2 断层内）出现明显地表塌陷，地陷处山顶高程与隧道设计线高差约 190 m，直径约 25 m，面积约 500 m²，深度为 8～15 m，呈不规则圆形。地陷平面面积及深度随着突水突泥发展进一步扩大，2012 年 11 月 11 日查勘时，山顶地陷平面为不规则椭圆形，直径为 46～62 m，面积约 1800 m²，深度为 15～32 m。

1）突水突泥段地质概况

根据工程地质资料及钻孔资料，隧址区地层结构自上而下依次为：第四系中更新统残坡积层（Q^{2el+dl}）、石炭系下统大塘阶测水组（C_1d^2）及梓门桥段（C_1d^3），地层岩性包括粉质黏土、碎石土、砂岩、页岩等。突水突泥段位于 F_2 断裂带，F_2 断层地表穿经 K91+350 部位，走向南南东，与隧道轴线 45°相交，倾向东，倾角 84°，断层宽度为 15～35 m，查明延伸长度 520 m，地表表现形态为沟谷，带内岩体裂隙发育-很发育，多张开，结合差-极差，岩体破碎-极破碎。

2）突水突泥原因分析

隧道 F_2 断层处于页岩、砂岩互层区，围岩极其破碎，孔隙度高、裂隙率大；泥质含量高，力学强度极低，施工开挖过程揭露的岩体，甚至可以用手捏碎。岩体内页岩含蒙脱石等矿物，属弱膨胀性围岩；断层带岩体胶结松散，遇水容易崩解、软化、泥化成流塑状，形态恶化、强度极低。隧道地表降水丰富，地下水接受补给充足。隧道开挖后，断层破碎带丰富的地下水以较大速度向开挖临空面汇集，一方面，地下水促使以破碎页岩为主的断层岩发生软化、膨胀，力学强度降低；另一方面，水又会冲刷淘蚀岩体结构面内的泥质、黏土质沉积物，使得断层破碎带岩体松弛度增大、强度进一步降低，最终造成隧道突水突泥灾害。

3. 处置措施

吉莲高速公路钟家山隧道施工进入 F_2 断层后，进口左右洞多次发生规模大、破坏性强的突水突泥灾害，严重影响了施工安全和进度。为避免围岩继续破坏失稳和更恶劣的工程事故发生，确定采用帷幕注浆加固法处置断层突水突泥地质灾害。

以隧道进口左洞 ZK91+310～340 治理段为例，根据现场条件，采用单级平面型混凝土止浆墙，厚度设计为 3 m，止浆墙材料为 C25 混凝土。周边通过打设径向锚杆与围岩锚固，增强止浆墙稳固性。采用钢管桩对软弱基础进行处理，下部预留排水管，将止浆墙后的突涌水集中引排。拱部预留注浆管，以注浆封堵止浆墙与围岩体之间的缝隙，确保结合严密，止浆墙背面 ZK91+313～318 段落采用洞渣及砂浆回填。ZK91+310～340 治理段采用全断面帷幕注浆进行加固，设计注浆加固圈厚度为 3 m，浆液扩散半径 2 m，终孔间距控制在 3.15 m 左右。治理段平均划分为三个注浆段，各加固区段均为 10 m。

3.5.3 乌鞘岭隧道 F_4 断层破碎带突涌水塌方及处置措施

1. 工程概况

连霍高速公路乌鞘岭隧道位于天祝县陈家沟沟口，出口位于兰泉村，隧道右线起讫桩号为 YK2386+470～YK2391+375，全长 4905 m，左线起讫桩号为 ZK2386+479.5～ZK2391+382，全长 4902.5 m；隧道最大埋深为 189 m，属深埋石质特长隧道。

2. 突涌水塌方情况

乌鞘岭隧道采用三台阶工法施工，进入 F_4 断层后，隧道变形较快、变形量较大，局部地段拱部沉降达 50 cm。该段地下水发育，初期支护已施作段渗漏水严重，呈股状、淋雨状。围岩极易垮塌，掌子面突发性流坍对作业人员人身安全造成极大隐患。

掌子面掘进至 YK2390+046 段后，日突涌水量保持在 3000 m³ 左右，施工至 YK2390+030 处，突涌水量日渐增加，从 3000 m³ 逐渐增加到 6313 m³。掌子面施工至 YK2390+021 处，隧道右线上台阶正在进行喷射混凝土作业时，掌子面左拱腰处一承压股状水突然涌出，突涌水量猛增至 7991 m³，带动散碎围岩倾泻而下，掌子面围岩不断垮塌，形成突泥，塌腔向隧道掘进正前方逐步延伸扩大，被突涌水冲垮塌落下来的碎石不断在掌子面累积，逐渐堵塞塌腔，突涌水从碎石缝中不断地冲下，能听到轰隆隆的泥石流冲击的声音，无法确认塌腔体范围，根据现场塌落长度估算塌腔体积在 400 m³ 以上。

1）突涌水塌方段工程地质概况

隧道洞身在桩号 YK2389+900～YK2390+100 段穿过 F_4 断层破碎带，断层走向为 85°～20°，倾向为 335°～30°，倾角为 55°～70°，断层破碎带宽 150～500 m，组成物质有压碎岩、角砾岩及糜棱岩和断层泥，泥钙质胶结较差，上盘奥陶系变质岩由北向南逆冲于下盘三叠系砂岩、砂砾岩及煤层之上，下盘影响带（蚀变带）宽 150～200 m，上盘与北部天河湾逆断层（F_5）构成宽约 1 km 的影响蚀变带。

2）突涌水塌方原因分析

根据突涌水塌方的成因、突涌物的成分、形成地区，分析断层破碎带引发的泥砾石型突涌灾害。隧道开挖至突涌水段时，由于开挖卸荷，围岩产生破裂区，地下水的流向发生改变，地下水由静态逐渐转为动态，冲刷裂隙、空隙，表现为已开挖段的淋水、股状突涌水。地下水向已开挖空间不断汇流，而破碎带岩体松散，空隙率大，岩块之间的泥钙质胶结可溶于水的物质较多，逐渐被地下水带走，使得岩块之间的空隙逐渐扩大，相互连通，逐渐被水掏成大小不等的空腔。且随着水量聚积而不断扩大，形成突涌混合物储存空间，并不断向掌子面扩展，地下水运动、搬移压碎岩、角砾石，也形成一定的冲击力。

当隧道开挖至断层附近时，由于开挖卸荷掌子面得不到及时支撑、施工工法不当以及水的浸泡导致核心土松散得不到足够支撑力，当掌子面支撑力不足以抵抗突涌混合物的重力及侵蚀力、冲击力时，便发生突涌水、塌方灾害。

3. 处治措施

1）封闭掌子面

在上台阶塌方体上施作自进式锚杆，铺挂钢筋网片，喷射强度等级为 C25 的早强混凝土及时封闭围岩面，在上台阶塌方体外形成密闭式止浆墙。在上台阶两侧拱脚每侧各预埋 2 根长 30 m、直径为 116 mm 的 HDPE 排水管（以高密度聚乙烯树脂为主，采用挤出成型工艺制成的用于无内压作用的热塑性塑料圆管），将水集中引排至两侧边沟排出洞外。根据现场情况，码砌 2～3 层砂袋，其高度为 1.0～1.5 m，厚 50 cm，以防高压注浆时掌子面坍塌。

2）掌子面打设泄水孔

在拱部、拱腰及核心土处，共施作 3 处长 30 m、直径为 130 mm 的超前水平钻孔，降低拱部地下水位，并探明前方地质情况和地下水情况。超前水平钻孔内埋设直径为 116 mm 的 HDPE 全周打孔波纹管，以防塌孔，孔口接长，将裂隙水引至两侧边沟排出。初期支护施作完成段，在中台阶拱脚处按纵向 3 m 间距施作长 6 m 径向泄水孔，以缓解拱脚处外水压力，防止拱脚围岩过度软化导致次生的支护结构沉降，同时缓解塌腔处拱部外渗透水压。

3）塌方体注浆固结

沿上台阶塌方坡体横向间距 30 cm、竖向间距 20 cm 打设 3 排注浆小导管，每排 12 根，注浆小导管是长 7.0 m、直径为 42 mm 的注浆花管，以间距 30 cm×30 cm 的梅花形布置出浆孔，孔径 1 cm，靠近注浆管 1 m 不予钻孔。

4）泵送混凝土回填塌腔

在掌子面塌腔右侧用潜孔钻机钻孔，确定塌腔深度和高度，施作纵向、横向或斜向的直径为 89 mm 的管棚，在初期支护外缘形成棚架支撑，深入前方掌子面围岩 3 m 以上，在此基础上利用埋设混凝土输送管、注浆管和排气管，泵送强度等级为 C30 的混凝土，初始塌落度控制在 200~220，对塌腔体进行回填并固结塌腔的松散体，当塌方体上有水泥浆流出时，改泵送塌落度为 140~160 的混凝土对塌腔体进行回填，当排气孔开始外流混凝土时，停止泵送混凝土作业。

及时完成初期支护封闭成环作业，初期支护落底封闭成环后，在施作二衬前通过预埋的注浆管实施高压注浆，确保衬砌背后空洞充填密实。

5）优化后续施作方案

A. 采用留核心土的微台阶法（三台阶）开挖

长留、多留核心土，以增强掌子面的稳定性。施作拱架时，在弧形拱架外侧和底脚立设多组竖向和横向支撑，使其形成一个稳定的临时"弧形封闭支撑区域"，加强拱架在竖向和横向的受力稳定性。

B. 严格控制步长

掌子面与仰拱封闭成环段距离控制在合理范围内，二衬要紧跟仰拱封闭成环段施作，掌子面与仰拱距离控制在 25~30 m，掌子面与二衬控制在 60 m 以内。

C. 加强注浆加固作业和洞内防排水工作

对超前管棚、径向锚杆、锁脚锚管及同步施工的径向小导管进行注浆作业。做好注浆止水工作，注浆要及时、合理，将水堵截在初衬以外，以防渗漏。

防排水工作灵活运用"防排堵截"，重点采用"下排上堵"的方法。打设超前锚杆，以进行超前探测和排水，便于开挖施工作业。喷射混凝土背后加设盲管及其他透水材料，以配合泄水、排水。

参 考 文 献

傅鹤林，安鹏涛，伍毅敏，等. 2022. 开挖扰动及非达西渗流对隧道涌水的影响分析[J]. 铁道工程学报，39(7)：80-85.

郭佳奇. 2011. 岩溶隧道防突厚度及突水机制研究[D]. 北京：北京交通大学.

郭佳奇, 李宏飞, 陈帆, 等. 2017. 岩溶隧道掌子面防突厚度理论分析[J]. 地下空间与工程学报, 13(5): 1373-1380.

郭佳奇, 陈建勋, 陈帆, 等. 2018. 岩溶隧道断续节理掌子面突水判据及灾变过程[J]. 中国公路学报, 31(10): 118-129.

李利平. 2009. 高风险岩溶隧道突水灾变演化机理及其应用研究[D]. 济南：山东大学.

李利平, 李术才, 陈军, 等. 2011. 基于岩溶突涌水风险评价的隧道施工许可机制及其应用研究[J]. 岩石力学与工程学报, 30(7): 1345-1355.

李利平, 朱宇泽, 周宗青, 等. 2020. 隧道突涌水灾害防突厚度计算方法及适用性评价[J]. 岩土力学, 41(S1): 41-50, 170.

李琪, 赵一远, 胡鹏飞. 2018. 多孔介质-自由流界面应力跳跃条件下流动特性解析解[J]. 力学学报, 50(2): 415-426.

李迁. 2021. 富水软弱夹层隧道涌水塌方风险识别及预防治研究[D]. 北京：北京交通大学.

李生杰, 谢永利, 朱小明. 2013. 高速公路乌鞘岭隧道穿越F_4断层破碎带涌水塌方工程对策研究[J]. 岩石力学与工程学报, 32(S2): 3602-3609.

李术才, 张庆松. 2014. 隧道及地下工程突涌水机理与治理[M]. 北京：人民交通出版社.

李术才, 石少帅, 李利平, 等. 2014. 三峡库区典型岩溶隧道突涌水灾害防治与应用[J]. 岩石力学与工程学报, 33(9): 1887-1896.

李术才, 李利平, 石少帅. 2019. 隧道突涌水检测方法与预警技术[M]. 上海：上海科学技术出版社.

路为. 2019. 隧道岩溶突涌水机理与治理方法及工程应用[M]. 北京：人民交通出版社.

钱七虎. 2012. 地下工程建设安全面临的挑战与对策[J]. 岩石力学与工程学报, 31(10): 1945-1956.

乔伟, 刘梦楠, 李连刚, 等. 2023. 采动覆岩"突水离层带"岩体结构演化致灾机理及突水预报方法[J]. 煤炭学报, 48(2): 818-832.

石少帅. 2014. 深长隧道充填型致灾构造渗透失稳突涌水机理与风险控制及工程应用[D]. 济南：山东大学.

孙谋, 刘维宁. 2011. 高风险岩溶隧道掌子面突水机制研究[J]. 岩土力学, 32(4): 1175-1180.

索朗, 徐正宣, 宋章, 等. 2023. 西南山区某深埋长大隧道水文地质特征及突涌水危险性分析[J]. 高速铁路技术, 14(3): 97-101.

王媛, 秦峰, 夏志皓, 等. 2012. 深埋隧洞涌水预测非达西流模型及数值模拟[J]. 岩石力学与工程学报, 31(9): 1862-1868.

肖泽荣. 2020. 基于地下水生态平衡埋深的隧道排水量设计计算[J]. 隧道建设(中英文), 40(10): 1471-1479.

徐则民, 杨立中, 黄润秋. 2000. 特长超深隧道涌水量预测的镜象法[J]. 铁道工程学报, (1): 55-58.

徐则民, 黄润秋, 范柱国, 等. 2004. 深埋岩溶隧道涌水最大水头压力评估[J]. 地球科学进展, (S1): 363-367.

许振浩, 李术才, 李利平, 等. 2011. 基于风险动态评估与控制的岩溶隧道施工许可机制[J]. 岩土工程学报, 33(11): 1714-1725.

张凯, 陈寿根, 霍晓龙, 等. 2019. 岩溶地区隧道涌水风险的可拓评价模型及应用[J]. 现代隧道技术, 56(4): 89-96.

张修杰, 周学民, 韦未, 等. 2023. 基于涌水影响半径的隧道涌水量预测方法研究[J]. 人民长江, 54(5): 163-168.

《中国公路学报》编辑部. 2015. 中国隧道工程学术研究综述·2015[J]. 中国公路学报, 28(5): 1-65.
朱大力, 李秋枫. 1995. 用降水入渗系数经验值预测隧道涌水量[J]. 铁道工程学报, (1): 100-102.
Wu Y, Pruess K, Persoff P. 1998. Gas flow in porous in media with klinkenberg effects[J]. Transort in Porous Media, 32: 117-137.

4 隧道岩爆防控技术研究

随着"一带一路"倡议和西部大开发战略的推进，穿越高地应力环境的隧道工程大量出现。在隧道开挖过程中，岩爆问题日益增多，其中川藏公路二郎山隧道、邵阳至怀化公路雪峰山隧道、雅安至西昌高速公路大相岭公路隧道、西安至安康高速公路秦岭终南山隧道等诸多隧道工程发生了强烈岩爆灾害。岩爆是深部岩体中最为突出的动力灾害，其力学机制十分复杂，当前对岩爆的预测和控制研究远不能满足安全施工要求。

4.1 岩爆基本理论

由于岩石物理力学性质本身的复杂性以及地质因素、工程施工因素的影响，岩爆发生的机理极其复杂。目前关于岩爆机理的研究提出了众多理论，其中最为重要的有强度理论、冲击倾向性理论、刚度理论和能量理论等。

4.1.1 强度理论

强度理论是人们对岩爆现象最朴素的认识。该理论认为在地下工程中，当围岩中的应力大于围岩强度时，会发生岩爆。早期岩爆的强度理论主要是围绕岩体形成应力集中而提出的各种假说。近代岩爆的强度理论着眼于矿床-围岩这一力学系统的极限平衡条件，结合材料的物理力学性质建立数学模型进行定量分析。强度理论首先由 G. Braener 提出，我国学者李玉生（1982）、姚宝魁和张承娟（1985）、侯发亮和王敏强（1989）也都提出了新的岩爆强度判据。

然而，强度理论只是岩爆发生的必要条件，而不是充分条件。它只能阐明岩体是否破坏，不能回答岩体的破坏是稳定破坏还是失稳破坏，即是否发生岩爆。

4.1.2 冲击倾向性理论

为了更加确切地反映岩爆的冲击性特点，国内外学者先后提出了不同的冲击倾向性理论。该理论认为，岩石本身具有冲击倾向的属性，如果岩石的实际冲击倾向性大于某个与岩爆有关的极限值，即会产生岩爆。冲击倾向性主要是通过岩石指标来反映，这些指标包括能量指标、时间指标、形变指标和刚度指标等。根据这些指标，可以将岩石划分成具有严重岩爆倾向性、中低度岩爆倾向性和无岩爆倾向性等几大类。冲击倾向性指标简单，具有易操作性，在实践中得到广泛应用。但是冲击倾向性指标只是对岩石某种特征的衡量，而一种岩石是否发生岩爆，不仅取决于岩石本身的性质，而且取决于系统的受力状态。因此，冲击倾向性指标只能用作岩爆支护设计中的参考，不能作为岩爆是否发生的判据。

4.1.3 刚度理论

20世纪60年代初，Cook（1965）通过提高试验机的刚度，首次获得了大理石的全过程应力-应变曲线。从此，岩石力学工作者对岩石破裂的力学现象有了进一步的认识，试样产生破坏的原因是试验机的刚度相对于试件的卸载刚度较小。Cook将得到的这一结论用于解释矿山发生的岩爆现象，在一定程度上揭示了岩爆的实质。我国学者耿乃光等（1981）采用拼合手段将岩石样品压裂，发现了岩石破裂失稳的刚度效应。唐春安和徐小荷（1990）、Chen等（1997）从两岩体相互作用原理出发，研究岩石破裂过程失稳的刚度效应模式。潘一山等（1997）采用橡胶、松香组合成的脆性体模拟岩爆的动力现象，从刚度特性方面提出了冲击地压模型。

岩爆的刚度准则可用式（4-1）表示：

$$K_m < K_s \tag{4-1}$$

式中，K_m 为广义岩石力学系统中非破裂体的刚度；K_s 为破裂体的瞬时刚度。

刚度理论揭示了岩爆发生的原因，对于防治岩爆的工程实践具有重要的指导意义。但刚度理论没有反映出发生岩爆力学系统的动力过程，仍然不能十分清晰地揭示岩爆发生的机理。

4.1.4 能量理论

20世纪60年代，Cook等（1963）在对南非多年岩爆研究成果总结的基础上，提出了岩爆的能量理论，随后相继出现了不同的能量理论。其基本观点是，随着采掘范围的不断扩大，矿体与围岩系统在其力学平衡遭到破坏时，若岩体所释放的能量大于岩体破坏所消耗的能量，则产生岩爆。该理论从能量守恒定律出发，摆脱了传统理论的束缚，解答了岩爆的来源问题。

从断层与围岩共同组成的力学平衡系统出发，殷有泉和张宏（1984）研究了能量形式的断层失稳准则，即

$$\delta^2 \prod = \int_{V_s} \delta(d\varepsilon)^T D \delta(d\varepsilon) \, dV + \int_{\Gamma} \delta(d\bar{u})^T \overline{D}_{ep} \delta(d\bar{u}) \, d\Gamma < 0 \tag{4-2}$$

式中，V_s 为断层系统中的弹性围岩区；Γ 为断裂面；$d\varepsilon$ 为应变场；$d\bar{u}$ 为位移间断值。

能量理论的缺点是难以在实际中确定与岩爆破裂岩体相关的围岩体的范围，从而难以计算参与岩爆破坏的能量。此外，由于能量与岩体所受的应力场和应变场有关，在实际工程中难以同时测量。因此，能量理论只能定性地给出岩爆发生的条件，而难以在实际岩爆预测中应用。

4.1.5 三准则理论

我国学者在总结强度理论、能量理论和冲击倾向性理论的基础上，结合国内外研究成果提出了三准则理论。该理论认为：强度准则是岩体的破坏准则，而能量准则和冲击倾向性准则是失稳破坏准则。三个准则同时满足，才是发生岩爆的充分必要条件。

相对单一的强度理论、能量理论或冲击倾向性理论，三准则理论更能综合地反映岩爆

发生的条件。但不管是单因素理论还是多因素理论，都不能很好地解释岩爆发生的机理。强度理论和冲击倾向性理论都只涉及岩爆发生的主体，即破裂体的性质；能量理论也只从能量平衡的角度阐述岩爆发生的条件，并未对岩爆发生的机理给出明确的解释。

齐庆新等（1995）还根据影响冲击地压的主要因素提出了冲击地压的"三因素"理论，即内在因素（如冲击倾向性）、力源因素（如应力集中、外部动力扰动等）和结构因素（如软弱结构面、滑动面等），认为冲击地压是岩层满足剪切强度准则以后突然滑动并在滑动过程中伴随动能释放的动力过程。

4.2 现代系统科学和非线性理论在岩爆研究中的应用

通常人们将岩石力学分为静态岩石力学和动态岩石力学两类，或称岩石静力学和岩石动力学。岩石的动力学则涉及岩石对动态冲击荷载的响应，如采矿过程中的冲击凿岩、爆破破碎岩石、打桩、核爆炸下的岩体防护工程等，都属岩石动力学的范畴。然而，人们通常将岩爆等灾害性的岩体失稳问题简单地归类于岩石动力学范畴，这种分类其实是不合理的。岩石动力学主要研究的是动态（冲击）荷载作用下岩石的破坏性质。然而，岩石或岩体的失稳问题，则是涉及在静态荷载条件下岩石由静态变形到逐渐失去稳定，最后出现失稳破坏的动力学过程。与静力学相比，其破坏过程是动态的；与动力学相比，它的加载条件又是静态的。动力学破坏过程不是因为动态外荷载作用，而是岩石在静态荷载作用下逐渐失去承载能力最后失去其稳定性的结果。从表现形式上看，由应变能释放引起的岩石失稳破坏与岩石冒落及岩石弹射都是一种动力失稳破坏的过程，但其形成过程有着本质的差异。岩石弹射和岩石冒落是由外界地震波触发而引起的岩石破裂现象，其触发机理属于动力学范畴。而由岩石破裂引起的岩爆是一个由能量静态集聚逐渐转化为动态破坏的过程，是一个兼有静态、动态两种属性的过程。因此，不能简单地把它归纳到动力学或静力学中，需要建立一个介于静态和动态之间又能兼顾两种性能的理论及研究方法。

以平衡态理论为基础的突变理论，虽然没有考虑岩石失稳破坏时的动力学效应，但根据稳定平衡和非稳定平衡描述的研究方法，通过平衡点的特性来研究系统的稳定性，对于岩爆形成机理的研究是十分有效的。数学家Thom（1972）创立的突变理论已在许多领域得到应用，但在岩爆等岩石破裂失稳问题中的应用，主要贡献是由我国岩石力学工作者做出的。Pan等（1994）采用突变理论模型，研究了圆形硐室岩爆的物理过程，得到了岩爆发生后硐室周边的突跳收敛和释放出的能量。傅鹤林和桑玉发（1996）结合石膏矿的具体实践对运用突变理论预测地下采场冲击地压发生的可能性进行了研究。

岩爆的突变理论主要是从建立岩石的突变理论模型入手，对影响岩石变形、破坏的主要控制因素（应力、刚度和岩石的损伤扩展耗散能量等）进行定量分析，定性地解释发生岩爆的机理。谢和平和Pariseau（1993）利用分形几何学（fractal geometry）的方法研究了岩爆发生的机理并对其监测。通过实验得到的微震时空分布图像显示了岩爆发生前后的微震活动性分形规律。研究表明，在岩爆发生前，微震活动分布具有较高的分形维数值，而临近岩爆发生时，微震活动集聚，其分形维数值较低，即分形维数值随岩石微裂隙的增多而减小，最低的分形维数值则出现在临近冲击地压发生时刻。

此外，我国岩石力学工作者还运用分叉理论、耗散结构理论、混沌理论、模糊数学等非线性科学理论研究了岩石变形的局部化问题以及岩石力学系统的稳定性问题，推动了我国岩爆及其岩石失稳理论的发展。可以预见，利用非线性科学来研究岩爆将成为今后研究热点之一，这一新的思想方法必将为岩爆的预测预报提供新的途径，从而推动人们对岩爆机理的认识。

4.3 岩爆预测模型

对于开挖洞型为圆形的隧道截面，可以通过弹性力学的受力分析求解出洞壁处的应力状态（图 4-1），假设地下埋深 h 处的岩体受垂直地应力为 P_V，水平地应力为 P_H 且受力均匀，围岩侧压力系数为 $\lambda(\lambda = P_\mathrm{H}/P_\mathrm{V})$，根据弹性力学推导可得隧道开挖后围岩内距洞壁任意距离 r 的弹性解为

$$\sigma_r = \frac{1}{2} P_\mathrm{V} \left[(1+\lambda)\left(1 - \frac{r_0^2}{r^2}\right) - (1-\lambda)\left(1 - \frac{4r_0^2}{r^2} + \frac{3r_0^4}{r^4}\right) \cos 2\theta \right] \tag{4-3}$$

$$\sigma_\theta = \frac{1}{2} P_\mathrm{V} \left[(1+\lambda)\left(1 + \frac{r_0^2}{r^2}\right) + (1-\lambda)\left(1 + \frac{3r_0^4}{r^4}\right) \cos 2\theta \right] \tag{4-4}$$

$$\tau_{r\theta} = \frac{1}{2} P_\mathrm{V} \left[(1-\lambda)\left(1 + \frac{2r_0^2}{r^2} - \frac{3r_0^4}{r^4}\right) \sin 2\theta \right] \tag{4-5}$$

式中，σ_r 为极坐标下的径向应力；σ_θ 为极坐标下的切向应力；$\tau_{r\theta}$ 为剪应力。

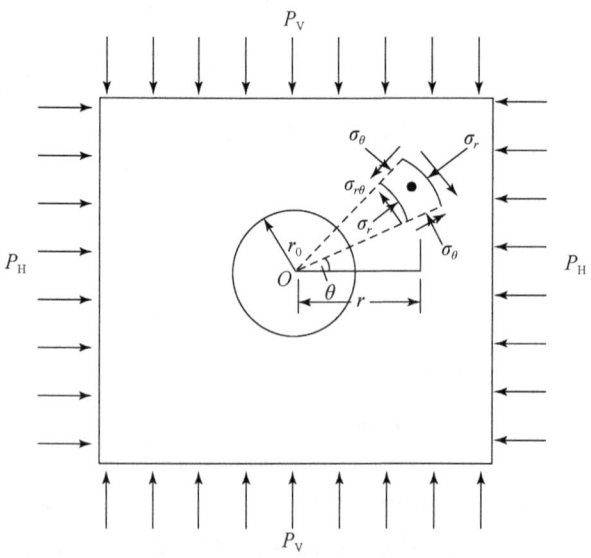

图 4-1 圆形隧道围岩应力

当 $r=0$ 时，可以得到洞壁处的应力解分别为

$$\sigma_r = \tau_{r\theta} = 0 \qquad (4\text{-}6)$$

$$\sigma_\theta = P_V\left[1 + \cos 2\theta + \lambda(1 - 2\cos 2\theta)\right] \qquad (4\text{-}7)$$

洞壁处围岩的最大主应力可以视为洞壁的环向应力，最小主应力为0，即

$$\sigma_1 = \sigma_{\theta\max} = \sigma_\theta, \quad \sigma_3 = 0 \qquad (4\text{-}8)$$

1. 侧压力系数不大于1时的判据

已知临界埋深依据为

$$H_{cr} = \frac{\xi(1-\mu)R_c}{(3-4\mu)\gamma} \qquad (4\text{-}9)$$

式中，R_c 为单轴抗压强度；ξ 为临界系数；H_{cr} 为临界埋深；μ 为泊松比；γ 为重度。

$$\xi = \begin{cases} 0.188 + 0.106 \times (\lambda/0.25) & 0 < \lambda < 0.25 \\ 0.294 + 0.066 \times [(\lambda-0.25)/0.25] & 0.25 < \lambda < 0.5 \\ 0.360 + 0.023 \times [(\lambda-0.5)/0.25] & 0.5 < \lambda < 0.75 \\ 0.383 + 0.019 \times [(\lambda-0.75)/0.25] & 0.75 < \lambda < 1 \\ 0.402 & \lambda = 1 \end{cases} \qquad (4\text{-}10)$$

ξ 为临界系数，$\xi = \sigma_{1cr}/\sigma_c$，各个状态之间的临界系数可以由相邻的界限值进行插值得到[式（4-10）]。

当隧道的实际埋深大于式（4-9）中的临界埋深（H_{cr}）时，隧道可能发生岩爆，可以采用岩爆梯度应力分级判据方法对可能发生的岩爆工况进行再分级。

已知梯度应力判据为

$$\begin{array}{ll} \sigma_{\theta\max}/R_c \leqslant 0.3 & \text{无岩爆} \\ 0.3 < \sigma_{\theta\max}/R_c \leqslant 0.4 & \text{弱岩爆} \\ 0.4 < \sigma_{\theta\max}/R_c \begin{cases} 0 < \beta \leqslant 3.7 & \text{弱岩爆} \\ 3.7 < \beta \leqslant 7.2 & \text{中岩爆} \\ 7.2 < \beta \leqslant 8.7 & \text{强岩爆} \\ 8.7 < \beta & \text{弱岩爆} \end{cases} \end{array} \qquad (4\text{-}11)$$

将式（4-8）代入式（4-11）得

$$\sigma_{\theta\max}/R_c = \frac{P_V\left[1 + 2\cos 2\theta + \lambda(1 - 2\cos 2\theta)\right]}{R_c} \qquad (4\text{-}12)$$

$$\beta = \frac{P_V\left[1 + \cos 2\theta + \lambda(1 - 2\cos 2\theta)\right] - \max\{P_V, P_H\}}{P_V\left[1 + \cos 2\theta + \lambda(1 - 2\cos 2\theta)\right]} \cdot \frac{R_c}{R_0} \qquad (4\text{-}13)$$

式中，β 为梯度应力强度比。

对于以自重应力为主的隧道工程，围岩的侧压力系数 $\lambda \leqslant 1$ 时，隧道洞壁的最大切向应力在洞壁处，即 $\theta = 0°$ 或 $\theta = 180°$ 处；则

$$\sigma_{\theta\max}/R_c = \frac{P_V(3-\lambda)}{R_c} \qquad (0<\lambda\leqslant 1, \theta=0°\text{或}\theta=180°)$$

$$\beta = \frac{2-\lambda}{3-\lambda}\cdot\frac{R_c}{R_0} \qquad (0<\lambda\leqslant 1, \theta=0°\text{或}\theta=180°)$$

(4-14)

式（3-45）和式（4-13）中的单轴抗压强度 R_c 可由经验公式通过弹性模量 E 求得，已知的经验公式有：

1）工程实用岩石力学

$$R_c = \varepsilon E_s = \varepsilon\frac{E_d}{\alpha}$$

(4-15)

式中，E_s 为静弹模；E_d 为动弹模；ε 为相对变形量；α 为计算参数。在不同岩土体条件下参数的取值如表 4-1 所示。

表 4-1　在不同岩土体条件下参数的取值

参数	坚硬岩体	中等坚硬岩体	软弱岩体	黏土
ε/%	1～1.5	2～3	3～5	7.6
$E/10^3$MPa	1～5	5～10	10～30	30～60
α	20～15	15～10	10～7	7～5

2）应用岩石力学

$$R_c = 3.75\times 10^{-3} E$$

(4-16)

3）工程岩体力学

$$E_m = \left(1-\frac{D}{2}\right)\left(\frac{R_c}{100}\right)^{0.5}\cdot 10^{\frac{GSI-10}{40}}$$

(4-17)

$$R_c = \left[\left(\frac{2}{2-D}\right)E_m\cdot 10^{\frac{GSI-10}{40}}\right]^2\cdot 100$$

(4-18)

式中，GSI 为岩体质量；D 为扰动系数；E_m 为弹性模量。

4）应用 RMi 法估算岩体变形模量

$$\begin{aligned}
E &= 5.6\text{RMi}^{0.375} \\
\text{RMi} &= R_c\cdot j_p \\
j_p &= 0.2 j_c^{0.5}\times V_b^D \\
D &= 0.37 j_c^{-0.2} \\
j_c &= j_L\left(\frac{j_R}{j_A}\right)
\end{aligned}$$

(4-19)

式中，V_b 为被结构面切割的块体体积；j_L 为连续性系数；j_c、j_p 分别为结构面特征参数；j_R、j_A 分别为结构面粗糙度系数和蚀变影响系数。

室内试验表明：

$$R_c = 0.0083E \qquad R^2 = 0.9721$$

(4-20)

将式（4-20）代入式（4-9）可以得到隧道开挖可能发生岩爆的临界埋深（H_{cr}）。假设隧道设计埋深（H）大于临界埋深（H_{cr}），则隧道位置处垂直应力为

$$P_v = \gamma H \geqslant \gamma H_{cr} = P_{vcr} \tag{4-21}$$

假设隧道洞径为 14m，将式（4-20）中的单轴抗压强度（R_c）、式（4-21）中的临界埋深压力（P_{vcr}）、隧道洞径（R_0）和式（4-9）中的临界埋深（H_{cr}）代入式（4-14）中可得

$$\sigma_{\theta\max}/R_c \geqslant (3-\lambda) \cdot \frac{\xi(1-\mu)}{(3-4\mu)} \quad (0<\lambda \leqslant 1,\ \theta = 0°,\ 或 \theta = 180°)$$

$$\beta = \frac{2-\lambda}{3-\lambda} \cdot \frac{0.0083E}{14} \quad (0<\lambda \leqslant 1,\ \theta = 0°,\ 或 \theta = 180°) \tag{4-22}$$

由式（4-22）可知，当 ξ 越大，λ 临界值越大，得到最不利条件。以 $\xi = 0.402$，$\mu = 0.27$ 为例，当 $\sigma_{\theta\max}/R_c \leqslant 0.4$ 时，得到的侧压力系数取值范围为 $0.382 < \lambda \leqslant 1$，在这个范围内会发生弱岩爆；当 $\sigma_{\theta\max}/R_c > 0.4$ 时，对于梯度应力强度比 β，可以得到一个以侧压力系数和弹性模量为判别条件的岩爆分级，得到岩爆分级图如图 4-2 所示。

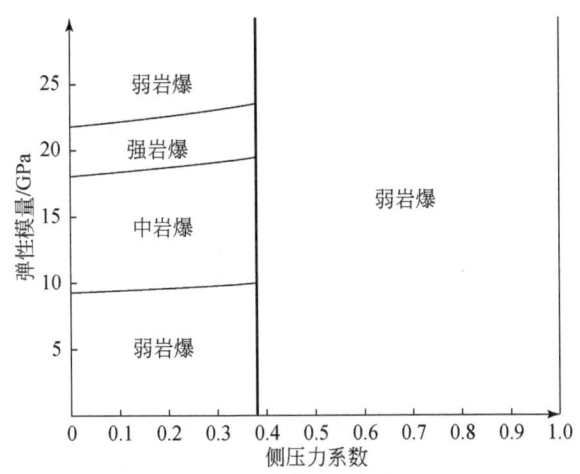

图 4-2 岩爆分级图
隧道围岩以自重应力为主且达到临界埋深

2. 侧压力系数大于 1 时的判据

当侧压力系数 $\lambda > 1$ 时，可直接采用梯度应力判据进行岩爆分级，由式（4-11）~式（4-13）可以得到，隧道洞壁的最大切向应力在拱顶或拱底，即 $\theta = 90°$，或 $\theta = 270°$ 处：

$$\sigma_{\theta\max}/R_c = \frac{P_v(3\lambda-1)}{R_c} \quad (\lambda>1,\ \theta=90°,\ 或 \theta=270°)$$

$$\beta = \frac{2\lambda-1}{3\lambda-1} \cdot \frac{R_c}{R_0} \quad (\lambda>1,\ \theta=90°,\ 或 \theta=270°) \tag{4-23}$$

式中，P_v 为垂直地压力。

将 R_c、R_0 代入式（4-23）中，得到隧道埋深（H）。以埋深 300 m 为例，岩体的容重取 25 kN/m³，则 $P_v = \gamma H = 17.5$ MPa，可以得到

$$\sigma_{\theta\max}/R_c = \frac{17.5(3\lambda-1)}{0.0083E} \quad (\lambda>1,\ \theta=90°,\ 或\theta=360°)$$
$$\beta = \frac{2\lambda-1}{3\lambda-1} \cdot \frac{0.0083E}{14} \quad (\lambda>1,\ \theta=90°,\ 或\theta=360°)$$
(4-24)

根据式（4-24）所给的岩爆分级范围，隧道围岩以构造应力为主时，基于侧压力系数和弹性模量为判断依据的岩爆分级图见图4-3。

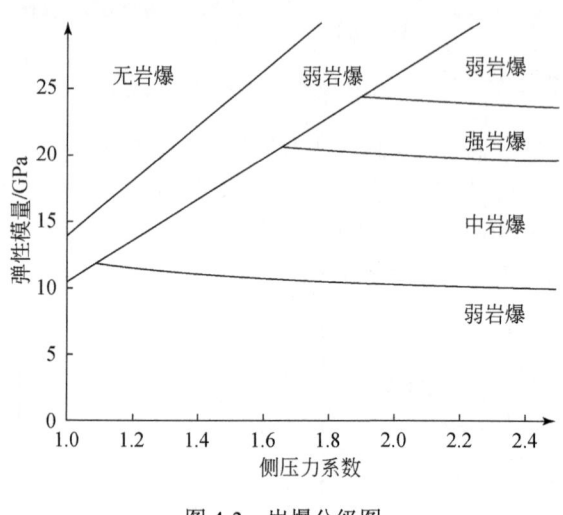

图 4-3　岩爆分级图
隧道围岩以构造应力为主

4.4　岩爆特性试验研究

五指山隧道位于五指山市冲山镇，为小净距特长隧道。左线起讫桩号 ZK36+010～ZK40+855，长 4845 m，隧道最大埋深约 383 m，位于 ZK38+500 处；右线隧道起讫桩号 YK36+000～YK40+870，长 4870 m，隧道最大埋深约 370 m，位于 ZK38+520 处。五指山隧道进口位于斜坡下，上覆粉质黏土、碎石土、砂质黏性土，土层厚度为 3.00～9.80 m，全风化花岗岩揭露厚度 8.30 m，斜坡自然坡度为 25°～40°；洞口岩石裂隙发育，岩体极为破碎，完整性差，围岩分级为Ⅴ级，成洞条件差，围岩易坍塌，处理不当可能会出现大体积坍塌及冒顶，进口位于冲沟中，对洞口稳定有一定的影响。隧道埋深较大，属于高地应力区。根据钻孔试验，初步判定隧道围岩会发生弱岩爆。因此，需要开展该隧道岩爆问题研究。

采用 WDT-1500 大型多功能材料试验机（图 4-4），对从五指山隧道现场采集的板岩、角砾岩、较硬岩、闪长岩、石英片岩和白云质灰岩六种岩样进行单轴、三轴压缩试验，从能量的角度探求岩石破坏的能量演化规律及其能耗特性，并分析岩爆内在机理。

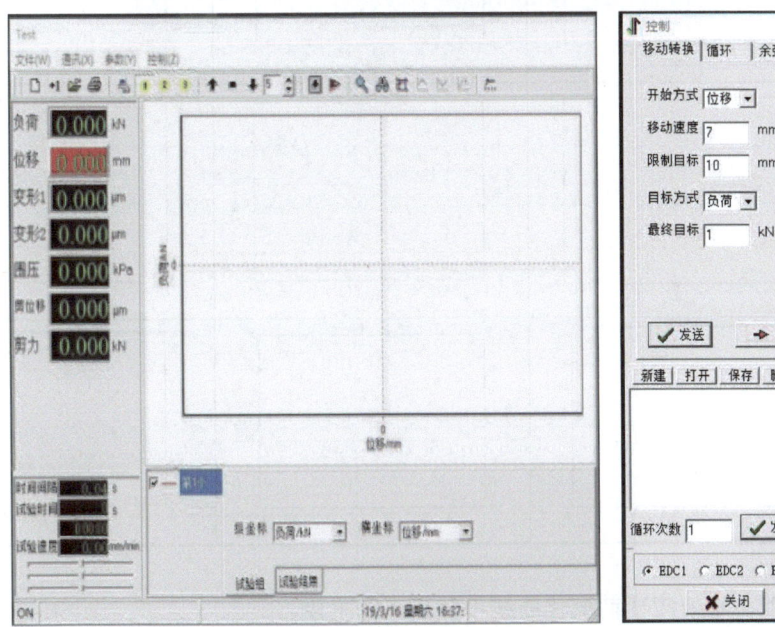

图 4-4　WDT-1500 大型多功能材料试验机及其主控界面

选择均匀性和完整性相对较好的岩块作为研究对象，依据国际岩石力学学会（International Symposium-Rock Mechanics，ISRM）的规定，将不同种类的岩块取心后对试样断面切割、磨平，加工成 $\Phi 50\ \text{mm} \times 100\ \text{mm}$ 的标准试样；试样两端面不平行度误差控制在 0.005 mm，断面不平整度小于 0.02 mm，沿试样高度上直径误差不大于 0.3 mm。对 24 组岩石试样进行室内压缩试验，三轴压缩试验围压分别为 5 MPa、10 MPa、15 MPa 和 20 MPa。

4.4.1　单轴压缩下岩石的能耗特征

根据试验得到岩石总能量、弹性能及耗散能关系（表 4-2）。

表 4-2　岩石单元总能量、弹性能及耗散能演化曲线

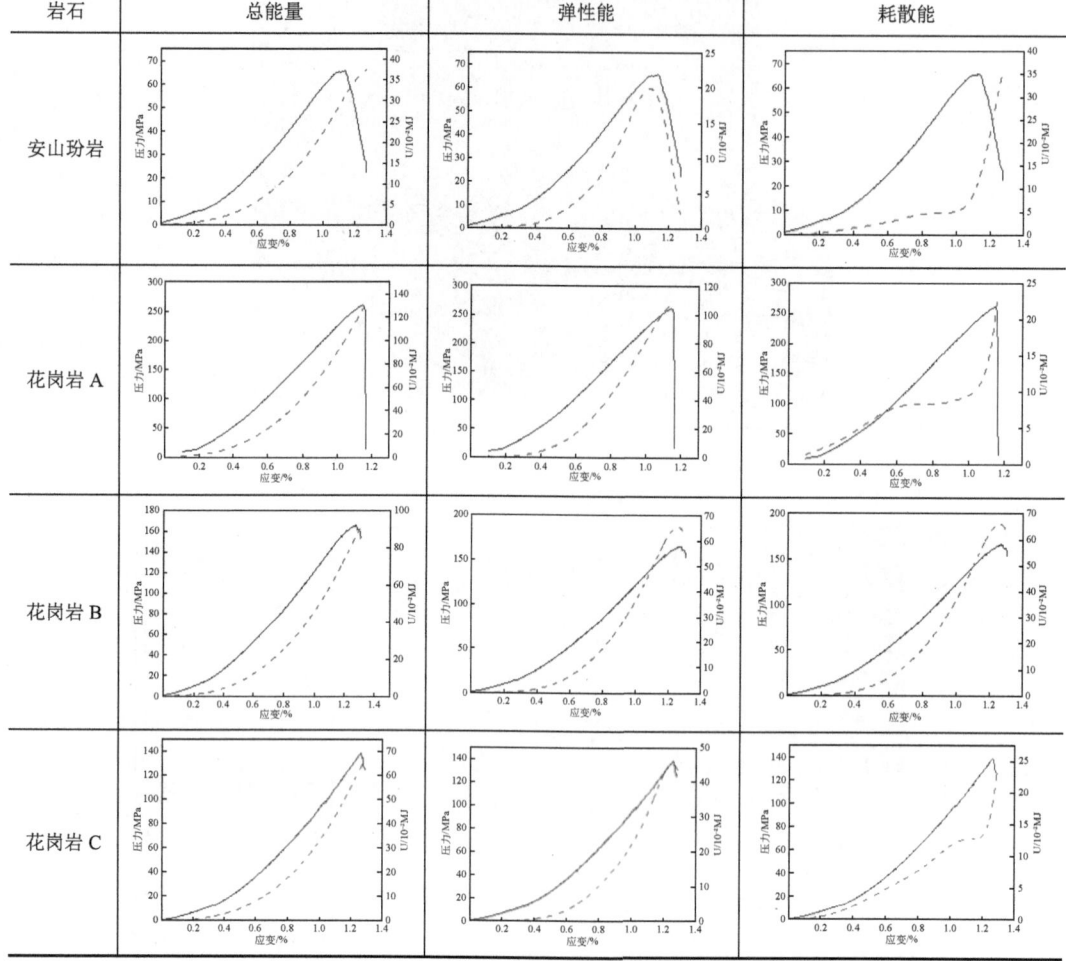

岩石弹性能在峰值应变前变化曲线可分为三个阶段。

（1）低速增长期，岩石弹性能的积累速率较慢，此时属于非线性压密阶段。随着压密程度增加，储能模量增大，弹性能增速增大，故弹性应变能积累曲线呈上凹趋势。

（2）高速增长期，岩石压密后的连续性增强，压缩机输入的能量主要以弹性应变能形式储存于岩石试样中。由于这个阶段储能模量不变，能量吸收速率不变，故弹性应变能积累曲线呈直线。

（3）增速降低阶段，岩石内部平行于轴向的微裂隙尖端附近出现拉应力集中，微裂隙开始进行稳定分支及扩展，继而迈向微裂隙不稳定分支直到破坏，到达峰值应力。此阶段岩石储能模量减小，能量吸收速率下降，故能量积累曲线呈下凹趋势。峰值应变时，弹性能积累达到最高水平。对于脆性破坏岩石，峰后出现急剧破坏，且破坏后的应力下降很大。对于延性破坏岩石，峰值应变后的破坏呈现出相对缓慢的变化趋势，其弹性能也随着岩石材料的破坏缓慢释放而增速降低。

岩石耗散能处于上升趋势，是由于这个阶段试验机输入的能量主要用于岩石材料原生的天然孔隙和微裂隙的扩展，能量耗散是这个阶段的主旋律。且耗散能第一个上升阶段处于一个类"S"形曲线，即初期的耗散能增速经历一个由高速向低速发展的转变。高速段是由于初期孔隙结构较多，其结构容易破坏。随着孔隙结构被破坏压密，密实度逐渐趋于饱和，在此基础上再进行压密就变得困难，故耗散能增长进入低速区。这一阶段最明显的特征是单元耗散能几乎没有变化，岩石试样几乎处于一个理想的弹性变形状态。平台区段之后单元耗散能进入高速增长区，处在岩石的弹性极限和屈服点之间，是弹性变形阶段转向扩容阶段的过渡区。此后，岩石内部微裂隙开始不稳定分支，向整体破坏方向发展。

4.4.2 单轴压缩下岩石耗散系数的演化规律

根据试验结果，岩样在不同应力状态下的耗散系数（图4-5）可知，在单轴压缩条件下，岩石的弹性能比（μ）、耗散能比（η）以及耗散能系数（λ）曲线存在两个驻点，即三个阶段。

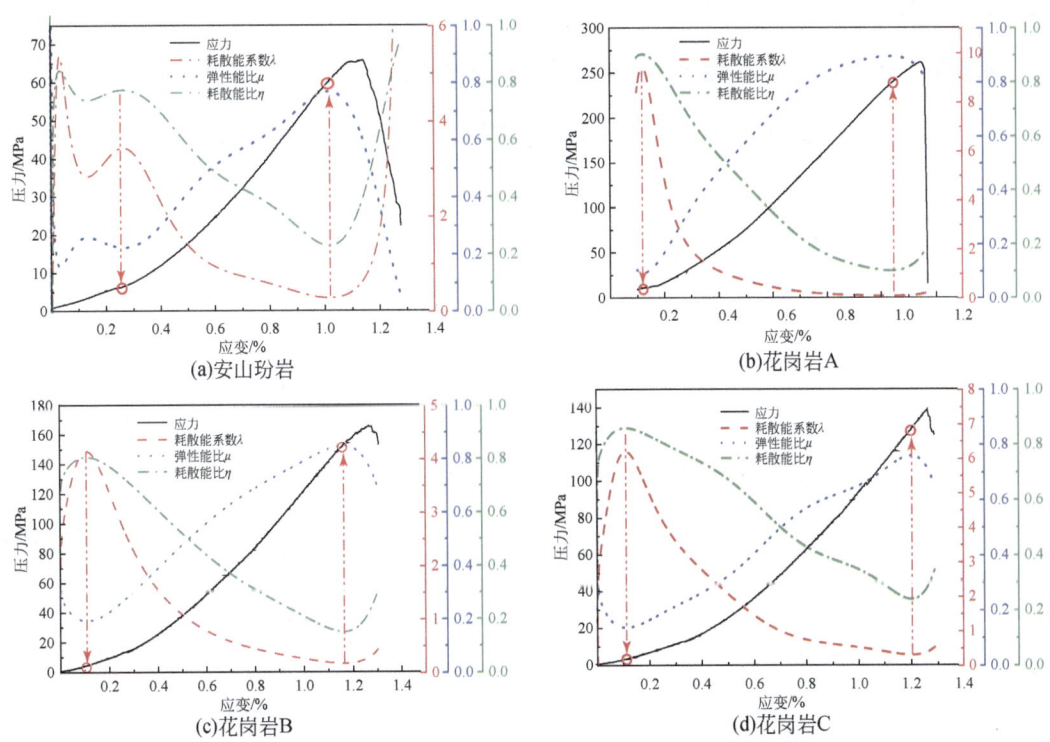

图4-5 岩石单元弹性能比（μ）、耗散能比（η）以及耗散能系数（λ）演化曲线

第一阶段，弹性能比（μ）高于耗散能比（η），耗散能系数（λ）处于极低水平，表明应变发生瞬间能量是以弹性应变能被材料储存。应变的增加使得岩石内部原生的孔隙在岩石结构受力中所扮演的角色逐渐显露出来，因而能量流动有了第二条路径——耗散。试验机输入的能量由最初的弹性应变能被储存起来，开始流向用于克服岩石材料内部天然缺陷。由于这阶段系统内输入的能量不多，所以在试样形态上看不出较为明显的差异。岩石试样内部天然孔隙逐渐被压密，其孔隙率在降低，可压缩孔隙逐渐趋于饱和。三个能量参数同

时达到各自的驻点。

第二阶段，系统内输入的能量用于耗散的部分所占的比例开始降低，弹性应变能所占的比例开始升高。能量耗散仍在进行，即压密仍在继续，反映了原岩中微裂隙的数量、孔隙性及压密性能。随着系统内能量的不断输入，应变持续增加，岩石进入了以弹性应变能形式储存为主导的变形阶段，岩石主要发生弹性变形。这一阶段初期耗散能仍有少量增长，然后逐渐趋于稳定，而弹性能曲线与总能量曲线增长基本一致。直到三个能量参数函数同时达到各自第二个驻点，能量演化的第二个阶段完成。弹性能比（μ）达到了极大值点，耗散能比（η）和耗散能系数（λ）达到了极小值点，岩体单元的储能水平达到了最大值，而能量耗散达到最低水平。该极值点在应力-应变曲线的屈服点附近。当岩石的耗散能系数（λ）达到最低点时，储存于岩石的弹性应变能释放导致岩石发生破坏。

第三阶段，耗散能上升，弹性能经历了短暂的上升期后转为下降。弹性能比下降，耗散能比上升，耗散能系数上升，岩石试样进入破坏阶段。至此，试验机累计输入了大量能量，岩石试件在宏观上出现较大的变化。

4.4.3 三轴压缩下岩石的强度和变形特性

不同岩石在不同围压下应力-应变曲线、峰值应力及弹性模量变化规律如图 4-6～图 4-8

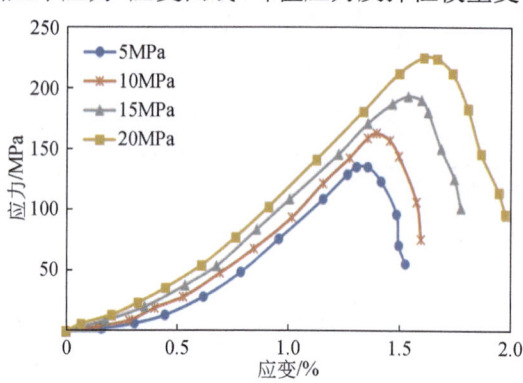

图 4-6 应力-应变曲线

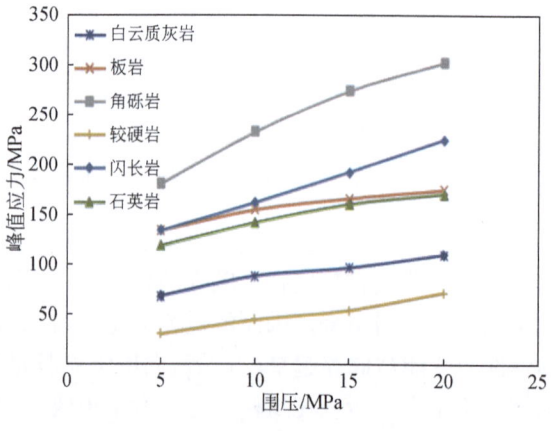

图 4-7 峰值应力图

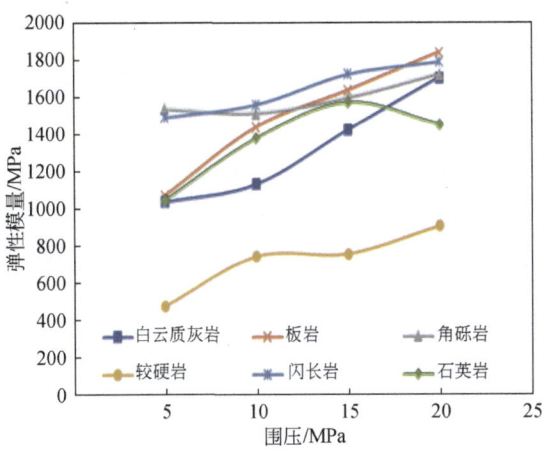

图 4-8 弹性模量

所示。在不同围压下,岩石在初始阶段未发生突变;当岩石继续受压后处于第二阶段即弹性阶段,岩石的弹性能迅速增长,应力-应变曲线大致为直线。在不同围压下,岩石的弹性能增长速度不同。第三阶段即微裂纹的扩展阶段,岩样达到峰值强度,在此阶段观察到岩样出现新的裂纹,由于围压效应导致岩石的峰值强度增加,岩石内部总能量增加。第四阶段即破坏阶段,岩样开始沿着最薄弱面剪切破坏。不同岩样在相同围压下的峰值强度不同,所能储存的能量不同,但是当围压改变时其储存能量的能力也随之改变。

岩石的强度与围压的关系为正相关,围压越小岩石的强度越小但不会小于岩石的无侧限抗压强度。岩石在不同围压下的峰值应力呈上升趋势,表明岩石在不同围压条件下极限应力峰值在增大。六种岩石在不同围压下的弹性模量、黏聚力等参数如表4-3所示。

表 4-3 六种岩石在不同围压下的参数

岩石类型	弹性模量/GPa				峰值应力/MPa				黏聚力/MPa	内摩擦角/(°)
	5 MPa	10 MPa	15 MPa	20 MPa	5 MPa	10 MPa	15 MPa	20 MPa		
白云质灰岩	10.5	11.4	14.3	17.1	69	89	97	110	17.64	40.35
板岩	10.8	14.5	16.4	18.5	135	156	167	175	16.54	32.54
角砾岩	15.4	15.2	16.0	17.3	182	234	275	303	25.47	51.52
较硬岩	4.8	7.5	7.6	9.1	31.1	45.3	54.4	71.6	5.43	26.74
闪长岩	15.0	15.7	17.3	18.0	135	163	193	225	21.21	45.6
石英岩	10.5	13.9	15.8	17.6	120	143	161	171	28.08	65.47

注:5 MPa、10 MPa、15 MPa、20 MPa 分别为不同围压条件。

4.4.4 三轴压缩下岩石的能耗特征

根据试验结果,得到在不同围压下的岩样总能量、弹性能、耗散能的变化规律(图4-9)。

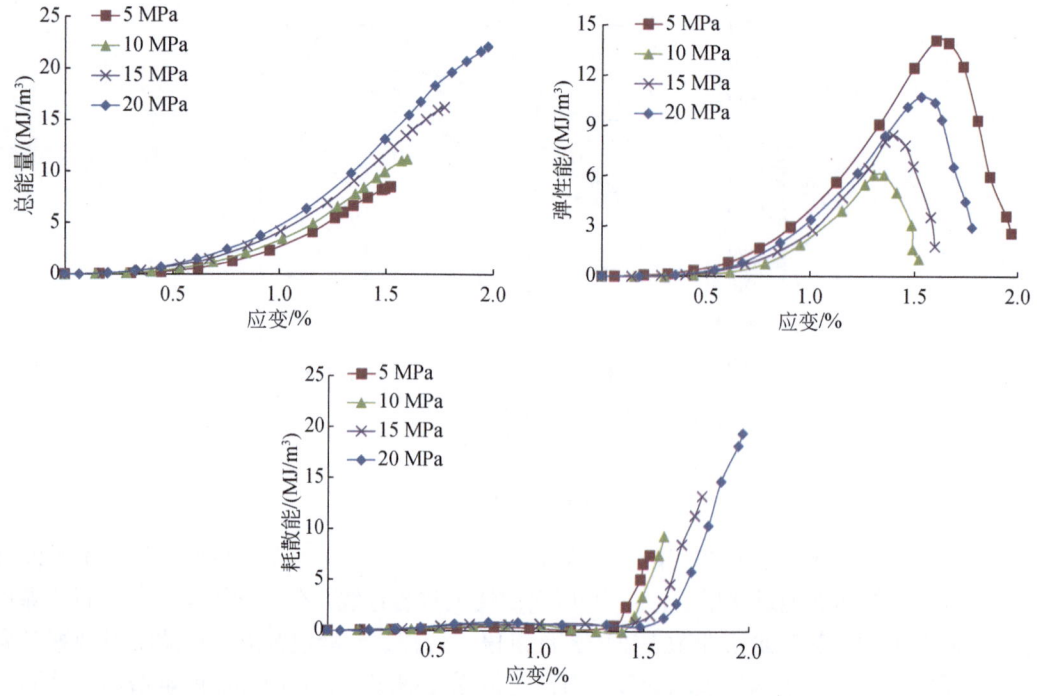

图 4-9 不同围压下的总能量、弹性能、耗散能的变化规律

1. 总能量演化规律

试验机输入的能量一部分储存在岩石内部，一部分用于岩石内部微裂纹的衍生和扩展。围压越大岩石的峰值强度越大。在岩石到达峰值强度之前，岩石处于外部输入、内部存储的存储态，且在岩石内部储能未达到极限时，这种状态不发生改变。但当岩石到达了峰值强度时，总能量曲线有向上凸的趋势，而且这种趋势是不可逆的。岩石处于稳定状态的储存态发生了改变，总能量曲线上转换点是从储存能量到耗散能量的转变，并且从前一个稳态到达另一个稳态。这个耗散能突然剧增的点是岩石内部弹性能和耗散能相互作用的结果。

2. 弹性能演化规律

压密阶段，即岩石内部微裂纹的压密，曲线的增长缓慢且有限，其原因是岩石为了达到密实状态外部机械能所输入的能量大部分都对岩石的压密做了功，使得这部分能量耗散掉了，造成了岩石弹性能的增长速率缓慢且积累也较为缓慢。弹性阶段，岩石应变可以恢复，弹性能曲线的斜率是最高的，即岩石的弹性能的增长速率在这一阶段是最高的，弹性能的增加远远大于耗散能。非弹性阶段，即微裂纹的扩展阶段。岩石内部能量存储即将要达到饱和状态，内部出现了裂纹并开始发展。破坏阶段，岩石内部的细小裂纹开始贯通，最终破坏。岩石的弹性能在这一阶段达到了储能极限，瞬间被释放出来。这种突然释放出来能量的方式可以认为是广义的岩爆现象。

3. 耗散能演化规律

岩石受荷时，内部不仅储存应变能，也伴随着能量的损耗。在不同围压下，岩石的耗散能图像和变化范围基本一致。岩石的最高能量耗散与围压有关。6 组岩样数据都在应变 0.0095 处发生了急剧的突变，这是由于岩石到达了转换点引起的急剧突变，耗散能的急剧上升从侧面说明了岩石内部弹性能的大量流失。

4.4.5　三轴压缩下岩石耗散系数的演化规律

岩石在不同围压下的耗散系数与应变、应力的变化规律如图 4-10 所示。

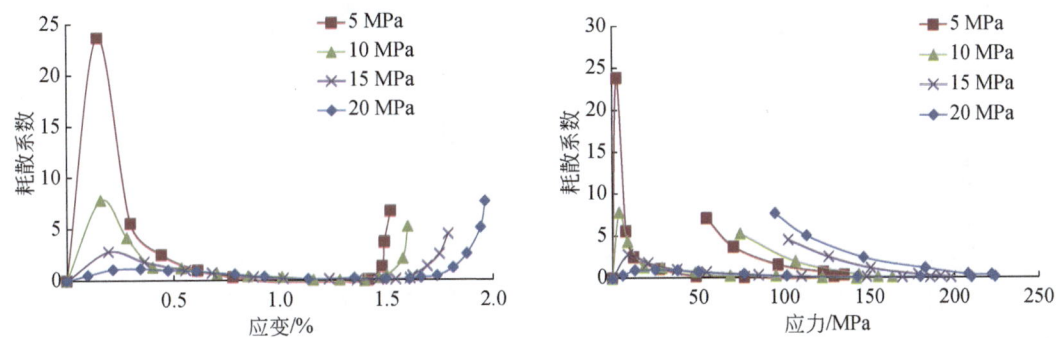

图 4-10　不同围压下的耗散系数与应变、应力的变化规律

耗散系数与应变的变化关系可以分为三阶段：①第一个峰值前阶段，由于岩石内部微裂纹的压密，在这一阶段的耗散能远远大于弹性能的增长；②从第一个峰值点到最低值点，对应的是岩石应力-应变曲线上的第二和第三阶段，岩石弹性能增长迅速，耗散能增长缓慢，耗散系数缓慢减小，且在应变为 0.005 时耗散能与应变能的比值为 1.0，表明在这一点上弹性能与耗散能对于外界输入的总能量进行了均等分；③弹性极限之后的阶段，由于局部塑性变形开始超过变形极限而出现微裂纹，在这一阶段岩石出现了应力松弛。

在岩石的压密阶段，微裂纹闭合，弹性能的增长量远远小于耗散能的增量。应力曲线在第三阶段的起始转折点是从岩石的弹性极限点开始的，在这一阶段岩石的应变并没有出现较大的变形，而应力却呈现了下降的趋势。岩石内部储存的弹性形变能达到了极限，岩石储存介质需要从高能不稳定状态到低能稳定状态进行转换，在这个过程中，岩石能量的释放包括两个方面，即材料破坏瞬间的消耗和弹性余能。在岩体破坏形式一定的情况下，其破坏消耗的能量为单向应力状态的破坏能量，应力条件的不同只是决定了岩体所储存弹性能量的不同。在三向应力条件下，应力越高，岩体内部的弹性能就越高；在破裂耗能不变的情况下，岩体破坏后的弹性余能就越大。在实际工程中，最大主应力与主要节理组夹角会影响岩体受载时的能量积聚与释放效率，垂直于弱面正应力的降低，会增加岩爆风险。岩石的耗散系数随围压而改变，破坏程度不同，残余弹性能也不相同。

4.4.6　五指山隧道岩爆的内在机理

基于能量法对岩石单轴和三轴试验的结果分析，岩石的围压和模量直接影响岩样弹性能的储存与释放,进而影响着岩爆的发生。对单轴、三轴压缩试验数据进一步整理,得到图 4-11。

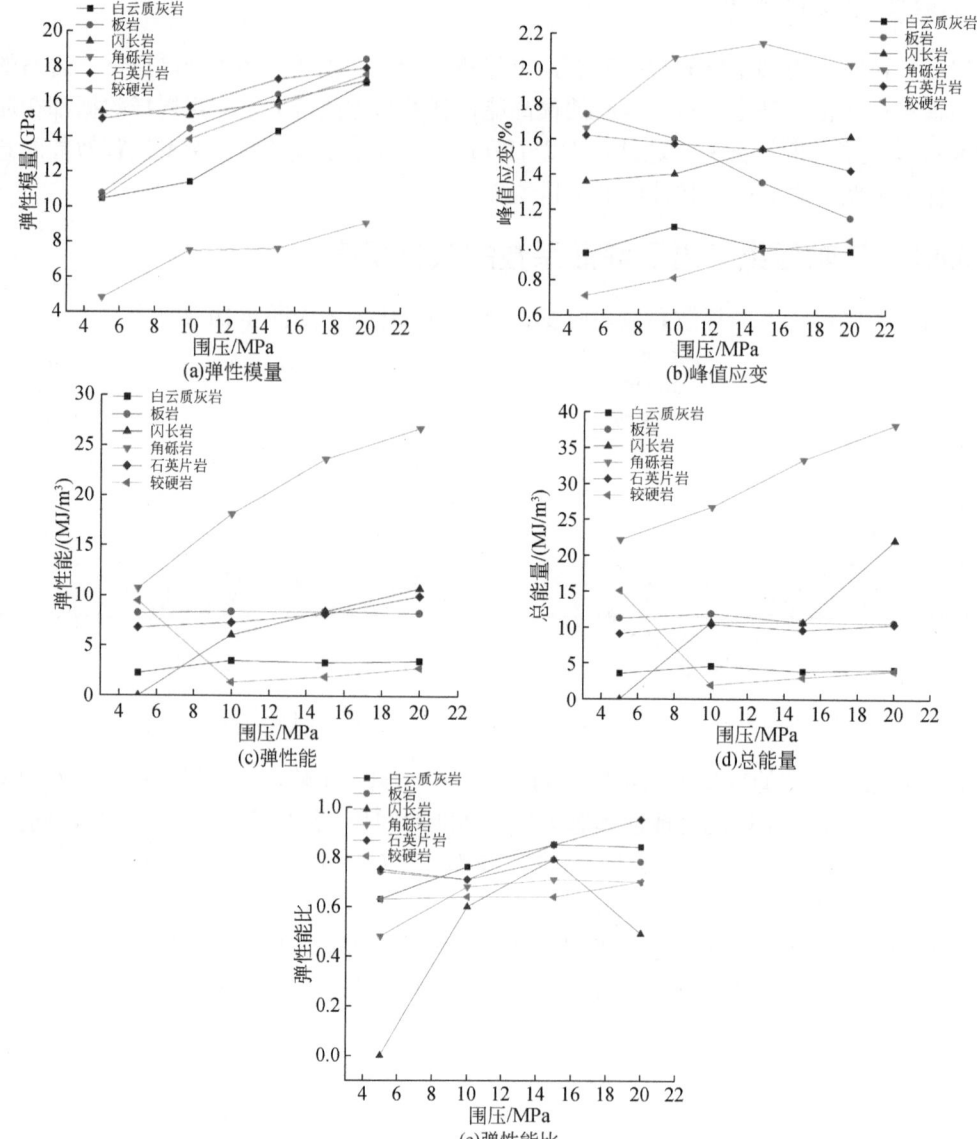

图 4-11　三轴压缩下不同岩石的参量变化规律

试验表明岩石屈服破坏时,岩石试件单元的可释放弹性应变能储能水平达到了顶峰,可释放弹性应变能占应变能的 74%～94.5%。岩样释放弹性应变能占应变能的比率与围压相关,围压越大、岩石弹性模量越大、弹性能比越大。较硬岩石试样破坏时可释放弹性应变能占应变能的 60%～95%。那么,可以认为当岩石受荷后积聚的弹性能大于总能量的 60%～74% 时可能发生岩爆。

当围压一定时,弹性模量也相近时,不同岩性的弹性能比不同。若围岩重度按 27 kN/m³ 考虑,则围压 5 MPa、10 MPa、15 MPa、20 MPa 分别对应围岩埋深 185 m、370 m、556 m、741 m。不同类型岩石,在不同围压或埋深下的岩爆临界应变如图 4-11 所示。即在特定围压或埋深下,岩石的应变或弹性模量超过图 4-11 的试验值时,则可能发生岩爆。板岩和石英片岩的临界应变随着围压的增大而减小,而闪长岩和较硬岩的临界应变随着围压的增大而增大。

4.5 五指山隧道岩爆外在影响因素分析

在隧道开挖中,隧道二次应力的分布特性也取决于隧道的横截面尺寸,同时,二次应力的分布又决定了围岩的应力强度比。基于此,针对以下四种断面形式对岩爆影响开展研究:①直墙式;②拱顶圆弧式;③圆形硐室;④城门洞型。

4.5.1 直墙式

运用数值计算法,当隧道基本围岩级别为Ⅲ级,通过应力释放系数模拟开挖卸荷扰动过程。对各主控因素(弹性模量、隧道埋深、裂隙夹角、开挖应力释放系数、侧压力系数)采用单变量法分析岩样变形与应力分布特征,探究诱发岩爆的主控因素对岩爆演化规律的影响。具体计算方案和模型见表 4-4 和图 4-12。

表 4-4 数值计算方案

影响因素	试验方案	基本方案
弹性模量/GPa	6、10、13、16、20	13
隧道埋深/m	100、300、500、700、900	500
裂隙夹角 α/(°)	90、110、135、160、180	135
开挖应力释放系数 b	0.5、0.7、0.9、0.95、0.975、1.0	—
侧压力系数 λ	0.8、1.0、1.2、1.5、2.0	—

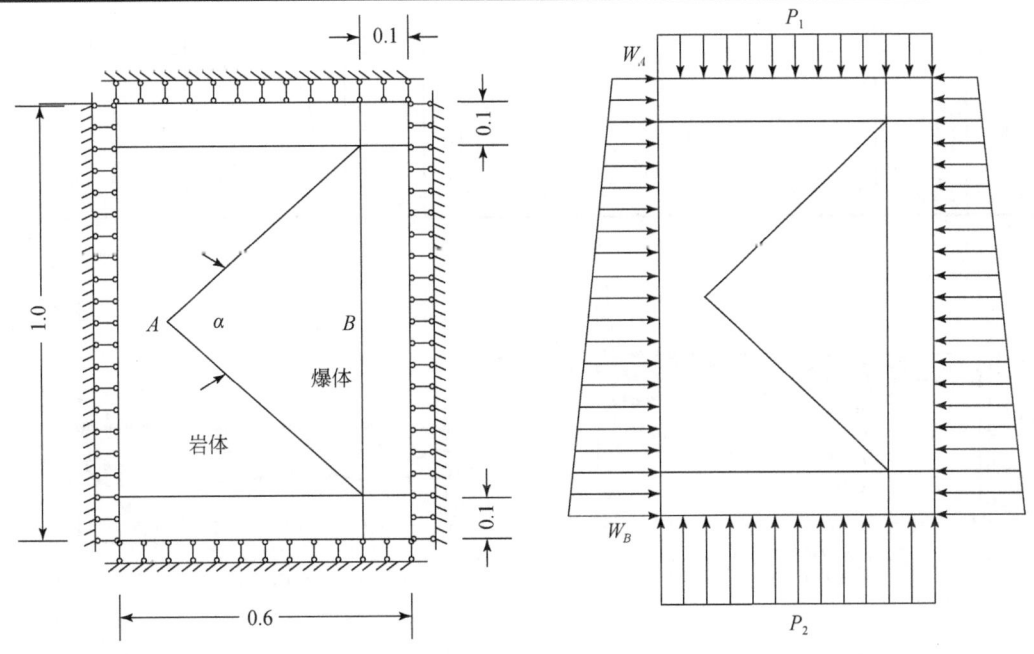

图 4-12 数值计算简图(单位:m)

P_1、P_2 分别为竖向应力;W_A、W_B 分别为水平应力;A、B 分别为岩体和爆体关键点

1. 隧道埋深的影响

当弹性模量为 13 GPa，裂隙夹角为 135° 时，不同埋深下围岩变形场与应力场分布计算结果见表 4-5 和图 4-13。

表 4-5　不同埋深下围岩变形场与应力场分布图

埋深 H/m	变形场分布（1.0 mm）					应力场分布（10 MPa）				
	$b=0.5$	$b=0.7$	$b=0.9$	$b=0.95$	$b=0.975$	$b=0.5$	$b=0.7$	$b=0.9$	$b=0.95$	$b=0.975$
100										
200										
500										
700										
900										

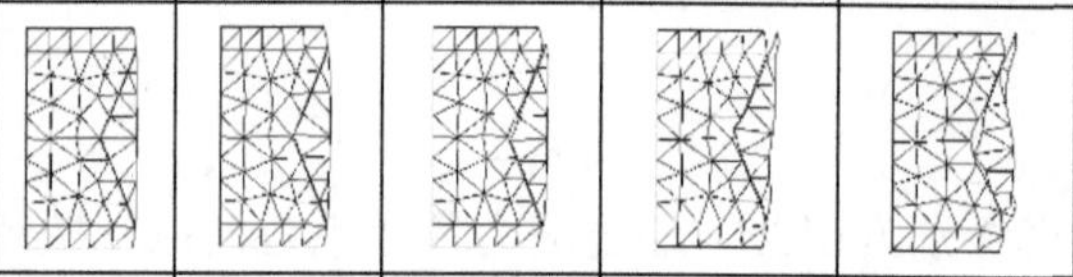

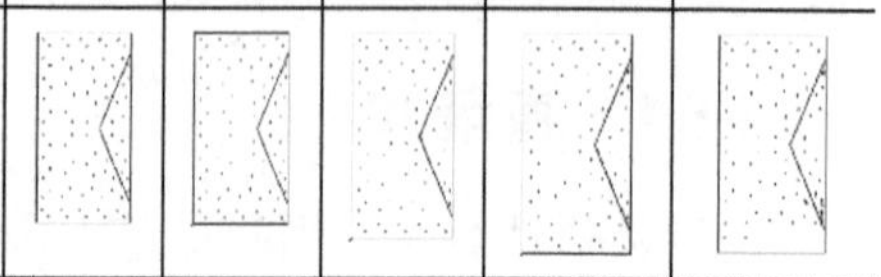

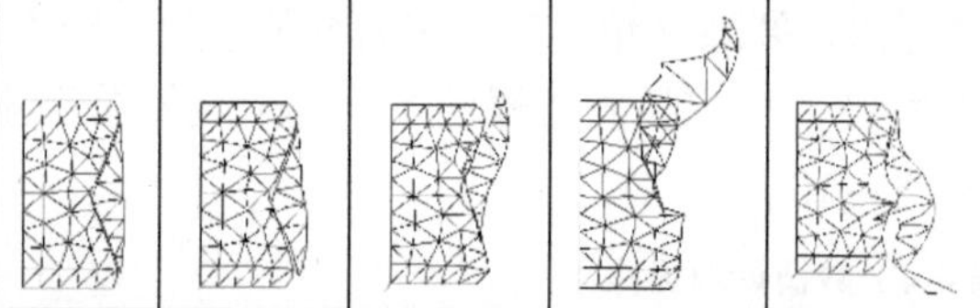

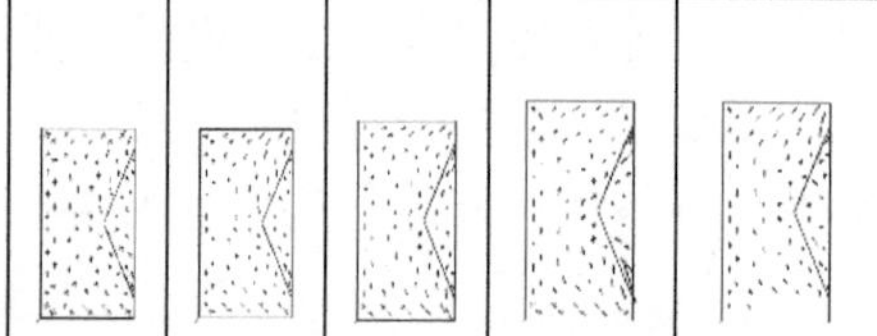

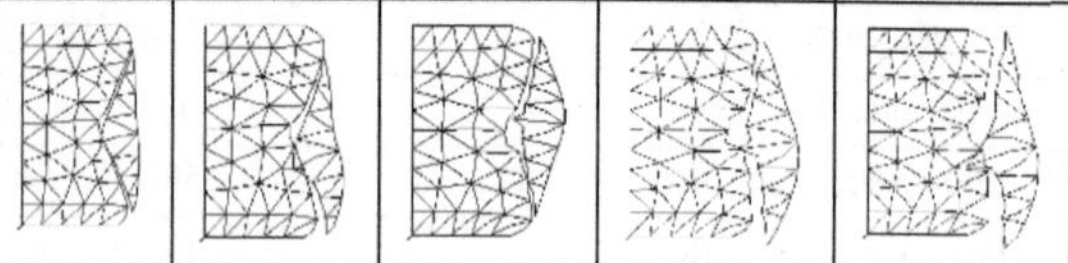

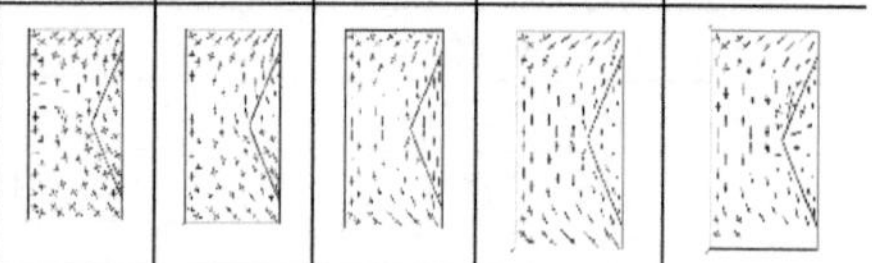

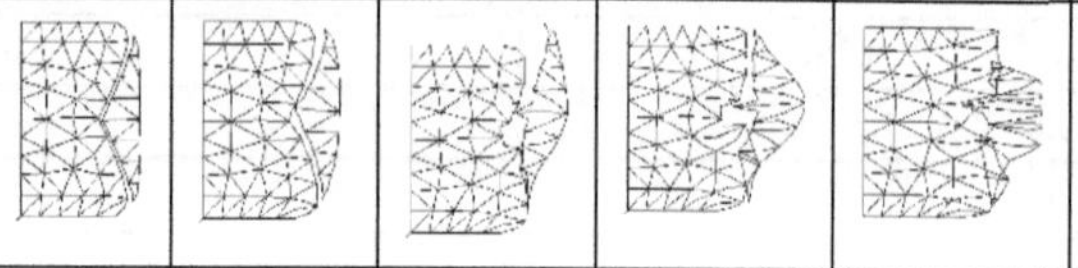

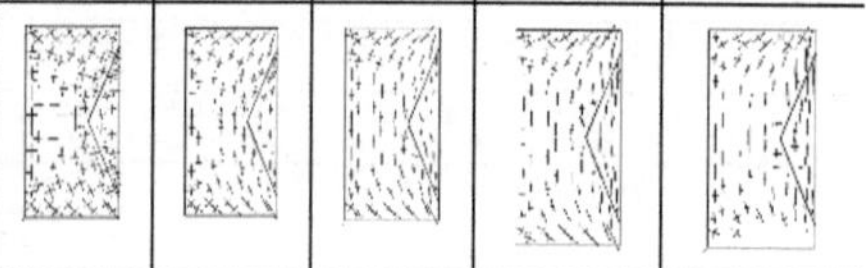

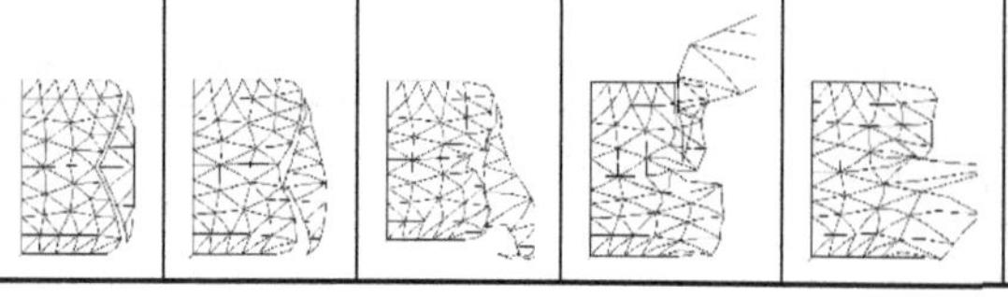

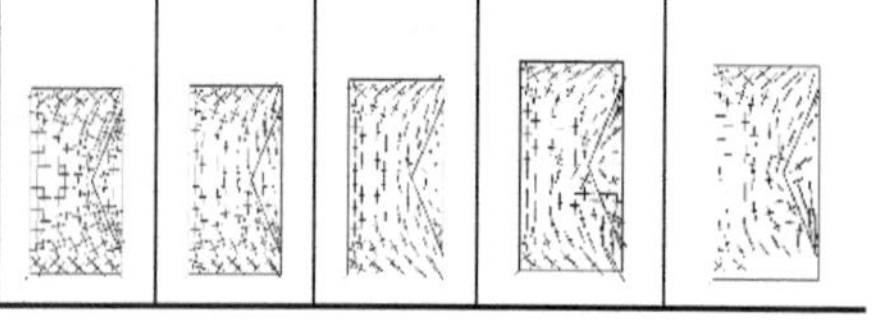

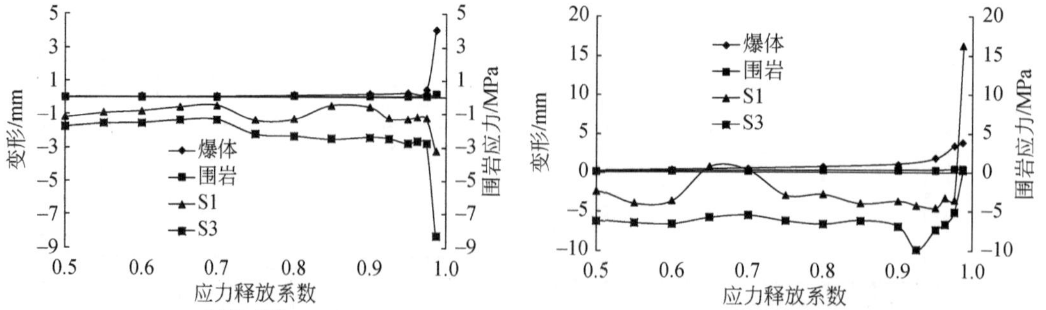

(a) $H=100$ m

(b) $H=200$ m

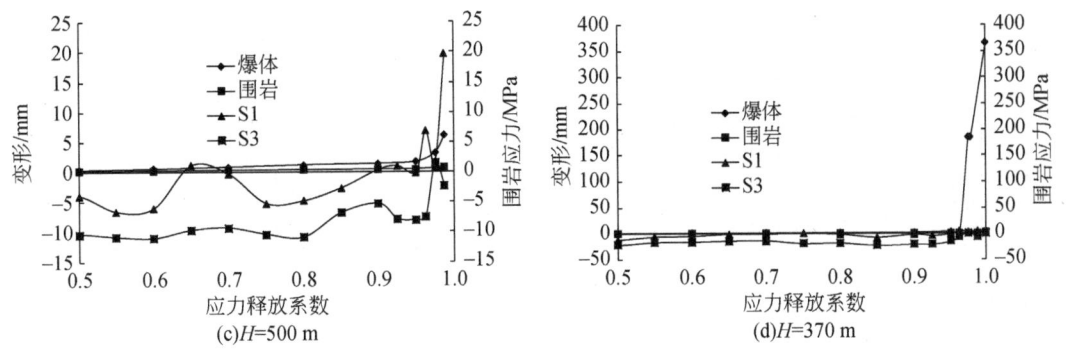

(c) $H=500$ m   (d) $H=370$ m

图 4-13 不同埋深下围岩与爆体的变形与应力变化规律

S_1 为第一主应力；S_3 为第三主应力

围岩埋深越大，围压越大，扰动卸荷应力释放系数越大，岩爆反应程度越剧烈。在小埋深时，基本未发生较大的爆体脱落；而在大埋深时，爆体脱落明显，说明岩爆的发生需要充分的能量积聚，当超过弹性能比时才可能发生岩爆。

2. 弹性模量的影响

在埋深为 500 m，裂隙夹角为 135°时，得到的变形场与应力场分布结果如表 4-6 和图 4-14 所示。围岩弹性模量越大，扰动卸荷应力释放系数越大，裂隙夹角处单元的应力聚集越明显，岩爆反应越剧烈。在应力释放系数为 0.5 时，弹性模量小，试样呈矮胖型。对于弹性模量为 6~10 GPa 的岩样，具有大变形的趋势，爆体脱落的同时，围岩也发生了较大的变形；而较大弹性模量的岩样，爆体脱落后，围岩变形较小。因此岩爆的发生需岩体具有一定的强度，通常发生在硬岩中。

表 4-6 不同弹性模量下围岩变形场与应力场分布图

变形模量 E/GPa	变形场分布 (1.0 mm)					应力场分布 (10 MPa)				
	$b=0.5$	$b=0.7$	$b=0.9$	$b=0.95$	$b=0.975$	$b=0.5$	$b=0.7$	$b=0.9$	$b=0.95$	$b=0.975$
6										
10										
13										
16										

续表

变形模量 E/GPa	变形场分布（1.0 mm）					应力场分布（10 MPa）				
	$b=0.5$	$b=0.7$	$b=0.9$	$b=0.95$	$b=0.975$	$b=0.5$	$b=0.7$	$b=0.9$	$b=0.95$	$b=0.975$
20	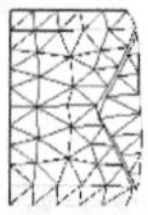	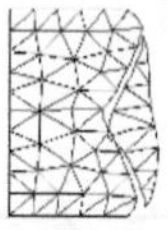	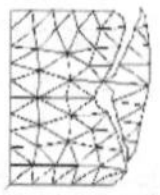	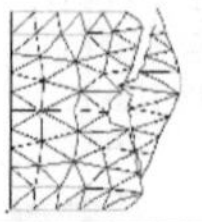				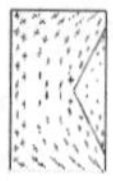		

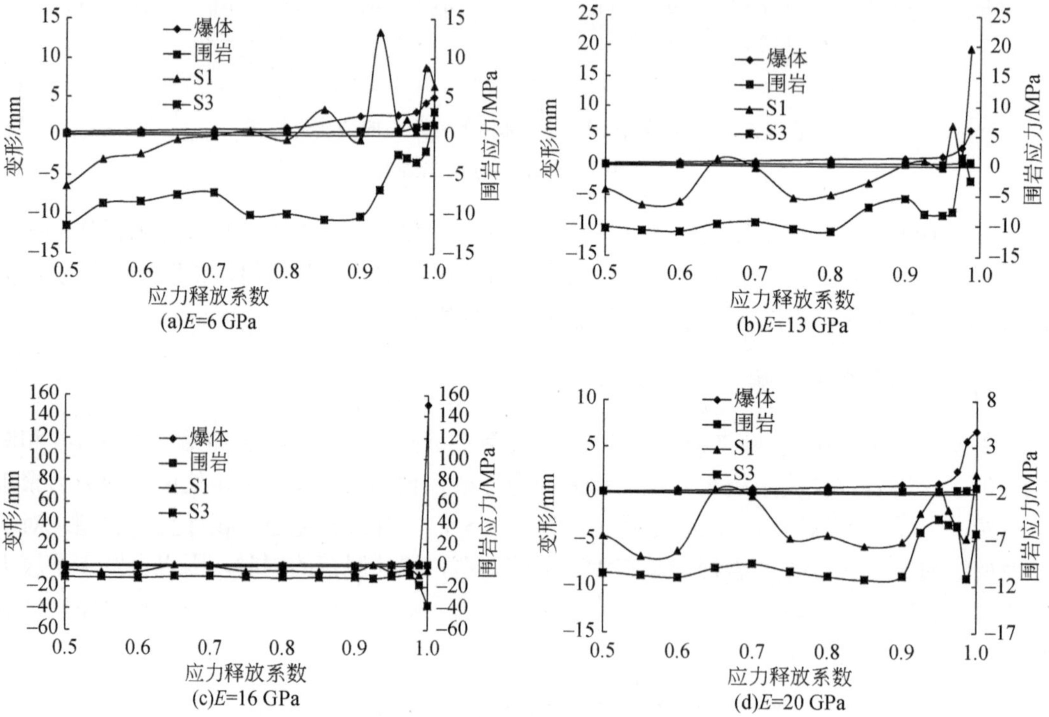

(a) $E=6$ GPa

(b) $E=13$ GPa

(c) $E=16$ GPa

(d) $E=20$ GPa

图 4-14 不同弹性模量下围岩与爆体的变形应力演化规律

3. 结构面倾角的影响

基于数值计算结果，分析不同结构面倾角下围岩的变形场与应力场分布如表 4-7 和图 4-15 所示。在围岩弹性模量为 13 GPa，500 m 埋深时，裂隙夹角越大，爆体体积越小，且岩体积聚的能量越大，越容易崩出。同时扰动卸荷应力释放系数越大，岩爆反应越剧烈。

表 4-7 不同裂隙夹角下围岩变形场与应力场分布图

夹角 $\alpha/(°)$	变形场分布（1.0 mm）					应力场分布（10 MPa）				
	$b=0.5$	$b=0.7$	$b=0.9$	$b=0.95$	$b=0.975$	$b=0.5$	$b=0.7$	$b=0.9$	$b=0.95$	$b=0.975$
90	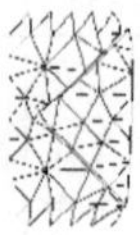	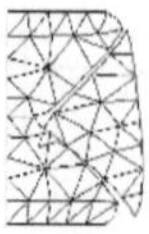	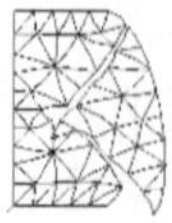	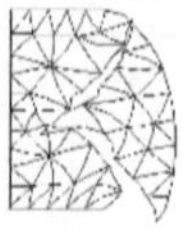	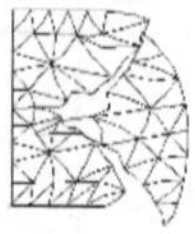		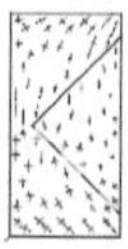	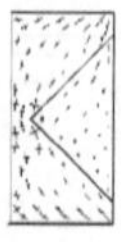		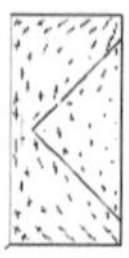

续表

夹角 α/(°)	变形场分布（1.0 mm）					应力场分布（10 MPa）				
	b=0.5	b=0.7	b=0.9	b=0.95	b=0.975	b=0.5	b=0.7	b=0.9	b=0.95	b=0.975
110	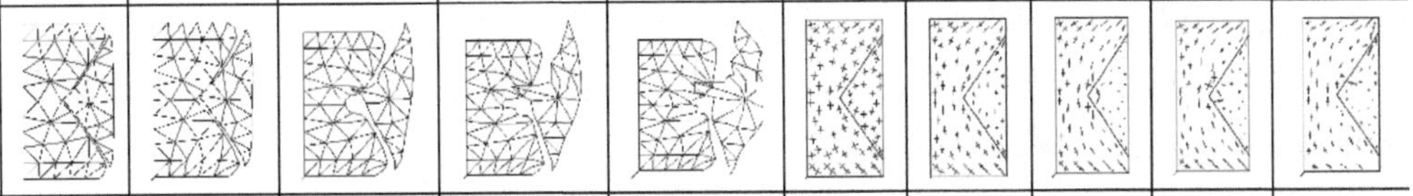									
135	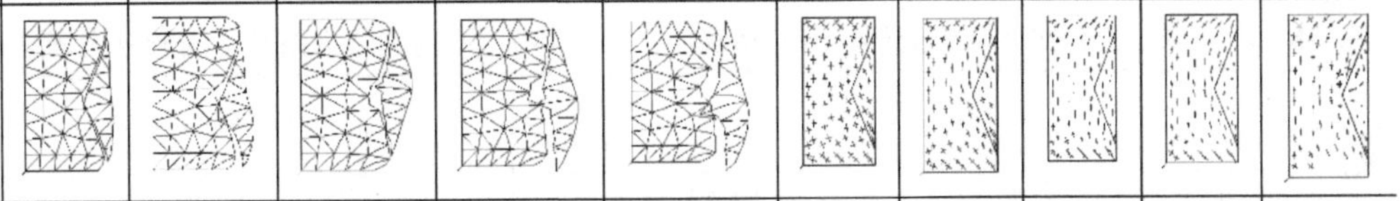									
160	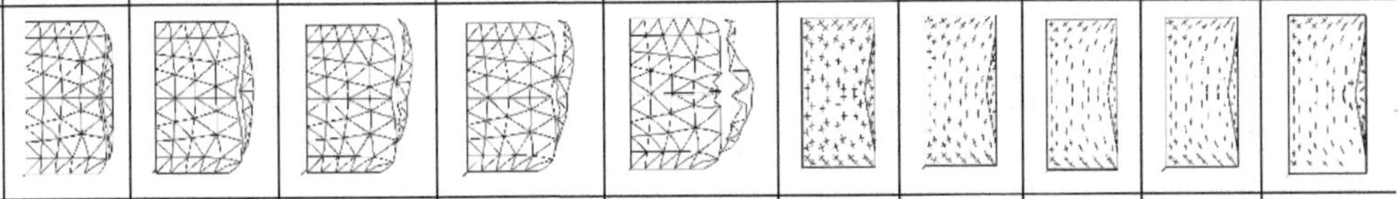									
180	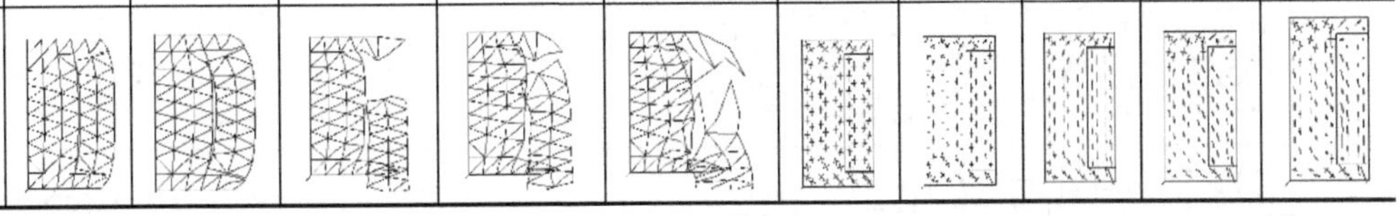									

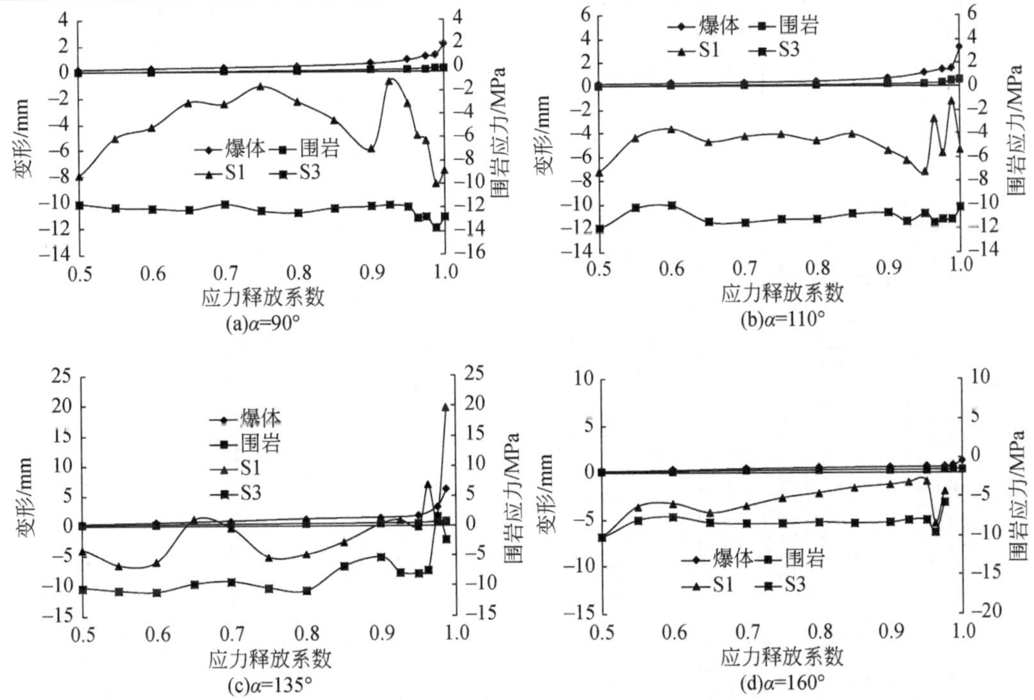

(a) $\alpha=90°$ (b) $\alpha=110°$ (c) $\alpha=135°$ (d) $\alpha=160°$

图 4-15 不同裂隙夹角下围岩与爆体的变形应力演化规律

4. 侧压力系数的影响

根据数值计算结果（表 4-8、表 4-9 和图 4-16），在围岩埋深为 100 m，弹性模量为 13 GPa

时，随着侧压力系数（λ）的增大，爆体向右侧崩出的趋势越来越大，计算模型的高逐渐变小，宽逐渐增大。随着开挖的逐步进行，应力释放系数逐渐增加，开挖后断面围岩处于受压状态。模型整体有向右上飞出的倾向，并具有大变形的趋势。裂隙上半部分的位移较大，而下半部分相对较小。随着侧压力系数的增加，爆体集聚区域总体呈现出应力逐渐变大的迹象，岩爆倾向也越来越强烈。这说明岩爆与侧压力系数（λ）有关系，侧压力系数越大，在开挖时可能产生岩爆的反应越剧烈。

表 4-8　不同侧压力系数下围岩变形场分布情况

侧压力系数λ	变形场分布（1.0 mm）				
	$b=0.5$	$b=0.7$	$b=0.9$	$b=0.95$	$b=0.975$
0.8	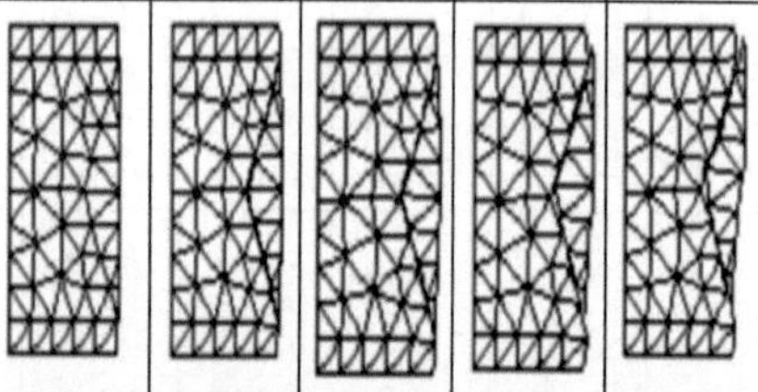				
1.0	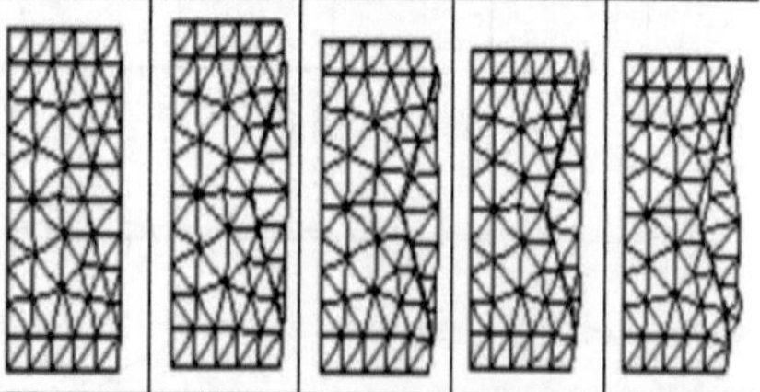				
1.2	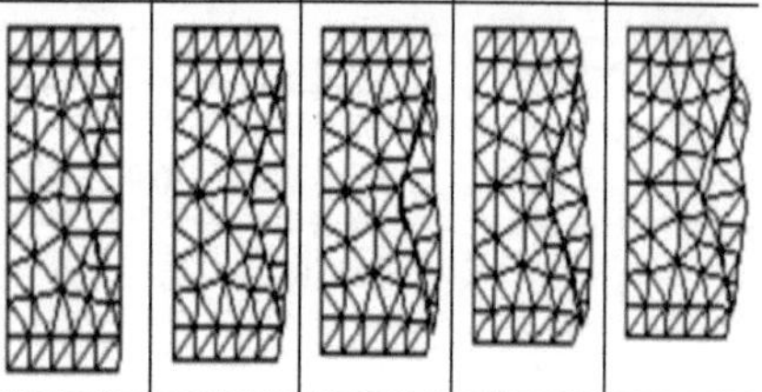				
1.5	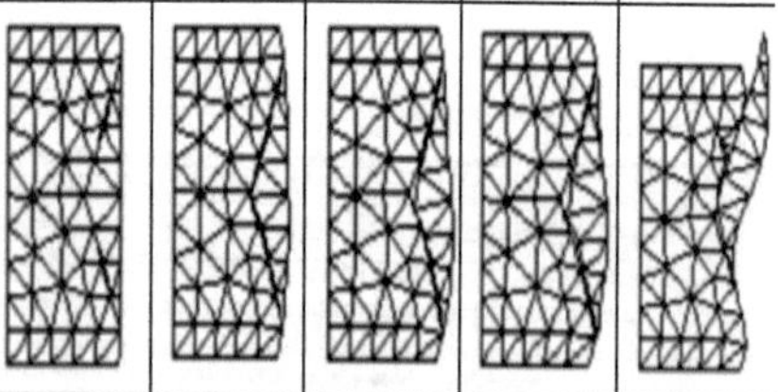				
2.0	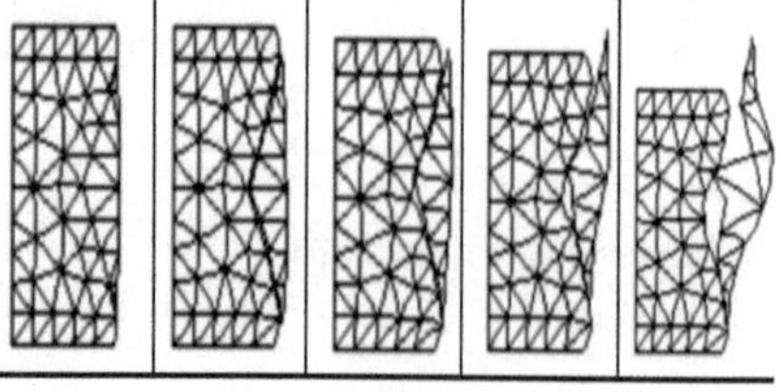				

表 4-9　不同侧压力系数下围岩应力场分布情况

侧压力系数λ	应力场分布（10 MPa）				
	$b=0.5$	$b=0.7$	$b=0.9$	$b=0.95$	$b=0.975$
0.8	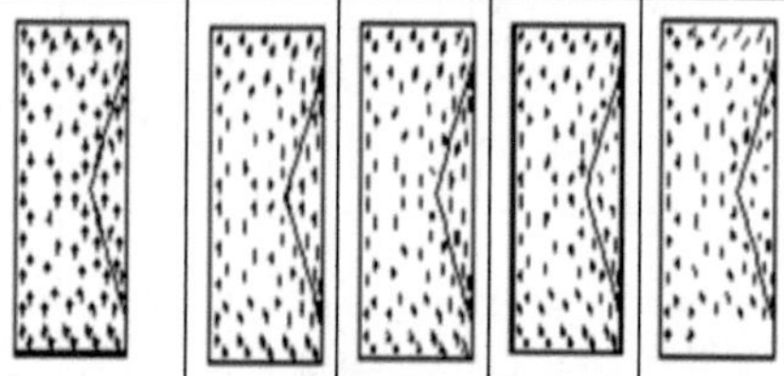				
1.0	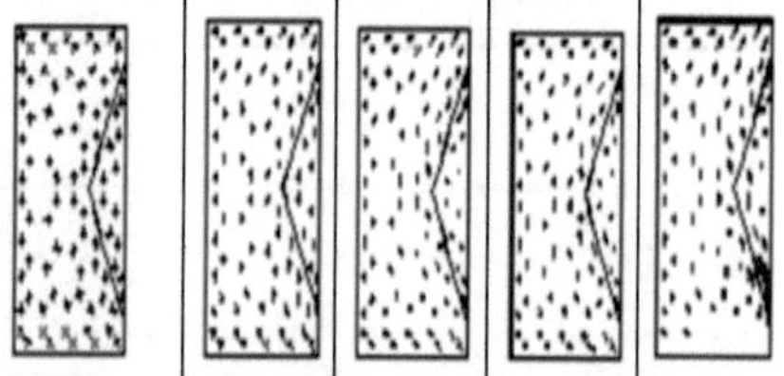				
1.2	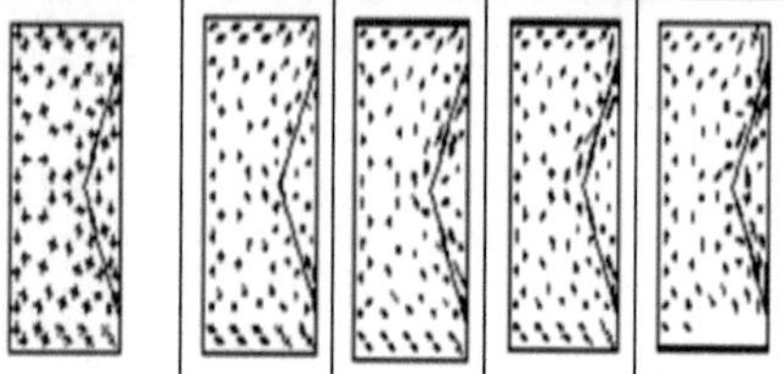				
1.5	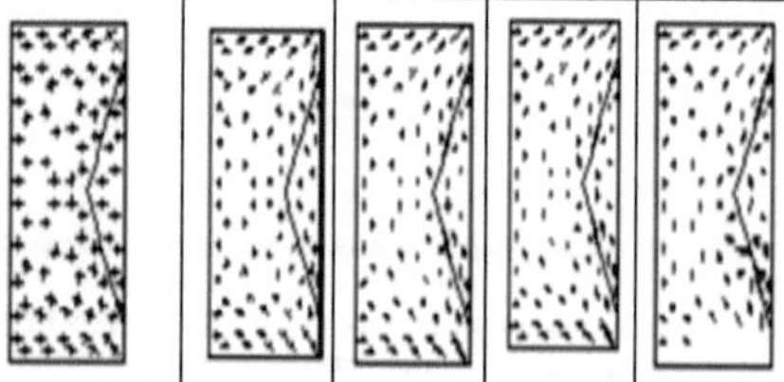				
2.0	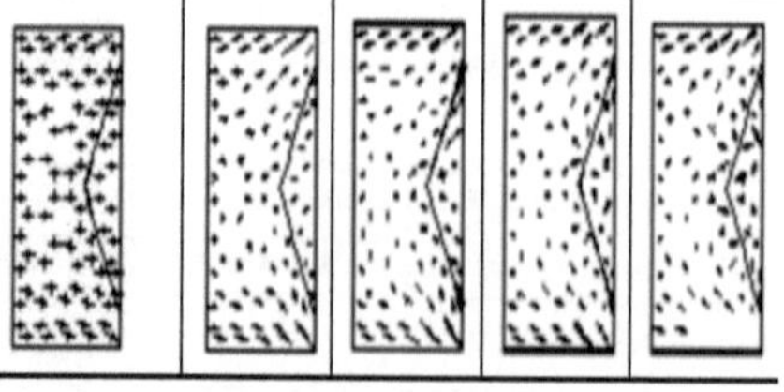				

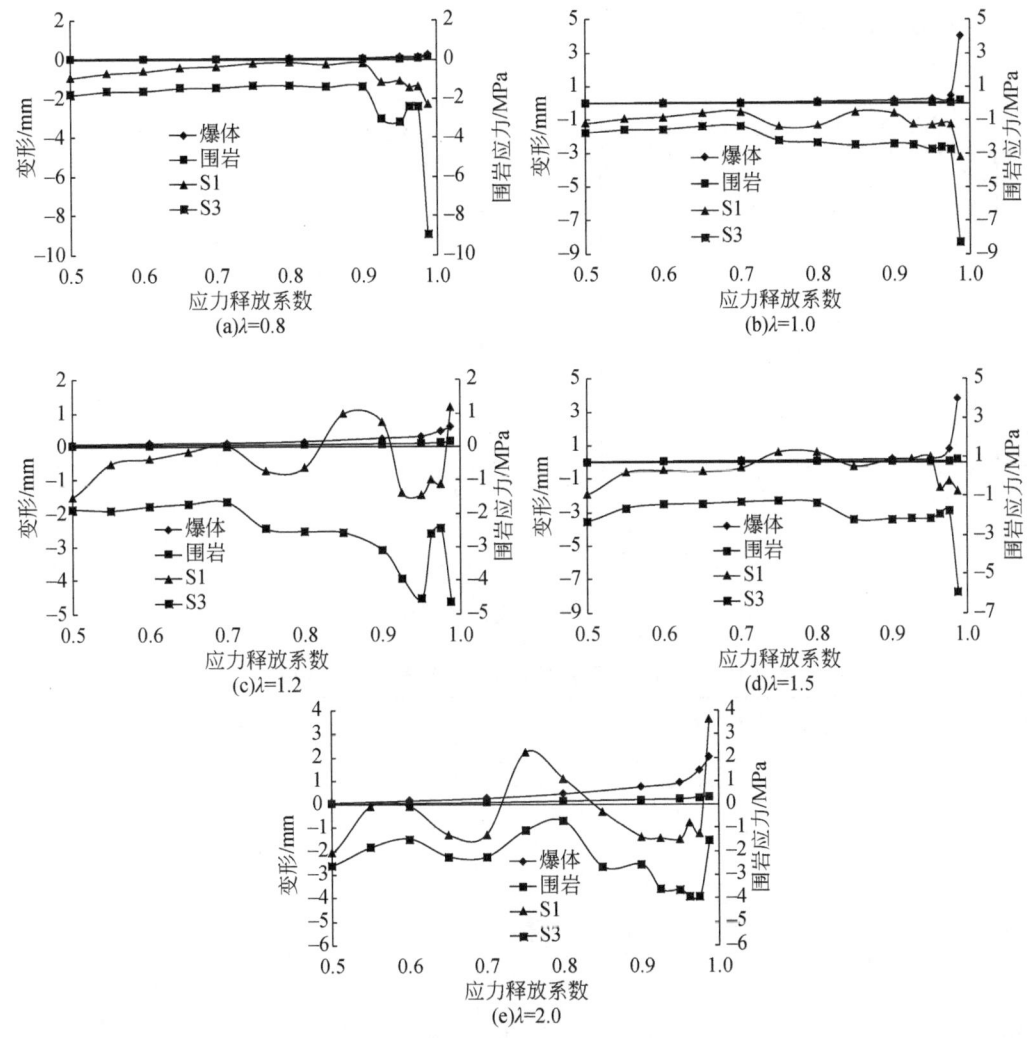

图 4-16 不同侧压力系数下围岩与爆体的变形应力演化规律

4.5.2 拱顶圆弧式

用曲面模拟圆拱形隧洞的拱顶,计算模型如图 4-17 所示,其中右侧 0.1 m 及半圆区域为模拟开挖卸荷扰动区域,爆体部分结构面夹角为 90°,A、B、C、D、E 点为岩体和爆体关键点。

1. 隧道埋深的影响

根据计算结果(表 4-10 和图 4-18),当弹性模量为 13 GPa 时,位于不同埋深(100 m、200 m、500 m、700 m、900 m)下的隧洞开挖后,岩块脱离母岩处周围岩体松动破坏,模型右侧岩体鼓起和破裂。随着岩石埋藏深度的增加,爆体集聚区域应力逐渐变大,岩爆倾向越来越强烈。这说明岩爆与隧道埋深有密切关系。埋深越大,地应力就越大,在开挖时产生岩爆的反应越剧烈。

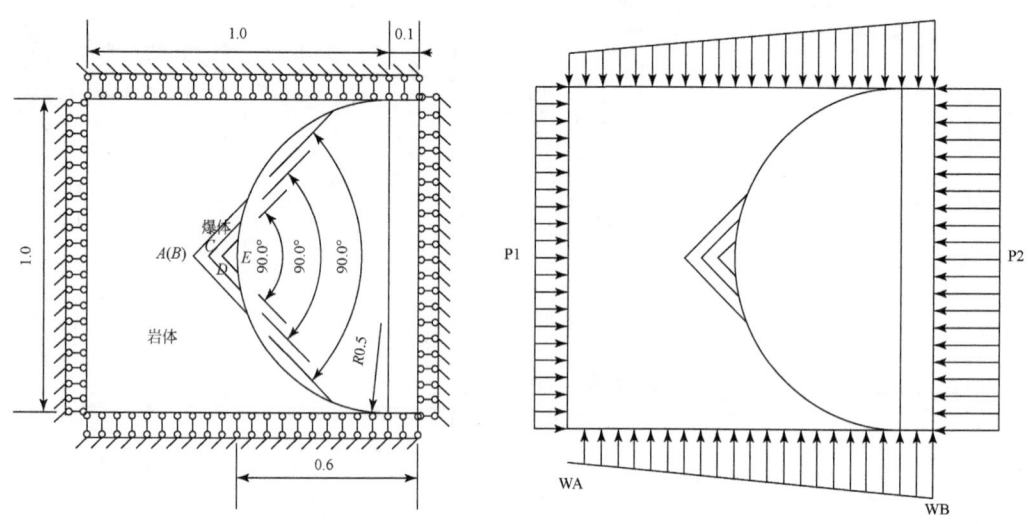

图 4-17　圆拱形隧道计算模型

表 4-10　不同埋深下岩样的应力与变形分布演化规律

埋深 H/m	变形场分布					应力场分布				
	$b=0.5$	$b=0.7$	$b=0.9$	$b=0.95$	$b=0.975$	$b=0.5$	$b=0.7$	$b=0.9$	$b=0.95$	$b=0.975$
100										
200										
500										
700										
900										

不同埋深下，岩爆发生的位置在拱顶以及拱顶附近的围岩区域，且随着埋深的加大，爆体弹射的位移越远。从计算结果分析可知，埋深越大，围岩应力越大。隧洞开挖之后，形成临空面，围岩应力平衡状态被打破，围岩应力分布不均，爆体及其附近岩体局部能量增加。这表明埋深越大，围岩内积累的能量越多，岩爆发生的强度越大。

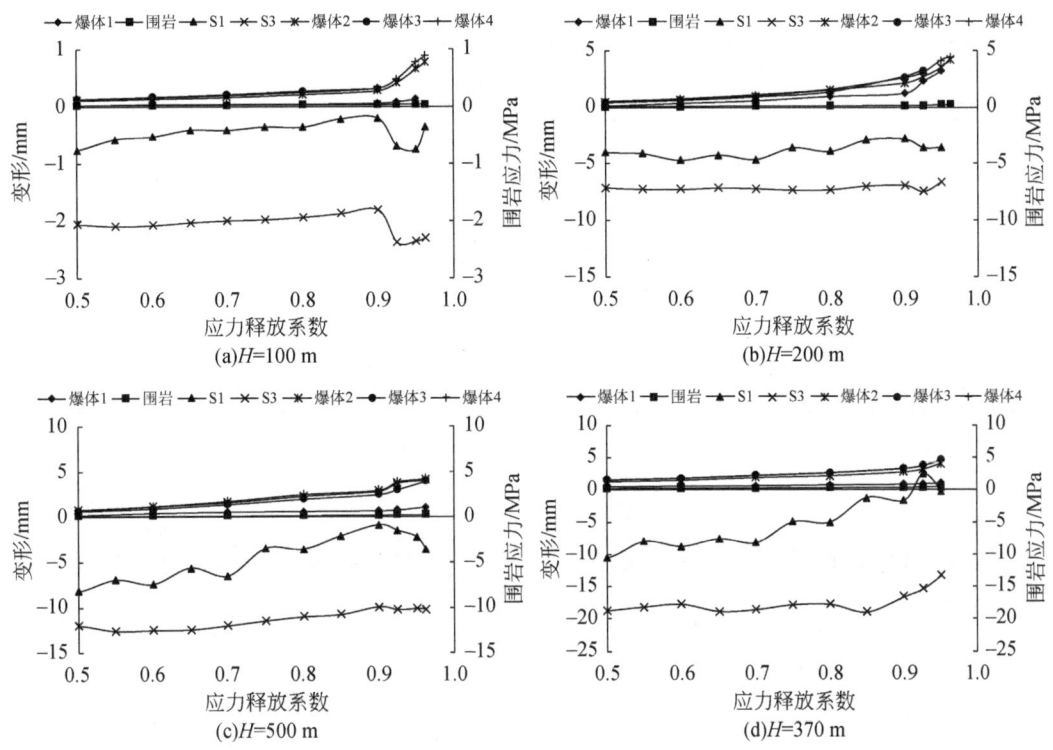

图 4-18 不同埋深下围岩与爆体的变形应力演化规律

2. 弹性模量的影响

当埋深为 500 m 时，不同弹性模量（6 GPa、10 GPa、13 GPa、16 GPa、20 GPa）围岩开挖后，分析应力与变形分布演化规律。从表 4-11 和图 4-19 中可知，随着弹性模量的增大，爆体集聚的单元向右侧崩出的趋势越来越大，模型由原来的"方形"向"矩形"过渡，即模型的高逐渐变小，宽逐渐增大。随着开挖的逐步进行，应力释放系数逐渐增加，开挖后断面围岩应力处于受压状态。模型上部右侧逐渐变长，下部右侧逐渐变短，模型整体向"梯形"转变，并具有大变形的趋势。爆体也呈现出不同的变形特征，最靠近岩体的三角形区域与其余断面区域的距离随应力释放系数的增加而增加。

表 4-11 不同弹性模量下岩样的应力与变形分布演化规律

变形模量 E/GPa	变形场分布					应力场分布				
	$b=0.5$	$b=0.7$	$b=0.9$	$b=0.95$	$b=0.975$	$b=0.5$	$b=0.7$	$b=0.9$	$b=0.95$	$b=0.975$
6.0										
10.0										

续表

变形模量 E/GPa	变形场分布					应力场分布				
	b=0.5	b=0.7	b=0.9	b=0.95	b=0.975	b=0.5	b=0.7	b=0.9	b=0.95	b=0.975
13.0	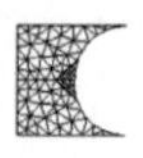	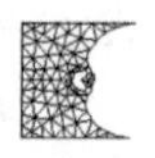	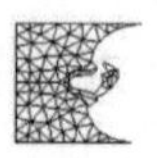	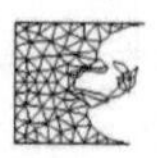	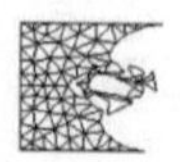	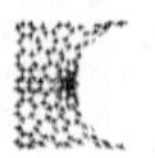	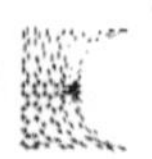	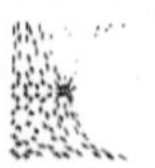	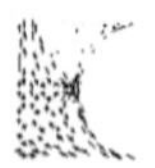	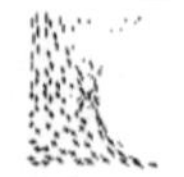
16.0	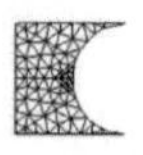	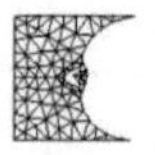	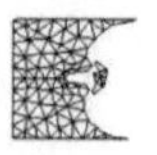	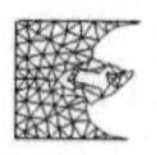	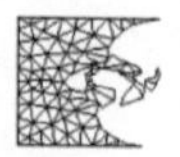	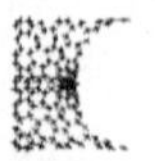	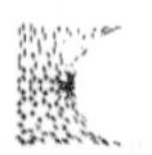	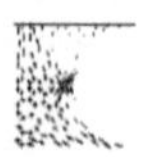	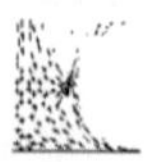	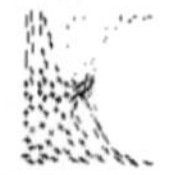
20.0	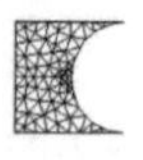	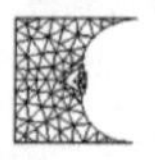	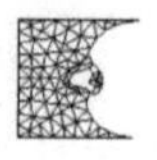	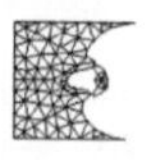	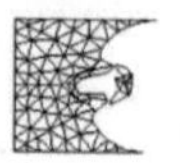	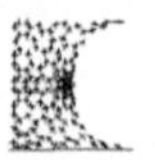	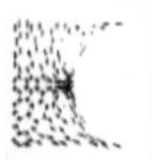	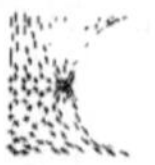	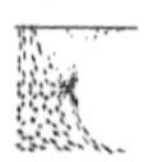	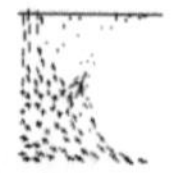

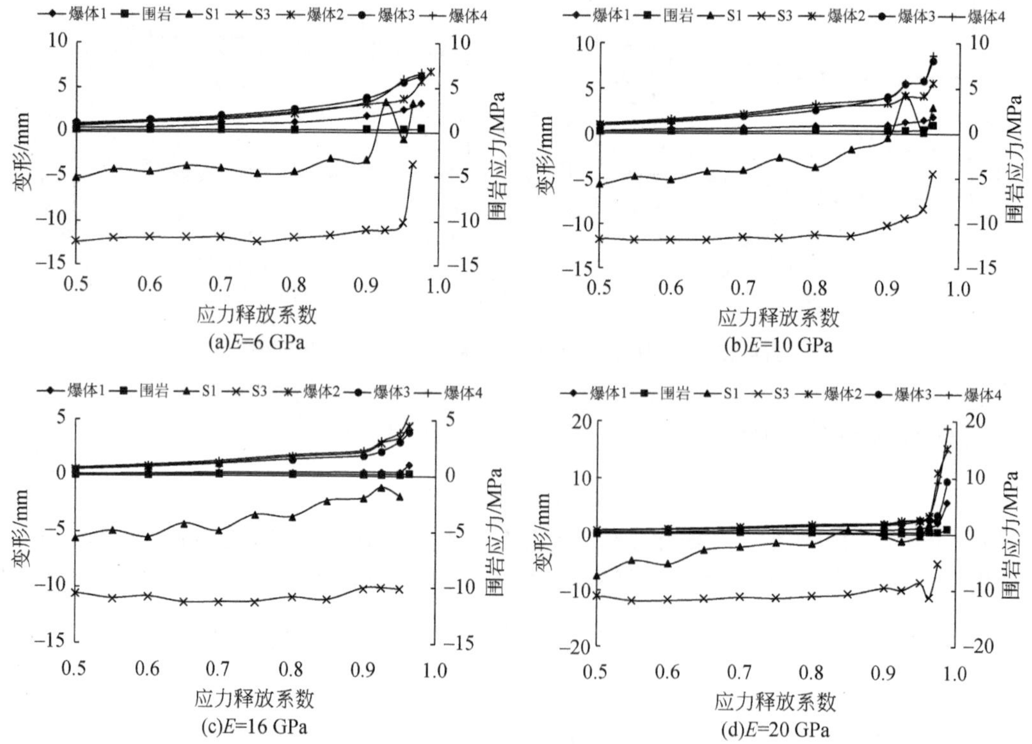

(a)E=6 GPa　(b)E=10 GPa

(c)E=16 GPa　(d)E=20 GPa

图 4-19　不同弹性模量下围岩与爆体的变形应力演化规律

隧洞刚开挖时，围岩处于受压状态，随着开挖的持续进行，应力释放系数逐渐变大，应力方向出现反转。同时随着岩体弹性模量的增加，围岩的应力也逐渐增加。围岩弹性模量越高，自身承载性能越高，那么积蓄的能量就越大。当弹性模量为 6 GPa，应力释放系数为 0.9～0.95 时，在爆体周围就出现了拉应力。而在开挖过程中，爆体因为应力集中，应力大于岩石的强度，岩块开始脱离母岩，产生了岩爆现象。

4.5.3　圆形硐室

根据圣维南原理，硐室开挖影响围岩应力状态的范围是硐室横剖面最大尺寸的3～5倍。

圆形隧洞计算模型（图 4-20）的尺寸为 28 m×28 m，假设围岩物理力学性质相同，并且围岩的节理倾角、间距和节理的物理力学性质均相同，节理角度为 90°，不考虑地下水等地质条件的影响。

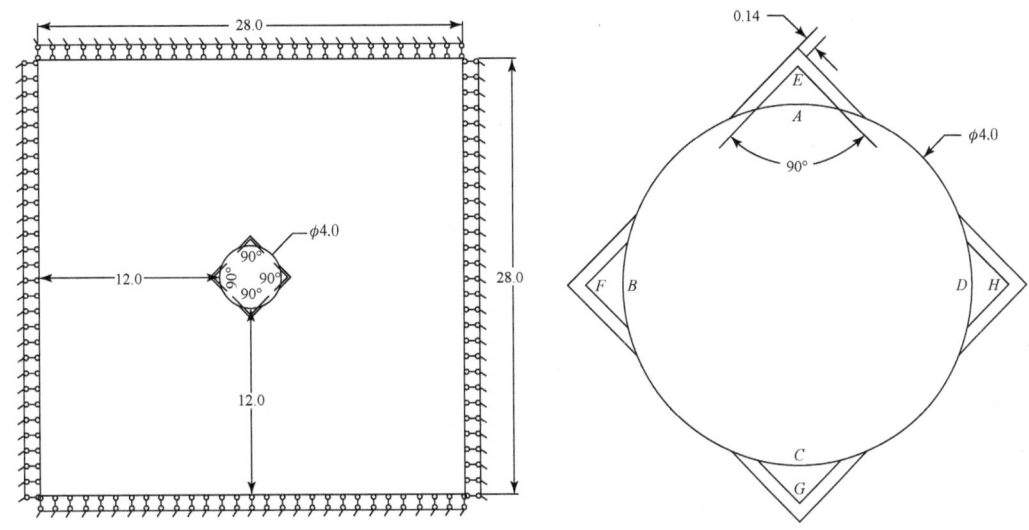

图 4-20 数值计算模型、初始条件、边界条件及关键点（单位：m）

1. 弹性模量

在埋深为 500 m 时，不同弹性模量（6.0 GPa、13.0 GPa、20.0 GPa）的围岩开挖后变形及应力分布结果如图 4-21～图 4-23 所示。

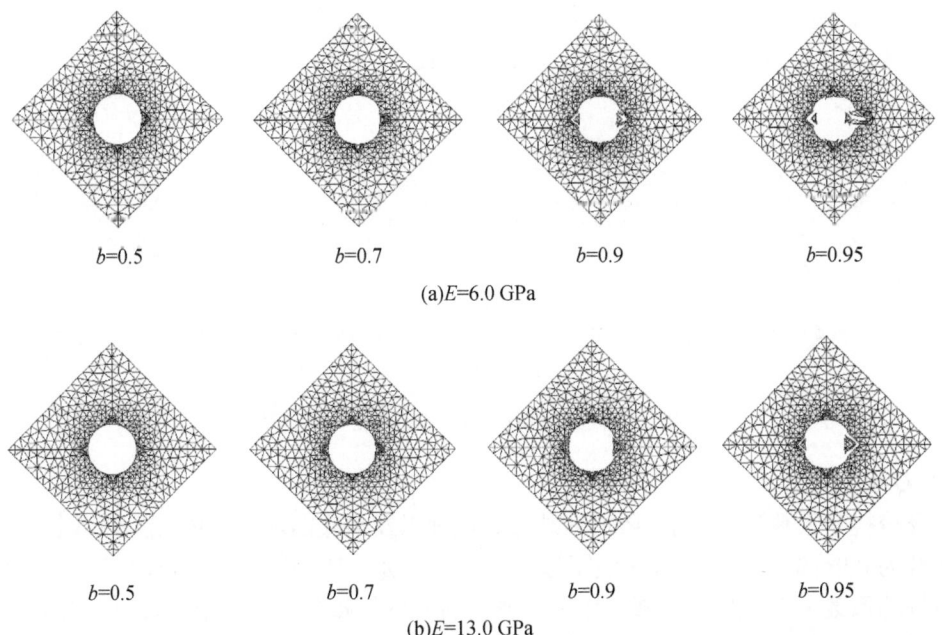

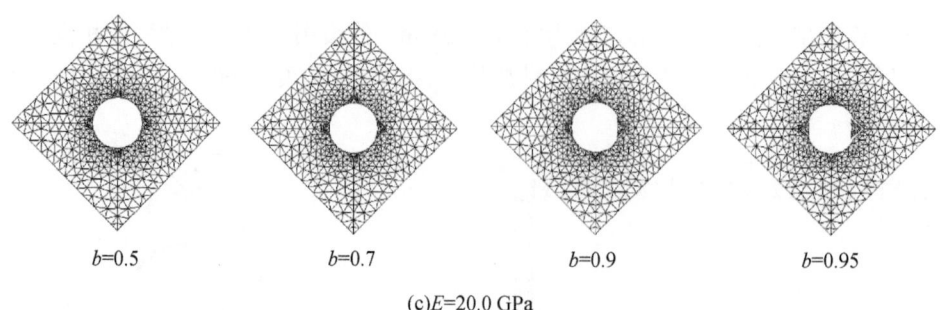

(c)E=20.0 GPa

图 4-21　不同弹性模量下圆形隧道围岩变形规律

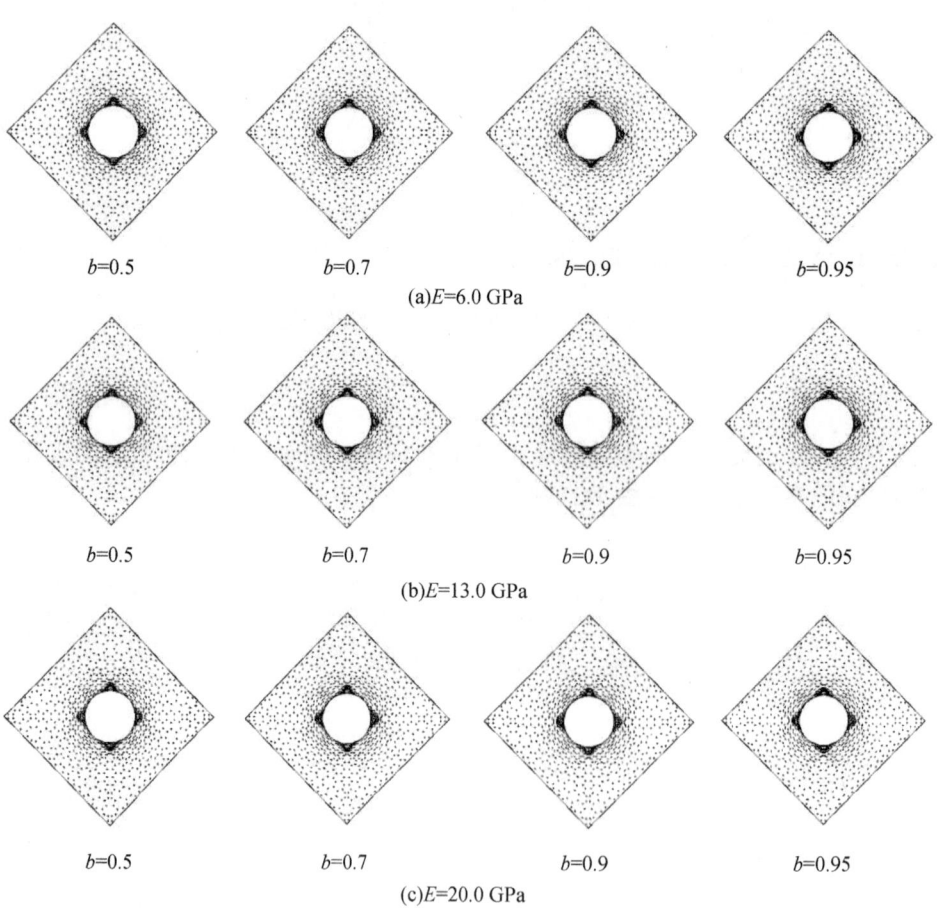

图 4-22　不同弹性模量下圆形隧道应力分布规律

1）E=6.0 GPa

当开挖扰动系数为 0.7 时，隧洞右边墙、拱顶以及拱底出现了"V"形破坏区。当开挖扰动系数为 0.9~0.95 时，岩体出现了破裂面，节理处岩体开始脱离母岩，产生岩爆现象。当开挖扰动系数大于 0.9 时，隧道出现了严重的岩体鼓起和破裂松动，其中，右边墙弹射岩石的最大位移为 110.86 mm。

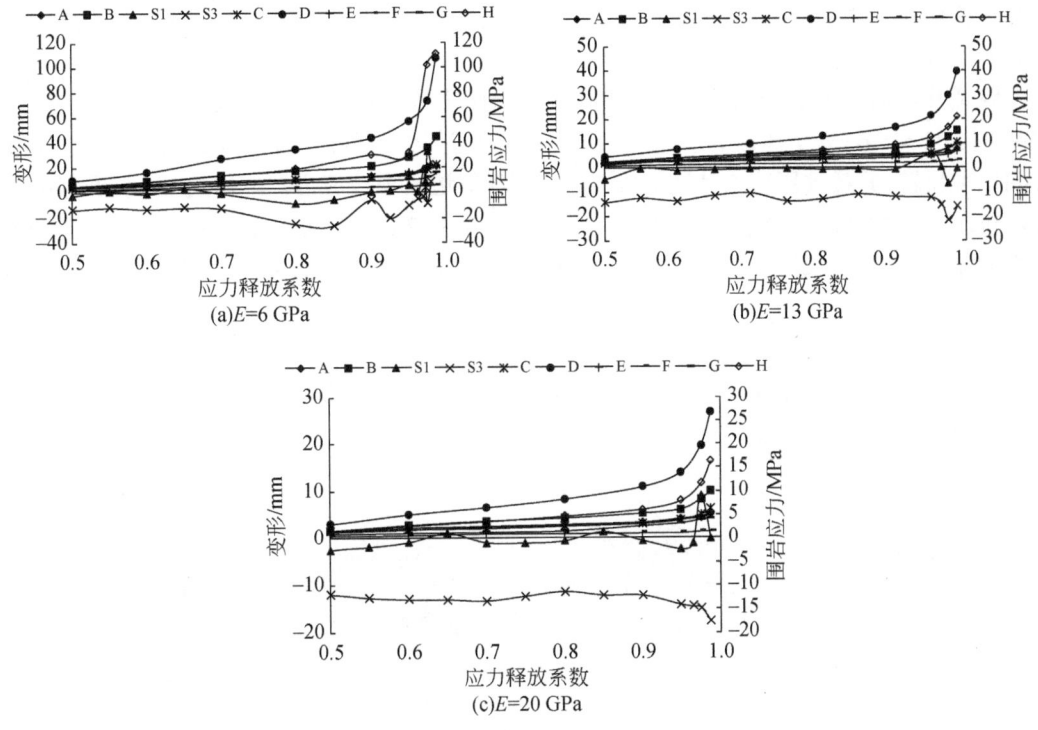

图 4-23 不同弹性模量下圆形隧道围岩变形及应力分布规律

隧道开挖后，围岩应力重分布。当开挖扰动系数为 0~0.5 时，围岩最大主应力为 4.03~13.86 MPa，处于压应力状态，围岩受到剪切破坏。当开挖扰动系数为 0.5 时，最大压应力值为 13.18 MPa，此时应力分布差异大，在节理周边出现拉应力，大小为 1.46~3.34 MPa。当开挖扰动系数为 0.9~0.95 时，拉应力增大并沿着节理向深部扩展，拉应力值达到 5.66 MPa，左右边墙和拱底处节理在张应力的作用下发生拉伸破坏，节理尖端应力集中，应力大于岩石强度，岩块开始脱离母岩，产生岩爆现象。

2）$E=13.0$ GPa

当开挖扰动系数为 0.7 时，右边墙、拱顶以及拱底出现了"V"形破坏区。当扰动系数大于 0.9 时，隧洞岩体形成了破裂面，节理处岩体开始脱离母岩，产生岩爆现象。当开挖扰动系数为 0.9 时，隧道上下左右都出现了严重的岩体鼓起和破裂松动，右边墙弹射岩石的最大位移为 39.57 mm。

隧道开挖后，围岩应力重分布。当开挖扰动系数为 0~0.9 时，围岩的最大主应力为 0.44~14.50 MPa，处于压应力状态，围岩受到剪切破坏。当开挖扰动系数为 0.95 时，其最大压应力值为 5.50 MPa，节理周边出现了拉应力，最大值达到 0.01~5.50 MPa。左右边墙和拱底处节理被拉伸破坏，节理处岩石开始脱离母岩，产生岩爆现象。

3）$E=20.0$ GPa

当开挖扰动系数为 0.7 时，右边墙、拱顶以及拱底出现了"V"形破坏区。当开挖扰动系数为 0.9~0.95 时，隧洞岩体形成了破裂面，节理处岩体开始脱离母岩，产生岩爆现象。

当开挖扰动系数为 0.9 时，隧道上下左右都出现了严重的岩体鼓起和破裂松动，右边墙弹射岩石的最大位移为 26.62 mm。

隧道开挖后，围岩应力重分布。当开挖扰动系数为 0~0.6 时，围岩的最大主应力为 0.99~14.02 MPa，处于压应力状态，围岩受到剪切破坏。当开挖扰动系数为 0.65 时，应力方向出现反转，其最大压应力值为 0.95 MPa，节理周边出现拉应力。当开挖扰动系数为 0.975 时，拉应力增大并沿着节理向深部扩展，最大值为 9.02 MPa，左右边墙和拱底处节理在张应力的作用下被拉伸破坏。节理处岩石开始脱离母岩，产生岩爆现象。

2. 隧道埋深的影响

当弹性模量为 13 GPa 时，不同埋深（200 m、300 m、370 m）下，隧洞变形及应力分布情况如图 4-24～图 4-26 所示。

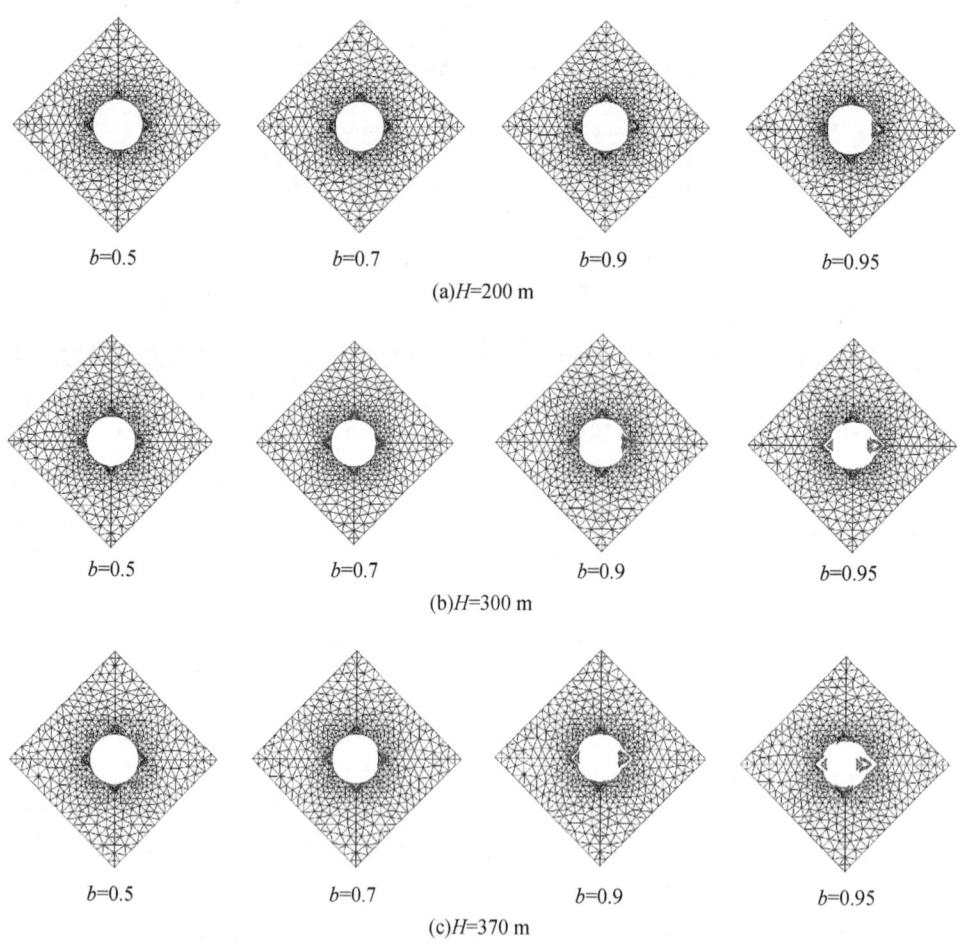

图 4-24 不同埋深下圆形隧道变形分布规律

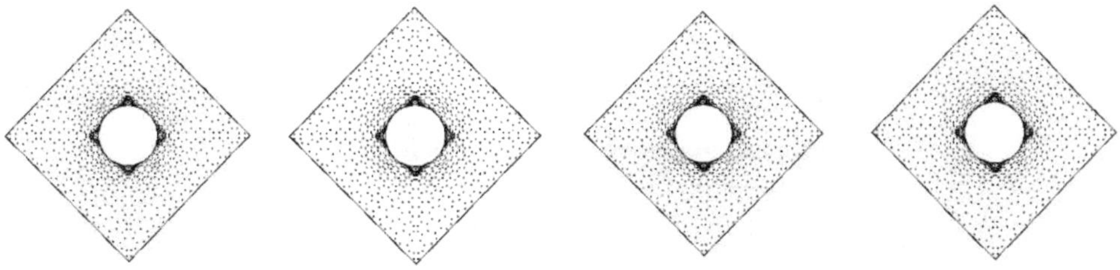

4 隧道岩爆防控技术研究

(a) H=200 m

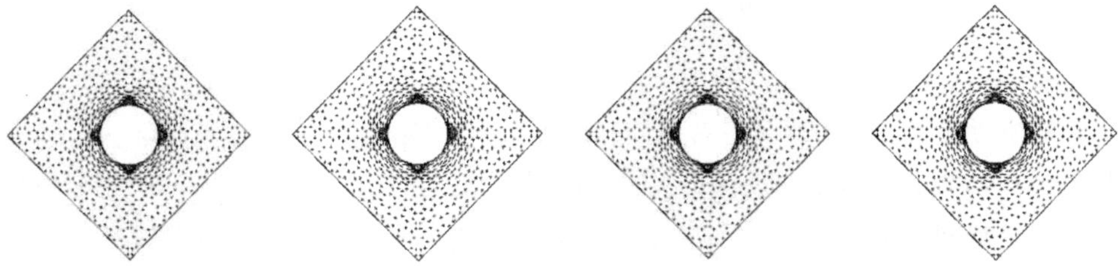

b=0.5　　b=0.7　　b=0.9　　b=0.95

(b) H=300 m

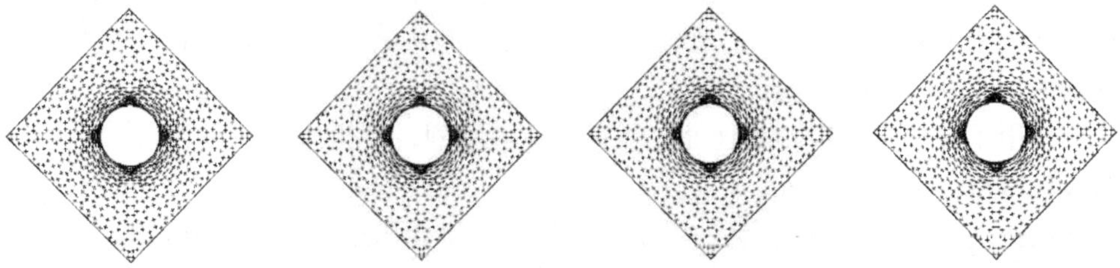

b=0.5　　b=0.7　　b=0.9　　b=0.95

(c) H=370 m

b=0.5　　b=0.7　　b=0.9　　b=0.95

图 4-25　不同隧道埋深下圆形隧道应力分布规律

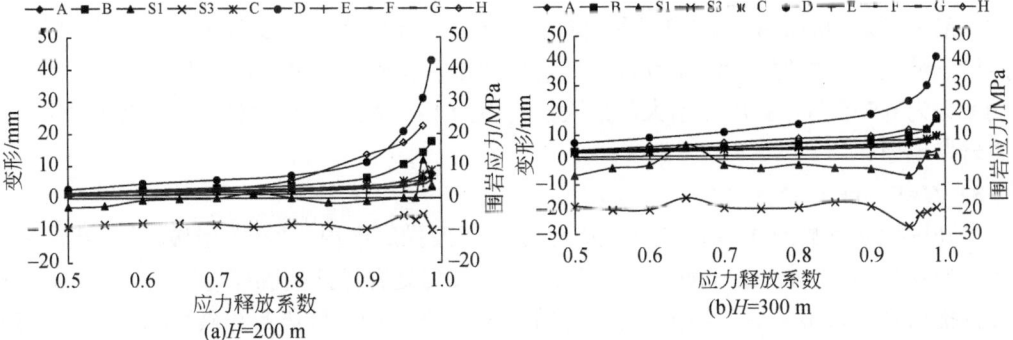

(a) H=200 m

(b) H=300 m

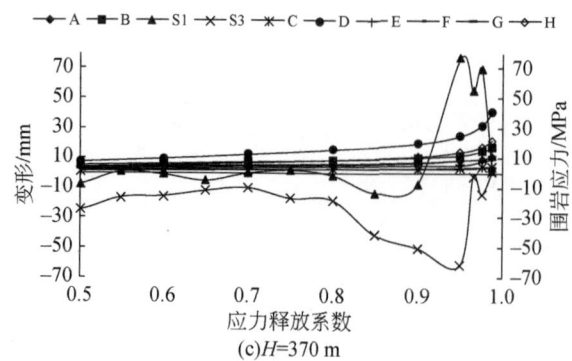

(c)H=370 m

图 4-26　不同隧道埋深下圆形隧洞围岩变形及应力分布规律

1）H=200 m

当开挖扰动系数为 0.7 时，在右边墙、拱顶以及拱底出现了"V"形破坏区。当开挖扰动系数大于 0.95 时，隧洞岩体形成了破裂面，节理处岩体开始脱离母岩，产生岩爆现象。当开挖扰动系数为 0.9 时，隧道上下左右都出现了严重的岩体鼓起和破裂松动，右边墙弹射岩石的最大位移为 42.70 mm。

隧道开挖后，围岩应力重分布，在开挖扰动系数小于 0.965 时，围岩的最大主应力处于压应力状态，最大值达 0.14～9.04 MPa，围岩受到剪切破坏。当开挖扰动系数为 0.975 时，最大压应力值为 11.59 MPa，节理周边出现拉应力，其值为 3.74～11.59 MPa。当开挖扰动系数为大于 0.975 时，拉应力增大，最大值达到 11.59 MPa，左右边墙和拱底处节理在张应力的作用下被拉伸破坏，节理处岩块弹射现象强烈，产生岩爆现象。

2）H=300 m

当开挖扰动系数为 0.7 时，在右边墙、拱顶以及拱底出现了"V"形破坏区。当开挖扰动系数为 0.9～0.95 时，隧洞岩体形成了破裂面，节理处岩体开始脱离母岩，产生岩爆现象。当计算到开挖扰动系数为 0.9 时，隧道上下左右都出现了严重的岩体鼓起和破裂松动，右边墙弹射岩石的最大位移为 41.53 mm。

隧道开挖后，围岩应力重分布。当开挖扰动系数小于 0.6 时，围岩的最大主应力为压应力，最大值达 20.12 MPa，围岩受到剪切破坏。当开挖扰动系数为 0.65 时，应力方向出现反转，最大压应力值为 20.01 MPa，节理周边出现拉应力，最大值为 5.95 MPa。当开挖扰动系数为 0.975 时，拉应力增大，最大拉应力为 1.43 MPa，节理处岩石开始脱离母岩，产生岩爆现象。

3）H=370 m

当开挖扰动系数为 0.7 时，在右边墙、拱顶以及拱底出现了"V"形破坏区。当开挖扰动系数为 0.9～0.95 时，隧洞岩体形成了破裂面，节理处岩体开始脱离母岩，产生岩爆现象。当开挖扰动系数为 0.9 时，隧道上下左右都出现了严重的岩体鼓起和破裂松动，右边墙弹射岩石的最大位移为 40.81 mm。

隧道开挖后，围岩应力重分布。当开挖扰动系数为 0～0.5 时，围岩的最大主应力为 7.82～25.11 MPa，处于压应力状态，围岩受到剪切破坏。当开挖扰动系数为 0.55 时，应力方向出现反转,最大压应力值为 16.80 MPa,节理周边出现拉应力。当开挖扰动系数为 0.9~0.95 时,拉应力增大,最大值为 76.94 MPa,节理处岩块开始脱离母岩,产生岩爆现象。

4.5.4 城门洞型

1. 弹性模量的影响

当埋深为 500m 时,不同弹性模量(6.0 GPa、13.0 GPa、20.0 GPa)围岩开挖后隧洞变形及应力分布结果见图 4-27~图 4-29。

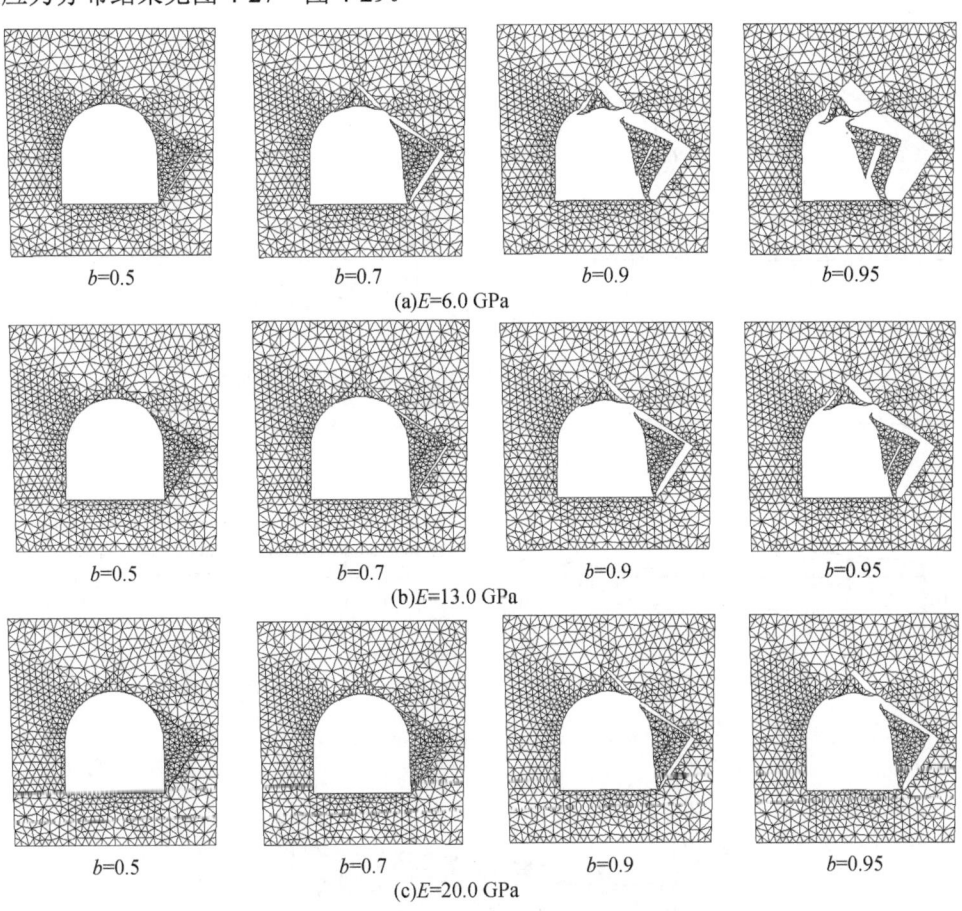

图 4-27 不同弹性模量下城门洞型隧道围岩变形规律

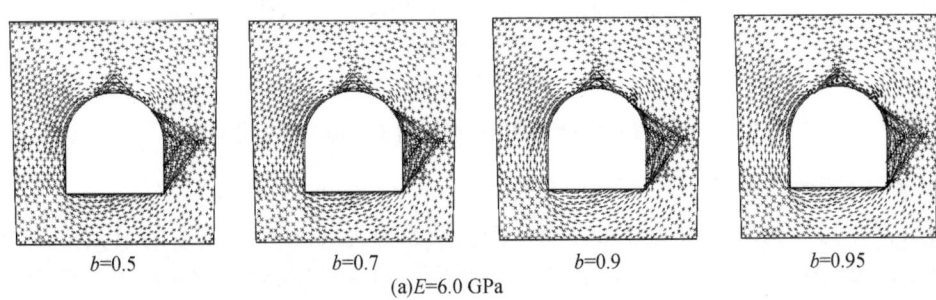

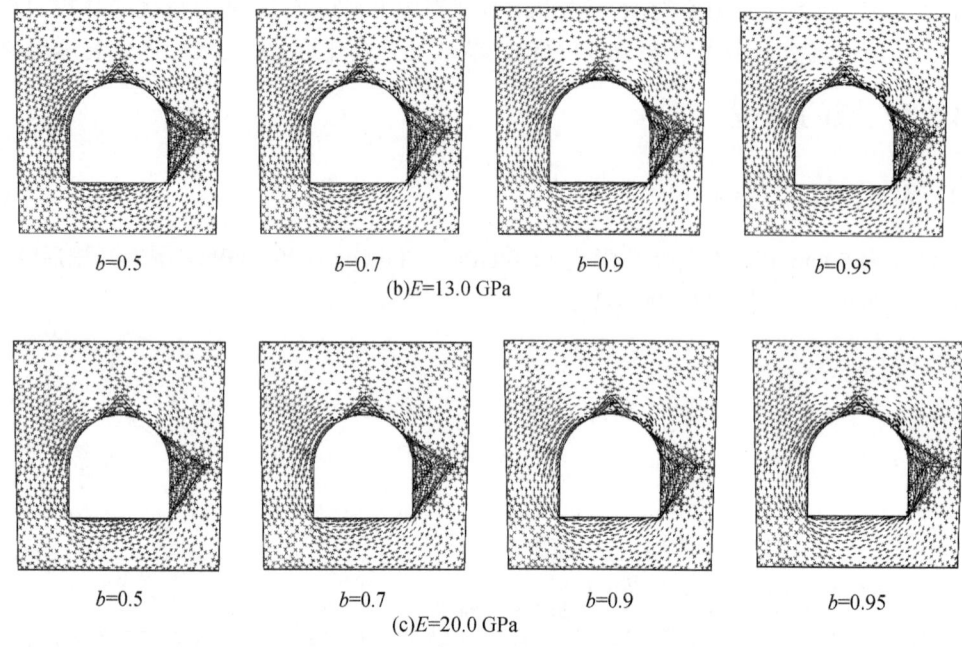

图 4-28 不同弹性模量下城门洞型隧道应力分布规律

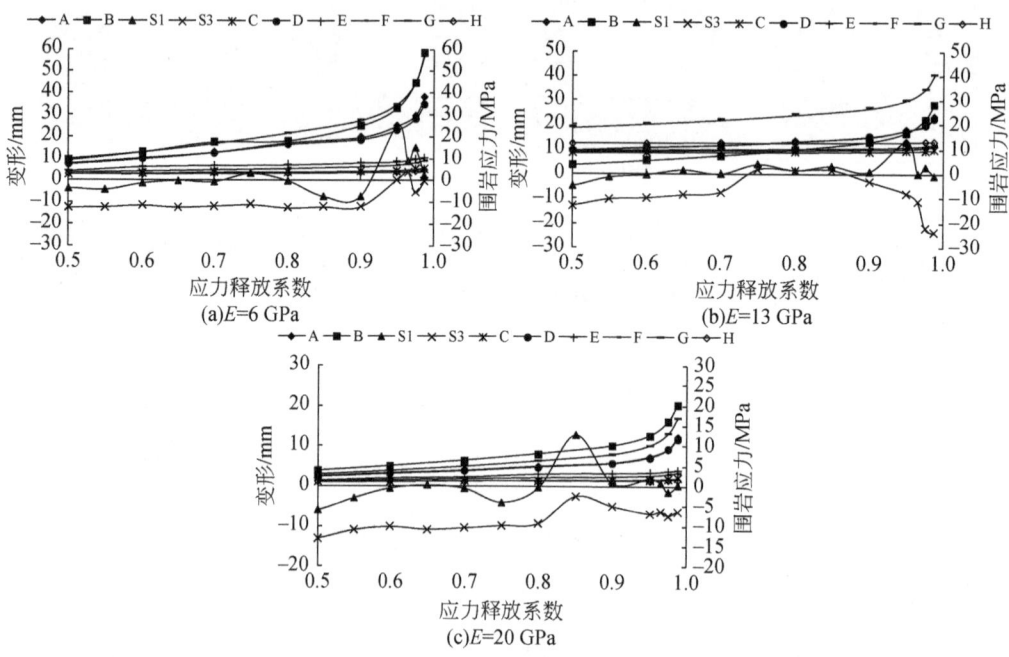

图 4-29 不同弹性模量下城门洞型隧道型变形及应力分布规律

1）E=6.0 GPa

隧道开挖后，围岩应力重分布。当开挖扰动系数为 0.7 时，围岩的最大主应力值为 13.24 MPa，处于压应力状态，围岩受到剪切破坏。当开挖扰动系数为 0.75 时，应力方向出现反转,应力集中在右边墙和洞顶周围,在节理周围出现拉应力,其值为 3.04 MPa。当开挖扰动系数为 0.9~0.95 时,应力分异明显,拉应力增大并沿着节理向深部扩展,最大值为 11.96 MPa,节理处应力集中,岩块开始脱离母岩产生岩爆。

2)E=13.0 GPa

隧道开挖后,围岩应力重分布。当隧洞开挖扰动系数为 0.6 时,围岩的最大主应力值为 13.53 MPa,处于压应力状态,围岩受到剪切破坏。当开挖扰动系数为 0.65 时,应力方向出现反转,其最大压应力值为 8.61 MPa,应力集中在右边墙和洞顶周围,节理周边出现拉应力,大小为 1.48 MPa。当开挖扰动系数为 0.9~0.95 时,应力分异明显,拉应力增大,最大值为 12.99 MPa,节理处应力集中,岩块开始脱离母岩,产生岩爆。

3)E=20.0 GPa

隧道开挖后,围岩应力重分布。当开挖扰动系数为 0.6 时,围岩的最大主应力值为 13.20 MPa,处于压应力状态,围岩受到剪切破坏。当开挖扰动系数为 0.65 时,应力方向出现反转,最大压应力值为 10.88 MPa,应力集中在右边墙和洞顶周围,节理周边出现拉应力,最大值为 12.87 MPa。当开挖扰动系数为 0.8~0.9 时,拉应力增大,最大值为 12.87 MPa,节理处应力集中,岩块开始脱离母岩,产生岩爆。

2. 隧道埋深

当弹性模量为 13 GPa 时,不同埋深(200 m、300 m、370 m)围岩变形及应力分布如图 4-30~图 4-32 所示。

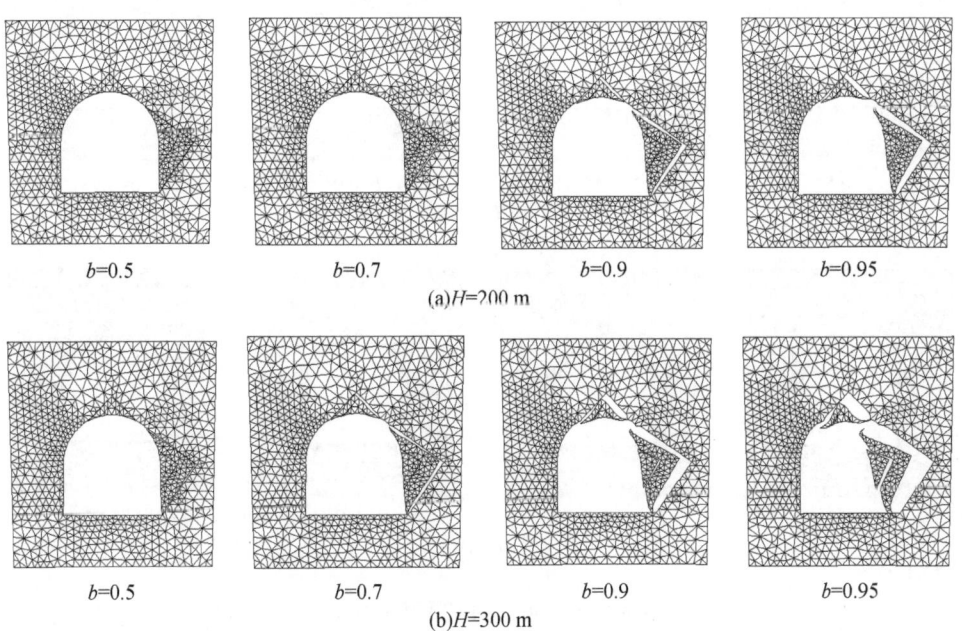

b=0.5　　　　b=0.7　　　　b=0.9　　　　b=0.95

(a)H=200 m

b=0.5　　　　b=0.7　　　　b=0.9　　　　b=0.95

(b)H=300 m

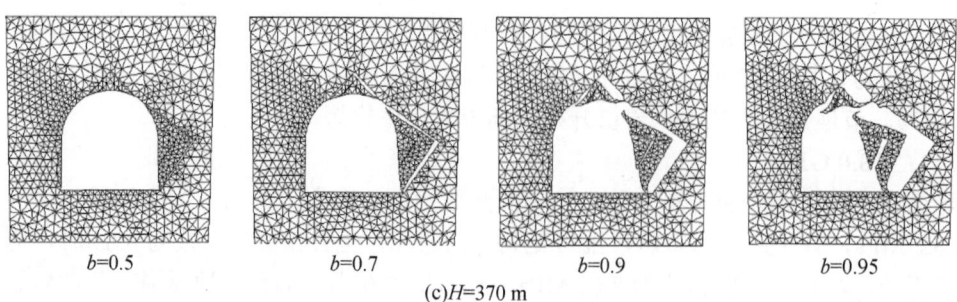

$b=0.5$ $b=0.7$ $b=0.9$ $b=0.95$
(c)$H=370$ m

图 4-30　不同埋深下城门洞型隧道围岩变形分布规律

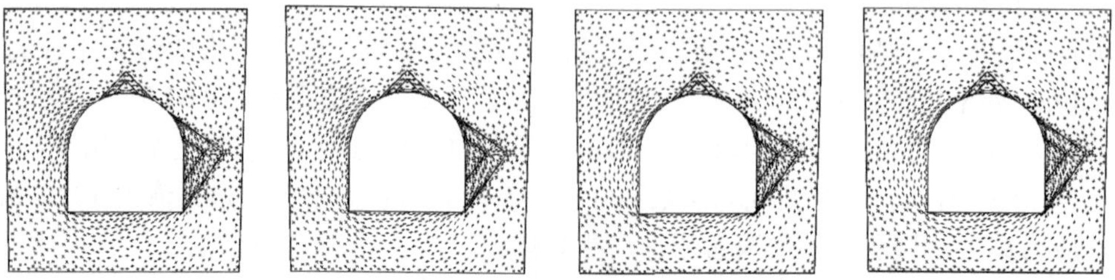

$b=0.5$ $b=0.7$ $b=0.9$ $b=0.95$
(a)$H=200$ m

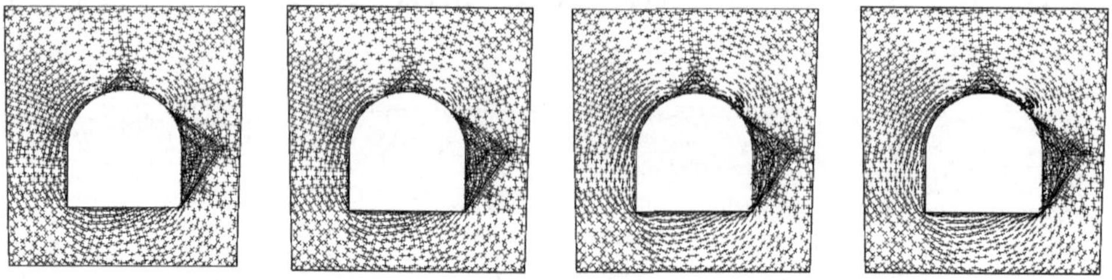

$b=0.5$ $b=0.7$ $b=0.9$ $b=0.95$
(b)$H=300$ m

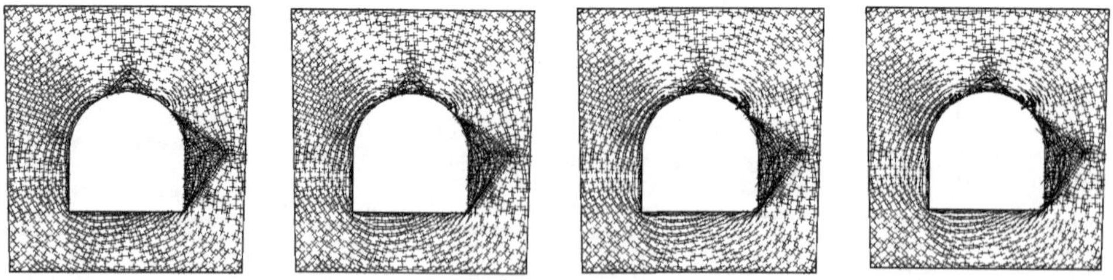

$b=0.5$ $b=0.7$ $b=0.9$ $b=0.95$
(c)$H=370$ m

图 4-31　不同埋深下城门洞型隧道应力分布演化规律

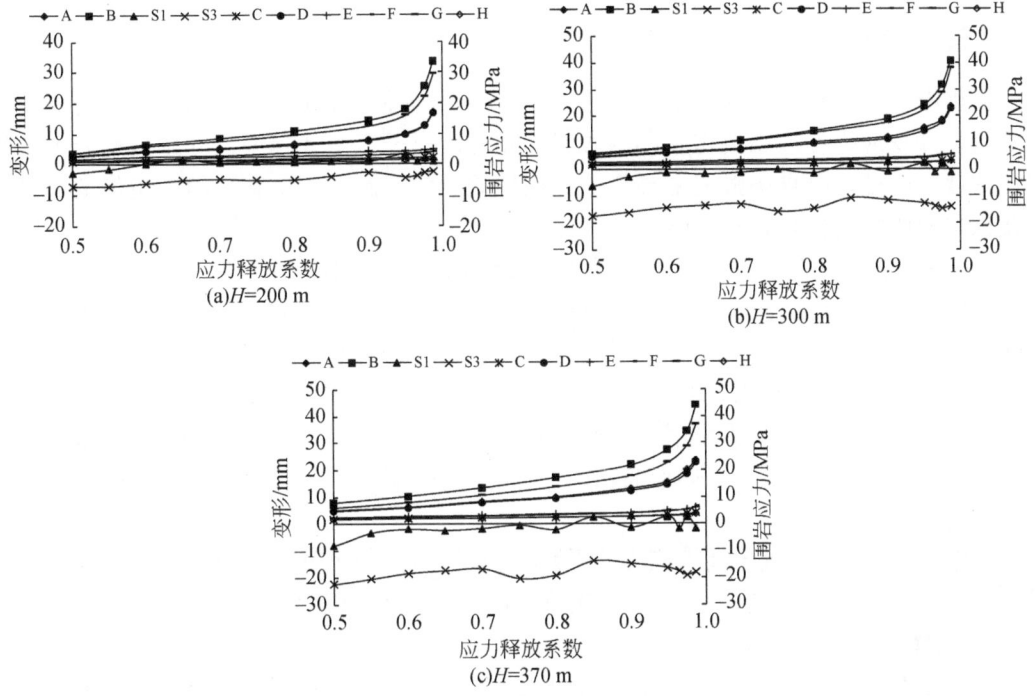

图 4-32　不同隧道埋深下城门洞型隧道围岩变形应力分布规律

1）H=200 m

隧道开挖后，围岩应力重分布。当开挖扰动系数为 0.55 时，围岩的最大主应力为 8.17 MPa，处于压应力状态，围岩受到剪切破坏。当开挖扰动系数为 0.6 时，应力方向出现反转，其最大压应力值为 7.21 MPa，应力集中在右边墙和拱顶周围，节理周边出现拉应力，其值为 1.92 MPa。当开挖扰动系数为 0.9 时，拉应力增大，最大值为 2.83 MPa，节理处应力集中，岩块开始脱离母岩，产生岩爆。

2）H=300 m

隧道开挖后，围岩应力重分布。当开挖扰动系数为 0.8 时，围岩的最大主应力为 18.53 MPa，处于压应力状态，围岩受到剪切破坏。当开挖扰动系数为 0.85 时，应力方向出现反转，其最大压应力值为 10.80 MPa，应力集中在右边墙和洞顶周围，节理周边出现拉应力，大小为 2.21 MPa。当开挖扰动系数为 0.9 时，拉应力增大，最大值为 11.54 MPa，节理处应力集中，岩块开始脱离母岩，产生岩爆。

3）H=370 m

隧道开挖后，围岩应力重分布。当开挖扰动系数为 0.8 时，围岩的最大主应力为 23.44 MPa，处于压应力状态，围岩受到剪切破坏。当开挖扰动系数为 0.85 时，应力方向出现反转，最大压应力值为 13.93 MPa，应力集中在右边墙和洞顶周围，节理周边出现拉应力，大小为 2.38 MPa。当开挖扰动系数为 0.9 时，拉应力增大，最大值为 14.83 MPa，节理处应力集中，岩块开始脱离母岩，产生岩爆。

4.5.5 岩爆演化过程分析

岩爆影响因素众多，其中地应力的大小、地层岩性、埋深、结构面倾角、开挖断面的形状、开挖应力释放系数均会影响岩爆的发生。对于直墙式模型，开挖后变形主要集中在边墙中心处，拱顶圆弧式主要集中在拱顶处。对于圆形硐室和城门洞型隧道，开挖后在拱顶和边墙处会有大的变形。

开挖后径向应力随着向外距离的延伸越来越小，在洞壁处减小至零。环向应力在洞壁处达到最大，即产生压应力集中，洞壁处也会出现拉应力。处于高地应力或极限平衡状态的硬脆性围岩体经开挖卸载后，存储于岩体内的弹性应变能瞬间释放，当岩体中累积的弹性应变能大于岩体破坏所消耗的能量时就会产生岩爆，从而引起岩石碎片的剥落、弹射。

岩爆发生过程是一个初期能量积聚、中期裂隙扩展、后期能量释放的过程，隧道岩爆发生过程可分为能量积聚、爆体形成、产生岩爆三个阶段。

1）能量积聚阶段

隧道开挖前，岩体处于高地应力的平衡状态，大量能量积聚在岩体中。隧道开挖卸荷后，围岩应力在短时间内重新分布，一定范围内的围岩产生应力集中。

2）爆体形成

由于岩体微裂隙的存在，当裂隙处的重分布应力大于裂隙强度时，裂隙开始扩展、延伸，而形成潜在爆体。

3）产生岩爆

当爆体的能量积聚超过临界状态时，潜在爆体弹射而出，消耗一部分能量后剩余围岩再次达到新平衡，下一个潜在爆体继续孕育，若积聚能量再次超过临界，则可能再次爆出。

4.6 岩爆防治措施研究

岩爆的处置措施可从设计和施工两个方面来考虑。在设计阶段，相同条件下隧道的二次应力分布特性取决于隧道断面的大小和形状。对于隧道断面应避免选用可能导致围岩应力集中的洞形。在施工阶段，岩爆的合理处理措施主要从改变围岩的物理力学性质、改变围岩的应力状态、选择合理的支护方案、改变开挖方法等方面进行考虑。以城门洞型隧道为例，隧道施工阶段的岩爆防治可采用双台阶法、加水湿化、锚喷支护、泄压孔槽等措施。

4.6.1 双台阶法施工措施

台阶法开挖分上下半洞两次开挖，对于开挖扰动区域，可通过应力释放系数来模拟。计算模型见图 4-33。通过计算可得到开挖后隧道围岩网格变形及应力分布图（图 4-34）。关键点位移及应力统计结果见表 4-12。

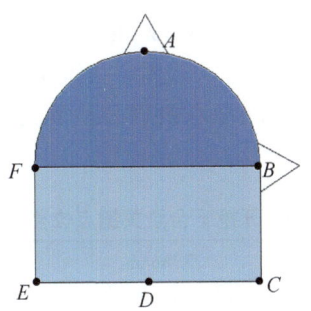

图 4-33 台阶法开挖计算模型

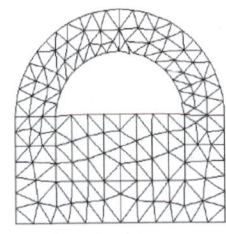 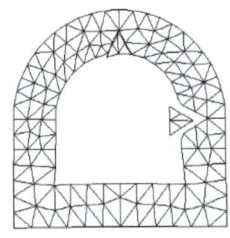 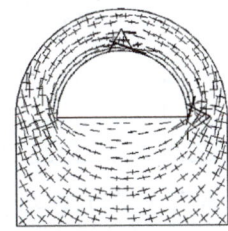 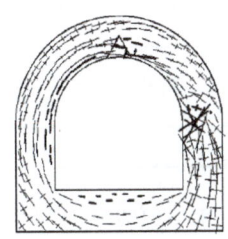

(a)开挖上台阶变形　　(b)开挖下台阶变形　　(c)开挖上台阶应力分布　　(d)开挖下台阶应力分布

图 4-34 开挖后隧道围岩网格变形及应力分布图

表 4-12 开挖上台阶关键点位移及应力

位置		变形/mm		应力/MPa	
		X 方向	Y 方向	X 方向	Y 方向
拱顶（A）		0.104	−3.613	−2.103	−27.690
拱肩	左（F）	0.330	0.285	−10.800	−39.235
	右（B）	−3.65	−0.461	5.360	−35.856
拱脚	左（E）	0.532	1.983	−9.101	−16.230
	右（C）	−0.607	1.940	−8.309	−15.816
拱底（D）		0.095	2.752	−5.856	−14.865

注：变形——沿坐标轴正方向为正，沿坐标轴负方向为负；应力——拉应力为正，压应力为负。下同。

由图 4-33 可知，隧道开挖上台阶后，岩体处于受压状态，结构面区域，围岩有轻微裂开的迹象。在隧道开挖进行到下半部分后，产生了岩爆现象，隧道右拱肩岩体向右弹出，在右拱肩处形成 V 字形破坏区。拱顶部分的岩体有向下弹出的趋势。右拱肩节理处围岩破坏区域不对称，上部破坏明显大于下部破坏。

由表 4-12 可知，开挖上台阶后，拱顶沉降约为 3.614 mm，拱底隆起 2.753 mm，左拱肩收敛约为 0.436 mm，右拱肩收敛约为 3.679 mm，左拱脚收敛约为 2.053 mm，右拱脚收敛约为 2.032 mm。除右拱肩外洞周各关键点的应力值均为压应力，最大值位于左拱肩部位，约为 39.235 MPa。

由表 4-13 可知，开挖下台阶后，拱顶沉降约 26.585 mm，拱底隆起 5.393 mm，左拱肩收敛约为 4.033 mm，右拱肩收敛约为 21.9219 mm，左拱脚收敛约为 2.171 mm，右拱脚收敛约为 1.745 mm。除左右拱肩和拱底外，洞周各关键点的应力值均为压应力，最大值位于右拱脚，为 39.031 MPa。沿 X 方向左右拱肩和拱底为拉应力，最大值在右拱肩处，为 98.289 MPa。

表 4-13 开挖下台阶关键点位移及应力

位置		变形/mm		应力/MPa	
		X 方向	Y 方向	X 方向	Y 方向
拱顶（A）		14.926	-22.007	-0.467	-27.71
拱肩	左（F）	3.811	-1.320	1.068	-12.754
	右（B）	-3.596	-21.62	98.289	29.619
拱脚	左（E）	1.986	4.276	-2.458	-25.127
	右（C）	1.745	0.004	-5.804	-39.031
拱底（D）		2.057	4.986	9.446	-5.338

双台阶法开挖后，洞周各关键点变形均为收敛，且拱顶底和拱肩收敛变形相对较大。隧洞段拱顶底最大收敛变形为 31.978 mm，拱肩最大收敛变形为 21.922 mm，拱脚最大收敛变形 3.916 mm。

4.6.2 加水湿化措施

加水湿化后隧洞变形图及应力分布见图 4-35～图 4-37，洞周各关键点变形均为收敛，拱肩收敛变形相对较大。拱顶最大收敛变形为 23.909 mm，拱肩最大收敛变形为 170.672 mm，拱脚最大收敛变形为 9.15 mm。

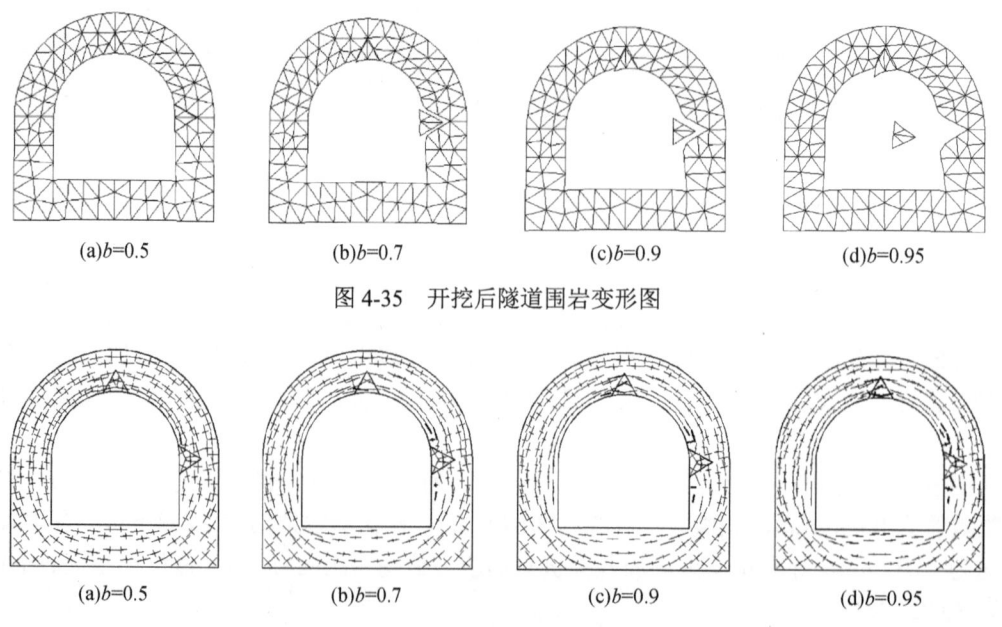

(a)b=0.5　　(b)b=0.7　　(c)b=0.9　　(d)b=0.95

图 4-35 开挖后隧道围岩变形图

(a)b=0.5　　(b)b=0.7　　(c)b=0.9　　(d)b=0.95

图 4-36 隧道围岩应力分布图

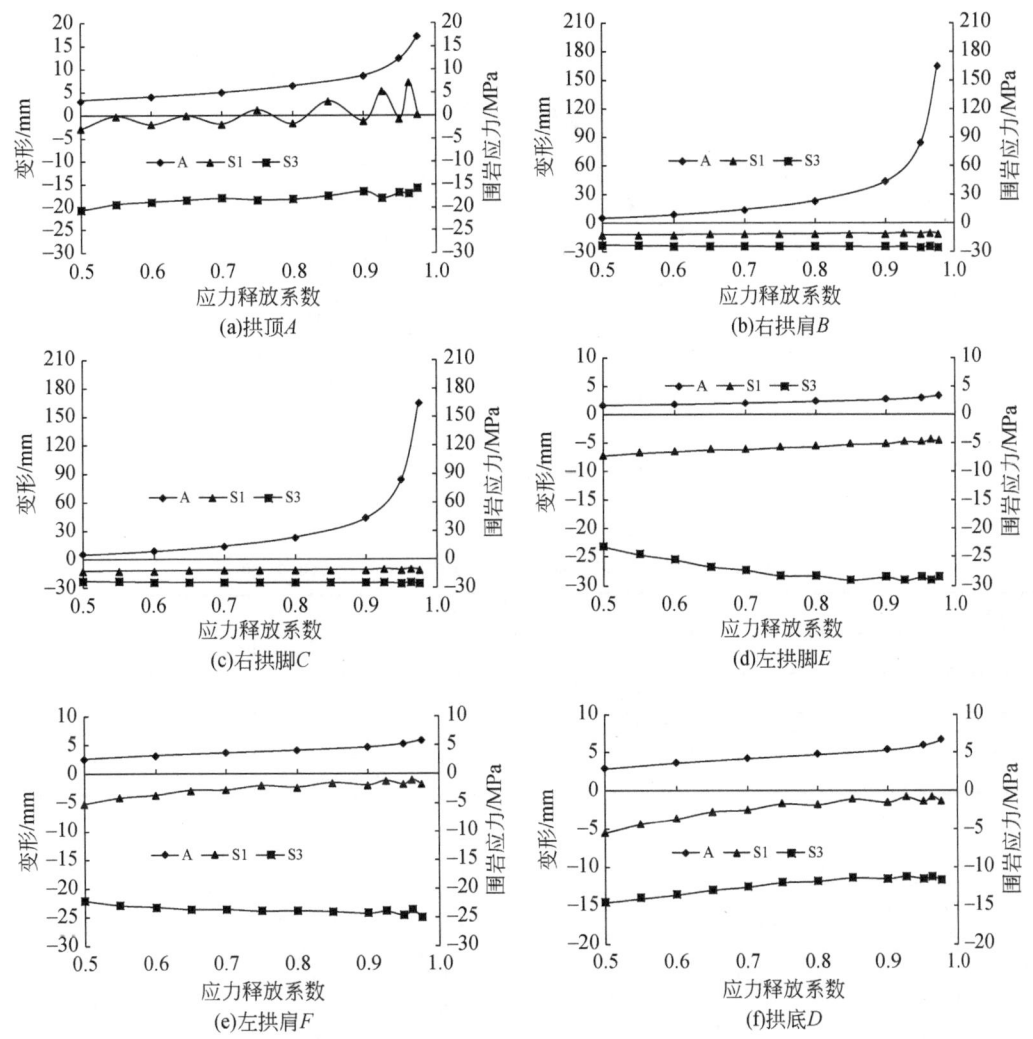

图 4-37 关键点位移变化及应力分布图

4.6.3 锚喷支护措施

计算隧道断面初期支护采用 15 cm 厚 C25 钢筋混凝土,锚杆为 11 根长度 1.65 m 的 $\Phi 22$ 砂浆锚杆。支护结构及关键点示意图如图 4-38 所示。

考虑洞型、断面尺寸、围岩级别和施工方法等因素,该隧道采用全断面开挖。支护进尺为 0.5 D,各施工工序下围岩的应力释放系数与支护结构强度系数见表 4-14。

隧道开挖完成后,围岩变形场、应力场以及塑性区分布状况如图 4-39 所示,关键点位移及应力如表 4-15、表 4-16 所示。

在隧道开挖后,隧洞断面的变形整体上表现为收敛变形,拱顶部位发生沉降而拱底部位以隆起变形为主,两侧边墙相向变形较大,节理区域有向隧洞内部弹射的趋势。

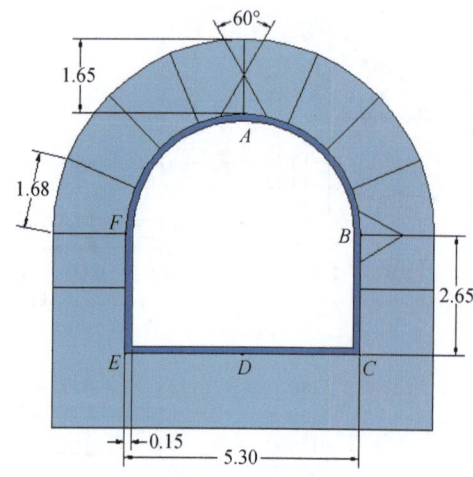

图 4-38 支护计算模型及其关键点（单位：m）

表 4-14 施工工序及围岩应力释放系数与支护强度系数

序号	工序	应力释放系数/%	锚喷强度系数/%
①	初始应力场	0	—
②	掌子面开挖完成—0.5D 开挖开始	50	—
③	0.5D 开挖完成—喷锚支护开始	—	0~100
④	喷锚支护—后续开挖完成	100	100

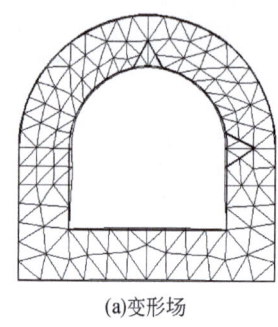
(a) 变形场

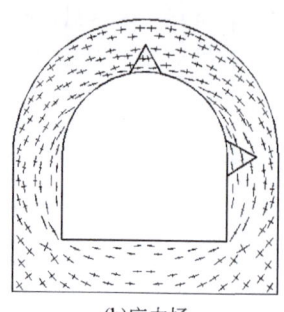
(b) 应力场

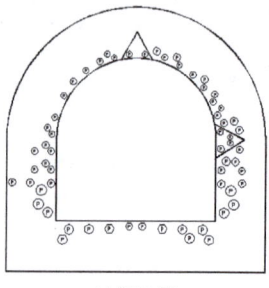
(c) 塑性区

图 4-39 隧道围岩变形应力塑性区分布

表 4-15 $b=0.5$ 时隧道围岩关键点位移及应力计算结果

位置		变形/mm		应力/MPa	
		X 方向	Y 方向	X 方向	Y 方向
拱顶（A）		0.001	-0.829	-10.399	-15.282
拱肩	左（F）	0.972	-0.112	-10.877	-14.180
	右（B）	-0.799	-0.111	-10.709	-14.976
拱脚	左（E）	0.469	0.480	-10.862	-15.531
	右（C）	-0.437	0.427	-10.945	-15.847
拱底（D）		0.025	0.830	-11.054	-14.340

表 4-16 应力释放 1.0 时关键点位移及应力

位置		变形/mm		应力/MPa	
		X 方向	Y 方向	X 方向	Y 方向
拱顶（A）		0.229	−1.980	−3.012	−15.603
拱肩	左（F）	4.190	−1.780	−1.577	−17.944
	右（B）	−3.390	−0.932	−1.446	−18.121
拱脚	左（E）	−0.025	1.100	−3.800	−29.769
	右（C）	−0.030	1.120	−3.918	−30.440
拱底（D）		−0.027	3.440	−1.261	−10.947

由表 4-15 可知，全断面开挖 50% 后，拱顶沉降约为 0.830 mm，拱底隆起 0.830 mm，左拱肩收敛约为 0.978 mm，右拱肩收敛约为 0.807 mm，左拱脚收敛约为 0.671 mm，右拱脚收敛约为 0.611 mm。洞周各关键点的应力值均为压应力，右拱脚应力值最大，其值为 15.847 MPa。

由表 4-16 可知，支护施作后，拱顶沉降约 1.993 mm，拱底隆起 3.440 mm，左拱肩收敛约为 4.552 mm，右拱肩收敛约为 3.515 mm，左拱脚收敛约为 1.100 mm，右拱脚收敛约为 1.120 mm。洞周各关键点的应力值均为压应力，最大值位于右拱脚，为 30.440 MPa。

4.6.4 泄压孔槽

通过弱化围岩应力的方式可以降低围岩储存弹性能的能力，同时解除围岩已存储的能量，使围岩的变形朝着有利于施工要求的方向发展，主要措施有注水、切缝法等，还可以通过爆破卸压法、超前径向钻孔法、超前预裂爆破、卸载孔法等直接降低围岩应力。采用卸压钻孔法对五指山隧道降围压（图 4-40）。在洞壁的上下左右共钻 4 个直径 200 mm，深度 10 m 的钻孔，用于减小开挖后围岩的环向应力。

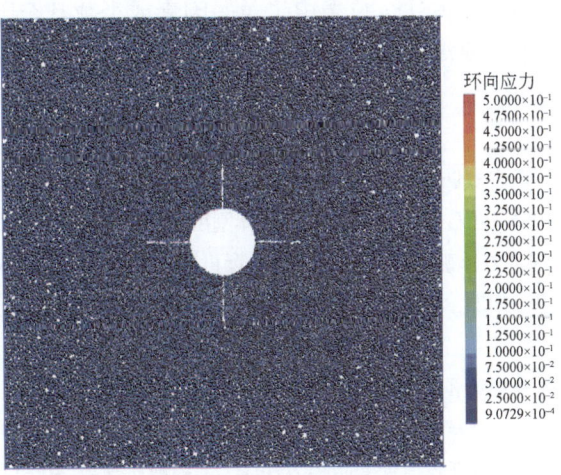

图 4-40 卸压钻孔示意图

根据卸压钻孔后开挖位移云图（图 4-41），隧道埋深 1200 m，开挖后，卸压钻孔逐渐闭合，离洞壁较远处围岩发生开裂，但洞壁处无岩爆产生，洞壁附近围岩位移不大，可见该法对于预防岩爆有较好效果。

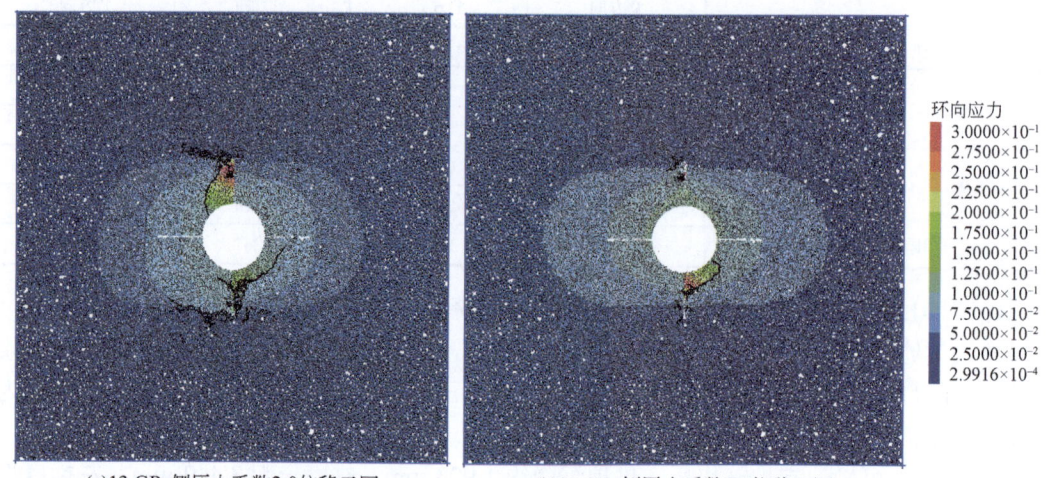

(a)13 GPa侧压力系数2.0位移云图　　(b)20 GPa侧压力系数2.5位移云图

图4-41　卸压钻孔后开挖位移云图

4.6.5　辅助监测方案

在开挖过程中，可以通过声发射技术、地应力监测技术、扰动应力监测技术、微震监测技术等，实时预测岩爆发生。对于出现岩爆风险特征的区段，采取必要的支护、开挖、防范措施，防止岩爆产生。对于已经发生的岩爆，果断撤离施工人员，必要时应提前撤离人员和机械，降低岩爆造成的损失。岩爆结束后需及时清理洞壁松动的碎石，对爆坑空洞处及时喷锚支护，防止重新产生应力集中现象。

当前关于岩爆的预测预报方法，只考虑了单一因素或少数几个因素，而岩爆的发生是多种因素共同作用的结果，使得预测结果具有一定的局限性和不确定性。

参　考　文　献

陈浩, 李子彬. 2023. 深部巷道岩爆防控措施效果对比研究[J]. 有色金属(矿山部分), 75(4)：37-45.

陈忠辉, 唐春安, 傅宇方. 1996. 岩石试样声发射的加载体刚度效应[J]. 煤炭学报, (4): 30-35.

杜坤. 2014. 真三轴卸载下深部岩体破裂特性及诱发型岩爆机理研究[D]. 长沙：中南大学.

杜立杰, 洪开荣, 王佳兴, 等. 2021. 深埋隧道 TBM 施工岩爆特征规律与防控技术[J]. 隧道建设(中英文), 41(1)：1-15.

傅鹤林, 桑玉发. 1996. 用突变理论预测地下采场冲击地压发生的可能性[J]. 金属矿山, (1): 19-21.

耿乃光, 陈颙, 姚孝新. 1981. 拼合岩石样品破裂的初步研究[J]. 地球物理学报, (2): 238-241.

何满潮, 任树林, 陶志刚. 2022. 深埋隧道灾变防控方法[J]. 工程地质学报, 30(6)：1777-1797.

何满潮, 谢和平, 彭苏萍, 等. 2005. 深部开采岩体力学研究[J]. 岩石力学与工程学报, (16)：2803-2813.

侯发亮, 王敏强. 1989. 圆形隧洞中岩爆的判据及防治措施[C]//中国岩石力学与工程学会. 岩石力学在工程中的应用——第二次全国岩石力学与工程学术会议论文集. 广州: 中国岩石力学与工程学会.

赖轩明, 许赞渊, 丘兴鹏. 2018. 公路隧道轻微、中等岩爆成因分析及防控措施[J]. 福建建设科技, (1): 64-67.

雷内·托姆. 1992. 结构稳定性与形态发生学[M]. 成都: 四川教育出版社.

李长洪, 蔡美峰, 乔兰, 等. 1999. 岩石全应力-应变曲线及其与岩爆关系[J]. 北京科技大学学报, 21(6): 513-515.

李名川, 李邵军, 肖亚勋, 等. 2022. 深部地下实验室扩挖岩爆监测与动态防控技术研究[J]. 工程地质学报, 30(3): 751-759.

李天胜, 何川, 周子寒, 等. 2023. 考虑竖向地温应力的热力耦合瞬态岩爆预测研究[J]. 铁道学报, 45(12): 16-25.

李玉生. 1982. 矿山冲击名词探讨——兼评"冲击地压"[J]. 煤炭学报, (2): 89-95.

欧阳林, 张如九, 刘耀儒, 等. 2022. 深埋隧洞岩爆防控技术及典型工程应用现状综述[J]. 长江科学院院报, 39(12) : 161-170.

潘一山, 章梦涛, 王来贵, 等. 1997. 地下硐室岩爆的相似材料模拟试验研究[J]. 岩土工程学报, (4): 49-56.

齐庆新, 刘天泉, 史元伟, 等. 1995. 冲击地压的摩擦滑动失稳机理[J]. 矿山压力与顶板管理, (Z1): 174-177, 200.

唐春安, 徐小荷. 1990. 岩石破裂过程失稳的尖点突变模型[J]. 岩石力学与工程学报, 9(2): 100-107.

谢和平, Pariseau W G. 1993. 岩爆的分形特征和机理[J]. 岩石力学与工程学报, (1): 28-37.

徐林生, 王兰生, 李天斌. 1999 国内外岩爆研究现状综述[J]. 长江科学院院报, (4) : 25-28, 39.

姚宝魁, 张承娟. 1985. 高地应力坝区硐室围岩岩爆及其断裂破坏机制[J]. 水文地质工程地质, (6): 17-20.

殷有泉, 张宏. 1984. 断裂带内介质的软化特性和地震的非稳定模型[J]. 地震学报, (2): 135-145.

张镜剑, 傅冰骏. 2008. 岩爆及其判据和防治[J]. 岩石力学与工程学报, (10) : 2034-2042.

张志强, 张康健, 许佳磊, 等. 2024. 高地应力硬质砂岩断裂特征及岩爆孕育过程研究[J]. 岩石力学与工程学报, 43(1) : 50-58.

章梦涛, 潘一山, 王来贵, 等.1998. 冲击地压的预测[J]. 煤矿开采, (1): 24-26, 64.

Chen Z H, Tang C A, Huang R Q. 1997. A Double Rock Sample Model for Rock Bursts[J]. International Journal of Rock Mechanics and Mining Sciences , 34(6): 991-1000.

Cook N G W. 1963. The basic mechanics of rock bursts[J]. Journal of the Southern African Institute of Mining and Metallurgy, 64(3): 71-81.

Dai L P, Pan Y S, Zhang C G, et al. 2022. New criterion of critical mining stress index for risk evaluation of roadway rockburst[J]. Rock Mechanics and Rock Engineering, 55(8) : 4783-4799.

Pan Y S, Zhang M T, Li G T. 1994. The study of chamber rockburst by the cusp model of catastrophe theory[J]. Applied Mathematics and Mechanics (English Edition), (10): 943-951.

Su G S, Ren H Y, Jiang J Q, et al. 2023. Experimental study on the characteristics of rockburst occurring at the working face during tunnel excavation[J]. International Journal of Rock Mechanics and Mining Sciences, 164 : 105347.

Thom R. 1974. Stabilité structurelle et morphogenèse[J]. Poetics, 3(2): 7-19.

Wang G, Liu X Q, Chang Y, et al. 2023. Analysis on rockburst failure energy evolution of model specimen under stress gradient[J]. Rock Mechanics and Rock Engineering, 10(56) : 7255-7268.

Xiao Y X, Wan R J, Feng G L, et al. 2023. Stiffness theory of rockburst: research progress and trends[J]. Journal of Central South University, 30(12) : 4230-4251.

Xin J, Jiang Q, Zhai D, et al. 2023. Shear-induced rockburst of double-tunnel rocks subjected to shear loading: a comparative analysis[J]. Journal of Central South University, 30(12) : 4207-4229.

Yang Y L, Du L J, Li Q W, et al. 2024. Research on prevention and control technology of classified rockburst in TBM construction of deeply buried tunnels[J]. Scientific Reports, 14(1): 333.

5 松散砂卵层隧道开挖施工技术研究

随着公路建设不断向西部地区延伸,特殊地质条件下的公路工程建设呈现逐步增多的趋势。我国西部地区地形地质复杂,砂卵石分布广泛,具有"结构松散、级配良好、易扰动、易坍塌、成孔难、成洞难、注浆难"的特点,给公路隧道建设带来了新的挑战和技术难题。如何确保隧道安全穿过砂卵石层、采用何种经济可行的支护措施等成为亟待解决的技术问题。

5.1 基于颗粒流的砂卵层围岩-结构力学机理

5.1.1 砂卵石地层分布规律及工程特性

1. 隧址区砂卵石层分布规律

砂卵石的成因主要与水动力搬运沉积有关。第四纪是全球性气候冷暖与干湿交替变化和冰川活动的重要地质时期,在冰川活动初期,以冰川、冰水搬运堆积的陆源碎屑物开始沉积,至冰川活动后期,以江河、湖滨为主的冲积物开始形成。砂卵石土根据地形和水动力条件的不同,其成因类型可分为洪积、冲积、滨海沉积、冰水沉积和三角洲沉积。

国道 310 线循化至隆务峡段公路工程位于青海东南部的海东地区,沿黄河南岸山边坡地布线。其中,公伯峡隧道进口 584 m 穿越冲洪积砂卵石地层。隧址地区的砂卵石层的成因主要是冲洪积作用和冰川的冰水沉积作用。由上更新统冲洪积成因至中更新统冰碛、冰水堆积、冲洪积成因逐渐转换为晚更新世冰水-流水堆积成因。公伯峡隧道砂卵石地层主要组成如下。

1)冲积-冲洪积砂卵石层

冲积-冲洪积砂卵石层主要分布于平原现代河流的一级阶地、漫滩及山前冲洪积扇,为中密黏质砂土、砂卵石层。在漫滩、一级阶地的冲积层沿河呈带状分布,宽 0.3~0.5 km,高出河面 2~4 m。上部为淡黄、黑黄、深灰粉砂质黏土;下部为砂卵石层,厚 4~11 m。

2)冰水堆积砂卵石层

冰水堆积砂卵石层分布于河间地块,为密实砂卵石层,呈冰水堆积扇状平原。高出河水面 4~10 m(相当于二级阶地高度),具二元结构,上部为棕黄色、褐黄色砂质黏土、黏质砂土,厚 0.5~10 m;下部为含泥或不含泥砂卵砾石层,厚 5~40 m。上、下层之间夹透镜状泥炭或淤泥层,厚 0~3 m,该层泥炭和淤泥为工程基础沉陷或不均匀沉陷的潜在因素。

2. 隧址区砂卵石地层工程特性

(1)砂卵石地层围岩自稳时间极短,开挖后若不及时支护则会立即坍塌。根据地层特征曲线支护阻力与围岩位移的关系,若围岩自稳时间比支护施工时间短,支护结构要承受较大松散围岩压力,必须采用合理的预加固措施,提前加固砂卵石层,才能保证施工安全。

(2)砂卵石围岩具有颗粒单一、凝聚力小、抗剪强度相对较低的工程地质特征,自稳能力差,开挖极易坍塌,增加了施工的难度,因此,选择合理的砂卵石隧道施工方案较难。

(3)砂卵石浅埋暗挖隧道施工工序较多,相应初期支护结构接头截面也较多,因此必须处理好初期支护形成过程中受力体系转换所带来的不利影响,保证初衬结构的稳定性,防止地表沉降过大产生冒顶。

(4)由于砂卵石本身的工程地质特征,常规的施工辅助措施在砂卵石地层中难以发挥有效作用。对隧道工作面前方的土体进行超前预加固和预支护,是控制硐室变形的关键技术,砂卵石围岩自稳能力极差,若存在临空面,洞顶会立即坍塌;若超前支护加固不当、加固厚度不足也会造成初期支护变形过大而引起塌方,施工中必须根据砂卵石地层工程地质特征、隧道施工方案特点和周围环境要求,合理选择超前支护措施,有效加固砂体,控制围岩变形。

(5)砂卵石隧道坍塌及初期支护变形速率快,与一般隧道相比,无相应的监控量测宏观管理标准限值做参考,施工控制管理难度较大。

3. 砂卵石砂层透镜体对工程的影响

砂层透镜体处于砂卵石层中上部,由冲积和河岸堆积交互堆积的细砂、漂石层等组成(图 5-1)。下伏基岩为砂卵石层,形成时期水动力不均,基岩起伏较大,导致砂层透镜体的厚度不均匀。

图 5-1　公伯峡砂卵石地貌

砂层透镜体中含有细砂,砾质中细砂呈层状组成,结构较为复杂,空间分布具有不连续性。断面开挖后,砂层透镜体处于饱水状态,但在开挖后短时间内会失水变干,失去自稳能力,断面会发生垮塌,形成小型边坡。砂层透镜体分布面积较广,厚度不一,最厚处达 2 m。同卵石层地基相比较,砂层透镜体压缩性大,承载力低且厚度不均匀。在相同的应力条件下,可能会出现不均匀沉降。由于砂层透镜体是可液化的砂层,若将其作为受力层,对隧道工程的安全会构成很大的隐患。

水是影响砂层透镜体稳定性的关键因素。饱水状态下的砂层透镜体可以保持一定的直立状态,当有外荷载施加在其上方时,砂层透镜体就会由于振动而发生液化现象,失去其原有的稳定性，导致周围地层发生垮塌。

通过显微镜观察，可以看到公伯峡地区的砂层透镜体（图 5-2、图 5-3）的颗粒形态呈不规则状，粒径较小，结构松散，胶结差，孔洞明显，部分呈团粒状。颗粒之间的相互支撑主要依靠彼此之间的摩擦。砂层透镜体无胶结并且结构松散，有大量孔隙空洞，在饱水条件下，水很容易进入孔隙，水与矿物颗粒表面之间产生张力，而碎屑状、团粒状和片状结构的矿物颗粒更容易压密并引起滑动，使透镜体强度显著降低，导致透镜体在外荷载下很容易发生振动液化现象。当透镜体处于失水状态下时，颗粒之间失去了水的张力，同时由于其本身的结构容易引起滑动，当摩擦力不足时，便会发生垮塌，进而导致整个砂卵石层的滑塌。

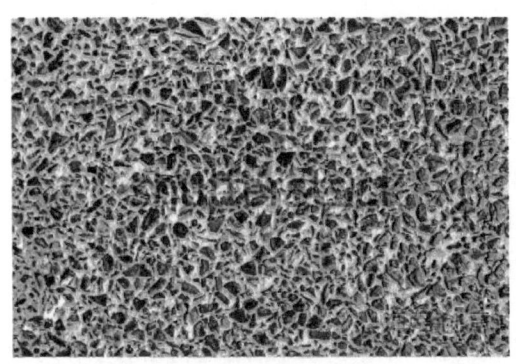

图 5-2　显微镜下透镜体

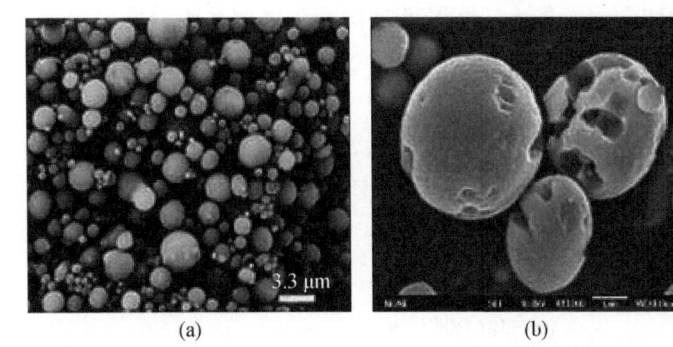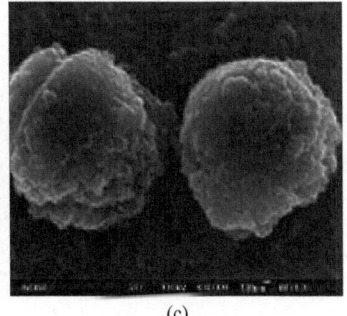

图 5-3　透镜体的主要矿物颗粒成分

5.1.2　颗粒流离散元理论

基于离散单元理论，把颗粒集合体（介质）离散成独立单元（二维是圆盘颗粒单元，三维是球形单元），将颗粒粒子作为基本单元，运用牛顿第二定律更新颗粒运动情况，并结合力-位移定律更新颗粒间的接触情况，建立每个离散单元运动方程，遵循循环运算法则，采用显式中心差分法求解方程，通过描述颗粒间相对运动以及其相互作用，来反映岩体的宏观力学行为（图 5-4）。

颗粒流软件 PFC 是从微观结构角度研究介质力学特性和行为的数值仿真工具，单元构成为圆盘 PFC$^{(2D)}$ 或圆球 PFC$^{(3D)}$，颗粒与颗粒的力学关系服从牛顿第二定律，能够研究固体（松散或黏结）介质的力学特性。

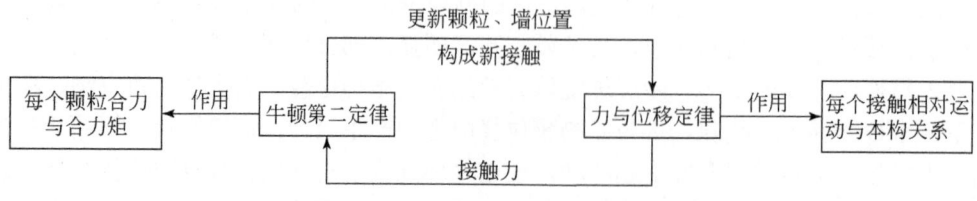

图 5-4 颗粒流数值计算原理及过程

颗粒之间的接触本构模型分为以下几种：刚度模型、线形接触模型、滑动模型和黏结模型。

1. 刚度模型

刚度模型中的法向接触刚度采用全量法计算：

$$F_i = k^n U^n n_i \tag{5-1}$$

式中，k^n 为接触点法向刚度，属于割线模量，与力和总位移对应；U^n 为法向位移；F_i 为法向接触力；n_i 为接触平面单位法向量。

切向接触力采用增量法计算：

$$\Delta F_i = -k^s \Delta U_i^s \tag{5-2}$$

式中，k^s 为切向刚度，属于切向模量，与力的增量和相对位移对应；ΔU_i^s 为切向相对位移增量。

采用此接触模型时，颗粒间的切向力不能大于颗粒间法向力与摩擦系数的乘积。

2. 线形接触模型

线性接触模型将颗粒的法向刚度和切向刚度通过串联接触的方式相互作用，这种新的法向和切向接触模量可表述为

$$k^n = \frac{k_n^{[A]} k_n^{[B]}}{k_n^{[A]} + k_n^{[B]}} \tag{5-3}$$

$$k^s = \frac{k_s^{[A]} k_s^{[B]}}{k_s^{[A]} + k_s^{[B]}} \tag{5-4}$$

式中，k^n 和 k^s 分别为颗粒的法向和切向刚度；[A]、[B] 为相接触的两个颗粒。

在线形接触模型中，法向割线模量与法向切线模量相等：

$$k^n = \frac{\mathrm{d}F^n}{\mathrm{d}U^n} = \frac{\mathrm{d}k^n U^n}{\mathrm{d}U^n} = k^n \tag{5-5}$$

3. 滑动模型

滑动接触模型的特点是：在互相接触的颗粒之间不存在法向和切向的抗拉强度，只允许颗粒在抗剪强度范围内产生滑动。滑动接触模型适用于模拟无黏结的散粒体材料如砂土、堆石等，其本构模型可以描述为

$$F_{\max}^s = \mu \left| F_i^n \right| \tag{5-6}$$

式中，μ 为颗粒间的摩擦系数。

当剪切力大于颗粒间的抗剪强度，即 $F_i^s > F_{\max}^s$ 时，颗粒将发生滑动。在进行下一步的计算时，通过式（5-7）将颗粒间的最大抗剪力进行置换：

$$F_i^s \leftarrow F_i^s F_{\max}^s / \left| F_i^n \right| \tag{5-7}$$

4. 黏结模型

黏结模型与其他接触模型相比最明显的区别就是在颗粒间加入了黏结强度。在 PFC 中提供了两种黏结接触模型：接触黏结模型（contact-bond model）和平行黏结模型（parallel-bond model）。接触黏结模型中设定黏结只在接触点周围小范围内存在，只能传递力；而平行黏结模型中的黏结存在于接触点附近有限的圆形或方形范围内，可以传递力和力矩。这两种类型的黏结都只存在于颗粒之间，并且其所传递的力超过了黏结强度时，黏结会被破坏促使颗粒发生滑移。

1）接触黏结模型

接触黏结可视为存在于颗粒接触点处的一对具有固定刚度的弹簧，它具有一定的抗剪和抗拉强度，只要接触黏结不被破坏，颗粒就不会发生滑动。颗粒间接触黏结的强度由法向黏结强度（F_c^n）和切向黏结强度（F_c^s）决定（图 5-5）。在任意时刻接触黏结和滑动模型同时存在。法向接触力（F^n）>0 表示受到张拉作用；相应的法向位移（U^n）>0 表示颗粒发生重叠。接触黏结模型中的黏结可以理解为刚性环黏结，黏结本身不可变形。

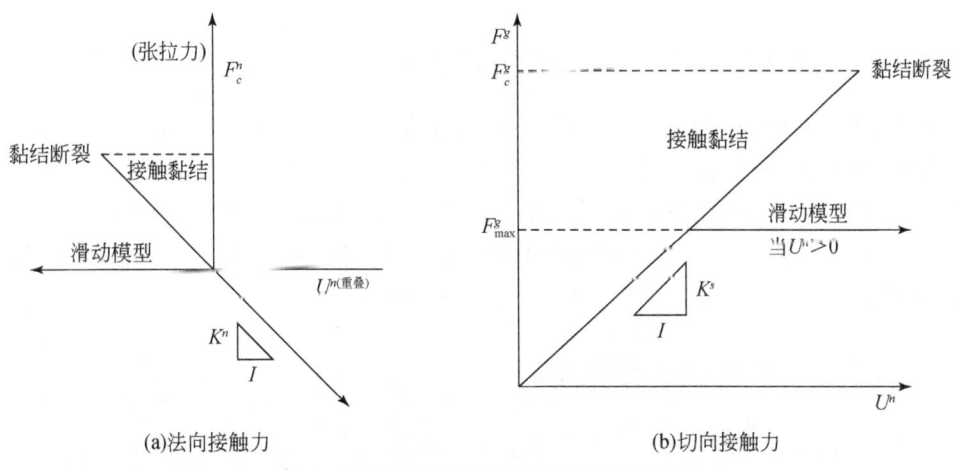

(a) 法向接触力 (b) 切向接触力

图 5-5　接触黏结模型本构行为图解分析

2）平行黏结模型

平行黏结模型可视为在颗粒间有限范围内提供的一种柔性黏结，如图 5-6 所示。这种黏结是颗粒间的一种弹性作用关系，可发生变形并具有一定刚度。

平行黏结模型中的黏结可以假设为圆球或圆柱，采用相同的半径和连接刚度，其强度可表示为

$$\Delta F_i^n = (-k^n \Delta U_i^n) n_i \tag{5-8}$$

$$\Delta F_i^s = -k^s A V_i \Delta t \tag{5-9}$$

$$\Delta M_3 = -k^n I (\omega_3^B - \omega_3^A) \Delta t \tag{5-10}$$

式中，ΔM_3 为合力矩；k^n 为法向刚度；k^s 为切向刚度；A 为接触面积；U^n 为法向位移量；V_i 为接触速度；I 为接触点的惯性矩；ω_3 为黏结的角速度。

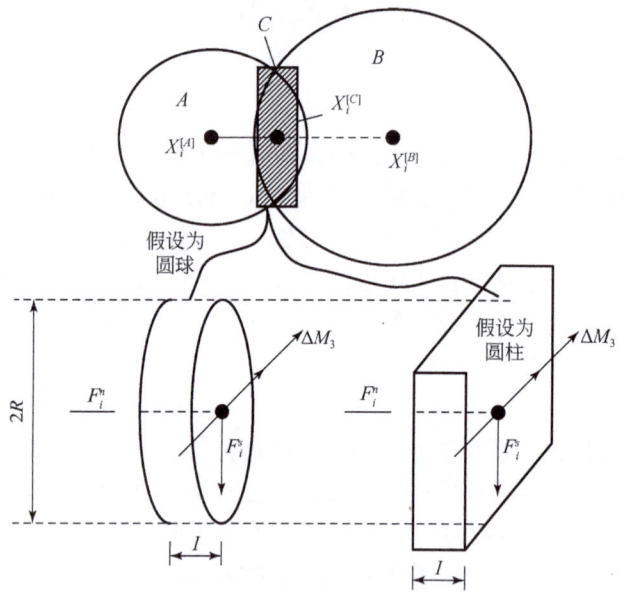

图 5-6 平行黏结模型

5.1.3 公伯峡隧道三台阶法开挖模拟及结果分析

公伯峡隧道在Ⅴ级围岩条件下，运用三台阶法进行开挖，并预留核心土，运用颗粒流离散元理论分析公伯峡隧道开挖过程。采用 PFC 软件计算，用平行黏结模型模拟岩层与衬砌的力学性质。计算模型由三种地层组成：地表 0～16 m 为 Q_3^{eol} 新生界第四系上更新统风积层；16～40 m 为 Q_{1-2}^{al+pl} 新生界第四系中下更新统冲洪积层；40 m 以下为 N_2^1 新生界新近系上新统临夏组。地层分布及几何模型如图 5-7、图 5-8 所示。

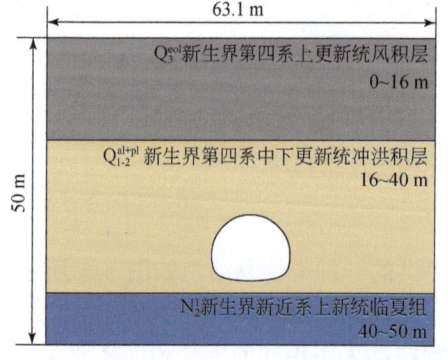 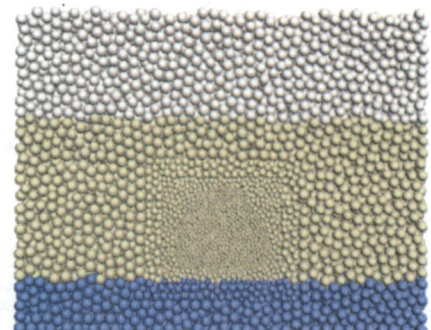

图 5-7 地层分布图

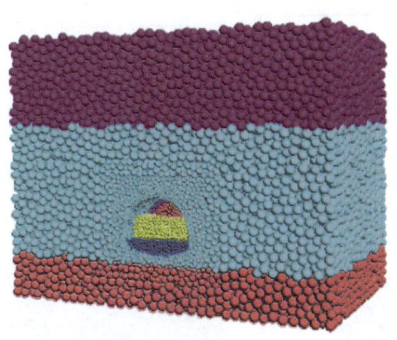

图 5-8　几何模型

假设：①只考虑自重形成的初始应力场；②只考虑初期支护的作用，不考虑二衬的作用；③地层材料采用平行黏结模型表征；④地层和材料的应力应变均在弹塑性范围内变化；⑤不考虑隧道开挖对土体力学指标的影响；⑥不考虑地下水的影响。

假定超前管棚加固区为均匀等厚度区域，通过等效弹性模量及强度来模拟其加固效应。加固圈的厚度为 D，注浆扩散半径为 R，管棚间距为 S，管棚半径为 r_0（图 5-9）；加固厚度（D）的计算公式为

$$D = 2\left[R^2 - \left(\frac{S}{2}\right)^2\right]^{\frac{1}{2}} \tag{5-11}$$

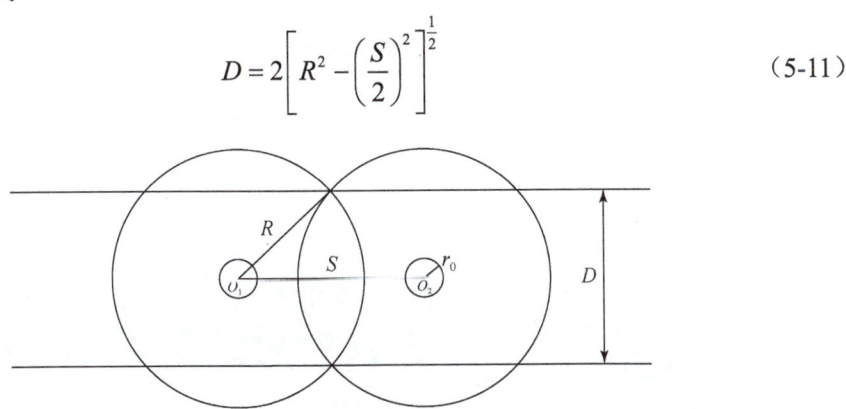

图 5-9　加固圈厚度计算简图

公伯峡隧道三台阶开挖的模拟步骤为：①超前支护；②环形导坑开挖；③上台阶做初期支护；④开挖核心土；⑤中台阶开挖；⑥中台阶做初期支护；⑦下台阶开挖；⑧下台阶做初期支护（图 5-10）。其中，上、中、下台阶高度分别为 3.8 m、3.82 m 和 2.5 m。上台阶先开挖环形导坑，环形导坑领先核心土 3 m，上台阶领先中台阶 5 m，中台阶领先下台阶 24 m。开挖时步距为 3 m，每步开挖后，对相应的台阶进行初期支护。最终状态的初期支护如图 5-11 所示。

公伯峡隧道 PFC$^{(3D)}$ 计算模型如图 5-12 所示。浅蓝部分为上台阶环形土，红色部分为核心土，绿色为中台阶，深蓝为下台阶，浅绿部分为初期支护，白色为周边土体。

选择 6 个关键断面进行不同施工阶段的拱顶沉降、周边收敛以及仰拱回弹的规律监测。具体的监测点位及监测断面信息如图 5-13 所示。

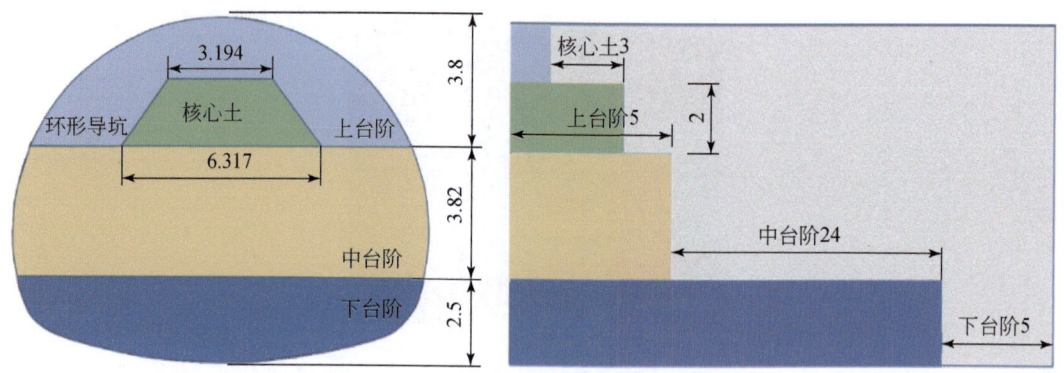

图 5-10 三台阶施工布局图（单位：m）

图 5-11 最终状态的初期支护

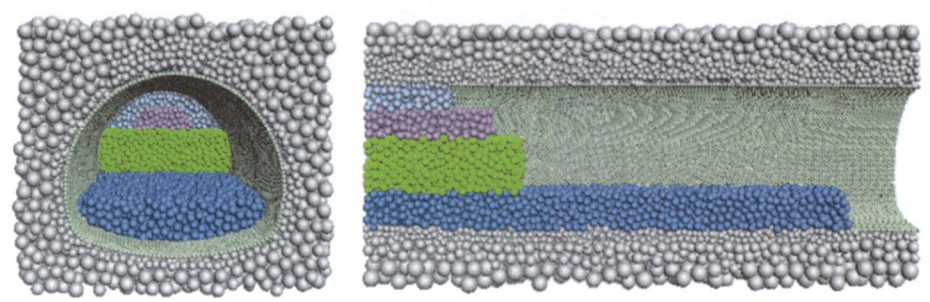

图 5-12 三台阶施工三维效果图

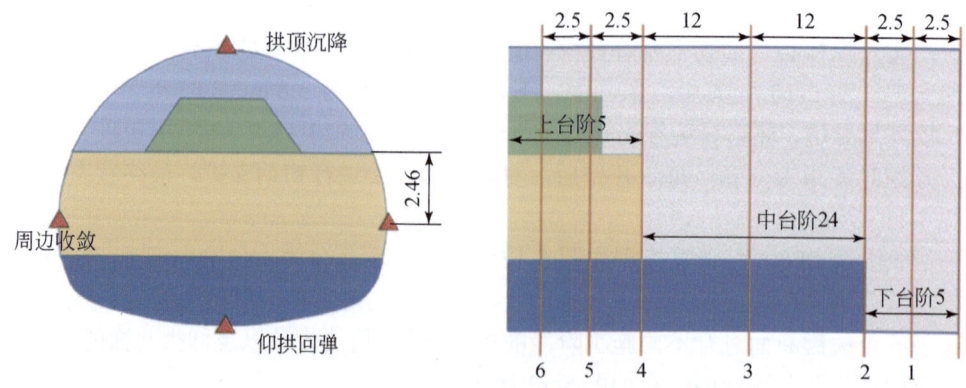

图 5-13 监测点位及断面分布图（单位：m）

1. 围岩和支护结构的应力分布规律

根据隧道纵断面的围岩和初期支护的应力分布（图 5-14），在隧道开挖时，拱腰处应力较大；上台阶开挖过后，拱顶、拱腰处出现应力集中；下台阶开挖过后，拱顶处产生应力集中减小，拱脚处应力集中。因此，在台阶转换过程中，要尽量减少对这部分土体的扰动。

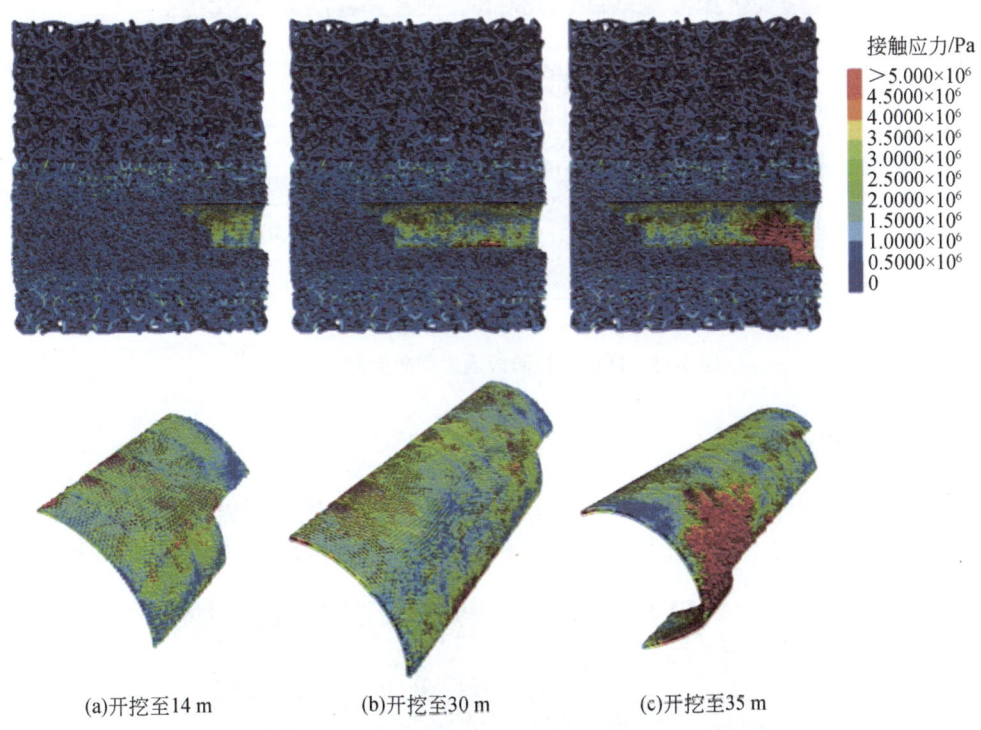

(a) 开挖至 14 m   (b) 开挖至 30 m   (c) 开挖至 35 m

图 5-14 围岩和初期支护的应力场分布

2. 塑性区横向分布

取洞深 $y=4$ m 的断面为研究断面，断面在上台阶开挖、中台阶开挖以及全挖三个阶段的围岩应力分布如图 5-15 所示。红色部分为弹性区域，蓝绿色部分为塑性区域。其中，蓝色区域拉应力过大，而产生塑性变形。绿色区域的剪应力过大而产生塑性变形。

上台阶开挖完成时，隧道拱顶、拱腰以上土体均处于塑性区，塑性区范围集中在上台阶以上 3.12 m 左右。当隧道上、中台阶开挖完成时，隧道拱脚、仰拱周边出现了塑性区，塑性区域已波及至洞顶上方 7.57 m，洞周两侧 6.26 m，仰拱下方 5.17 m。当隧道开挖至 35 m 时，4 m 断面处于全开挖阶段，塑性区持续扩大，随着初期支护闭合成环，塑性区不再扩展，最终塑性区域范围为洞顶上方 11.22 m，两侧 11.38 m，仰拱下方 10 m。

由此可见，随着隧道上、中、下台阶的开挖，围岩受扰动区域增加，塑性区不断扩大。当初期支护封闭成环时，隧道围岩逐渐稳定，塑性区也不再扩展。

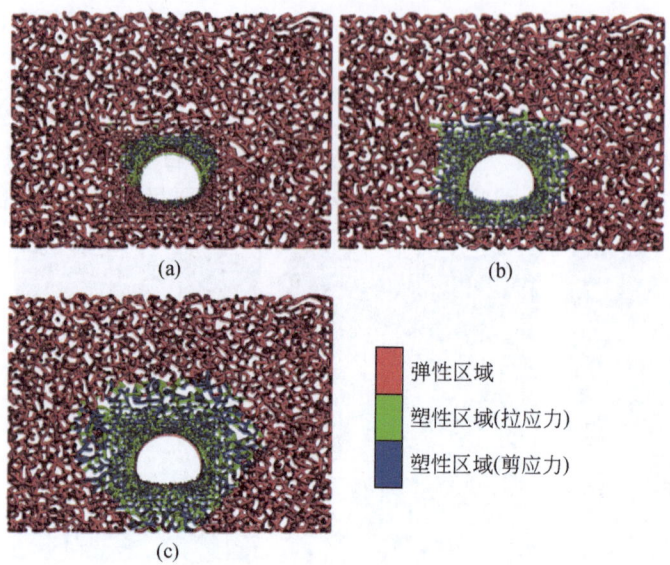

图 5-15 断面开挖阶段围岩横断面应力分布

3. 塑性区纵向分布

根据上台阶、中台阶及全挖状态三个阶段对应的隧道纵断面围岩应力分布（图 5-16）可知，隧道开挖过程中，隧道上方、前方、下方均有一定的塑性区产生。随着开挖的进行，

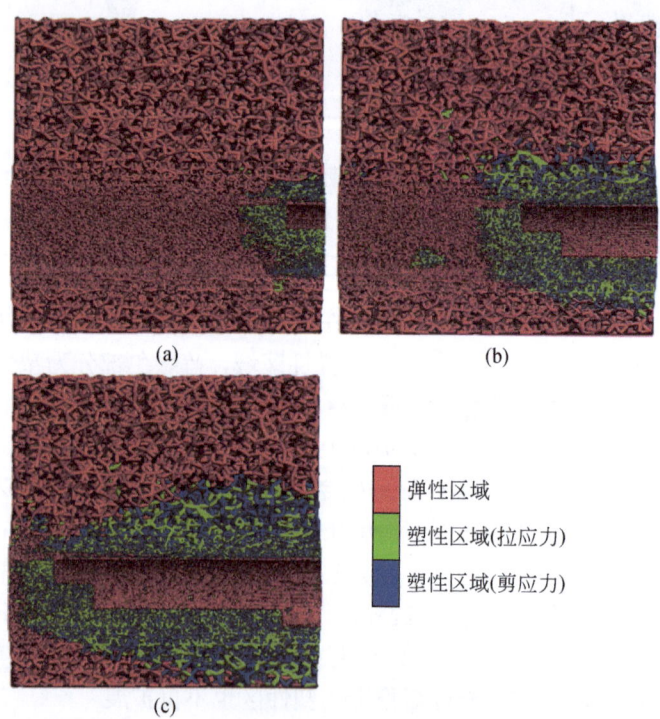

图 5-16 断面开挖阶段围岩纵断面应力分布

对围岩扰动区域增加，塑性区不断扩大。当初期支护封闭成环时，围岩逐渐稳定，塑性区也趋于稳定，不再扩展。

4. 围岩纵断面竖向位移

由隧道上台阶开挖至 8 m、25 m、32.5 m 时的围岩竖向位移分布（图 5-17）可知，由于砂卵石地层黏聚力较低，易扰动，随着上台阶开挖的进行，隧道围岩扰动范围扩大。隧道上方发生沉降，隧道硐室下方和前方均呈现不同程度的回弹。随着隧洞的开挖，受扰动区域不断增大，受扰动深度与高度均变大。其中，沉降区域范围由 2.089 m 增加至 4.255 m 并最终稳定在 5.66 m。回弹区域范围由开始的 3.69 m 增至 5.88 m，并最终稳定到 7.12 m。因此，在施工的过程中，应注意及时支护，快速施工，避免受扰动区域的不断扩大导致土体失衡。

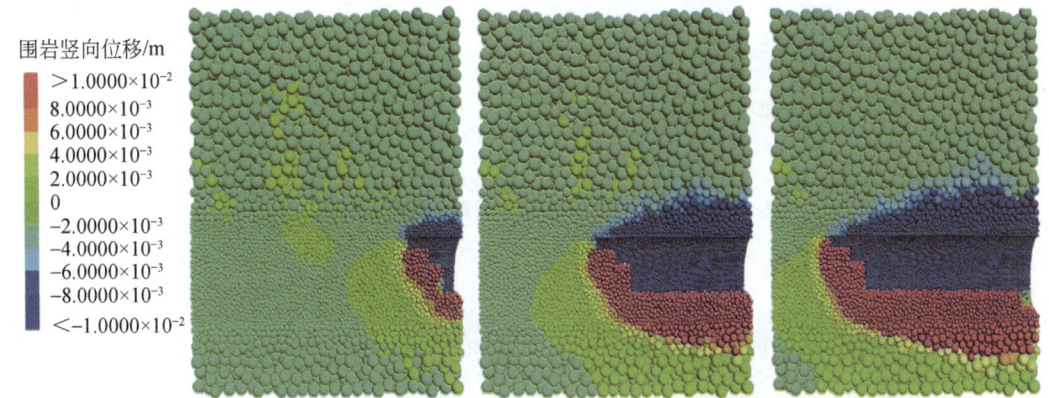

图 5-17 不同开挖进尺围岩纵断面竖向位移变化

值得一提的是，由于超前支护的作用，不同开挖进尺的掌子面前上方位移基本不变化，掌子面正前方的竖向位移较小。这表明注浆管棚通过钢管上的出浆孔，通过渗透注浆、填充注浆或挤密注浆将浆液均匀地压注到围岩中，有效改良了岩体的性质，提高了围岩的物理力学性能，达到了加固的作用，增强了围岩自稳能力。

5. 围岩横断面竖向位移

根据上台阶开挖至 4 m、20 m、35 m 围岩竖向位移分布（图 5-18）可知，随着隧道的开挖，断面扰动范围不断增大。开挖完成后，围岩沿新形成的临空面产生变形，拱顶沉降位移最大。仰拱附近产生回弹位移，拱腰产生水平方向变形。此外，横断面的竖向位移并非对称分布，这与实际工程相符，这是因为隧道两侧砂卵石随机分布，各个区域砂卵石比例不尽相同。

6. 拱顶下沉

将沿隧道轴向拱顶上方 30 m 高度的土层命名为断面 A。当隧道开挖 35 m，并完成一个闭合支护后，断面 A 的位移云图如图 5-19 所示，可以看到，岩体越接近隧道拱顶沉降就越大。在支护闭合成环后,较早开挖的土体位移已趋于稳定。而后方的土体有较大的沉降。其中,洞深方向最大沉降位置在洞深方向 7.83 m 处,最大沉降达 38.35 mm。

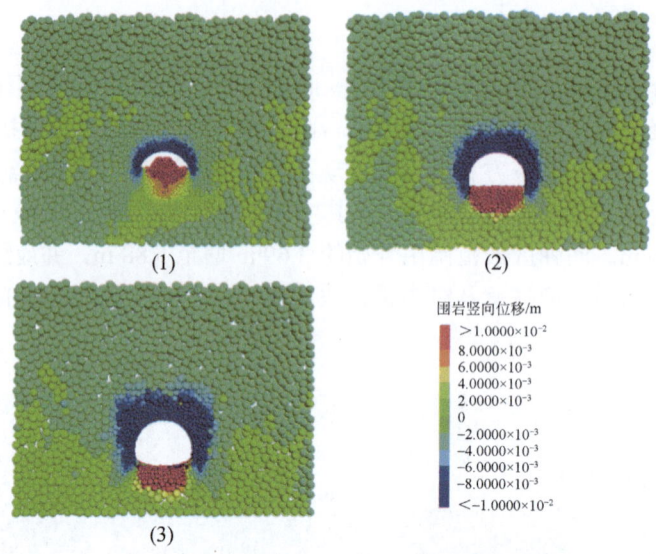

图 5-18 不同开挖进尺围岩横断面竖向位移变化

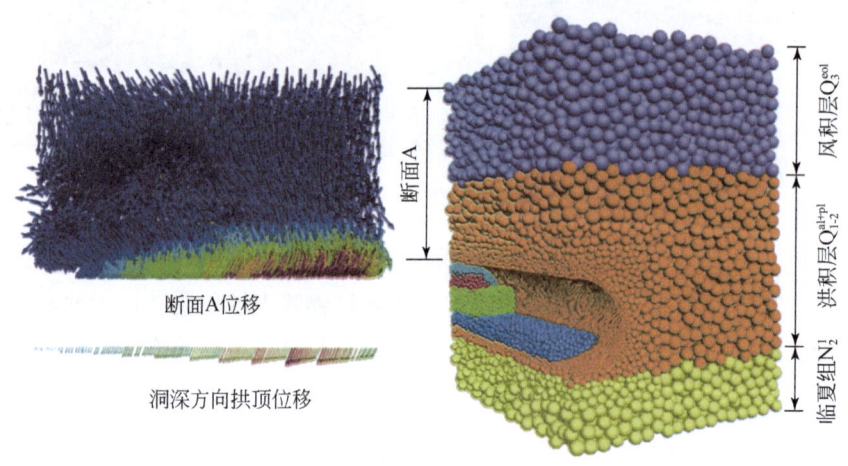

图 5-19 不同开挖进尺拱顶竖向位移

统计 6 个监测断面的拱顶位移(图 5-20),当开挖至 35 m 时,各监测断面沉降已经相对稳定。其中,1 号断面拱顶沉降为 36 mm,2 号断面沉降最大,最大沉降值为 38 mm。

从图 5-20 可以看出,拱顶下沉经历四个阶段:①急速变形阶段,环形导坑开挖中,隧道还未有初期支护,隧道拱顶急速下沉;②快速变形阶段,该阶段发生在中台阶开挖过程中,围岩受到一定程度的扰动;③缓慢变形阶段,该阶段发生在下台阶开挖过程中,再次受到扰动,但此次扰动程度较小;④变形稳定阶段,随着初期支护闭合成环,隧道周边围岩基本稳定,变形趋于稳定。

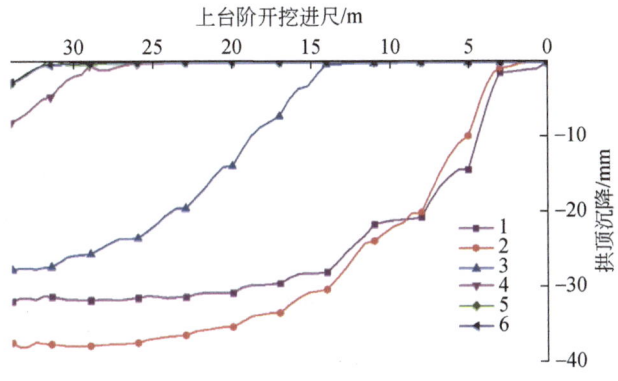

图 5-20　监测断面拱顶位移变化曲线图

7. 周边收敛

隧道岩体开挖，引起周边围岩不断向隧道临空面挤压变形（图 5-21）。可以看到，各监测断面，随隧道开挖进尺的增加，逐渐向内收敛。其中 1、2、3 号断面由于距掌子面较远，收敛规律较明显，经历快速收敛、缓慢收敛，最后趋于稳定。最终各个监测断面的收敛值逐渐稳定于 65.3 mm。

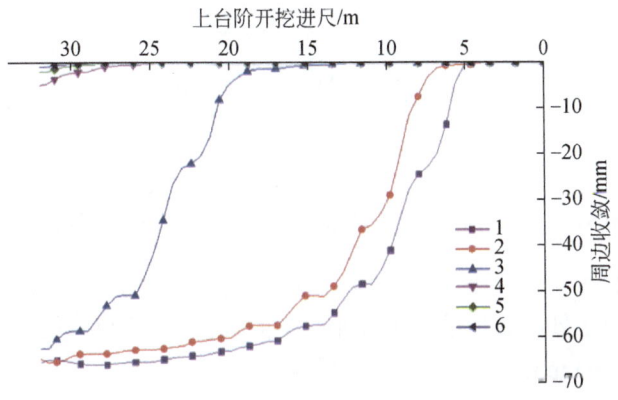

图 5-21　监测断面周边收敛变化曲线图

8. 仰拱回弹

根据仰拱回弹变化曲线（图 5-22），随开挖的进行，仰拱位移不断增加，直至衬砌闭合成环。仰拱回弹经历两个阶段：①缓慢变形阶段，该阶段主要发生在各个台阶的开挖过程中，随着上台阶、中台阶、下台阶不断开挖，仰拱不断产生向上的缓慢变形，且一直在增加；②稳定变形阶段，该阶段发生在下台阶开挖后，初期支护已闭合成环，围岩相对比较稳定，仰拱回弹量也逐渐趋于稳定。

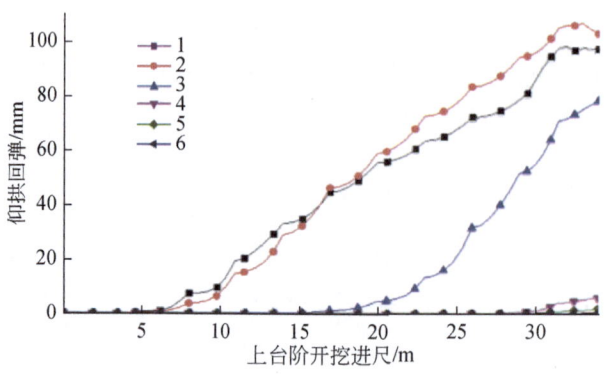

图 5-22 监测断面仰拱回弹变化曲线图

9. 地表沉降分析

在隧道施工过程中,岩体不断被扰动产生不同的位移直至达到平衡。选取隧道 $y=4$ m 处断面,监测围岩地表及以下埋深 5 m 内的位移沉降情况(图 5-23),地表土层形成了明显的不均匀沉降现象。由于隧道施工过程的扰动,隧道正上方的围岩扰动较大,相应的地表沉降也较大,两侧部分地表位移较小。但总体对称分布,并呈现中间大两边小的现象。

图 5-23 断面纵向长度 $y=4$ m,土体埋深 5 m 内的位移矢量图

断面地表沉降曲线变化规律(图 5-24)基本上符合地表横向沉降槽曲线(高斯曲线),呈倒钟形分布,但由于砂卵石地层随机分布,中间数值大,两侧数值小。其中,在洞口正上方的最大位移为 0.03 mm。

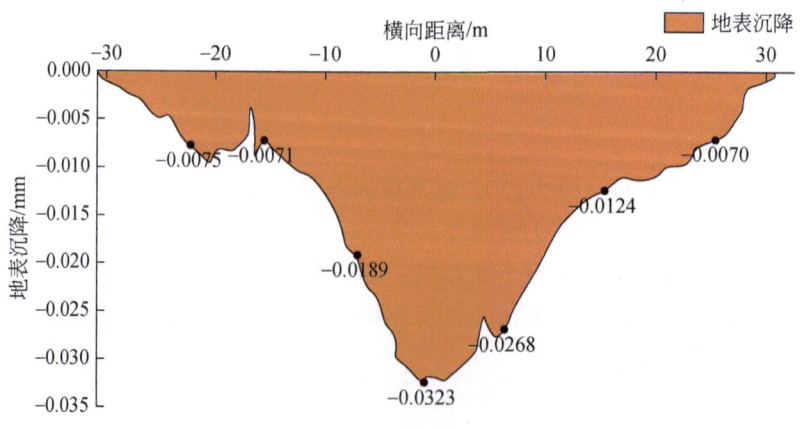

图 5-24 地表沉降曲线图

5.2 砂卵石隧道预加固技术研究

5.2.1 砂卵石隧道预加固方案比选

由于砂卵石具有结构松散、颗粒细密等特征，常用的超前支护技术与加固方法显然是不适用的。超前围岩注浆的颗粒细密，可注性差，浆液扩散范围小，注浆效果难以保证。结合类似地层的隧道修建经验，初步确定采用小导管注浆、大管棚注浆和水平旋喷桩进行砂卵石地层隧道开挖。

1. 超前小导管注浆技术

超前小导管注浆技术是地下工程中地层超前支护的重要手段，也是不良地质隧道与地下工程施工常用的开挖辅助措施。浆液通过配套的注浆机具由小导管注入岩土的孔隙和裂缝中，浆液经扩散、凝固、硬化以减小岩土的渗透性，达到堵水的目的，并能固结软弱松散的岩体，使围岩强度和自稳能力得到提高。

超前小导管注浆的基本原理是在工作面周边按一定角度将小导管打（钻、压）入地层中，借助注浆泵的压力，使浆液通过小导管渗透、扩散到地层孔隙或裂隙中，既可止水，又可在工作面周围形成具有抗压、抗弯性能的承载壳，同时管体又可起到超前锚杆的作用，从而达到增加土体的自稳时间、提高开挖面地层自稳能力、限制地层松弛变形的目的。

2. 超前短管棚注浆

超前管棚支护是在开挖轮廓外钻好的孔中打入钢管，与钢拱架组合形成强大的棚架预支护加固体系，支承来自管棚上部的荷载。通过注浆孔加压向地层中注浆，以加固软弱破碎的地层，提高地层的自稳能力。超前大管棚支护是钢管与浆液固结体共同作用，一方面进行钻孔、下设钢管，当钢管穿过松散软弱围岩区域，伸入到原状土部位，有力地保障了开挖掌子面岩土体的稳定，起到骨架、格栅作用；另一方面通过注浆使浆液从钢管孔中压出，并在一定的压力作用下注入钢管周围松散软弱的地层中，形成稳定的复合固结体，使周围地层的力学性质得到改变，稳定性能得到加强，防止土层坍塌和地表下沉。

3. 水平旋喷桩

旋喷桩法具有加固体强度高、质量均匀、形状可控的特点，利用工程钻机，将旋喷注浆管置于设计加固深度处，在钻杆旋转退出时，将配制好的浆液，压入地层，把土和浆液搅拌成混合体，形成新的有一定强度的水泥土。在软弱地层中，应用水平旋喷桩法能够很好地加固地层，保证施工安全，防止坑道坍塌，有效控制地面沉降，确保隧道顺利施工。

水平旋喷预支护是通过高压喷射流使浆液与土体固化，形成一定直径的旋喷柱体，环向相邻柱体之间相互咬合，在开挖面上方形成整体性较好的旋喷拱，从而产生较好的抗压抗弯性能。同时，由于挤密和固结作用，管棚体周围砂层的物理力学性能也可得到不同程度的改善。开挖后，预支护拱立即发挥作用，抑制围岩变形，承担地层压力，保证开挖后硐室稳定，防止漏砂和坍塌。

4. 预加固效果对比分析

砂卵石隧道超前支护选取的关键是能否有效封挡漏砂从而控制地层和结构变形。采用数值方法，对无超前支护、小导管支护、短管棚支护和水平旋喷桩支护四种不同支护方案的力学结果进行分析，优选砂卵石隧道超前支护方案。

根据计算结果（表 5-1～表 5-3 和图 5-25），从围岩变形来看，超前短管棚注浆对围岩变形控制效果最好；从初期支护内力来看，超前短管棚注浆支护下，初期支护最大弯矩为 295 kN·m，最大轴力为 1367 kN；水平旋喷桩初期支护最大弯矩为 351 kN·m，最大轴力为 1168 kN；超前小导管注浆，初期支护最大弯矩为 358 kN·m，最大轴力为 1145 kN；无超前支护条件下，初期支护最大弯矩为 371 kN·m，最大轴力为 1059 kN。可见，随着超前支护刚度的增加，初期支护产生的轴力不断增大，弯矩不断减小。随着超前支护刚度的增加，二衬所受压应力不断增大，拉应力不断减小。

表 5-1　各超前支护下围岩最终位移　　　　　　　　　　（单位：mm）

支护措施	地表沉降	拱顶沉降	底部隆起	水平位移
无超前支护	82	181	96	28
超前小导管注浆	78	165	96	22
水平旋喷桩	76	160	94	22
超前短管棚注浆	70	136	91	14

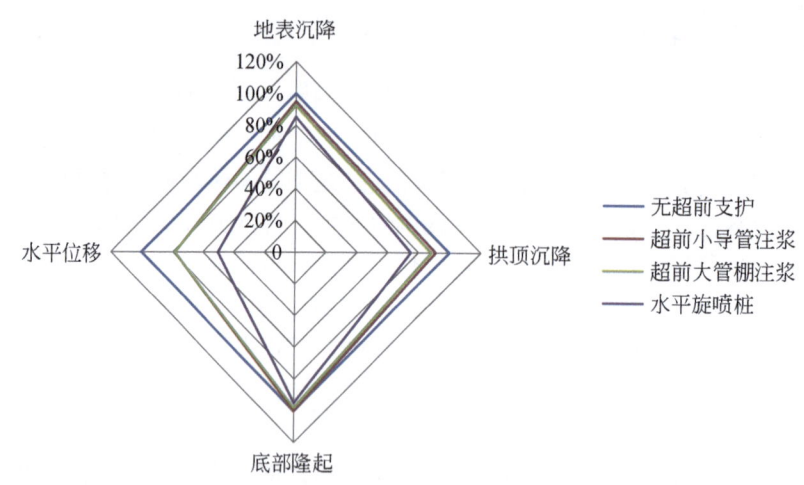

图 5-25　不同超前支护方案地层及结构变形对比

表 5-2　各超前支护下初期支护内力

支护措施	最大弯矩/(kN·m)	最大轴力/kN
无超前支护	371	1059
超前小导管注浆	358	1145
水平旋喷桩	351	1168
超前短管棚注浆	295	1367

表 5-3 各超前支护下二衬应力　　　　　　　　（单位：MPa）

支护措施	最大拉应力	最大压应力
无超前支护	0.75	2.79
超前小导管注浆	0.77	2.81
水平旋喷桩	0.83	2.98
超前短管棚注浆	0.74	3.06

综上所述，超前短管棚注浆围岩变形和沉降控制效果最好，水平旋喷桩次之，超前小导管注浆效果最差。水平旋喷桩条件下拱顶沉降较无支护减小25%，较超前小导管注浆减小18%，较超前大管棚注浆减小15%。

砂层密集区采用水平旋喷桩技术施工工艺相对简单、周期相对较短，成功应用的关键在于注浆效果。超前小导管注浆应根据注浆扩散范围和砂体滑动面，合理确定小导管环向间距和长度。超前短管棚注浆施工工艺复杂，施工周期较长，但其固砂效果、变形和沉降控制效果均优于超前小导管和水平旋喷桩，可有效解决砂卵石隧道施工中的难题，确保围岩稳定和施工安全。

5.2.2 管棚受力荷载及作用范围的确定

浅埋隧道和深埋隧道衬砌的荷载不同。对于浅埋隧道，土柱重量（作用力）大于土柱两侧的摩擦力和黏结力（反作用力），地层不能发挥成拱作用，开挖所引起的应力重分布波及地表面，土体整体塌落；对于深埋隧道，围岩的松动局限在隧道顶部某一范围内，松动范围的大小、形状，因埋深、围岩特性、隧道尺寸而异。由于支护的延后，可以认为松动的最大高度是在围岩不受支护力作用条件下发生的，而作用在支护结构上的作用力就是松动范围内的岩体的自重。对于管棚预支护条件下的隧道，管棚受力荷载（围岩压力）应综合考虑隧道埋深、围岩条件、开挖条件以及其作为临时支护结构的特点等多因素来确定。

5.2.3 管棚跟管钻进关键技术

对公伯峡砂卵石地层管棚工艺试钻与改进，并结合风动潜孔锤托管钻进法工艺。改进风动潜孔锤托管钻进工艺如下：测量定位、套管安装→机具组装调试→潜孔锤钻进→直至设计深度终孔→回取锤头→封孔注浆→移至下一孔位。

管棚单节钢管长度3 m，钢管上布置间距为200 mm的梅花形Φ10 mm注浆孔，钢管之间采用活接头内套丝连接，活接头L=300 mm，两端各接入150 mm。管棚钢管在专业厂家加工，采用丝扣连接接头，1 m和2 m为一节。现场加工梅花形注浆孔。

钻头与管靴（图5-26）连接后，放入导向管内，钻杆穿过第一节钢管与钻头连接，开动管棚机，钻头偏出，旋钻扩孔，将岩体研磨、冲击、挤密成孔，利用冲击器带动管棚钢管钻进。

图 5-26 管棚、管靴、接头

钻机开孔时钻速不易过高，钻深 20 cm 后转入正常钻速。第一节钢管钻进到位后，继续安装钻杆及管棚钢管。待钻到设计管棚长度后，反转钻杆，使钻头合拢退回管内，钻机沿导轨退回原位，取出钻头及钻杆，进行下个钢管钻进（图 5-27）。钻进时，少量钻渣通过注浆孔进入管内，钻进结束后，用高压气从管底向管内口清理钻渣。

图 5-27 钻机钻进

在中导开挖的过程中，由于地层土体松散，开挖后拱脚出现临空面产生滑动，造成上导拱脚后大面积塌方，拱架失去支撑后出现掉拱。为有效防止塌方，用 4 m 长的 $\Phi108$ 管棚作为锁脚锚管，在每一榀工字钢拱脚处各设置 2 根，作为拱脚的支撑，确保上方拱架的稳定和隧道的安全，减少塌方造成的损失。锁脚锚管完成后，间距只有 22 cm，同时防止"砂漏"。

公伯峡隧道的卵砾石层密实度大、大粒径漂石含量高、粉粒及砂粒充填物富集，胶结强度不高，自稳性比较差，且含水量几乎为零，遇到振动易涌砂及塌陷。浆液扩散有限，注浆效果较差，采用注入浓度较低的水泥浆的方式（图 5-28），将管棚周围及整个掌子面全部浸透，增加砂砾间摩阻力，增强围岩的自稳能力。

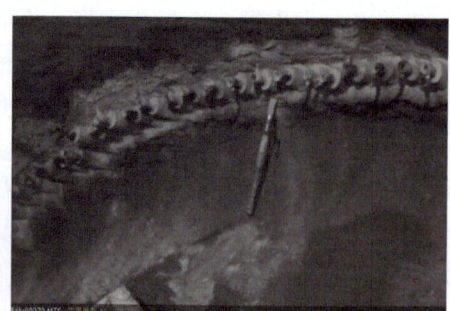

图 5-28 管棚注浆

由于围岩中含有大量卵石、漂石，跟管无法取出，将钻头取出后，用 $\Phi108$ 跟管作为临时支护管，在管中注入水泥浆，能够很好地满足施工需要，支护效果见图 5-29。施工后管棚形成的轮廓圆弧规则，管棚排列较整齐，形成一个完整的超前支护环［图 5-30（a）］；隧道开挖后地表、拱顶沉降均较小［图 5-30（b）］，均在允许范围内。

图 5-29 支护效果

(a)潜孔锤跟管钻进管棚施作效果

(b)施工后洞顶沉降监测结果

图 5-30 管棚跟管钻进关键技术

5.3 砂卵石隧道施工监测及变形受力分析

5.3.1 监控量测方案

砂卵石隧道监控量测必须综合考虑区段工程地质特征、支护结构以及开挖方法等，制定适宜的量测方案，以指导隧道的动态设计和施工，确保工程的安全顺利进行。通过监控量测要达到以下目的：

（1）通过监控量测掌握隧道-围岩的受力和变形状态，判断隧道衬砌和围岩是否稳定和安全，确保隧道施工的安全与质量。

（2）评价结构变形控制效果，进行信息反馈及预测预报，指导现场施工，优化超前支护施工参数及初期支护设计。

（3）获得监控量测数据和经验，为提高砂卵石地区公路隧道的修建水平提供科学依据和技术保证。

1. 监测项目、测点布设

依据砂卵石隧道的变形特点和项目控制变形的实施理念，监测项目选取以变形量测为重点，辅以支护应力量测，结合国内已建砂卵石隧道和公伯峡隧道砂卵石段落的实地监测经验，砂卵石隧道监控量测项目包括5个方面（表5-4）：①初期支护拱顶下沉量测；②洞周水平净空收敛量测；③洞顶地表下沉量测；④初期支护应力量测；⑤支护开裂变形情况观测。

表5-4 现场监控量测必测项目

序号	项目名称	方法及工具	布置
1	洞内外观察	现场观测	开挖及初期支护后进行
2	周边位移	收敛计	每5～50 m一个断面，每断面1～3对测点
3	拱顶下沉	水准测量的方法，水准仪、钢尺等	每5～50 m一个断面
4	地表下沉	水准测量的方法，水准仪、钢尺等	每5～10 m一个断面，每个断面（双洞）不宜少于7个测点
5	钢支撑应力	应变计、频率计	每5～50 m一个断面，每断面5～8个测点

必测项目在洞口段和埋深小于2倍开挖跨径的地段每隔5～10 m间距设一个量测断面，其余地段根据地质条件，量测断面间距可适当加大，但应保证代表性段落至少有一个断面。公伯峡隧道砂卵石段监测断面布设情况见表5-5。

表5-5 监控量测断面汇总表

监测断面序号	周边位移	拱顶下沉	围岩压力	两层支护间压力	钢支撑应力
ZK-1	○	○	●	●	●
ZK-2	○	○	●	●	●
ZK-3	○	○	○	○	○
ZK-4	○	○	○	○	○
YK-1	○	○	●	●	●
YK-2	○	○	●	●	●
YK-3	○	○	○	○	○
YK-4	○	○	○	○	○

续表

监测断面序号	地表沉降	边坡位移	初支变形加测
DB-1	√		
DB-2	√		
BP-1		√	
BP-2		√	
L-1			√
L-2			√

注：○表示仅布设拱部；●表示全断面布设；√表示仅监测该项目。

洞内外观察应重视洞口边、仰坡变形情况，发现疑似较大变形时应立即布设位移测点跟踪监测。周边位移收敛测线应结合施工工法灵活布置，三台阶工法应在上台阶和中台阶布置水平测线。初期支护应力测点应在拱顶、双侧拱肩、双侧边墙、双侧仰拱拱角、仰拱中心布置。砂卵石隧道初期支护采用型钢，支撑应力量测多采用应变计，型钢支撑测点成对布设，应变计布置在型钢腹板上下侧靠近翼缘位置。

2. 量测频率

砂卵石隧道监控量测频率宜结合实测项目量值的变化确定。洞内外观测应当每次开挖循环观测一次，管棚施作期间应每天观察一次。其余量测项目在布设初期加密量测频率，当量测值相对稳定时，可适当降低频率；当量测值变化速率加快或出现危险事故征兆时，应密切关注。各阶段量测频率由表 5-6 确定。

表 5-6 必测项目量测频率

编号	量测项目	量测频率				
		1～5 d	5～15 d	16～30 d	1～3 个月	3 个月以上
1	洞内、外观察	每次开挖循环观测一次，或每天观测一次				
2	周边位移量测	2～3 次/d	1～2 次/d	1 次/d	2～3 次/周	1～3 次/月
3	拱顶下沉量测	2～3 次/d	1～2 次/d	1 次/d	2～3 次/周	1～3 次/月
4	地表沉降	开挖面距量测断面前后小于 2 倍开挖跨径，1～2 次/d， 开挖面距量测断面前后小于 5 倍开挖跨径，每 2～3 d 1 次， 开挖面距量测断面前后大于 5 倍开挖跨径，每 3～7 d 1 次。				
5	钢支撑应力	2～3 次/d	1～2 次/d	1 次/1d	2～3 次/周	1～3 次/月

注：测点布设初期量测频率可取上限，若数值较为稳定可取下限。

3. 周边收敛

在开挖后的隧洞壁应及时安设测点，用收敛计量测两测点间的距离，两次测定的距离之差为该时段的收敛值。根据收敛值或位移速度，可判断围岩与支护是否稳定。通过计算周边收敛和预测最终位移值，选择施作二次衬砌最佳时机，为隧道施工工艺、支护衬砌参数优化提供参考。测点布置如图 5-31 所示。

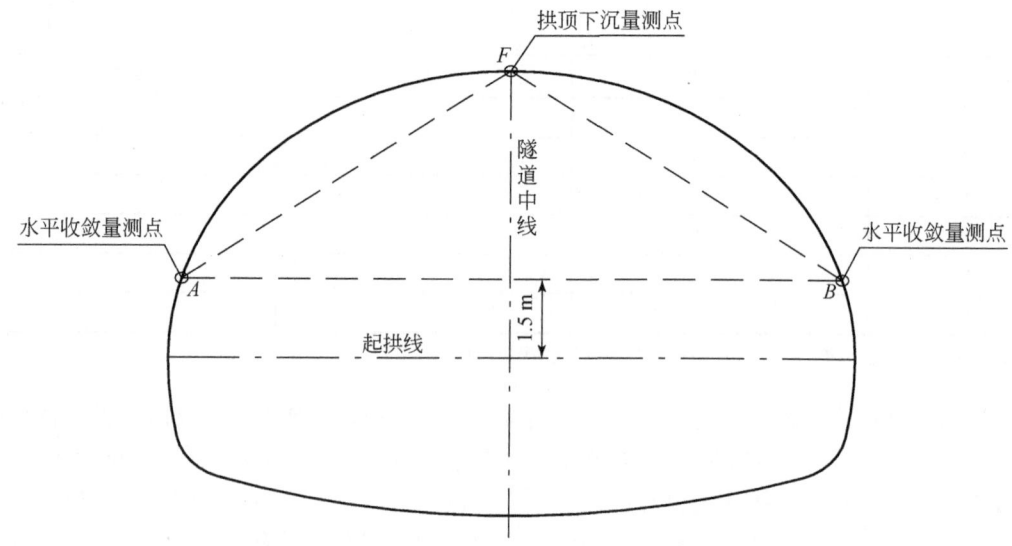

图 5-31 隧道周边收敛及拱顶下沉量测断面示意图

4. 围岩压力及层间支护压力量测

围岩压力量测是在围岩与初期支护之间、初期支护与二次衬砌之间安放压力盒进行测量,以了解围岩压力的量值及分布状态,判断围岩和支护的稳定性,分析二次衬砌的稳定性和安全度。压力盒的布置如图 5-32 所示,每一断面布设多个测点,观测时根据岩体情况及要求定期进行量测,每个压力盒的量测应不少于 3 次,测量数值要准确、可靠。

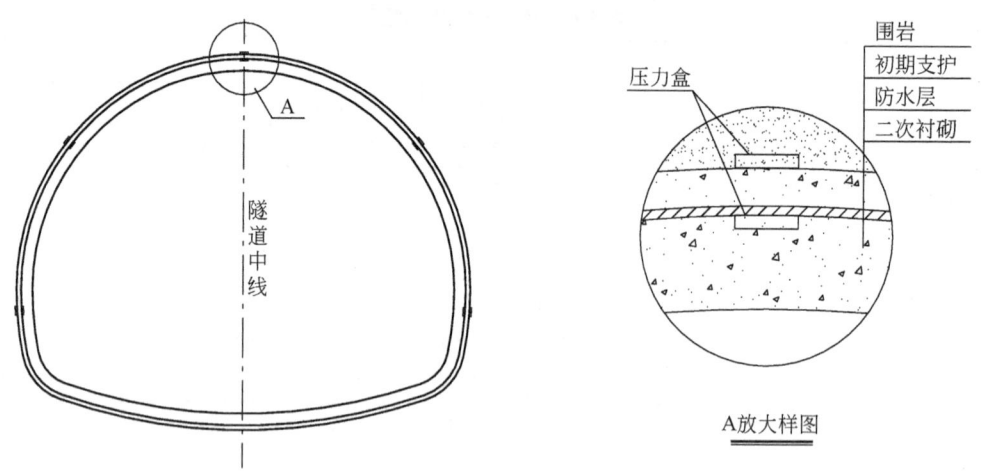

图 5-32 围岩压力及两层支护间压力量测断面示意图

5. 钢支撑应力量测

钢支撑应力量测断面的测点布置位置与压力盒径向应力测点布置位置相同,通过焊接在支架上的表面应变计来量测,待型钢支撑安装完以后即可测取读数。现场具体监测情况如图 5-33 所示。

图 5-33 现场监控量测

5.3.2 监控量测数据分析

通过监测可直观获得围岩和支护结构的受力与变形状态，掌握围岩应力、应变和位移状况及发展趋势，指导现场施工并为设计参数优化提供依据。

现场监测结果（表 5-7）表明，隧道初期支护变形量值小于 5 cm，与国内已建 V 级围岩隧道施工变形相比处于较低水平，与类似的砂卵石隧道相比则更小，隧道变形控制效果显著。

表 5-7 初期支护变形实测结果

监测项目	右洞			左洞		
	距洞口 590 m	距洞口 620 m	距洞口 650 m	距洞口 590 m	距洞口 620 m	距洞口 650 m
拱顶沉降/mm	35.4	44.7	32.7	36.8	43.9	35.0
水平收敛/mm	12.55	16.48	12.06	13.17	17.80	12.42

实测初期支护变形数据较数值计算结果要小，一方面是变形监测受施工干扰和洞内环境影响较大，变形监测点布设后的第一个施工循环较难精确量测数据，存在测量误差；另一方面是数值计算为提高计算效率在模拟施工过程时做了简化，计算进尺比实际施工进尺大，模型变形会有所增加，预测的变形结果倾向于不利情况考虑，但总体上数值计算所得变形规律与现场实测相吻合。

根据实测围岩压力与时间关系曲线［图 5-34（a）、（b）］，围岩与喷射混凝土间的压力初期增长较快，15 天以后趋于平缓。围岩压力最大值出现在右侧拱腰处，其值为 214 kPa；拱顶次之，其值为 180 kPa；边墙处围岩压力达到 106 kPa。在施工过程中，应严格控制开挖进尺，保证喷射混凝土和锁脚锚杆施工质量，及时封闭掌子面，尽快使初期支护封闭成环，改善支护结构受力状况，加强监控量测，尤其对边墙处围岩压力和收敛变形予以重视。

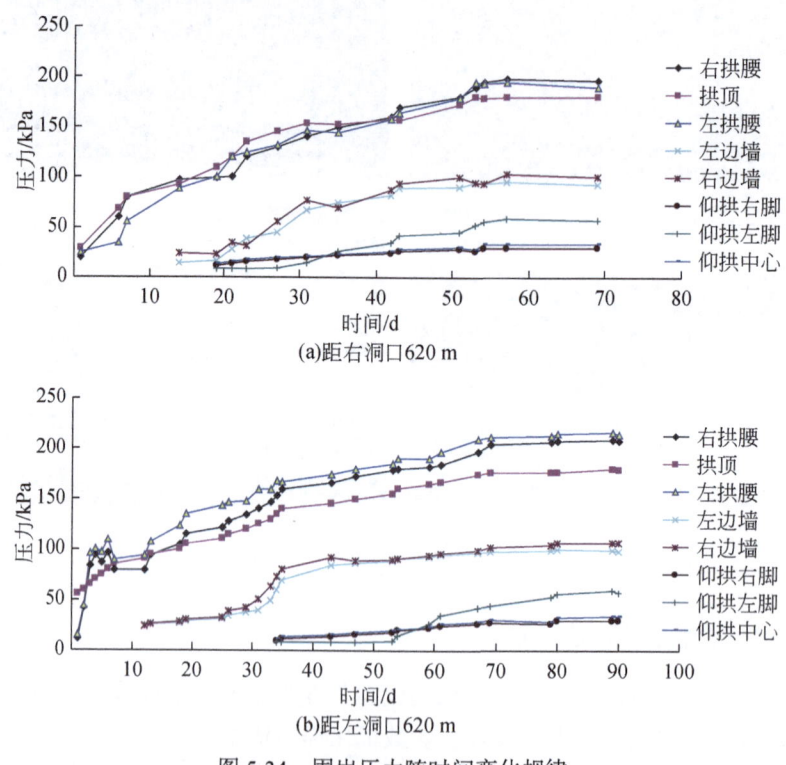

图 5-34 围岩压力随时间变化规律

根据监测所得钢支撑应变可得出拱架各测点的弯矩，外侧应变计的应变值为 ε_1，内侧应变计的应变值为 ε_2，则钢拱架轴力（N）和弯矩（M）为

$$N = \frac{\varepsilon_1 + \varepsilon_2}{2} E_0 A_0 \tag{5-12}$$

$$M = \frac{\varepsilon E_0 I_0}{y} = \frac{\frac{\varepsilon_1 - \varepsilon_2}{2} E_0 I_0}{0.5b} = \frac{(\varepsilon_1 - \varepsilon_2) E_0 I_0}{b} \tag{5-13}$$

式中，E_0 为钢拱架弹性模量；A_0 为工字钢截面积；I_0 为工字钢惯性矩；b 为工字钢高度。

根据具体实测及计算结果［图 5-35（a）、（b）］，钢支撑应力初期增长较快，在 15 天以后趋于平缓。应力最大值达 231 MPa，在右侧拱腰位置。由此可见，隧道钢支撑应力较大，表明其在初期支护中发挥着重要作用。因此，施工中应提高对钢支撑的重视程度，确保安装和焊接质量。

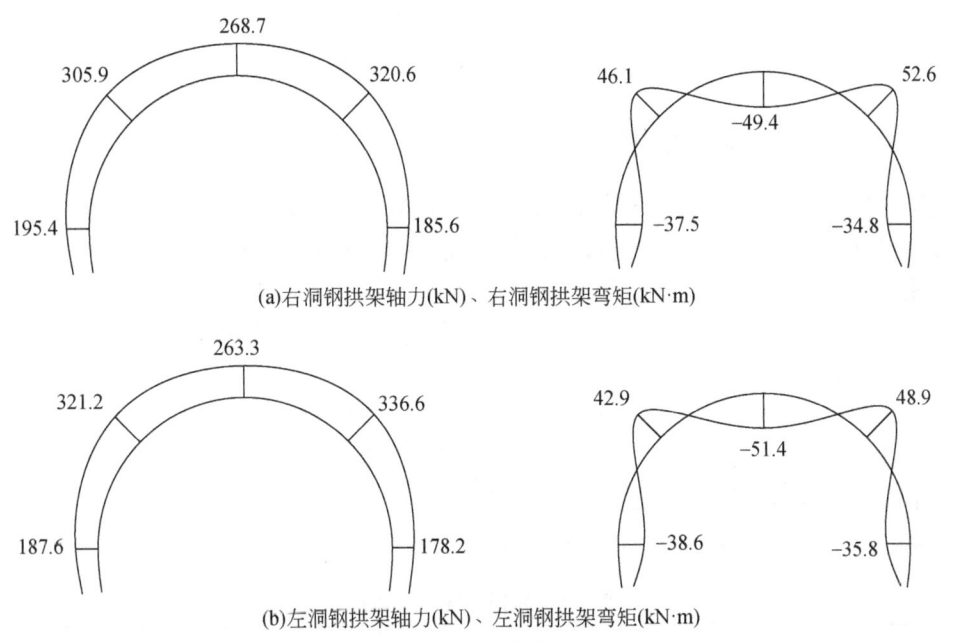

(a)右洞钢拱架轴力(kN)、右洞钢拱架弯矩(kN·m)

(b)左洞钢拱架轴力(kN)、左洞钢拱架弯矩(kN·m)

图 5-35 钢拱架内力

根据地表沉降监测曲线（图 5-36）可知，围岩变形与时间有密切关系，围岩变形随时间增长而快速增加，变形速率较大，之后逐渐趋于缓和，变形速率减小。从开挖到施作二衬，围岩变形经历了以下两个阶段。

（1）快速增长阶段。围岩变形随时间增长而快速增加，变形速率较大。由于施工方法的影响以及测试手段的限制，隧道的围岩变形量测是在核心土开挖之后进行的，开挖初期发生的大部分变形未能测得，故第一阶段发生的实际变形要大于时态曲线的变形量。这就要求隧道施工中要采取快挖、快支、快封闭的施工措施。另外，还要增设锁脚锚杆，尤其是初期支护的临时仰拱要及时施作，尽早封闭成环，以控制沉降防止变形过大或塌方。

（2）持续增长阶段。变形逐渐趋于缓和，在此阶段围岩变形速率降低，变形趋于缓和，但一直处于增长状态，分析其原因主要在于砂卵石围岩的低强度和流变性，如不及时采取有效支护措施，则极易使变形进一步扩大，失去控制，造成塌方。因此，需尽快施作二次衬砌，及时阻止围岩变形。

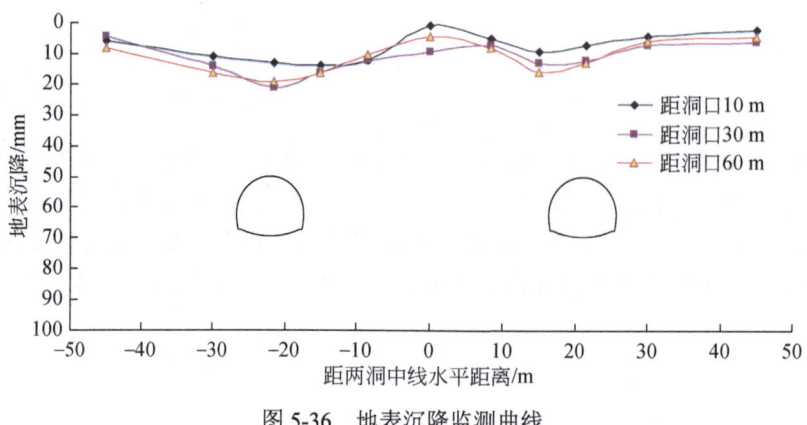

图 5-36　地表沉降监测曲线

5.3.3　砂卵石隧道初期支护变形管理

隧道初期支护的变形是硐室是否稳定的最直观判别依据，根据公伯峡隧道的建设，基于控制变形理念，初期支护变形一般能控制在较理想的水平，实际不会出现大变形、侵限、局部失稳等不利情况。根据相关规范和经验，水平收敛的极限值（$U_{0\text{收敛}}$）取隧道开挖跨径（13.78 m）的 0.3%，即 41.3 mm；拱顶沉降的极限值（$U_{0\text{沉降}}$）取隧道开挖高度（10.3 m）的 1.1%，即 113.0 mm。

变形管理可按累计变形进行判断，以 $U_0/3$、$2U_0/3$ 为界分三个等级，小于 $U_0/3$ 为 I 级、大于 $U_0/3$ 且小于 $2U_0/3$ 为 II 级、大于 $2U_0/3$ 为 III 级。变形管理也可按变形速率进行判断，分为三个等级。具体等级划分见表 5-8～表 5-11。

按累计变形判断等级划分如表 5-8、表 5-9 所示。

表 5-8　拱顶沉降管理等级

管理等级	管理位移/mm	施工状态
I	$U<37.67$	可正常施工
II	$37.67 \leqslant U \leqslant 75.33$	加强监测，可加强支护
III	$U>75.33$	采取特殊措施

注：U 为实测沉降值。

表 5-9　水平收敛管理等级

管理等级	管理位移/mm	施工状态
I	$U<13.78$	可正常施工
II	$13.78 \leqslant U \leqslant 27.56$	加强监测，可加强支护
III	$U>27.56$	采取特殊措施

注：U 为实测收敛值。

按位移变化速率判断等级划分如表 5-10、表 5-11 所示。

表 5-10 拱顶沉降速率管理等级

管理等级	管理位移速率/(mm/d)	施工状态
Ⅰ	$V<3$	可正常施工
Ⅱ	$3 \leqslant V \leqslant 5$	加强监测,可加强支护
Ⅲ	$V>5$	采取特殊措施

注:V 为实测沉降速率。

表 5-11 水平收敛速率管理等级

管理等级	管理位移速率/(mm/d)	施工状态
Ⅰ	$V<2$	可正常施工
Ⅱ	$2 \leqslant V \leqslant 3$	加强监测,可加强支护
Ⅲ	$V>3$	采取特殊措施

注:V 为实测收敛速率。

在应用上述变形速率稳定判别标准时,还应结合洞内外实际情况,依据隧道开挖工作面稳定情况、支护结构工作状态及初期支护变形开裂等综合判别。

累计变形和变形速率等级管理,任选其一作为管理依据即可。变形管理等级中各级对应的施工状态解释如下:"可正常施工"是指累计变形或变形速率较小,变形控制效果较好,应当维持现状支护措施正常施工;"加强监测,可加强支护"是指累计变形或变形速率处于正常偏大水平,一般宜增加量测频率,可适当采取加强支护的措施,如及时封闭掌子面、尽快跟进二次衬砌施作;"采取特殊措施"是指累计变形或变形速率较大,一般应采取措施加强支护,根据监测反馈增加锁脚锚管、增加喷射混凝土厚度、加密钢支撑、施作二次衬砌等。

5.4 砂卵石隧道防坍塌控制技术研究

5.4.1 砂卵石隧道塌方产生的原因分析

1. 地质原因

地质因素主要包括岩土性质、岩体结构和地应力作用等。隧道开挖后,易形成临空面,围岩的三向应力状态均受到破坏,围岩应力释放,产生向隧道内部的变形位移,当变形量超过围岩本身的弹性变形后,发生滑动甚至坍塌破坏的情况。脆性岩体结构弹性模量高,拥有良好的承载能力,开挖后的变形量小;当变形量超过弹性变形后,围岩失稳将很快发生,破坏前征兆不显著,破坏迅速,影响范围大。对于弹塑性的岩体,隧道开挖后的初期变形量较大,很难判断其变形与失稳的临界值。

1) 岩土性质

由于地层中卵石颗粒分布不均匀,地层各部位受扰动程度不同。隧道开挖对周边围岩产生扰动,应力释放。由于临空面无支撑,隧道向内变形,隧道开挖轮廓出现拉应力。再加上土体结构松散,黏聚力低,不能承受或只能承受很小的拉应力,在应力集中处产生破裂面,经过应力重分布,产生新的破裂面,在自重的作用下,沿着原生和新生破裂面发生滑移、错动,直至坍塌。在拱顶和掌子面施工时,围岩自稳能力差,抗剪强度降低。而在隧道两侧因为开挖前后不同程度的扰动,造成拱腰或者侧壁发生塌方,坍塌物直接作用在初支结构上,形变围岩压力和松动围岩压力增大,进而造成初期支护开裂以及侵限。

2) 岩体结构

岩体在漫长的地质作用下,生成了不同的走向、倾向和倾角等固有参数。在长久的地质运动和地震等作用下,产生了断层及节理裂隙。当隧道的轴线方向与断层、节理裂隙具有较大的交角时,隧道整体的稳定性较高。地下工程中常遇到的松散地层就是由于岩体的节理裂隙不断发育,破坏了岩体的整体性而形成的,使得围岩内部结构呈现出松散软弱状态。砂卵石地层是一种典型的力学不稳定地层,该地层结构松散、成拱性差、渗透性强、自稳能力低。地层中的颗粒与颗粒之间没有黏聚力或者黏聚力很低。在无水状态下,卵石颗粒之间点对点传力,地层反应灵敏,有易扰动的特点。

3) 地应力的影响

围岩初始应力状态称为初始地应力,是自然状态下存在于围岩内部的应力场,隧道开挖后的应力分布与其有直接的关系。地应力的量值受到许多因素的影响,如埋深、地质构造运动、地形地貌等,具有不确定性,呈现动态变化。通常情况下,围岩的初始地应力场是由自重应力场和构造应力场构成的,一般来说自重应力场与埋深有关,垂直应力的大小随埋深的增加而呈线性增长,而构造应力在一定程度上会影响到自重应力场的分布。

2. 设计因素

1) 隧道的选址、形状和尺寸

隧道平纵断面的设计及隧道的选址是影响砂卵石隧道安全施工的重要因素。隧道的走向是指隧道轴线与山体等高线的关系。一般分为五种情况:坡面正交型、坡面斜交型、坡面平行型、山脊突出部进入型、沟谷部进入型。对大多数软弱围岩来说,坡面正交型是最理想的情况,此时隧道的轴线与最大主应力正交对隧道最有利。隧道的截面应尽量选择曲率较小的圆组成,因为曲率小的地方不容易产生应力集中现象。隧道的尺寸越大开挖形成的临空面越大,切割的岩体结构面就越大,围岩越不稳定。

2) 支护手段和开挖方法

对于围岩强度等级较高的隧道,可采用全断面法施工。全断面开挖的开挖面积大,方便使用大型的机械设备,有利于提高工作效率。对于围岩软弱破碎的隧道,由于软弱围岩的弹性模量、黏聚力等物理力学指标差,容易发生剪切破坏,如果此时隧道的埋深较浅,则不能形成稳定的承载拱,此时剪切破坏面易贯通到地面,导致隧道整体发生破坏。一般通过分割开挖面、减小开挖的跨度、施加临时支护结构来形成完整的隧道开挖面。

3. 施工技术因素

施工速度对砂卵石层的稳定有显著影响,尤其是软岩隧道,倘若开挖快、支护慢、隧道变形量过大,则很有可能产生塌方。因此,在软岩隧道的施工过程中应对开挖后已暴露的围岩予以及时支护,形成封闭的支护环,限制围岩产生过大的变形。在软岩隧道的开挖过程中,应该尽量保证开挖速度与支护速度协调一致。

综上所述,地质因素是隧道塌方的主要因素,设计因素、施工因素是隧道塌方的次要因素。

5.4.2 砂卵石隧道塌方机理

围岩失稳有两种表现形式:一种是由于隧道的开挖,形成临空面,经过结构面切割所构成的围岩体在自重的作用下发生坠落,即为掉块;另一种是围岩强度不够,如果支护结构刚度不够或支护过迟,容易引起围岩大面积的坍塌,即为塌方。关宝树于2012年将隧道塌方分为危岩滑动型、松散介质垮落型、软岩蠕变型和硬岩岩爆型(表5-12)。

表 5-12 塌方机理分类

类型	塌方描述	岩性条件
危岩滑动型	因结构面相互交切而产生不利于岩体稳定的组合,形成危岩体,在开挖扰动或地下水等因素影响下,滑动剪切力大于抗滑力而导致沿滑动面滑落	多发生于节理较发育的中硬岩或坚硬岩体中,岩块尺寸差别很大
松散介质垮落型	自身强度低,承载能力小,开挖后没有受到足够支护抗力时,在自身重力作用下发生位移不稳定增长而最终导致垮塌	多发生于节理很发育或极发育的中硬岩或松散岩体中
软岩蠕变型	塌方之前往往有一段较长的过渡期,但当软岩应力越过门槛值后变形突然加速而导致塌方	页岩、片岩等低强度、高膨胀性岩体中
硬岩岩爆型	岩体中积聚的弹性变形能达到一定限度而在瞬间发生的突然脆性破坏现象	埋深300 m以上,极高应力和高应力,岩体强度很高的脆性岩体中

砂卵石地层松散,无黏结或黏结较弱,属于松散介质垮落型。砂卵石地层的变形破坏主要是由颗粒之间的胶结性以及地层的松散程度等因素决定的,其破坏形式以重力坍塌为主。由于隧道开挖扰动,当隧道硐室临空面某处的拉应力大于颗粒之间的黏结力时,就会产生破裂,并向围岩内部延伸,形成破裂面。在持续的扰动下,围岩应力不断重分布又会产生新的破裂面,在自重应力和构造应力作用下,沿原生和新生破裂面发生滑移、错动,直至坍塌,在围岩内部形成一个塌落拱,形成暂时的平衡状态。

公伯峡隧道砂卵石地段围岩松散,胶结性差,成拱性差。开挖时若未及时支护,拱顶上方土体产生破裂面,塌落成一个穹隆状的平衡拱。如果此时地层受到扰动,塌落拱会继续向上发展,破裂面将一直延伸到地表直到冒顶。同理,若塌方发生在侧壁,其失稳模式也是如此,根据扰动程度不同形成对应的塌落拱。砂卵石地层失稳示意图如图5-37所示。

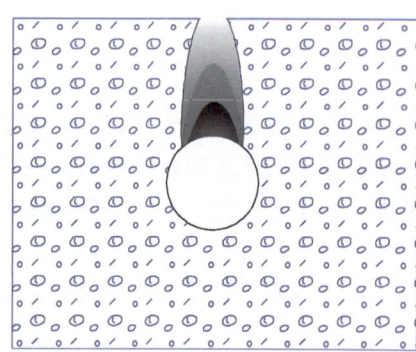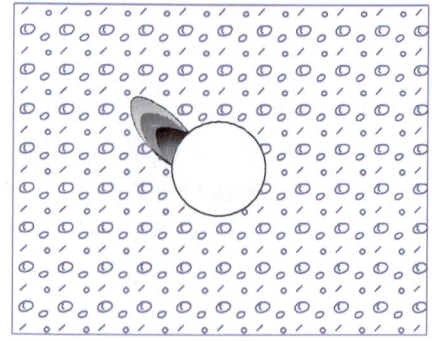

图 5-37　砂卵石地层开挖时失稳示意图

5.4.3　砂卵石隧道开挖方案

砂卵石隧道明挖段施工常采用明挖法，开挖与边坡、仰坡防护交替进行，由上而下分层分部开挖，边开挖边支护。开挖至设计埋深高程且完成边坡、仰坡防护后及时浇筑明洞衬砌，先浇筑仰拱，后浇筑拱墙。

砂卵石隧道暗挖段施工优先选用台阶法，洞内密排短管棚支护技术可以有效封挡漏砂，搭配台阶法施工，多个工作面协同进展，可大幅提高暗挖施工效率。砂卵石隧道施工可采用三台阶七步法，将隧道全断面分上、中、下三个台阶七个开挖面，各部位的开挖与支护沿隧道纵向错开、平行推进施工。砂卵石隧道采用三台阶七步法施工的前提条件是已经施作超前密排大管棚（图 5-38）。

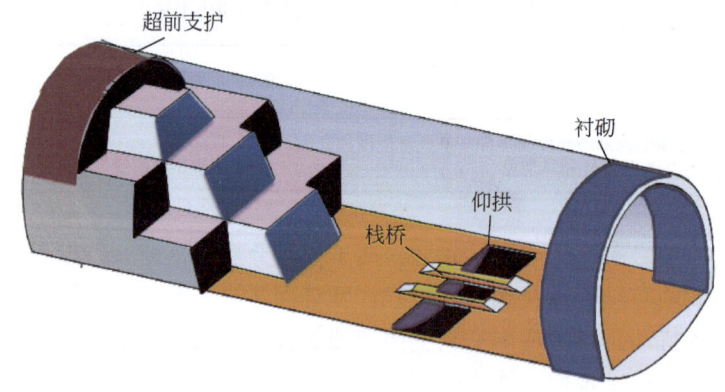

图 5-38　三台阶七步法开挖示意图

以机械开挖为主，局部辅助人工开挖，开挖循环进尺与钢拱架间距一致且不宜大于 1.0 m。施工应尽量缩短台阶长度，确保初期支护尽快闭合成环，仰拱和拱墙衬砌及时跟进，尽早形成稳定的支护体系。砂卵石地层台阶留设核心土较为困难，宜控制核心土高度和坡度并喷射混凝土加以支护，核心土高度不宜超过 2 m，坡度按自然稳定角度考虑，开挖后喷射 3～5 cm 混凝土减少暴露时间。上台阶高度与中台阶高度之和宜与管棚支护拱的矢高相等，上台阶开挖矢跨比应大于 0.3，中台阶和下台阶高度不宜大于 2 m，主要为满足留设核心土的要求。核心土宽度宜为开挖宽度的 1/3～1/2。台阶长度首先应满足掌子面安全稳定的要求，并兼顾沉降控制要求，砂卵石隧道三台阶法开挖的台阶长度宜控制在 1/2～2/3 隧道跨径范围内。二次衬砌施作应及时紧跟开挖掘进工作面，从控制沉降并降低二次衬砌应力角度考虑，二次衬砌施作时机可确定为落后下台阶掌子面 6 m，约为 1/2 隧道跨径。

公伯峡隧道砂卵石段落采用三台阶七步法施工（图 5-39、图 5-40）。在完成水平旋喷桩施做后，进行上台阶留核心土法环形开挖。上台阶高度取 4.8 m，长度控制在 4.0 m 以内，每次开挖进尺控制在 0.5 m 以内，施工支护随开挖进尺及时跟进。中、下台阶开挖高度视砂体自稳高度来确定。中台阶高度取 2.0 m，下台阶高度取 2.0 m，台阶长度控制在 3 m 以内，每次开挖进尺控制在 0.85 m 以内，以保证开挖面两侧砂体不坍塌，施工支护随开挖进尺及时跟进。台阶之间拱架拱脚设置长 5 m 的 Φ50 锁脚锚管，并且在拱架底脚设置喷射混凝土牛腿，以扩大拱架底脚受力面积。加强拱架之间的纵向连接，使初期支护形成整体结构。及时跟进仰拱开挖支护，使初期支护闭合成环，仰拱全幅开挖，每次开挖控制在 3 榀拱架距离以内，仰拱封闭长度达到 6 m 时进行仰拱浇筑与回填。

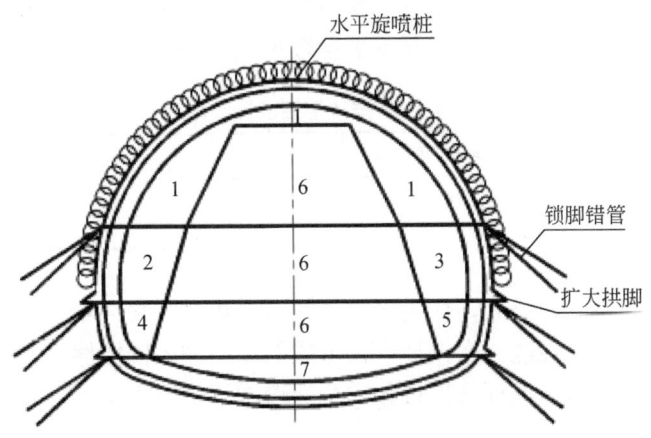

图 5-39 公伯峡隧道三台阶开挖方案断面图

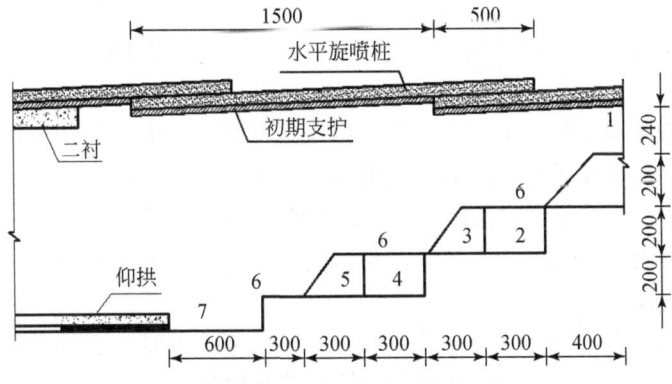

图 5-40 公伯峡隧道三台阶开挖方案纵面图（单位：m）

三台阶七步法在大断面砂卵石隧道应用成功的主要原因是上台阶开挖后水平旋喷桩形成的加固拱和上台阶初期支护共同承担了围岩压力，减小了上台阶初期支护拱脚受力，有效地控制了隧道变形。利用砂体自稳高度来确定分部开挖高度，以确保掌子面稳定，重视了台阶拱架拱脚地基的处理。加强了隧道初期支护的纵向连接强度、刚度，利用力学"空间效应"原理，控制围岩变形，并使得新施作的初期支护力作用基点传递至已施作闭合成环的初期支护上，以调整结构受力。

5.4.4 辅助防塌方处置措施

通过对我国隧道施工中塌方灾害案例归纳和分析，结合公伯峡隧道发生的塌方灾害，基于现场监测数据，公伯峡隧道塌方主要集中在拱顶、掌子面、侧壁。砂卵石地层失稳模式以重力坍塌为主。所以，若要顺利穿越砂卵层，防塌关键在于支护措施。

1. 密排短管棚

由于卵石比重较大、比较松散且级配良好，在钻孔时容易出现塌孔、钻孔困难等问题。常规的管棚设计参数会出现管棚末端偏移量过大等问题，不能适用于砂卵石地层。经过现场试验，最终采用密排短管棚支护，其支护参数见表 5-13。

表 5-13 密排短管棚设计参数表

管棚	长度/m	环向间距/cm	外插角/(°)	搭接长度/m	环向布置根数/根
$\Phi 108$ mm×6 mm 热轧无缝钢管	6	15	15	1.5	33

密排短管棚以一定间距排列，成扇形布置在隧道拱部，形成梁拱效应，且提高了黏聚力，改善了周围地层力学性能。密排短管棚形成的环向加固圈能够沿径向约束周围地层变形，并阻止其释压、松弛，保证开挖过程安全，遏制了隧道拱部上方发生流沙和坍塌，具体支护效果见图 5-41。

2. 三台阶预留核心土法+锁脚锚管

但在现场施工发现单侧壁导坑法实施可行性较差，塌方问题比较严重。故变更为三台阶预留核心土法施工。

在密排短管棚超前支护的前提下，先对拱顶进行预支护和对周边土体进行预加固，再环形开挖上台阶，并预留核心土，开挖后要及时支护。再开挖中台阶和下台阶，边开挖边支护，形成流水作业。采用台阶法施工，可以开展多个工作面，快速施工，及时封闭成环，共同发挥围岩和衬砌的承载能力。其中，预留核心土（图 5-42）可增强掌子面的稳定性，防止掌子面失稳坍塌。

三台阶七步法没有中隔墙，竖向位移较大，竖向变形控制主要依靠两侧拱脚，因此拱脚的稳定程度很关键。施工中通过在拱脚处插入锁脚锚管（长度为 4~6 m），水平打入围岩，平均布置在两榀钢拱架（50 cm）之间，中间用横向钢筋与钢拱架连接，并以此来提高

图 5-41　密排短管棚现场支护效果

图 5-42　掌子面预留核心土

拱脚的承载能力。或者通过锁脚锚管注浆（图 5-43），也能起到提高两侧围岩的黏聚力和稳定性的目的。

图 5-43　锁脚锚管

3. 注浆回填

在拱顶处进行管棚超前支护的钻孔过程中，会对周边围岩造成扰动过大，打破地层原有的平衡状态，致使部分围岩失稳，产生流砂和塌方的现象。为了防止进一步塌方，一般是先用砂袋封堵，然后向塌方处泵送水泥砂浆，进行回填（图 5-44）。此外，倘若侧壁处的围岩，比较松散，可先清走塌腔周边的残渣，再注入 2～3 m 的水泥砂浆，进行回填，及时填补塌腔（图 5-45）。

图 5-44　砂袋封堵和注浆回填

图 5-45　塌腔注浆回填

4. 洞内临时支撑

在穿越砂卵石地层时，由于成拱性比较差，围岩压力以松动围岩压力为主，围岩中松动坍塌部分的重力直接作用在支护衬砌上，会造成初期支护变形，严重时会引起初期支护开裂。为了防止初期支护进一步变形，可在洞内对变形严重的部位使用I20a型工字钢进行临时支撑，以改变围岩和初期支护的受力状态，提高围岩的稳定性，防止围岩坍塌或二次坍塌（图5-46）。

图 5-46　洞内临时支撑

5.5　公伯峡砂卵石隧道实践应用

（1）公伯峡隧道砂卵石段暗挖施工双洞长度约584 m，于2014年8月初开始施工，2016年11月砂卵石段落施工完成，平均施工进度约24 m/月，同比高于国内其他已建砂卵石隧道施工速度（图5-47～图5-49）。

（2）施工期间未发生质量及安全事故，没有因漏砂或大变形导致持续停工滞工的情况，项目管理和控制水平为优秀。隧道实施方案显著缩短了施工工期，成功避免了质量安全事故，有效降低了人、材、机等要素的投入量，资源效率高，经济效益显著。

（3）公伯峡隧道是青海地区首个砂卵石地质隧道，项目的顺利实施具有重要的社会影响，提升了砂卵石隧道修筑技术，积极促进了隧道工程建设技术的提高，形成了特色工程技术成果体系，并积累了丰富的技术经验。

（4）通过项目的实施，培养了一批特殊复杂地质条件隧道修建技术管理人员，为类似工程的安全高效奠定了基础。

图 5-47　公伯峡隧道砂卵石段落洞口开挖（左右洞口）

图 5-48　施作跟进式管棚　　　　　图 5-49　管棚支护效果

参 考 文 献

陈雪莹, 谭忠盛, 袁杰, 等. 2017. 富水圆砾地层盾构隧道联络通道加固技术研究[J]. 土木工程学报, 50(S1)：105-110.

侯策源, 陈添, 薛宏平. 2019. 砂卵石复合地层盾构隧道施工预加固技术[J]. 现代隧道技术, 56(3)：172-176.

黄树炉. 2007. 砂卵石地层浅埋暗挖隧道近桥桩施工注浆加固技术研究[D]. 北京：北京交通大学.

柯文汇, 黄正新. 2021. 浅埋扁平排水隧道侧穿高压杆塔加固技术研究[J]. 地下空间与工程学报, 17(S1)：253-260, 290.

梁斌, 陈诺, 苗景川, 等. 2024. 大凉山背斜核部区隧道初支大变形机理与控制[J]. 河南科技大学学报(自然科学版), 45(2)：78-86, 111.

刘波. 2020. 软弱地层中基坑开挖卸荷引起临近既有地铁盾构隧道变形及控制方法研究[D]. 南京：东南大学.

马腾. 2016. 基于离散元的砂卵石地层土压平衡盾构施工颗粒流动和地表沉降控制研究[D]. 北京：北京交通大学.

史贵林. 2020. 砂卵石地层盾构下穿运营铁路及桥梁施工稳定性研究[D]. 西安: 西安建筑科技大学.

吴双良. 2021. 公路桥梁隧道工程施工中灌浆加固技术的应用研究[J]. 工程技术研究, 6(24): 60-62.

严健, 何川, 晏启祥, 等. 2016. 细砂卵砾石互层隧道支护体系与围岩变形现场测试[J]. 铁道科学与工程学报, 13(12): 2455-2462.

阳超, 王玉锁, 张雪松, 等. 2019. 砂卵石地层暗挖隧道超前管棚支护技术研究[J]. 现代隧道技术, 56(S2): 299-307.

张旭, 龚娟, 李博融, 等. 2018. 砂卵石地层隧道塌方机理及处治技术研究[J]. 公路, 63(5): 318-323.

张志强, 何本国, 关宝树. 2012. 节理岩体隧道围岩稳定性判定指标合理性研究[J]. 现代隧道技术, 49(1): 12-19.

章春炜. 2019. 公路隧道砂卵石围岩变形破坏特征研究[D]. 成都: 成都理工大学.

庄绪良. 2022. 地铁隧道变形分析及治理加固技术研究[J]. 铁道建筑技术, (6): 200-205.

Chen Y L, Li Z, Cui T Y. 2023. Field investigation of the reinforcement and support mechanism for a tunnel in layered soft rock mass[J]. KSCE Journal of Civil Engineering, 27(10): 4534-4543.

Wang C, Hou J, Ye X W, et al. 2023. In-situ monitoring and 3D numerical analysis of reinforced face behaviour of tunnel in composite strata by considering randomly-distributed rigid cobble granules[J]. Computers and Geotechnics, 156: 105263.

Zhang L, Liu X. 2023. Investigation and calculation method for the mechanical properties of filament wound profiles for deformed shield tunnel reinforcement[J]. Materials, 16(4): 1645.

6 超大跨度软岩公路隧道致灾动力机制

随着经济建设的发展,对基础交通设施建设提出了更高的要求,特别是在交通车道需求量方面,逐步形成了以单向三车道隧道为主的建设形式,单向四车道的超大跨度隧道也越来越多。在建设区域方面,隧道工程逐渐向山岭地区发展。因此,超大跨度软岩公路隧道建设成为当前急需解决的技术问题。

6.1 超大跨度软岩地层中隧道工程特性分析

根据开挖断面的大小,国际隧道协会对隧道划分的分类标准如表 6-1 所示。

表 6-1 国际隧道协会对隧道划分的分类标准

划分	净空断面积/m^2
超小断面	≤3
小断面	>3~10
中等断面	>10~50
大断面	>50~100
超大断面	>100

大跨度隧道的力学特性主要表现为以下几点。

(1) 由于宽度加大,而高度基本保持不变,大跨度隧道是一个扁平的拱形结构,可近似看作椭圆。

(2) 跨度加大使得开挖引起的应力重分布趋于不利。若围岩的单轴抗压强度比重分布的应力小,隧道围岩将出现塑性化,需支护结构来控制变形。对于扁平的大断面隧道来说,开挖后最大主应力在侧压系数 $K=1$ 时,是初始应力的 3 倍;在 $K=0.7$ 时,是初始应力的 4 倍。因此,即使是围岩条件较好的情况,也会出现塑性化和较大变形,需要合理支护体系。

(3) 底脚处的应力集中过大,对地基承载力要求较高。

(4) 拱顶稳定性降低。在开挖宽度为 2 倍高度的情况下,目前采用的支护结构可以有效防止岩块的崩塌,若开挖宽度大于 2 倍高度,则需要采用其他措施,保证拱顶的稳定。

(5) 会产生较大的松弛地压。对大断面隧道而言,会产生较大的松弛荷载。

(6) 支护结构的承载力相对较小。跨度越大,拱形支护结构的承载力越小。

6.2 超大跨度公路隧道施工动态力学响应特性研究

由于大跨度隧道结构承受较大的围岩压力,受力条件复杂,且受施工期间诸多工序的相互影响,极易发生围岩失稳和变形过大,造成衬砌开裂与结构破坏。目前,国内外采用较多的施工方法有双侧壁导坑法、中隔墙法(CD 法)或交叉中隔墙法(CRD 法)、台阶法等。对于大跨度公路隧道,常用的台阶法为三台阶法。对于围岩条件差的隧道,还可以预留核心土。以高铁十堰北站—武当山公路王家山隧道工程为背景,结合工程地质条件和设计工况,采用 FLAC3D 软件对王家山隧道进行施工全过程三维数值模拟,探讨超大跨度公路隧道施工动态力学响应特征。

6.3 模型建立及参数确定

为了消除开挖扰动对远场原岩应力的影响,隧道计算模型边界取 3~5 隧洞直径范围,上边界取至地表,模型大小为 150 m×20 m×150 m(图 6-1),并作如下假设:

(1)围岩材料符合莫尔-库仑(Mohr-Coulomb,M-C)本构关系;

(2)初期支护用壳(shell)结构单元模拟,锚杆用缆索(cable)结构单元模拟,二次衬砌用三维实体单元模拟,满足各向同性弹性本构关系;

(3)只考虑重力应力场,不考虑构造应力场,模型的 x 方向和 y 方向的侧压力系数均为 1;

(4)施作支护结构后立即发挥作用,各施工工序紧密衔接。

图 6-1 王家山隧道网格模图

计算时只考虑单次进尺,不考虑循环进尺。围岩和支护的结构参数与锚杆结构单元计算参数见表 6-2、表 6-3。隧道开挖采用三台阶法,将隧道断面分为上、中、下三级台阶和仰拱,上台阶高度 3.5 m,中台阶高度 3.5 m,下台阶高度 2.9 m。施工顺序如图 6-2 所示。

表 6-2 围岩和支护结构参数

对象名称	弹性模量/GPa	泊松比	黏聚力/kPa	内摩擦角/(°)	密度/(kg/m³)
围岩	1.0	0.37	100	29	2500
初衬	28	0.2	—	—	2500
二衬	30	0.2	—	—	2500
中隔壁	206	0.3	—	—	7800

表 6-3　锚杆结构单元计算参数

对象名称	杨氏模量/GPa	横截面积/m²	抗拉屈服力/N	水泥浆剪切刚度/GPa	水泥浆黏结力/(kN/m)
锚杆	200	1.96×10^{-3}	4×10^8	280	1500

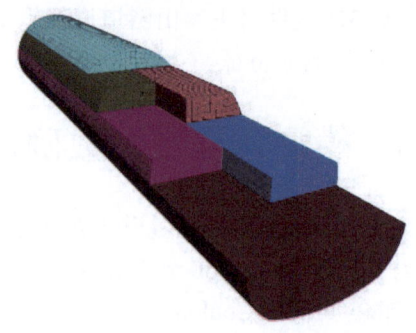

图 6-2　三台阶法施工顺序

由隧道在不同施工阶段下竖直方向（z 方向）的位移云图（图 6-3）可知，当隧道开挖上台阶后，拱顶沉降值为 32.7 cm，随着施工的持续进行，沉降值略有增加，但增加量很小，说明上台阶开挖后对拱顶沉降量影响小。拱顶沉降最终为 34.05 cm（二衬施加后）。每个台阶掘进后，隧道均发生隆起，但上台阶的隆起最大。

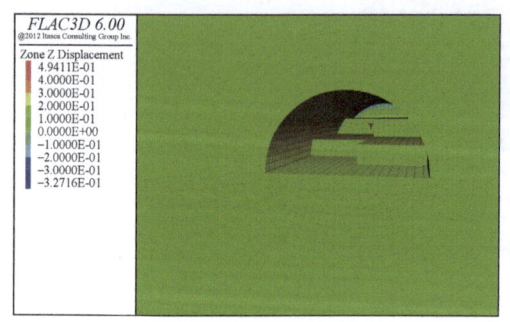

(a) 上台阶开挖

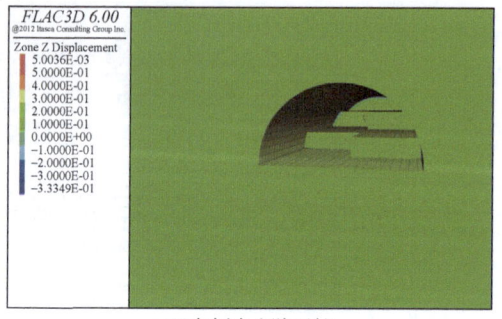

(b) 左侧中台阶开挖

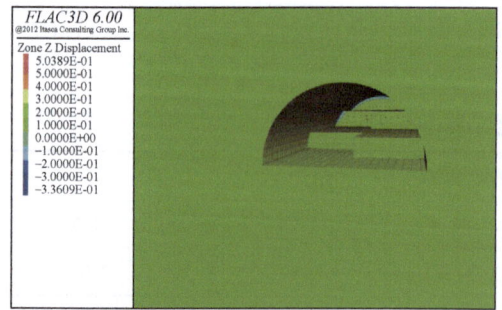

(c) 右侧中台阶开挖

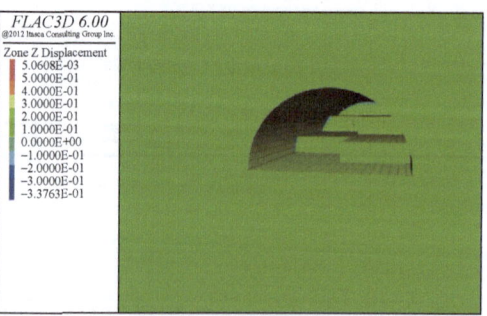

(d) 左侧下台阶开挖

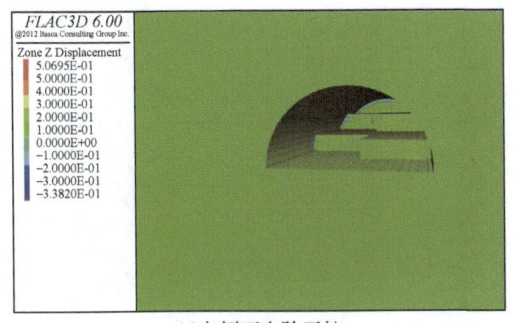
(e)右侧下台阶开挖

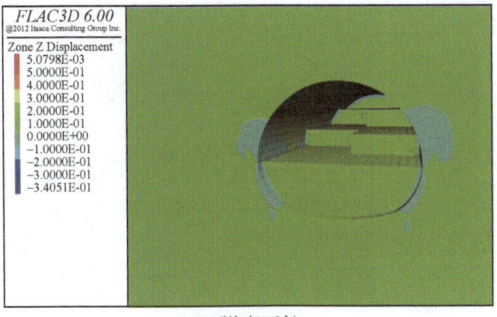
(f)隧底开挖

图 6-3　不同施工阶段下围岩 z 方向位移云图

根据不同施工阶段下围岩塑性区分布云图（图 6-4）可知，采用台阶法开挖，隧道掌子面处会产生较大塑性区，这是因为开挖扰动下围岩从三向应力状态变为二向应力状态，掌子面和台阶处的岩体易发生屈服破坏；隧道周边围岩塑性区并不是很大，这说明采用三台阶法开挖隧道时围岩塑性区能得到有效控制。随着开挖的进行，塑性区逐渐向隧道底部发展。当开挖至隧底及施作二衬后，在隧道底部和两帮处出现少量塑性区。

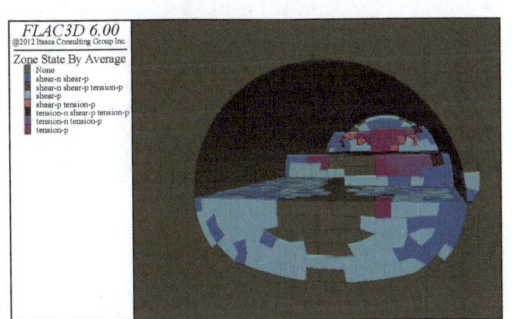
(a)上台阶开挖

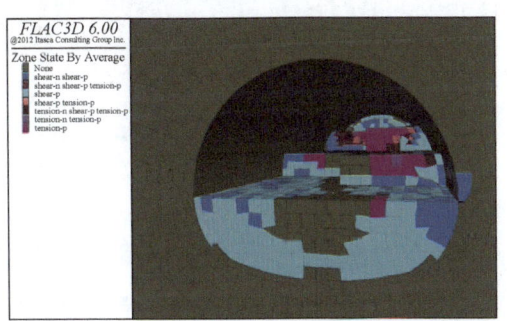
(b)左侧中台阶开挖

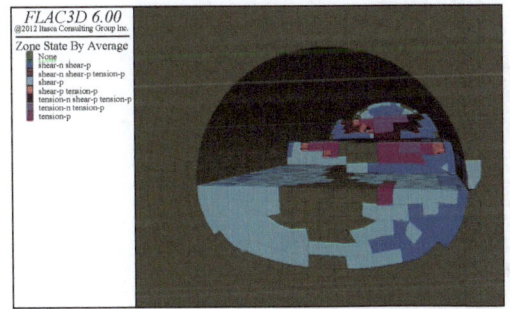
(c)右侧中台阶开挖

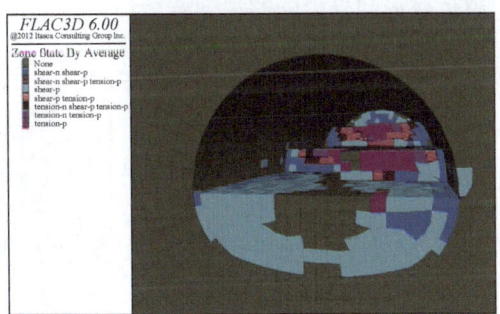
(d)左侧下台阶开挖

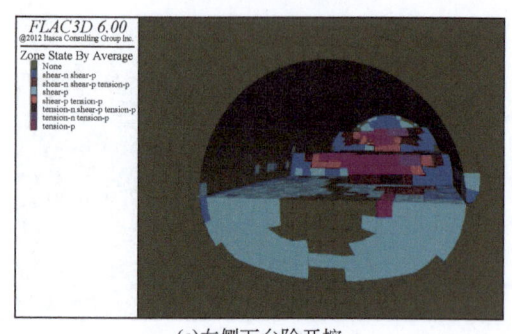 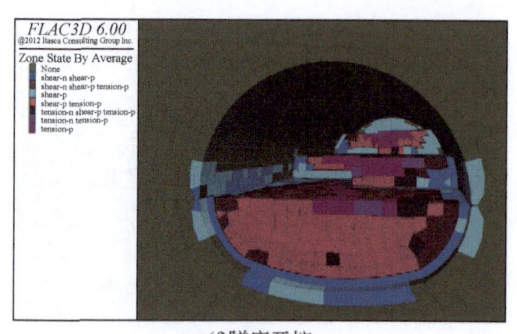

(e)右侧下台阶开挖　　　　　　　　　(f)隧底开挖

图 6-4　不同施工阶段下围岩塑性区分布云图

由隧道施作二衬后围岩最大主应力云图 [图 6-5（a）] 可知，隧底开挖以及二次衬砌施加后隧道左右拱脚处会出现应力集中，但第一主应力仍小于 0，没有产生拉应力，衬砌无受拉破坏现象。

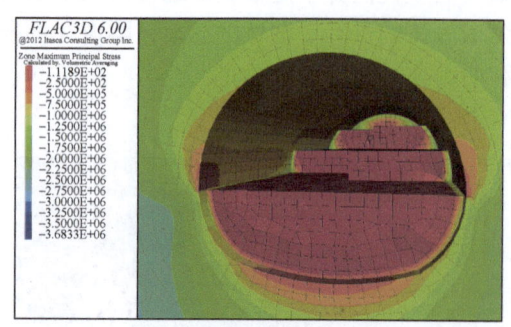 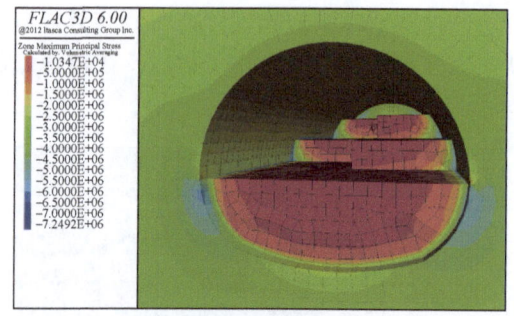

(a)最大主应力　　　　　　　　　(b)最小主应力

图 6-5　施作二衬后围岩应力云图

由图 6-6 可知，隧道开挖后掌子面岩体失去沿 y 方向的约束，掌子面会向外鼓出，最大鼓出量大约为 8.5cm。综上所述，采用台阶法施工后隧道周边围岩的塑性区虽然较大，但整体变形和受力能够得到有效控制，隧道处于稳定状态。

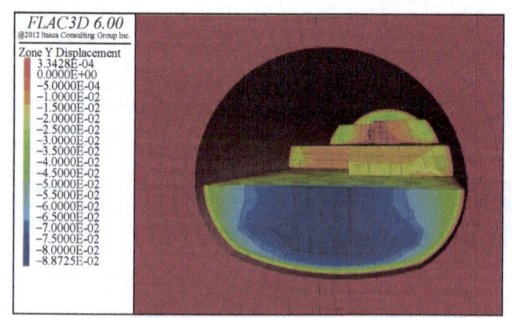

图 6-6　掌子面位移情况

6.4 超大跨公路隧道围岩压力及变形规律分析

6.4.1 围岩与初期支护接触压力分布规律

根据隧道断面 5 个测点的围岩压力分布情况（图 6-7），隧道左半部分的压力明显大于右半部分。左侧拱腰处最大压力值达到 93.58 kPa，右侧拱腰处压力值仅为 23.56 kPa。可见，隧道存在明显的偏压现象。

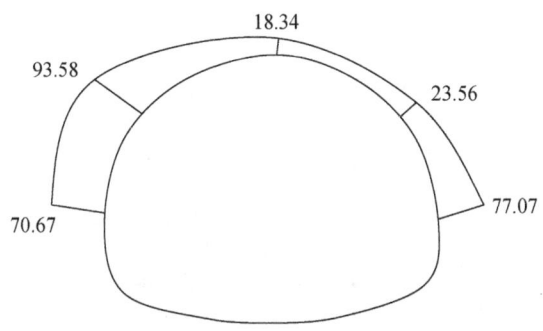

图 6-7 围岩与初期支护间压力分布（单位：kPa）

根据隧道断面不同位置处围岩与初期支护间压力-时程曲线（图 6-8）可知，拱顶、右拱腰、右拱脚处的围压基本不变，左拱腰处围岩压力随时间变大，这主要是由偏压荷载引起的。围岩与仰拱处的压力出现了明显的下降，原因是随初期支护的闭合，仰拱的变形得到了有效控制，两者的接触压力减小。

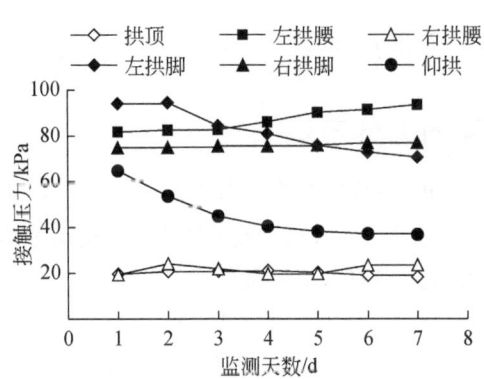

图 6-8 围岩与初期支护间压力-时程曲线

6.4.2 初期支护与二衬间接触压力分布规律

由隧道初期支护（简称初支）与二衬间接触压力的分布（图 6-9）可知，除拱顶和左拱腰位置的接触压力略有增加，其余位置的接触压力很小。左拱腰处压力增加是因为在隧道左侧有明显的偏压荷载，围岩对隧道的挤压效应随时间增长。二衬施工后，混凝土会有一定的收缩，两者的接触挤压效果减小，因此，随着时间的增加，初支与二衬间的接触压力减小，而部分位置降为 0（图 6-10）。根据隧道 5 个测点处的初支与二衬间的接触压力分布图，在隧道左侧出现明显的偏压现象，而隧道右侧接触压力几乎为零。

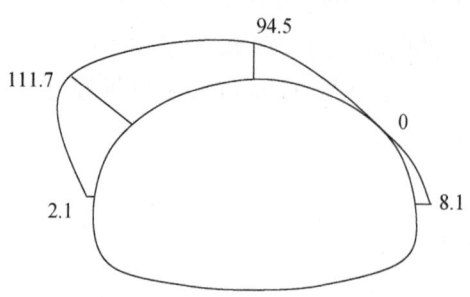

图 6-9　初支与二衬间接触压力分布图（单位：MPa）

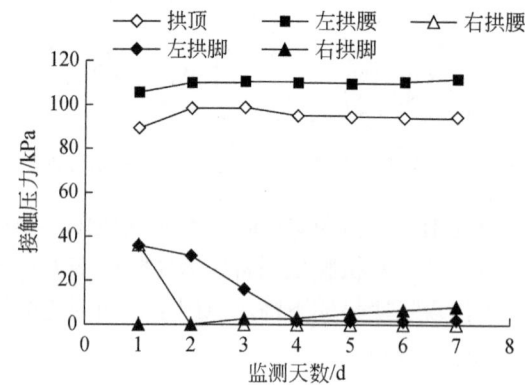

图 6-10　初支与二衬间压力-时程曲线

6.4.3　初支钢拱架内力分布规律

根据监测 7 d 后钢拱架的轴力分布与弯矩分布图（图 6-11、图 6-12）可以看到，隧道左侧轴力和弯矩明显大于隧道右侧，隧道左拱腰处轴力和弯矩分别为 738.7 kN 和 60.7 kN·m。按照材料力学压弯构件计算公式验算左拱腰处钢拱架强度：

$$\sigma = \frac{F}{A} + \frac{M}{I} \cdot \frac{h}{2} \tag{6-1}$$

式中，h 为工字钢高度，mm；F 为钢拱架轴力，kN；A 为横断面面积，mm²；M 为钢拱架弯矩，kN·m；σ 为钢拱架所受最大应力，MPa；I 为截面惯性矩，mm⁴。

将 $F=738.7$ kN、$M=60.7$ kN·m 代入式（6-1）中，可得 $\sigma=303.4$ MPa，明显大于 Q235 钢的屈服强度，但小于其极限抗压强度。因此，钢拱架会出现部分屈曲，但不会影响其正常承载。

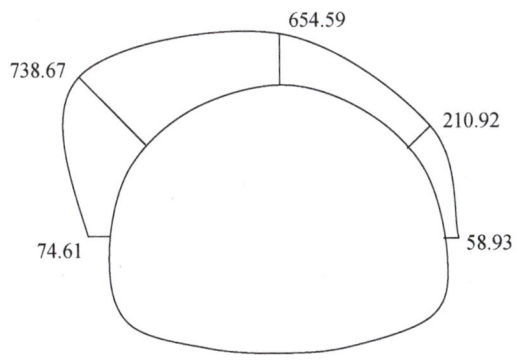

图 6-11 钢拱架轴力分布图（单位：kN）

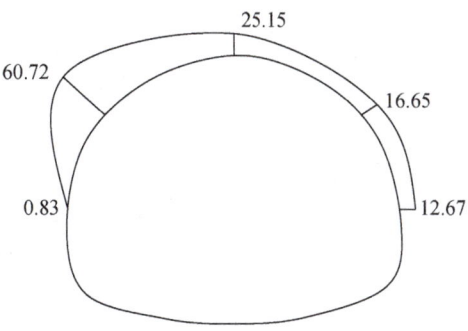

图 6-12 钢拱架弯矩分布图（单位：kN·m）

6.4.4 拱顶沉降与周边收敛监测分析

自 2018 年 6 月 15 日起，对王家山隧道左洞 ZK14+905 和 ZK14+895 断面开展监测（图 6-13、图 6-14），ZK14+905 断面从开始监测之日起至第 5 日，拱顶的沉降变形持续增长至 10 cm，但从第 20 日开始，拱顶沉降增长速度变慢，大约在第 40 日达到峰值 26 cm。从第 16 日到第 30 日，隧道拱顶沉降速率在波动中减小。大约从第 40 日以后，沉降值稳定在 26 cm 左右。

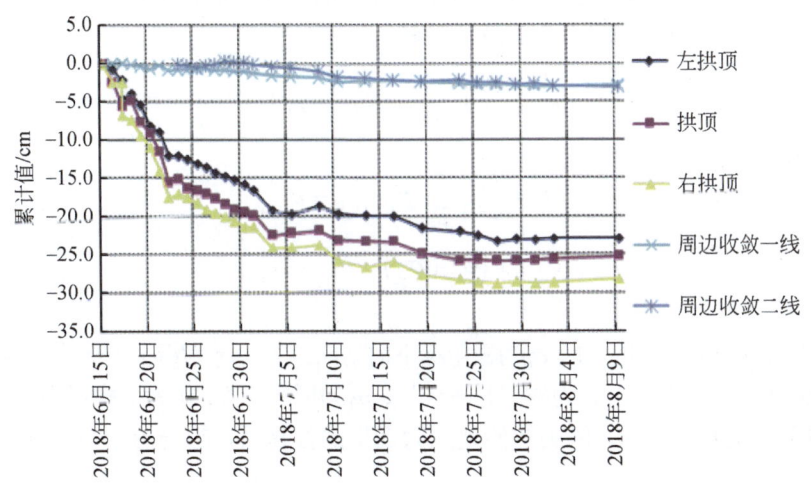

图 6-13 王家山隧道 ZK14+905 断面位移

ZK14+895 断面从监测开始到第 20 日，隧道拱顶的沉降变形累计值从 0 增长至大约 20 cm，第 20 日以后，拱顶的沉降变形速率有所减缓，大约第 30 日后，隧道拱顶的沉降变形开始趋于稳定，其值大约为 25 cm。

对比数值分析结果和现场监测位移变化曲线，发现数值模拟三台阶法开挖隧道断面拱顶的沉降为 34.05 cm，而现场监测结果显示沉降值稳定在 26 cm 左右。数值计算结果略大于现场监测，其原因在于隧道开挖后的瞬时弹性变形未计入监测结果。

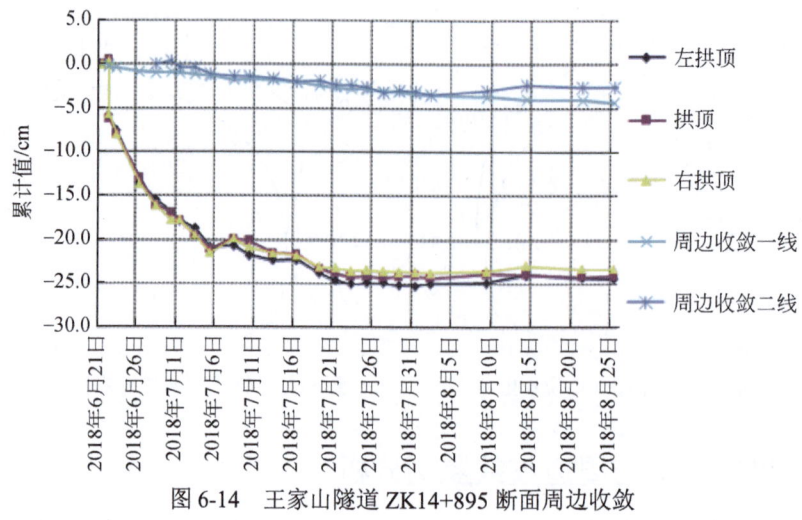

图 6-14　王家山隧道 ZK14+895 断面周边收敛

6.5　考虑应变软化特性的超大跨度软岩隧道开挖理论解析

深埋隧道开挖问题可以简化为弹塑性力学中的"厚壁圆筒"问题。"圆筒"的内径即为隧道开挖直径，外径可视为无穷大。对于弹性平面应变问题，根据弹性力学厚壁圆筒解析解，隧道开挖后，围岩的应力应变及位移解为

$$\left.\begin{array}{l}\sigma_r = \dfrac{R_0^2}{r^2}\left(\dfrac{r^2}{R_0^2}p_0 - p_0 + p_i\right) \\ \sigma_\theta = \dfrac{R_0^2}{r^2}\left(\dfrac{r^2}{R_0^2}p_0 + p_0 - p_i\right) \\ \sigma_z = \nu(\sigma_r + \sigma_\theta)\end{array}\right\} \quad (6\text{-}2)$$

式中，σ_r 为极坐标下的径向应力；σ_θ 为极坐标下的切向应力；σ_z 为沿 z 方向上的应力；r 为围岩计算点到隧道中心的距离；R_0 为硐室开挖半径；p_0 为原岩应力；p_i 为支护反力；ν 为泊松比。

对于地下硐室开挖问题，除去初始地应力产生的位移后，围岩的径向位移（u）及相应的应变为

$$\left.\begin{array}{l}u = \dfrac{1}{2G}\dfrac{R_0^2}{r^2}(p_i - p_0) \\ \varepsilon_r = \dfrac{1}{2G}\dfrac{R_0^2}{r^2}(p_i - p_0) \\ \varepsilon_\theta = \dfrac{1}{2G}\dfrac{R_0^2}{r^2}(p_0 - p_i) \\ \varepsilon_z = 0\end{array}\right\} \quad (6\text{-}3)$$

式中，G 为围岩剪切模量。

需要说明的是,围岩的应力状态与支护压力(p_i)相关。当支护压力较小时,洞壁一定范围内围岩会进入塑性状态。定义临界支护压力为p_c,当$p_i = p_c$时,隧道洞壁处围岩恰好进入塑性状态。上述弹性解仅适用于支护压力足够大时的情况,即$p_i > p_c$时。当$p_i < p_c$时,隧洞围岩进入塑性阶段,而远处的围岩仍处于弹性阶段,弹性区内围岩的应力、应变及位移解与式(6-2)、式(6-3)类似,只需用塑性区半径(R_p)替换式(6-2)中的R_0,用弹塑性界面径向压力(σ_{R_p})替换p_i即可。

在塑性区,围岩的应力应满足平衡方程:

$$\frac{d\sigma_r}{dr} + \frac{\sigma_r - \sigma_\theta}{r} = 0 \qquad (6-4)$$

式中,σ_r和σ_θ分别为径向和环向应力;r为极坐标上的点至原点距离。

假设围岩服从广义张-朱(GZZ)强度准则,考虑主应力σ_2的影响,当围岩进入塑性状态时,其应力关系应满足:

$$\frac{1}{\sigma_c^{(1/a-1)}}\left(\frac{3}{\sqrt{2}}\tau_{oct}\right)^{\frac{1}{a}} + \frac{m_b}{2}\left(\frac{3}{\sqrt{2}}\tau_{oct}\right) - m_b\sigma_m = s\sigma_c \qquad (6-5)$$

式中,m_b、a、s分别为反映岩体特征的经验参数;σ_c为岩石单轴抗压强度;σ_m为最大和最小主应力的平均值;τ_{oct}为八面体剪应力,其值为

$$\tau_{oct} = \frac{1}{3}\sqrt{(\sigma_1-\sigma_2)^2 + (\sigma_2-\sigma_3)^2 + (\sigma_3-\sigma_1)^2} \qquad (6-6)$$

考虑沿隧道纵向的主应力σ_z,则$\sigma_\theta > \sigma_z > \sigma_r$。因此,$\sigma_1 = \sigma_\theta$,$\sigma_2 = \sigma_z$,$\sigma_3 = \sigma_r$。将其代入屈服准则表达式[式(6-6)],并联立平衡方程[式(6-4)],则式(6-5)可表示为关于σ_r的方程:

$$s\sigma_c = \sigma_c^{\frac{a-1}{a}}\left[\beta(\sigma_r)\right]^{\frac{1}{a}} + \frac{m_b}{2}\beta(\sigma_r) - \frac{m_b}{3}\left[(1+\nu)\left(r\frac{d\sigma_r}{dr} + 2\sigma_r\right)\right] \qquad (6-7)$$

其中,

$$\beta(\sigma_r) = \left[(2\mu-1)^2\left(\sigma_r^2 + r\sigma_r\frac{d\sigma_r}{dr}\right) + (\mu^2-\mu+1)\left(r\frac{d\sigma_r}{dr}\right)^2\right]^{\frac{1}{2}} \qquad (6-8)$$

考虑软岩的应变软化特性,对强度参数进行折减(图6-15),假设Hoek-Brown(H-B)强度准则中的围岩强度参数m_b和s的软化规律与塑性偏应变γ^p相关:

$$\chi(\gamma^p) = \begin{cases} \chi^{peak} - \dfrac{\chi^{peak} - \chi^{res}}{\gamma^{p^*}}\gamma^p, & 0 < \gamma^p < \gamma^{p^*} \\ \chi^{res}, & \gamma^p \geq \gamma^{p^*} \end{cases} \qquad (6-9)$$

式中,γ^p为塑性偏应变,$\gamma^p = \varepsilon_\theta^p - \varepsilon_r^p$;$\gamma^{p^*}$为临界塑性偏应变,当$\gamma^p$达到该值时表示开始进入残余状态;$\chi$为岩体强度参数$a$、$m_b$和$s$;$\chi^{peak}$和$\chi^{res}$分别为强度参数的峰值和残余值。

联立式(6-7),结合弹塑性区界面处($r=R_p$时)应力连续性条件,即弹塑性区边界处($r=R_p$时),$\sigma_r = \sigma_{R_p}$,$\sigma_\theta = 2p_0 - \sigma_{R_p}$,将其代入屈服条件式[式(6-5)],可以求得弹塑性区界面处的应力与应变分量σ_{R_p}、$\sigma_\theta|_{r=R_p}$、$\varepsilon_r|_{r=R_p}$、$\varepsilon_\theta|_{r=R_p}$。

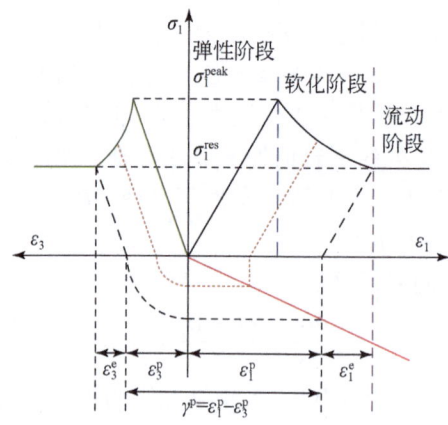

图 6-15 围岩应变软化和剪胀特性

将围岩塑性区分割成 n 个圆环（图 6-16）。为计算方便，进行归一化处理：

$$\rho = \frac{r}{R_p} \quad (6\text{-}10)$$

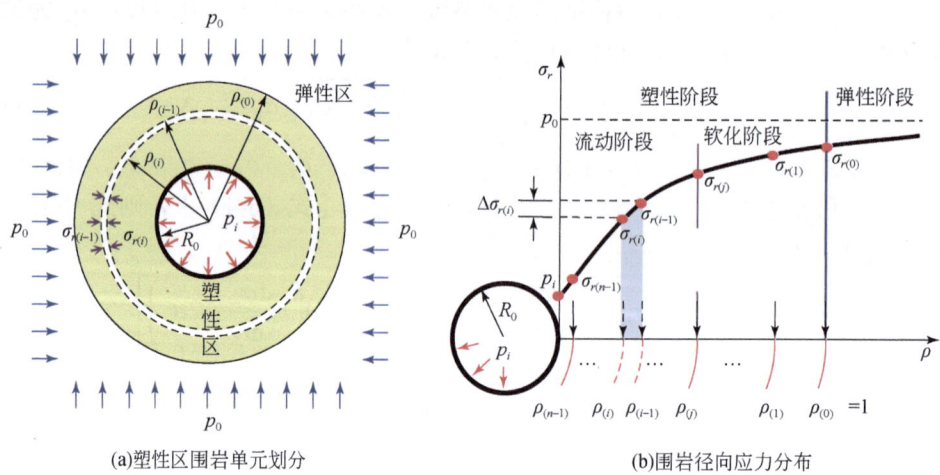

(a) 塑性区围岩单元划分   (b) 围岩径向应力分布

图 6-16 圆形隧道的径向应力分布及单元划分

那么，第 i 个圆环的内外边界的半径分别为 $\rho_{(i)}$ 和 $\rho_{(i-1)}$，则在塑性区最外侧（弹塑性区界面处）$\rho_{(0)} = 1$；在洞壁处，$\rho_{(n)} = R_0 / R_p$。

需要注意的是每个圆环内外侧的径向应力之差 $\Delta \sigma_r = \sigma_{r(i)} - \sigma_{r(i-1)}$ 均为定值，这 n 个塑性圆环并不是等厚度的，在弹塑性区界面处，围岩的应力与应变分量分别为

$$\begin{bmatrix} \sigma_{r(0)} \\ \sigma_{\theta(0)} \\ \varepsilon_{r(0)} \\ \varepsilon_{\theta(0)} \end{bmatrix} = \begin{bmatrix} \sigma_{R_p} \\ 2p_{R_p} - \sigma_{R_p} \\ \dfrac{1}{2G}\left(-p_0 + \sigma_{R_p}\right) \\ \dfrac{1}{2G}\left(p_0 - \sigma_{R_p}\right) \end{bmatrix} \quad (6\text{-}11)$$

式中，σ_{R_p} 为弹塑性界面处的径向应力；p_0 为原岩应力；G 为剪切模量。

由于每个圆环内外侧的径向应力之差 $\Delta\sigma_r$ 相等，那么每个圆环间的径向应力增量为

$$\Delta\sigma_r = \frac{p_i - \sigma_{R_p}}{n} \tag{6-12}$$

将式（6-7）写成差分方程形式，采用数值方法可求得 $\rho_{(i)}$。

$$r\frac{\mathrm{d}\sigma_r}{\mathrm{d}r} = \rho\frac{\Delta\sigma_r}{\rho_{(i)} - \rho_{(i-1)}} \tag{6-13}$$

根据平衡方程[式（6-4）]，当 n 足够大时，$\sigma_{\theta(i)}$ 近似地可表示为

$$\sigma_{\theta(i)} = \frac{\sigma_{r(i)} - \sigma_{r(i-1)}}{\rho_{(i)} - \rho_{(i-1)}}\rho_{(i)} + \sigma_{r(i)} \tag{6-14}$$

求得应力分量后，根据物理方程可以求得应变分量。对于平面应变问题，$\varepsilon_z = 0$。对于第 i 个圆环来说，其应变分量等于第 $i-1$ 个圆环的应变分量加上相应的应变增量值，即

$$\begin{Bmatrix}\varepsilon_{r(i)}\\ \varepsilon_{\theta(i)}\end{Bmatrix} = \begin{Bmatrix}\varepsilon_{r(i-1)}\\ \varepsilon_{\theta(i-1)}\end{Bmatrix} + \begin{Bmatrix}\Delta\varepsilon^e_{r(i)}\\ \Delta\varepsilon^e_{\theta(i)}\end{Bmatrix} + \begin{Bmatrix}\Delta\varepsilon^p_{r(i)}\\ \Delta\varepsilon^p_{\theta(i)}\end{Bmatrix} \tag{6-15}$$

式中，$\Delta\varepsilon^e$ 和 $\Delta\varepsilon^p$ 分别为弹性应变增量和塑性应变增量；下标 r 与 θ 为径向和切向。

对于弹性应变增量（$\Delta\varepsilon^e$），用胡克定律可表示为

$$\begin{Bmatrix}\Delta\varepsilon^e_{r(i)}\\ \Delta\varepsilon^e_{\theta(i)}\end{Bmatrix} = \frac{1}{2G}\begin{bmatrix}1-\nu & -\nu\\ -\nu & 1-\nu\end{bmatrix}\begin{Bmatrix}\Delta\sigma_r\\ \Delta\sigma_{\theta(i)}\end{Bmatrix} \tag{6-16}$$

塑性应变增量 $\Delta\varepsilon^p$ 的求解如下。

围岩应变由弹性应变和塑性应变组成，即

$$\begin{Bmatrix}\varepsilon_r\\ \varepsilon_\theta\end{Bmatrix} = \begin{Bmatrix}\varepsilon^e_r\\ \varepsilon^e_\theta\end{Bmatrix} + \begin{Bmatrix}\varepsilon^p_r\\ \varepsilon^p_\theta\end{Bmatrix} \tag{6-17}$$

满足相容方程：

$$\frac{\mathrm{d}\varepsilon_\theta}{\mathrm{d}r} + \frac{\varepsilon_\theta - \varepsilon_r}{r} = 0 \tag{6-18}$$

弹性应变与塑性应变有以下关系：

$$\frac{\mathrm{d}\varepsilon^p_\theta}{\mathrm{d}r} + \frac{\varepsilon^p_\theta - \varepsilon^p_r}{r} = -\frac{\mathrm{d}\varepsilon^e_\theta}{\mathrm{d}r} - \frac{\varepsilon^e_\theta - \varepsilon^e_r}{r} \tag{6-19}$$

考虑软岩的体积扩容（图 6-15），假设径向塑性应变与切向应变满足：

$$\varepsilon^p_r + \lambda\varepsilon^p_\theta = 0 \tag{6-20}$$

式中，λ 为剪胀系数，当 $\lambda=1$ 时，表示没有塑性体积应变。

λ 与剪胀角（ψ）的关系满足：

$$\lambda = \frac{1+\sin\psi(\gamma^p)}{1-\sin\psi(\gamma^p)} \tag{6-21}$$

其中，剪胀角（ψ）满足式（6-9）的软化关系。

将式（6-20）代入式（6-19），并写成差分的形式：

$$\frac{\varepsilon_{\theta(i)}^{\mathrm{p}} - \varepsilon_{\theta(i-1)}^{\mathrm{p}}}{\rho_{(i)} - \rho_{(i-1)}} + \frac{(1+\lambda)\varepsilon_{\theta(i)}^{\mathrm{p}}}{\rho_{(i)}} = -\frac{\varepsilon_{\theta(i)}^{\mathrm{e}} - \varepsilon_{\theta(i-1)}^{\mathrm{e}}}{\rho_{(i)} - \rho_{(i-1)}} - 2\frac{\varepsilon_{\theta(i)}^{\mathrm{e}} - \varepsilon_{r(i)}^{\mathrm{e}}}{\rho_{(i)} + \rho_{(i-1)}} \quad (6\text{-}22)$$

联立式（6-17）和式（6-22）可以将塑性应变 $\varepsilon_{\theta(i)}^{\mathrm{p}}$、$\varepsilon_{r(i)}^{\mathrm{p}}$ 表示为

$$\varepsilon_{\theta(i)}^{\mathrm{p}} = \frac{-\rho_{(i)}}{\rho_{(i)} + (1+\lambda)\left(\rho_{(i)} - \rho_{(i-1)}\right)} \left[\frac{\Delta\sigma_{\theta(i)} - \Delta\sigma_r}{4G} + \frac{\left(\rho_{(i)} - \rho_{(i-1)}\right)\left(\sigma_{\theta(i)} - \sigma_r\right)}{G\left(\rho_{(i)} + \rho_{(i-1)}\right)} - \varepsilon_{\theta(i-1)}^{\mathrm{p}} \right] \quad (6\text{-}23\mathrm{a})$$

$$\varepsilon_{r(i)}^{\mathrm{p}} = -\lambda \varepsilon_{\theta(i)}^{\mathrm{p}} \quad (6\text{-}23\mathrm{b})$$

其中，$\Delta\varepsilon_{\theta(i)}^{\mathrm{p}} = \varepsilon_{\theta(i)}^{\mathrm{p}} - \varepsilon_{\theta(i-1)}^{\mathrm{p}}$，$\Delta\varepsilon_{r(i)}^{\mathrm{p}} = \varepsilon_{r(i)}^{\mathrm{p}} - \varepsilon_{r(i-1)}^{\mathrm{p}}$，代入式（6-15）可以求得塑性区围岩的应变分量。

通过迭代后求得 $\rho_{(n)}$，由此可以推导出塑性区半径（R_{p}）：

$$R_{\mathrm{p}} = R_0 / \rho_{(n)} \quad (6\text{-}24)$$

于是，可求出 $r_{(i)} = \rho_{(i)} / R_{\mathrm{p}}$。再由物理方程，得到塑性区围岩的径向位移：

$$u_{r(i)} = -\varepsilon_{\theta(i)} r_{(i)} \quad (6\text{-}25)$$

6.6　超大跨度公路隧道施工致灾机制研究

6.6.1　灾害致因理论

国内外众多学者对灾害形成过程进行了长期探索研究，对于灾害形成和发展过程有着不同的理解。目前，灾害致因理论主要可分为以下五种理论。

1）因果灾害理论

因果灾害理论认为灾害具有继承性、连锁性。该理论把灾害发生机制概括为链条形式：根本原因→原因1→原因2→……→原因n→灾害→损失。在分析灾害及损失时，应根据链条模型倒推其根本原因，即首先分析造成灾害的最相关原因，再通过调查得到造成最相关原因的次相关原因，以此类推，分析得到灾害的根本原因。

在因果灾害理论的基础上，形成了如多米诺骨牌理论等其他理论，促进了灾害致因理论的发展。因果灾害理论成为灾害致因理论科学化的先导，在灾害理论中具有重要的地位。

2）管理失误理论

管理失误理论是以管理失误为主因的灾害模型，侧重研究管理责任，强调管理是构成灾害的主要原因。管理失误理论认为灾害的直接原因是人的不安全行为和物的不安全状态。但是造成人的不安全行为和物的不安全状态的直接原因却常常是管理上的缺陷，后者虽是间接原因，但它却是背景因素，又是发生灾害的本质原因。管理失误理论侧重研究管理责任，强调管理失误是构成灾害的主要原因。

3）能量意外转移理论

能量意外转移理论认为灾害是一种不正常的或不希望的能量释放并转移于人体、设施，

造成人员伤亡和财产损失。在生产过程中，能量是必不可少的，人类利用能量做功以实现人们生产的目的。人类在利用能量时必须采用措施去控制能量，使能量按照人们的意图产生、转换与做功。如果由于某种原因能量失去了控制，发生了异常或意外的释放，则会发生灾害。如果发生灾害时意外释放的能量作用于人体，并且能量的作用超过了人体的承受能力，则将造成人员伤害；如果意外释放的能量作用于设备、建筑物、物体等，并且能量的作用超过它们的抵抗能力，则将造成设备、建筑物、物体等的损坏。哈顿认为在一定条件下某种形式的能量能否造成人员事故伤亡灾害取决于能量大小、抵抗能力、时间和频率以及力的集中程度。

4）轨迹交叉理论

轨迹交叉理论认为风险灾害是由许多相互联系的事件顺序发展的结果。这些事件概括起来可分为人与物（包括环境）两大系列。当人的不安全行为和物的不安全状态在各自发展过程中，在一定的时间和空间上发生了接触或交叉，导致能量转移到人体，便发生了风险灾害。当然，人的不安全行为和物的不安全状态之所以产生和发展，往往是受多种因素作用的影响。轨迹交叉理论强调了人的因素与物（包括环境）的因素在灾害致因中占有重要的地位，这一观点对于调查和分析风险灾害是十分重要的。

5）综合原因理论

综合原因理论的基本思想认为灾害是各种因素综合的结果，而不是单一因素或是人为失误及设备故障造成的。社会原因、管理原因、危险因素等各种灾害因素被某一偶然事件引发，最后产生了灾害。这些因素可以分为直接因素和间接因素，直接因素指物质、环境、人以及设备等；间接因素指的是社会因素，包括人文、法律、文化、历史、教育等。间接因素和直接因素共同导致偶然事件的引发，最终导致灾害的发生。

上述五种致因理论代表了灾害致因理论的发展，从最开始的单一灾害原因理论到间接直接多种因素综合原因理论，从灾害发生链为单一的多米诺骨牌式模型到灾害互相影响演变的复杂模型，从必然发生理论到不确定发生概率理论，理论的完善更全面地揭示了灾害发生机制，为减少灾害的发生贡献了力量。

6.6.2 超大跨度公路隧道施工致灾机制

灾害致因理论已广泛运用于工程风险致灾机制研究，虽然各理论模型不同，也没有统一的风险发生机制，但在工程项目施工致灾机制研究中，通常包含以下几种基本元素：致灾因子、承灾体、孕灾环境、风险隐患、风险事故和风险损失。风险发生的基本过程是在一定的孕灾环境中由于某种致灾因子造成风险隐患，在特定的承灾体中风险隐患触发风险发生，形成风险事故从而导致工程发生风险损失（图 6-17）。

1）孕灾环境

不良地层、恶劣的地质环境、复杂的地下水文、工程选址的失误、工程预算的错误等构成了山岭隧道施工风险事件发生的孕灾因子。从空间上来看，孕灾因子主要包括内部孕灾因子和外部孕灾因子。内部孕灾因子主要指不良地层、恶劣的地质环境、复杂的地下水文等工程地质水文条件；外部孕灾因子主要指工程选址的失误、工程预算的错误等工程决策管理。孕灾因子是风险演变成事故的客观基础，还是决定风险事故是否发生的根本性因素,也称之为事故的内因,在施工前期应避开恶劣的孕灾因子,对风险加以控制,特别是对工程决策管理外部孕灾因子要尤为注意。

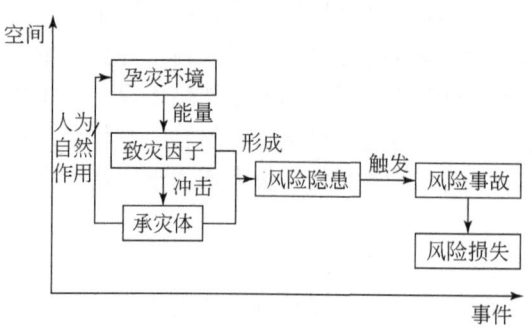

图 6-17　工程风险发生范式模型

2）致灾因子

致灾因子是风险事故产生的直接原因,事故的形成是致灾因子对承载体作用的结果。如果说孕灾因子是风险的基础,那么致灾因子就是超大跨度公路隧道发生工程事故的外因。超大跨度公路隧道施工期的致灾因子主要包括开挖方式、通风管理、建设环境、施工环境、管理状况、监控测量、施工管理等众多影响因素。考虑各风险因素在评估中产生的作用不同,超大跨度公路隧道施工致灾因子可归纳为人、机械、环境、管理四方面的二级致灾因子。

3）承灾体

承灾体是承担风险损失的对象,也是致灾因子的作用对象,如机械设备、隧道结构、邻近建筑物、地下管线、社会群体、生态环境等。各个承灾体构成了整个项目的承灾体系统。

4）风险隐患

在各个孕灾因子中,当具备了致灾因子的超大跨度公路隧道工程在一定的环境和扰动的冲击下,使承灾体处于不安全的行为或者状态,就演变成了风险隐患。如果对风险隐患未加控制,则会触发风险隐患演变成工程事故从而产生风险损失,甚至风险隐患会随时间自动触发导致风险事故的发生。

5）风险事故

风险事故是指在空间上随着时间的推移导致风险隐患的触发而造成生命、财产损害的风险事件,是造成损害的直接原因。风险事故的发生意味着风险的可能性转化成了现实性。超大跨度公路隧道施工风险事故主要包括塌方、突水、大变形、岩爆、瓦斯等五大类风险事件。

6）风险损失

风险损失是风险事故发生的后果表现形式。事故的类型不同,导致的后果损失形式也有所不同。例如,发生失稳破坏事故,可能导致生命财产损失、工期延长等后果形式;而如果超大跨度公路隧道发生的事故类型是瓦斯,则有可能还会发生环境影响等损失。总的来看,超大跨度公路隧道施工风险损失按照经济形式可分为直接经济类和非直接经济类两大类,其中非直接经济类又包括了工期损失、人员伤亡、经济损失、环境影响等损失类型。超大跨度公路隧道施工风险损失是风险机理分析的最直观表现,也是风险事故危害的直观显现。

通过对大量超大跨度公路隧道施工期风险事故进行调查与统计，为揭示孕灾因子、致灾因子与承灾体的关系及相互作用机制，建立了超大跨度公路隧道施工风险发生机理的模型，如图 6-18 所示。

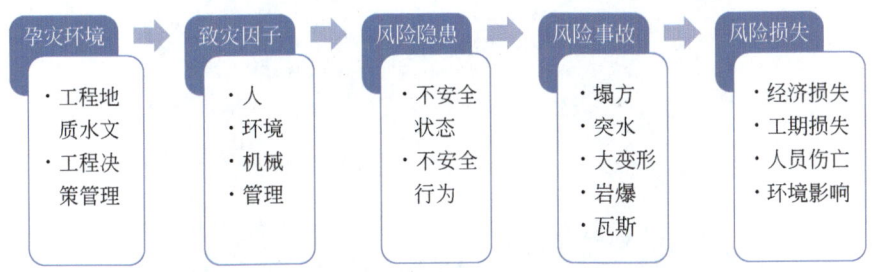

图 6-18 超大跨度公路隧道施工风险发生机理模型

孕灾因子和致灾因子的相互作用在外界能量的输入下，易在超大跨度公路隧道这个风险承灾体上形成风险隐患，这些风险隐患遭到冲击或者累积到一定程度会自动触发，从而导致风险事故形成。例如，失稳破坏、突水等，造成风险损失。在进行具体的超大跨度公路隧道工程风险发生机理的分析时，要考虑孕灾因子、致灾因子、能量输入间的相互作用。所以，风险事故具有不同时空分布特征，需要进行系统、全面的分析，任何利用某一个致险因素或只考虑某一预灾因子来解释风险的发生、发展都是片面的，必须从系统的观点对风险发生机制进行分析。

6.7 超大跨度公路隧道施工致灾因子分析

6.7.1 建设条件

1）地形地貌

隧址区地处鄂北，属秦巴山区东段，区内为丘陵地貌，山谷相间，地形连绵起伏。工程位于白河-石花街断裂以北，两郧断裂以南。根据地形地貌特征和构造格架，将调查区划分为一个地貌区，为构造剥蚀丘陵区。该区海拔多小于 500 m，相对高差为 40~180 m，地势起伏较大，一般自然坡度为 25°~40°，山体上地表植被较发育，局部覆盖有厚薄不均的残坡积物，沟谷地带有冲洪积物覆盖。在遥感图像上该区显示为剥蚀堆积的残丘地形，相对切割较浅，沟谷多呈"V"形，少量冲沟呈"U"形（图 6-19）。

2）水文

隧址区地表水体主要接受大气降水，水量受季节影响明显。地下水主要为第四系孔隙水和基岩裂隙水。第四系孔隙水主要赋存于地表残坡积层，水量较小，无统一水位，接受地表水下渗补给；基岩赋水性差，地下水量总体较贫乏。隧址区水文地质条件相对简单。

隧址区属于北亚热带大陆性季风气候，冬季比同纬度其他地区略为温暖，夏季比较炎热。年平均日照时数为 1655~1958 h，无霜期为 224~255 d。平均年降水量为 800~824 mm。夏季平均气温大都高于 25 ℃，其中七月平均气温为 27 ℃左右，积温较高。受海拔、坡向等地形地貌因素影响,气候复杂多样。

图 6-19 地形地貌

3)地层岩性

隧址区处于剥蚀构造浅切割丘陵地貌区,穿越冲沟及山岭。根据钻探揭露,隧址区地层主要为填筑土(Q^{me})、第四系(Q_4)粉质黏土及武当(岩)群下组姚坪组(Pt_2y)片岩。隧道围岩等级为Ⅳ级、Ⅴ级。

三座隧道洞口段主要处于粉质黏土、填土、全-强风化绢云钠长石英片岩中,岩体裂隙稍发育,围岩完整性差。其中填土呈黄褐色,稍湿,为修筑房屋填土,由片岩碎块及少量黏性土组成。碎石含量为 40%,粒径为 1~10 cm,主要为片岩碎块。粉质黏土呈黄褐色,稍湿,含有少量 2~6 cm 片岩碎块,表层 0.3 m 含少量植物根茎。主要分布于斜坡凹处及冲沟,钻探揭示厚度为 2.8~3.0 m;全-强风化绢云钠长石英片岩呈灰色、白色,变晶结构,片理状构造,主要为矿物成分为石英、长石及云母,节理裂隙稍发育,岩心多呈 5~20 cm 柱状和块状,局部见有片理扭曲现象,取心率为 85%,岩石质量指标(RQD)=32%,其间夹有少量的灰色薄片理片岩。主要分布于隧道全线,钻探揭示厚度为 3.5~12.5 m。

洞身段主要处于中风化绢云钠长石英片岩中,岩体裂隙弱发育,围岩完整性较好。中风化绢云钠长石英片岩呈灰白色、灰色,变晶结构,片理状构造,主要矿物成分为石英和云母,节理裂隙稍发育,岩心呈 5~30 cm 柱状和块状,局部见有片理扭曲现象,岩心完整,取心率为 90%,RQD=80%。主要分布于隧道全线,钻探未揭穿,揭示最大层厚为 36.5 m。

4)地质构造

勘察区历经多次构造变动,构造形态复杂,不同规模、不同方向、不同性质、不同时间的构造形迹遍及全区,褶皱发育,断裂交织,具有多期活动特征,反映了反复活动的区域构造背景,这是个相当复杂的构造地区(表 6-4)。

断裂构造为勘察区主要的构造形迹。区内断裂交织,具有多期活动特征,有的至今仍在活动着。昆仑-秦岭纬向构造体系是区内的主要断裂构造,也是本区"背景"断裂构造,其他后期断裂构造在此断裂构造之上叠加、穿切、横跨。

区内断裂构造较为发育,且规模较大,延伸远,北东向、北西向断裂和近东西向断裂较发育,大多成组出现,构成网格状构造,这类断裂可造成岩石错位、缺失、重复,并可导致断裂带附近岩石破碎,降低其稳定性。断裂通过处施工时需引起注意,对于边坡需加强防护,防止边坡垮塌;对于桥梁墩台以下伏完整基岩作为基础持力层,未发现影响工程的重大断裂,只是断裂通过处受区域构造及断裂构造影响,岩性较差,多见揉皱现象。因此,在高边坡、桥梁建筑和隧道设计中应充分考虑到断裂构造所可能带来的危害。

表 6-4 沿线主要断裂构造特征表

构造体系	名称	方位/(°)	规模/km	产状/(°)	特征
昆仑-秦岭纬向构造	西流-魏家凹韧-脆性剪切带(F_{13})	280	40	NNW∠60~85	切割武当群地层,所过之处有较宽的变形带,破裂面平直光滑,挤压透镜体斜列排布,反映上盘逆冲性质。该断层与路线斜交,交角约为56°,约在K12+500~K12+600 段以路基形式通过,断裂通过处岩性较差,施工时引起注意,并加强边坡防护,防止边坡垮塌
新华夏构造	陈家院断裂(F_{10})	40~45	8	SE∠62~80	破碎带宽1~1.5 m,有挤压透镜体,断面上出现擦痕,错断北西向早期褶皱和断裂,具压扭性。与路线斜交,交角约66°,约在K12+190段附近以路基形式通过

5) 不良地质

K10+330段附近存在不稳定斜坡,由于山体斜坡较陡,变粒岩沿节理、裂隙崩塌以及片岩坍塌体,堆积于斜坡及冲沟边缘,目前斜坡大部分处于自然稳定状态,存在厚1~4 m残坡积,对边坡稳定性有影响,施工时需对危岩体及地表残坡积层进行清除;K14+910~K15+000段存在崩塌堆积体,山体斜坡上基岩沿节理、裂隙崩塌,堆积于坡脚,另外左侧冲沟有坡积物也堆积于坡脚,对隧道出口及路基有一定的影响,建议清除堆积体或对堆积体进行加固处理,并对边坡进行防护。

6.7.2 勘察设计

1) 洞口设计

隧道洞口位置选定遵循"早进晚出"的原则,洞口建筑遵循"安全、经济、和谐、自然"的设计理念,采用"小仰坡"开挖技术进洞,洞口周围边坡均采用自然的生态防护,整体上突出"小洞门、大绿化"的洞口效果。洞口位置的确定尽量避开不良地质现象,且洞口应有利于行车视线的诱导。

2) 隧道衬砌设计

结构形式采用复合支护,以锚杆、钢拱架、湿喷混凝土(挂钢筋网)等组成初期支护与二次模筑混凝土相结合的复合衬砌形式,并辅以大管棚、超前注浆小导管及超前锚杆等施工辅助措施,充分调动和发挥围岩的自承能力。施工中通过对现场监控量测进行量测分析,及时调整设计支护参数,实现动态设计、信息化施工,以体现"动态设计、过程控制"的理念。在监控量测信息的指导下施作初期支护和二次模筑衬砌。

隧道衬砌断面设计分整体和复合两种结构型式,明洞采用整体式衬砌,Ⅳ级、Ⅴ级围岩采用有仰拱型式的复合式衬砌,Ⅲ级围岩采用无仰拱型式的复合式衬砌。

6.7.3 施工技术

1）施工方案

施工方法主要根据围岩类别按新奥法原理组织施工，施工遵循"弱爆破、强支护、早闭合、勤量测"的原则，对于Ⅴ级围岩，同时遵循"短开挖、衬砌紧跟"的原则，结合反馈信息及时优化调整支护参数。根据围岩级别通过方案比选开挖方法。开挖采用弱爆破+机械开挖的方式。

原设计Ⅴ级围岩浅埋段、Ⅴ级围岩深埋段及Ⅳ级围岩浅埋段采用双侧壁导坑法施工，Ⅳ级围岩深埋段采用单侧壁导坑法施工。根据现场试验段情况结合监控量测数据及地质情况，隧道开挖工法采用三台阶法进行施工。

2）辅助施工措施

隧道涉及的辅助施工措施主要有：超前大管棚、超前小导管、超前锚杆等。

6.7.4 致灾因子分析

根据隧道的建设条件、勘察设计、施工技术及运营阶段防灾救援及机电工程设计，形成致灾因子检查表（表6-5）。

表6-5 致灾因子检查表

分类	致灾因子			可能产生的影响（风险事件）									
	检查项目	描述	有无风险	洞口失稳	失稳破坏	瓦斯	突泥	大变形	岩爆	结构风险	交通事故	火灾	环境保护
建设条件	地表植被、地表水系	隧址区水文地质条件相对简单	无										
	偏压	由于地形的非对称性，作用在隧道横断面上的荷载会产生不平衡现象	有	★	★								
	岩性及风化程度	岩性复杂、风化层厚	有	★	★			★	★	★			
	地质构造	构造复杂，褶皱发育、断裂交织	有	★	★	★	★	★	★				
	地下水		无										
	滑坡		有	★	★			★					
	岩堆		有	★	★			★					
	顺层		无										
	岩溶		无										
	煤层及矿藏采空区		无										
	挤压性地层		无										
	特殊性岩土		无										
	道路、村庄、河流		无										
	灾害性天气		无										

续表

分类	致灾因子		有无风险	可能产生的影响（风险事件）								
	检查项目	描述		洞口失稳	失稳破坏	瓦斯	突泥	大变形	岩爆	结构风险	交通事故	火灾	环境保护
结构方案	常规设计		无										
	特殊设计	采用大跨度截面设计	有	★	★	★	★	★	★				
	监控量测设计		无										
	断面大小	断面较大	有	★	★		★	★	★				
	埋深	最大埋深不超过100 m	无										
	长度	隧道长度集中在400~800 m	无										
	辅助坑道设计		无										
	设计方法		是							★			
	计算参数	按相关规范取值	是							★			

6.8 超大跨度公路隧道施工失稳破坏致灾机制分析

6.8.1 失稳破坏致灾因素分析

影响超大跨度公路隧道失稳破坏的主要因素有工程地质因素、自然因素和施工因素。

1）工程地质因素

（1）围岩等级。围岩的强度和破碎程度对围岩稳定性的影响很大，围岩强度越高、破碎程度越小，则围岩稳定性越高，发生风险的概率和危害就相对较小。

（2）埋深。对于深埋隧道，隧道开挖后可形成稳定的压力拱。对于埋深较浅的隧道，隧道上方围岩无法形成压力拱，会失去自稳能力。此时没有及时施加初期支护或者支护刚度不够，围岩就会有塌落的风险。

（3）偏压。对于浅埋隧道，地理条件因素或施工开挖因素对隧道断面可能造成偏压问题，使得隧道支护的受力不均匀，导致隧道结构产生破坏风险。通常可用岩层倾角表示，倾角越大，偏压导致的风险就越大。

（4）地下水。地下水对隧道的稳定性影响较大。在地下水的化学物理和力学作用下，围岩的性质会发生改变，围岩稳定性也会降低。

（5）不良地质。不良地质包括断层、软弱围岩层、岩溶富水层等。通常隧道开挖至不良地质段时，隧道发生风险的概率会大幅提升。由于地质勘查的局限性，我们无法准确地预估不良地质情况，使得不良地质造成的风险具有突发性，产生后果也较为严重。

2）自然因素

大气降水。当施工中出现大量降水或者是持续降水时，排水措施不能阻止水进入岩层时，会使得围岩力学性能降低，稳定性下降。根据统计，降水时期隧道发生灾害的概率远远大于非降水时期，且灾害程度与降水程度成正比。

3）施工因素

（1）施工技术管理水平。超大跨度公路隧道工程项目能否顺利进行与施工单位的施工技术管理水平密切相关。施工的质量、施工的时机、现场调度的合理科学性和风险管理的规范性等都影响隧道施工过程风险水平的高低。

（2）开挖跨度。隧道开挖跨度越大，围岩的稳定性越低。特别是对于超大跨度公路隧道，跨度都达到18m以上，会极大地增加隧道施工过程的风险水平。

（3）监控量测。监控量测在超大跨度公路隧道施工过程中起着非常重要的作用，及时的监测反馈能有效控制隧道风险水平。

6.8.2 失稳破坏致灾因子选取

影响超大跨度公路隧道失稳破坏的风险因素较多，各因素间相互影响，且各因素的重要性、影响力也不尽相同。选取超大跨度公路隧道失稳破坏风险致灾因子时，不能将所有的风险因素作为致灾因子；同时，也不能仅保留过少的致灾因子，造成信息不足导致风险评价的不准确。因此，超大跨度公路隧道风险评价致灾因子的选取需满足相对完备性原则、相对独立性原则、简洁原则、可行性原则。

（1）相对完备性原则。超大跨度公路隧道风险评价致灾因子要能全面反映隧道工程的客观情况，包括风险评估中的孕灾环境和致灾因子，不能少选、漏选。

（2）相对独立性原则。各个风险评价致灾因子之间要保持相对独立，这样就不会造成风险致灾因子的重复计算和实际权重与计算权重不一的情况发生。

（3）简洁原则。选取的致灾因子体系不一定越庞大越好，致灾因子应尽可能地简洁。不同致灾因子反映隧道工程的不同情况，应选取其中最为关键，且最具代表性的致灾因子进行评价，这样就能在保证评价质量和可信度的基础上简化评价过程。

（4）可行性原则。选择的致灾因子应尽量简单易懂，不设置复杂抽象的致灾因子，普遍适用于各个隧道工程，才能防止在使用致灾因子体系时，出现因为设备的缺失或是负责人员缺乏专业性导致无法获取致灾因子值的情况。

为得到超大跨度公路隧道风险致灾因子，根据上述超大跨度公路隧道失稳破坏风险评价致灾因子选取原则，对超大跨度公路隧道失稳破坏风险因素进行分析。其中，大气降水和地下水两个致灾因子互相关联，应根据相对独立性原则保留地下水致灾因子；不良地质和监控量测不符合可行性原则，这两个风险因素难以量化成致灾因子等级，无法对其进行定量的风险评估。剩下的致灾因子符合相对完备性原则和间接原则。因此，选取围岩级别、开挖跨度、埋深、偏压存在情况、地下水情况和施工技术管理水平作为超大跨度公路隧道失稳破坏风险致灾因子，以这六个致灾因子作为指标，形成超大跨度公路隧道失稳破坏风险指标体系，并根据相关资料对评价指标进行划分（表6-6）。

表 6-6 评价指标划分标准

等级划分	围岩级别	开挖跨度/m	埋深/m	偏压存在情况/(°)	地下水情况	施工技术管理水平
RⅠ	Ⅰ	<7	>60	<10	缺乏	一流
RⅡ	Ⅱ	7～10	40～60	10～20	较发育	较好
RⅢ	Ⅲ	10～12	20～40	20～30	发育	一般
RⅣ	Ⅳ	12～15	10～20	30～40	丰富	较差
RⅤ	Ⅴ	>15	<10	>40	有涌水	很差

6.8.3 F-AHP-EW 综合评价模型

超大跨度公路隧道的失稳破坏风险因素比较复杂，根据风险因素确定的评价指标仍较为烦琐，且有一部分指标无法采用精确量化的方法确定，只能采用模糊语言进行描述。因此，需要引入模糊评价方法，把各指标与总体风险的关系模糊化，同时结合层次分析法和熵权法进行权重的计算，建立 F-AHP-EW（F 为模糊综合评价法、AHP 为层次分析法、EW 为熵权法）综合评价模型。

1. 模糊评价方法

模糊评价方法的基本步骤如下所示。

1）建立评价指标集

评价指标集是决定评价对象的 n 个评价指标组成的一个集合，即

$$U = \{u_1, u_2, \cdots, u_n\} \tag{6-26}$$

式中，$u_i(i=1,2,\cdots,n)$ 为各评价指标，评价指标可以是精确的也可以是模糊的。

同时，每个评价指标对评价对象的评价等级可以划分为 m 个等级。精确指标的等级可以用数值函数表示，模糊指标的等级可以用模糊语言表示，此等级的集合为指标等级集，记为

$$u_i = \{u_{i1}, u_{i2}, \cdots, u_{im}\} (i=1,2,\cdots,n) \tag{6-27}$$

2）建立评语集

评语集是指评价对象的最终综合评价结果的可能值组成的集合，可以利用模糊语言或者取值范围作为评价目标，记为

$$V = \{v_1, v_2, \cdots, v_k\} \tag{6-28}$$

式中，V 为评语集；v 为评价标准；k 为评价分级数目。

3）确定评价指标权重向量

在评价指标集中，每个评价指标对于评价对象的重要性不同，因此，在各个指标汇总形成最后评价对象的综合评价结果时，需要对每个指标赋予不同权重，从而反映每个指标的重要程度。评价指标权重向量记为

$$A = \{a_1, a_2, \cdots, a_n\} \tag{6-29}$$

其中评价指标权重应满足归一化条件：

$$\sum_{i=1}^{n} a_i = 1 \tag{6-30}$$

4）建立模糊关系矩阵

模糊评价的核心是建立评价指标集到评语集的模糊映射，也就是模糊语言用[0，1]之间取值的隶属度函数量化。常见的确定隶属度函数的方法有模糊分布法、主观经验法、模糊统计法等。采用模糊分布法确定隶属度函数，基于评价指标实际情况，参考概率统计的概念，选定分布类型，最后通过指标的等级确定参数。

在确定隶属度函数后，对所有评价指标进行单指标的评价，并得到隶属度，建立构成模糊关系矩阵：

$$\boldsymbol{B} = \begin{bmatrix} B_1 \\ \vdots \\ B_n \end{bmatrix} = \begin{bmatrix} b_{11} & \cdots & b_{1k} \\ b_{21} & \cdots & b_{2k} \\ \vdots & & \vdots \\ b_{n1} & \cdots & b_{nk} \end{bmatrix} \tag{6-31}$$

式中，b_{nk} 为第 n 个指标相对于 v_k 的隶属度。

5）模糊评价

一级模糊评价是考虑单指标不同等级对评价对象的影响程度。在评价体系具有多个指标时，需要通过二级模糊评价进行多个指标对评价对象的综合影响程度评价。对所有指标进行评价时，得到模糊评价集：

$$\boldsymbol{C} = \boldsymbol{A} \bullet \boldsymbol{B} = (a_1, a_2, \cdots, a_n) \bullet \begin{bmatrix} b_{11} & \cdots & b_{1k} \\ b_{21} & \cdots & b_{2k} \\ \vdots & & \vdots \\ b_{n1} & \cdots & b_{nk} \end{bmatrix} \tag{6-32}$$

式中，"•"为模糊矩阵的算子，采用 M 加权平均型算法，表达式为

$$c_i = \sum a_i b_{ij} \tag{6-33}$$

6）评价结果

在经过模糊评价得到模糊评价集之后，需要对评价结果进一步分析处理，得到最终的评价结果。当模糊评价集各个元素（即各个评语等级的隶属度）差异较大时，可考虑采用最大隶属度法。若隶属度差异不大，则会损失部分信息，无法得到正确的评价结果。在模糊评价集中，若最大隶属度（c_l）所对应的评价指标为 v_l，则评语集中的评价指标，即 v_l 为最终的评价结果，用公式表示为

$$v_s = \{c_l / v_l \rightarrow \max(c_i)\} \tag{6-34}$$

模糊评价的优点在于连接了定性评价和定量指标的关系，不需要建立完整的数学关系即能进行评价；其缺点在于模糊规则和隶属函数的确定完全凭经验，因此主观性较大，同时模糊处理导致评价的精确性有所降低。

2. 层次分析法

层次分析法的基本步骤如下所示。

1）对指标进行两两比较，构造比较矩阵

指标两两比较是指根据一定的评判原则，对同一层次的各个指标进行相互比较，将相对重要性量化得到比较矩阵，评判原则如表 6-7 所示。在 Saaty 提出传统的 1-9 比例标度后，有学者对其进行了改进，提出 9/9-9/1 标度，使得标度更符合主观感觉与量化后的数值，此处采用改进后的 9/9-9/1 标度。

表 6-7 层次分析法评判原则

含义	1-9 比例标度	9/9-9/1 标度法
同样重要	1	9/9
稍微重要	3	9/7
明显重要	5	9/5
强烈重要	7	9/3
极端重要	9	9/1

2）计算权重

在得到比较矩阵后，根据比较矩阵计算被比较指标的权重。例如，有 9 个风险因素 $C_1, C_2, \cdots, C_9$，通过两两比较得到判断矩阵 C，求解特征根问题：

$$C_\omega = \lambda_{max} \omega \tag{6-35}$$

式中，λ_{max} 为最大特征值；ω 为特征向量，特征向量的每个分量即为对应权重。

计算向量的方法有几何平均法和列平均法。若采用几何平均法进行计算，计算几何平均值：

$$\tilde{w}_i = \sqrt[n]{\sum_{j=1}^{n} c_{ij}} \tag{6-36}$$

计算相对权重：

$$w_i = \tilde{w}_i / \sum_{i=1}^{n} \tilde{w}_i \tag{6-37}$$

计算最大特征值：

$$\lambda_{max} = \sum_{i=1}^{n} \frac{(C_\omega)_i}{n\omega_i} \tag{6-38}$$

式中，$(C_\omega)_i$ 为 C_ω 的第 i 个元素。

3）一致性检验

根据矩阵理论，在满足一致性条件的情况下，判断矩阵有且仅有一个最大特征根 λ_{max}，其值等于 n。在实际应用中，判断矩阵会偏离完全一致性，当偏离程度在一定范围内认为是可以接受的。计算偏离一致性指标，有

$$CI = \frac{\lambda_{max} - n}{n - 1} \tag{6-39}$$

同时，随机一致性比例需满足要求。

$$CR = \frac{CI}{RI} \tag{6-40}$$

式中，RI 为平均随机一致性指标，可利用平均随机一致性指标表格查找。

3. 熵权法

确定指标权重的另一方法是客观权重法，主要依赖于客观数据，如极差法、频数统计法和熵权法等。熵权法是基于信息熵，通过分析指标集中指标值的差异程度，计算出各个指标的因素权重系数。熵权法充分利用了数据中的有效信息量，其具体步骤如下所示。

1) 指标值归一化

取 n 个样本，每个样本有 m 个指标，构建出原始指标值矩阵 $\boldsymbol{X} = \{x_{ij}\}_{n \times m}$。对该矩阵的数据进行归一化：

$$p_{ij} = \frac{x_{ij}}{\sum\limits_{i=1}^{n} x_{ij}} \tag{6-41}$$

式中，p_{ij} 为归一化指标值。

2) 计算指标熵值

$$e_j = -\frac{1}{\ln n} \sum_{i=1}^{n} p_{ij} \ln p_{ij} \tag{6-42}$$

式中，e_j 为第 j 个指标的熵值。

3) 计算指标熵权

$$v_j = \frac{1 - e_j}{m - \sum\limits_{i=1}^{m} e_j} \tag{6-43}$$

式中，v_j 为第 j 个指标的熵权。

每个指标的熵权组合后得到熵权法因素权重集 $V = (v_1, v_2, \cdots, v_m)$。

4. 超大跨度公路隧道工程风险综合评价模型

1) 超大跨度公路隧道工程风险评语集

将超大跨度公路隧道工程风险评价等级分为五级，则评语集：

$$V = \{v_1, v_2, \cdots, v_5\} \tag{6-44}$$

式中，v_1 为风险很大不可接受；v_5 为风险很低，不需采取任何措施。从 v_1 到 v_5 风险逐渐降低。

2) 隶属函数的确定

将开挖跨度、埋深、偏压情况作为指标，采用梯形隶属度函数确定。对于等级划分为五级的指标，梯形隶属度可表示为

$$\mu_{v_1}(x) = \begin{cases} 0 & x < a \\ \dfrac{x-a}{d-a} & a \leqslant x \leqslant d \\ 1 & x > d \end{cases} \tag{6-45a}$$

$$\mu_{v_2}(x) = \begin{cases} 0 & x < a \\ \dfrac{x-a}{c-a} & a \leqslant x \leqslant c \\ 1 & c \leqslant x \leqslant d \\ 0 & x > d \end{cases} \quad (6\text{-}45\mathrm{b})$$

$$\mu_{v_3}(x) = \begin{cases} 0 & x < a \\ \dfrac{x-a}{b-a} & a \leqslant x \leqslant b \\ 1 & b \leqslant x \leqslant c \\ \dfrac{d-x}{d-c} & c \leqslant x \leqslant d \\ 0 & x > d \end{cases} \quad (6\text{-}45\mathrm{c})$$

$$\mu_{v_4}(x) = \begin{cases} 0 & x < a \\ 1 & a \leqslant x \leqslant b \\ \dfrac{d-x}{d-b} & b \leqslant x \leqslant d \\ 0 & x > d \end{cases} \quad (6\text{-}45\mathrm{d})$$

$$\mu_{v_5}(x) = \begin{cases} 1 & x < a \\ \dfrac{d-x}{d-a} & a \leqslant x \leqslant d \\ 0 & x > d \end{cases} \quad (6\text{-}45\mathrm{e})$$

式中，a、b、c、d 分别为隶属函数的位置参数；μ_{v_1}、μ_{v_2}、μ_{v_3}、μ_{v_4}、μ_{v_5} 分别为评价指标对应等级 1～等级 5 区间的隶属度（图 6-20）。

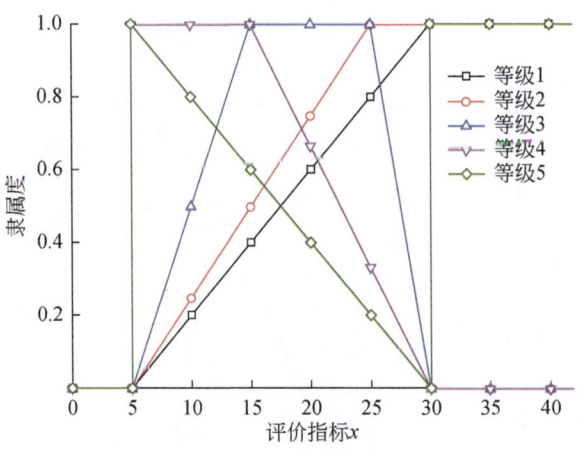

图 6-20 梯形隶属度函数

根据表 6-6 中不同等级开挖跨度的取值范围，得到 $a=7$，$b=10$，$c=12$，$d=15$，代入式（6-45），则开挖跨度因素隶属度函数为（图 6-21）：

$$\mu_{v_1}(x) = \begin{cases} 0 & x<7 \\ \dfrac{x-7}{8} & 7 \leqslant x \leqslant 15 \\ 1 & x>15 \end{cases} \quad (6\text{-}46\text{a})$$

$$\mu_{v_2}(x) = \begin{cases} 0 & x<7 \\ \dfrac{x-7}{5} & 7 \leqslant x \leqslant 12 \\ 1 & 12 \leqslant x \leqslant 15 \\ 0 & x>15 \end{cases} \quad (6\text{-}46\text{b})$$

$$\mu_{v_3}(x) = \begin{cases} 0 & x<7 \\ \dfrac{x-7}{3} & 7 \leqslant x \leqslant 10 \\ 1 & 10 \leqslant x \leqslant 12 \\ \dfrac{15-x}{3} & 12 \leqslant x \leqslant 15 \\ 0 & x>15 \end{cases} \quad (6\text{-}46\text{c})$$

$$\mu_{v_4}(x) = \begin{cases} 0 & x<7 \\ 1 & 7 \leqslant x \leqslant 10 \\ \dfrac{15-x}{5} & 10 \leqslant x \leqslant 15 \\ 0 & x>15 \end{cases} \quad (6\text{-}46\text{d})$$

$$\mu_{v_5}(x) = \begin{cases} 1 & x<7 \\ \dfrac{15-x}{8} & 7 \leqslant x \leqslant 15 \\ 0 & x>15 \end{cases} \quad (6\text{-}46\text{e})$$

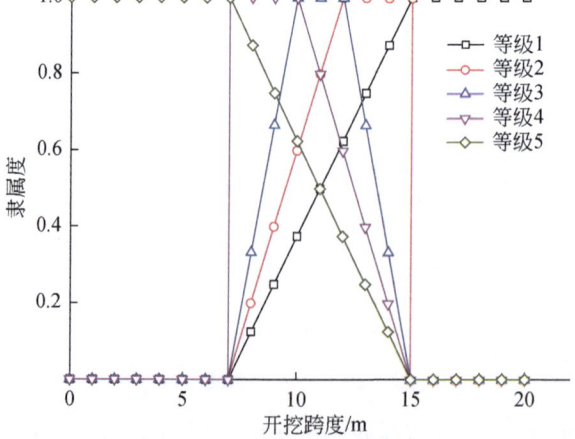

图 6-21 开挖跨度隶属度函数

根据表 6-6 中不同等级埋深的取值范围，得到 $a=60$，$b=40$，$c=20$，$d=10$，代入式（6-45），则埋深因素隶属度函数（图 6-22）为：

$$\mu_{v_1}(x)=\begin{cases}0 & x>60\\ \dfrac{60-x}{50} & 10\leqslant x\leqslant 60\\ 1 & x<10\end{cases} \quad (6\text{-}47\text{a})$$

$$\mu_{v_2}(x)=\begin{cases}0 & x>60\\ 1 & 20\leqslant x\leqslant 60\\ \dfrac{x-10}{10} & 10\leqslant x\leqslant 20\\ 0 & x<10\end{cases} \quad (6\text{-}47\text{b})$$

$$\mu_{v_3}(x)=\begin{cases}0 & x>60\\ \dfrac{60-x}{20} & 40\leqslant x\leqslant 60\\ 1 & 20\leqslant x\leqslant 40\\ \dfrac{x-10}{10} & 10\leqslant x\leqslant 20\\ 0 & x<10\end{cases} \quad (6\text{-}47\text{c})$$

$$\mu_{v_4}(x)=\begin{cases}0 & x>60\\ 1 & 40\leqslant x\leqslant 60\\ \dfrac{x-10}{30} & 10\leqslant x\leqslant 40\\ 0 & x<10\end{cases} \quad (6\text{-}47\text{d})$$

$$\mu_{v_5}(x)=\begin{cases}1 & x>60\\ \dfrac{x-10}{50} & 10\leqslant x\leqslant 60\\ 0 & x<10\end{cases} \quad (6\text{-}47\text{e})$$

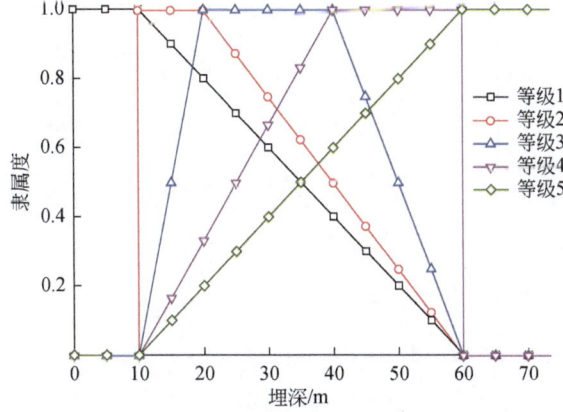

图 6-22 埋深隶属度函数

根据表 6-6 中不同等级偏压角的取值范围，得到 $a=10$，$b=20$，$c=30$，$d=40$，代入式（6-45），则偏压角度因素隶属度函数（图 6-23）为：

$$\mu_{v_1}(x) = \begin{cases} 0 & x<10 \\ \dfrac{x-10}{30} & 10 \leqslant x \leqslant 40 \\ 1 & x>40 \end{cases} \quad (6\text{-}48a)$$

$$\mu_{v_2}(x) = \begin{cases} 0 & x<10 \\ \dfrac{x-10}{20} & 10 \leqslant x \leqslant 30 \\ 1 & 30 \leqslant x \leqslant 40 \\ 0 & x>40 \end{cases} \quad (6\text{-}48b)$$

$$\mu_{v_3}(x) = \begin{cases} 0 & x<10 \\ \dfrac{x-10}{10} & 10 \leqslant x \leqslant 20 \\ 1 & 20 \leqslant x \leqslant 30 \\ \dfrac{40-x}{10} & 30 \leqslant x \leqslant 40 \\ 0 & x>40 \end{cases} \quad (6\text{-}48c)$$

$$\mu_{v_4}(x) = \begin{cases} 0 & x<10 \\ 1 & 10 \leqslant x \leqslant 20 \\ \dfrac{40-x}{20} & 20 \leqslant x \leqslant 40 \\ 0 & x>40 \end{cases} \quad (6\text{-}48d)$$

$$\mu_{v_5}(x) = \begin{cases} 1 & x<10 \\ \dfrac{40-x}{30} & 10 \leqslant x \leqslant 40 \\ 0 & x>40 \end{cases} \quad (6\text{-}48e)$$

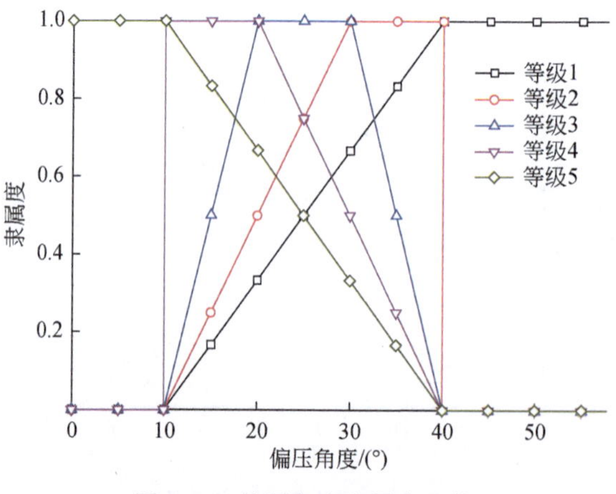

图 6-23 偏压角度隶属度函数

由于围岩级别指标是按等级划分的,无法用具体数值表示,而地下水情况、施工技术管理水平两个指标也难以量化,因此采用卡尔沃夫斯基(Karwowski)推荐的隶属度函数计算这三个指标的隶属度,见表6-8~表6-10。

表6-8 围岩级别指标等级评价矩阵

R_1	v_1	v_2	v_3	v_4	v_5
I	0	0	0	0	1.0
II	0	0	0.2	0	0.9
III	0.1	0.3	1.0	0.5	0.3
IV	0.5	0.7	0.7	0.85	0.1
V	0.8	0.9	0.2	0.95	0

表6-9 地下水情况指标等级评价矩阵

R_5	v_1	v_2	v_3	v_4	v_5
缺乏	0	0	0.2	0	0.9
较发育	0	0.1	0.7	0.3	0.7
发育	0.1	0.3	1.0	0.5	0.3
丰富	0.5	0.7	0.7	0.85	0.1
有涌水	0.8	0.9	0.2	0.95	0

表6-10 施工技术管理水平等级评价矩阵

R_6	v_1	v_2	v_3	v_4	v_5
一流	0	0	0	0	1.0
较好	0	0	0.2	0	0.9
一般	0.1	0.3	1.0	0.5	0.3
较差	0.5	0.7	0.7	0.85	0.1
很差	0.8	0.9	0.2	0.95	0

3) 综合权重分析

层次分析法和熵权法分别是主观权重分析法和客观权重分析法的代表性方法,各自的优缺点都十分明显。考虑将层次分析法和熵权法结合,既能表达专家主观赋值的影响,合理利用其丰富的经验,又能遵循样本数据信息的客观数学规律,兼顾主观性和客观性。在通过使用层次分析法得到主观权重集$W=(w_1,w_2,\cdots,w_m)$以及用熵权法得到客观权重集$V=(v_1,v_2,\cdots,v_m)$后,则综合权重系数集为$A=(a_1,a_2,\cdots,a_m)$,综合权重系数为

$$a_i = \frac{w_i v_i}{\sum_{i=1}^{m} w_i v_i} \tag{6-49}$$

式中，a_i 为第 i 个指标的综合权重。

4）加权平均法

加权平均法是将评价向量转化为单值化的评价等级。超大跨度公路隧道工程风险评语等级从 v_1 到 v_5 共分为五级。若将超大跨度公路隧道失稳破坏风险状态评分满分设为 100 分，失稳破坏风险最大；隧道最危险时评分 0 分，最安全状态时评分 100 分。五个评价区间分别为（0，20］（等级 v_1）、（20，40］（等级 v_2）、（40，60］（等级 v_3）、（60，80］（等级 v_4）和（80，100］（等级 v_5）。对得到的模糊评价向量中的每个元素分别赋值为对应等级区间数值中值 10、30、50、60、90，得到最终失稳破坏风险状态综合评分，即

$$V = \frac{10c_1 + 30c_2 + 50c_3 + 70c_4 + 90c_5}{\sum_{j=1}^{k} c_j} \quad (6\text{-}50)$$

根据综合状态评分确定隧道风险水平，得具体分级标准（表 6-11）。

表 6-11 超大跨度公路隧道失稳破坏风险评分等级

等级	状态	评分	对策
v_1	风险极大	$0 < V \leq 20$	不可接受，重新论证工程项目的可行性
v_2	风险较大	$20 < V \leq 40$	采取风险管理措施，并重新进行更详细的风险评估
v_3	一般风险	$40 < V \leq 60$	采取风险管理措施，做好风险应急预案
v_4	风险较低	$60 < V \leq 80$	提高警惕，做好风险应急预案
v_5	风险很低	$80 < V \leq 100$	不需采取措施

6.8.4 失稳破坏风险评价

根据地质勘察资料和现场测量，得出风险评估所需要的风险因素，求得隧道失稳破坏发生概率的模糊矩阵：

$$B_1 = \begin{bmatrix} 0.5 & 0.7 & 0.7 & 0.85 & 0.1 \\ 1 & 0 & 0 & 0 & 0 \\ 0 & 0 & 0 & 0 & 1 \\ 0.83 & 1 & 0 & 0.25 & 0.167 \\ 0 & 0 & 0.2 & 0 & 0.9 \\ 0 & 0 & 0.2 & 0 & 0.9 \end{bmatrix}$$

统计得出各个影响因素的两两比较判断矩阵（表 6-12）。

表 6-12 隧道失稳破坏影响因素判断矩阵

	u_1	u_2	u_3	u_4	u_5	u_6	ω_i	λ_{max}	CR
u_1	1	5	3	1	2	7	0.28		
u_2	1/5	1	1/3	1/5	1/4	6	0.07		
u_3	1/3	3	1	1/3	1/3	6	0.16	6.9	0.14<1
u_4	1	5	3	1	2	9	0.3		
u_5	1/2	4	3	1/2	1	8	0.2		
u_6	1/7	1/6	1/	1/9	1/8	1	0.02		

由此得到各个因素所占权重，并经过一致性检验，建立层次分析法因素权重集：
$$W = (w_1, w_2, w_3, w_4, w_5, w_6) = (0.28, 0.07, 0.16, 0.3, 0.2, 0.02)$$
在收集20座典型隧道相关资料基础上，对其进行评估，得到样本指标数据矩阵，利用熵权法计算其客观权重，建立熵权法因素权重集：
$$V = (v_1, v_2, v_3, v_4, v_5, v_6) = (0.051, 0.124, 0.172, 0.264, 0.215, 0.175)$$
根据层次分析法因素权重集和熵权法因素权重集，得到最终因素权重集：
$$A = (a_1, a_2, a_3, a_4, a_5, a_6) = (0.081, 0.049, 0.156, 0.450, 0.244, 0.020)$$
再计算出隧道的失稳破坏风险发生等级：
$$C_1 = (0.465, 0.507, 0.109, 0.181, 0.476)$$
根据最大隶属度原则，可知该隧道失稳破坏风险的等级为Ⅱ级，需采取风险控制措施。

6.9 超大跨度公路隧道施工风险防控技术

超大跨度公路隧道风险防控措施是在对隧道工程进行风险辨识、风险分析和风险评估之后，工程项目人员对工程采取的一系列能够降低工程事故概率、减小工程风险的措施。

6.9.1 超大跨度公路隧道风险预控技术

在隧道工程开工前，可根据工作分解结构（work breakdown structure，WBS）法进行作业分解，将分解后的基本单元逐个进行预控措施罗列。对于超大跨度公路隧道，需要针对其跨度大、扁平率低、作业方式复杂等特点进行针对性的预防。预控是风险控制的基础，也是风险管理的重中之重，能极大地减小隧道施工过程中风险发生的概率与损失。

1）超前支护预控措施

超前支护措施的选取需要考虑施工情况、工程地质条件、施工技术水平情况，尤其是在围岩较为软弱或有断层破碎带的地层，需要利用超前锚杆、小导管或大管棚进行支护，防止因超前支护不足而导致的围岩失稳。

进行超前支护时还需要遵循设计要求。采用超前锚杆支护时，要重点关注锚杆预应力、锚杆布设位置、长度、角度；采用小导管支护时，导管同时起到锚杆和注浆管的作用，还需要对注浆材料进行质量把控；采用管棚支护时，需要注意管棚材料、规格、钻孔位置和钻孔深度等。

在超前支护过程中，要密切关注支护结构的变化。当发现超前支护结构发生明显的变形时应及时停止操作，根据支护结构变形情况采取相应的措施。在钻孔时应注意规范作业，安全使用钻孔机械。钻孔过程中遇到不明障碍物时应停止作业，查明原因后再继续作业，不应盲目钻进。注浆所需浆液应严格按设计要求配置，并妥善保存安置。注浆前应检查注浆机械和注浆器材，特别是要检查管路是否通畅。注浆时应按规章操作，不得出现违规操作，要注意注浆压力，防止因为注浆压力不当导致围岩、结构发生异常。在注浆结束后，需等待至规定时间后才能进行开挖。

2）洞口开挖预控措施

洞口开挖时，需要注意地下水和地表水的影响，避免在气候条件和天气较差的时间段施工。若必须在雨天施工，需要做好排水系统的检查工作，避免因为地表水渗透造成失稳。要严格检查洞口段的地质情况，在进洞时如果发现原有设计条件不符合实际地质条件，需要重新调整设计参数、施工方法。开挖作业时要清理周围石块、杂物等，防止异物滑落导致施工风险。如有偏压地形，需要考虑偏压情况制订开挖顺序，降低偏压对洞口施工的影响，可采用加固浅埋段土体、卸载反压填土等措施。边坡开挖时要遵循"先上而下、先外后内、分层开挖"的原则，在技术允许范围内，减少对周边环境的破坏。在开挖时做好周边的坡面防护，保证洞口边坡的稳定。

3）洞身开挖预控措施

爆破作业应符合国家相关标准要求，针对地形、工程地质情况、施工技术水平等情况制订对应的爆破方案，并采取相应的保护措施。

钻孔前应清理工作面，防止工作面的异物影响钻孔安全。爆破工具和材料需由专人负责保管，每次按需提取，剩余的材料需要经过核验后退还。填充装药前需清空场地，保证无关人员不在场。起爆时需由专业人员监督指挥，保证所有人员在安全疏散距离后方能进行爆破。爆破完成后要加强通风，并在检查爆破后现场情况后，再进行现场的清理。同一隧道相对开挖面临近贯通时，只允许一个开挖面进行爆破掘进工作。

4）初支施作预控措施

在隧道开挖过程中，需要及时进行临时支护和初期支护的施作，确保施工安全。在软弱围岩或者断层破碎带隧道段中，需要在开挖工序后根据围岩情况采取有效支护。

初期支护可根据不同的地质条件和围岩状况进行合理选择。在施工全过程中，需要对支护的状态进行定期检查，特别是在不良地质的施工段，需要重点加强检查。当发现支护有大变形、破裂的情况时，应及时上报，针对具体问题研究确定维护方案。在工程暂停开挖时，初支需施作至开挖面处。构件支撑的立柱基础不可放置于松动的岩块上；在围岩较软弱的情况下，需增加垫板。在隧道开挖过程中，需对初支、围岩的动态进行监测，综合分析判断隧道围岩和支护结构受力状态，及时进行信息反馈。

5）二衬施作预控措施

在二衬施作时，台车需要做好安全防护措施。现场要标记清楚工作台、脚手架的承载力，平台下部净空应满足施工需要。在施工过程中，需要在后方设置警示表。停机、切断电源风源后再进行管路、混凝土机械、灌浆机械的检查。

初支稳定后再进行隧道混凝土二次衬砌的施作，施作前对临时支撑进行分段拆除。施工设计时，应根据施工阶段荷载对模板及支撑体系进行刚度、强度、稳定性的验算，同时要明确支护拆除工序时的安全技术措施。在浇筑混凝土的过程中，如果模板发生移位、变形、漏浆等现象时，应立即停止浇筑，在维修并确认安全后才能继续进行浇筑。

6）隧道监测措施

超大跨度公路隧道施工时，必须做好隧道施工监测，以提供施工过程中围岩和支护结构的状态信息。应在隧道开工前制订详细的监测方案。根据工程性质、断面形式、施工工法和工程地质情况确定隧道监测项目，其中包括规范规定的必测项目和根据实际情况选定的选测项目。断面监测要遵循既定的监测频率和期限严格实施监测，并在施工过程中及时反馈监测信息，必要时可修正施工工艺参数和支护参数。

6.9.2 超大跨度公路隧道风险动态防控技术

超大跨度公路隧道施工是一个动态过程,其风险评估也是随施工过程变化的动态过程。前期做的隧道风险评估是在设计阶段,基于地质情况和设计参数,为优化施工工法和控制施工成本而进行的静态风险评估。在施工过程中,由于隧道开挖过程中涉及的风险种类繁多,且随着开挖的不断深入,各类风险处于动态变化中,与之前建立的风险评估模型不能完全符合,从而静态风险评估结果也就失去一定的可信度。因此,需要基于施工现场实时反馈信息,建立动态风险评估模型,对施工中的隧道进行实时评估,从而更好地规避隧道施工过程中可能会发生的风险。

在隧道施工过程中进行动态风险评估时,施工技术、施工工法改变、设计变更以及地质信息更新等原因,导致新风险增加或原有风险消除。同样也可能造成原有风险的概率变化或原有风险产生的后果发生改变。因此,在隧道施工过程中需要进行实时的风险动态防控,及时识别并更新致险因子,调整相应的风险规避与控制措施。在隧道施工过程中,组织定期的安全风险排查,出现安全隐患时要迅速采取措施。利用隧道监测系统,掌握实时施工动态,分析隧道附近围岩的稳定性和支护结构的受力状态,对其进行反馈。

6.9.3 超大跨度公路隧道失稳破坏风险针对性措施

1. 失稳破坏风险控制措施

李家院隧道项目隧址区处于剥蚀构造浅切割丘陵地貌区,穿越冲沟及山岭。根据钻探揭露,隧址区地层主要为填筑土（Q^{me}）、第四系（Q_4）粉质黏土及武当（岩）群下组姚坪组（Pt_2y）片岩。隧道围岩等级主要为Ⅳ级、Ⅴ级,围岩较为软弱。失稳破坏风险的等级为Ⅱ级,需采取风险控制措施。因此,提出以下风险控制措施。

1）一般措施

为施工方提供详细准确的地质勘察资料,如果在施工中发现围岩地质条件与勘察资料不符合,及时变更支护参数。

隧道监控量测是隧道施工的一个诊断器,通过围岩的变形和结构内力分析,了解围岩变化情况,同时还应加强地质超前预报和开挖后地质描述记录以及地质分析,并根据预报和分析结果及时调整支护参数,预防隧道失稳破坏发生。

采用合理的施工方法,如侧壁导坑法、三台阶法等,尽量减少对围岩扰动。

安排合理的施工进度,严格控制爆破装药量和开挖进尺。

对围岩进行辅助预加固措施,如管棚、超前小导管、超前锚杆、洞内或地表注浆加固等,以提高围岩的自稳能力。

以"防、排、堵、截"的原则治理地下水和地表水。

加强施工管理,提高施工队伍的技术水平,同时加强对职工的教育,学习树立"安全第一"的施工思想。使施工人员认识到隧道地质的特殊性,以及失稳破坏对安全、质量及工期影响的严重性,在工作中自觉养成程序化、标准化作业。

2）专项措施

对整个危岩体或危岩体的局部进行清除。清除危岩时，可采用风枪凿岩、人工凿石、静态爆破剂等方法解体危岩，化整为零逐步清除。具备条件时，尚可进行爆破清除。危岩清除过程中应加强施工监测，避免爆破出的清除面引发不稳定危岩体。并在危岩实施清除处理前充分论证清除后对母岩的损伤程度。设置抗滑桩或抗滑片石垛。若现场危岩体实际稳定性较好、影响不大时，可考虑采用锚杆喷射混凝土联合支护的方式。

2. 失稳破坏风险应急预案

隧道失稳破坏发生后，施工方应该采取积极有效的措施，防止失稳破坏范围的进一步扩大，把损失降低到最低程度，一般性的失稳破坏处理措施如下：

（1）成立失稳破坏抢险领导小组，在洞内外设立警戒线，昼夜监视失稳破坏体并控制无关人员进入失稳破坏危险区；

（2）组织有经验的抢险施工队伍，及时提供失稳破坏处理的材料和机械，做好后勤保障；

（3）待失稳破坏体稍微稳定之后，对失稳破坏体进行喷射混凝土或者其他措施封闭，防止失稳破坏体变形的进一步扩展；

（4）对失稳破坏处进行排水和防水处理；

（5）及时跟进二次衬砌，并且加强二衬的支护参数；

（6）加大隧道监控量测力度和频率，掌握围岩动态。

同时，针对不同性质的失稳破坏，需要采取不同的措施。

1）洞口失稳破坏

当失稳破坏属于中小类型失稳破坏，自上而下清除松散失稳破坏体，根据稳定性状况采取刷坡卸载的办法。李家院隧道仰坡的挂网喷锚加固主要参数如下：

锚杆：$\Phi22$（$\Phi20$）长 3.0～5.0 m；间距 1.0 m×1.0 m（1.5 m×1.5 m），梅花形布置。

钢筋网片：$\Phi6$～$\Phi12$；网格间距 15 mm×15 mm（25 mm×25 mm）。

喷射混凝土厚度：8～25 cm。

若失稳破坏是由洞口附近山体滑动引起的，则需先加固滑坡体，然后处理失稳破坏。处理滑坡体的方法有采用长锚杆并注浆、采用管棚注浆、洞口排桩挡墙。

2）洞内失稳破坏

对于小型失稳破坏，失稳破坏体小于 30 m^3，塌腔的长度不大于 4 榀拱架，从塌腔口观察塌腔周围岩石处于基本稳定的情况，可利用以下方案快速处理失稳破坏。

若围岩暂时处于基本稳定状态，用长杆清理塌腔的危石，尽快沿塌腔面采用锚喷支护技术封闭围岩；缩小钢架间距，加强支护措施，增设锁脚，尽快通过塌腔，然后回填注浆。

对于较大规模的失稳破坏，一般不采取清渣方法。而是从洞外运输渣，反压回填，确保掌子面稳定，防止失稳破坏规模进一步扩大，具体措施如下：

反压回填稳定掌子面，形成三台阶即可。

设止浆墙：采用厚 1.0 m 的素混凝土或用沙袋砌 1.5 m 的挡墙。

预埋孔口管：直径为 80～200 mm，长度为 2.0～3.0 m。

施做管棚：管棚直径为 80～180 mm，长度穿过失稳破坏体进入围岩 3 m。

注浆：以渗透注浆为主，注浆形式采用分段循环注浆或分段后退式注浆。

开挖支护：待加固完成后，重新开挖，钢筋间距缩小，支护参数加强。

当失稳破坏已坍至隧道上方地表，即"冒顶"时，应先处理地表坍口，后处理洞内失稳破坏，地表失稳破坏处理措施如下：

（1）遮盖地表坍口，防止雨水渗入；

（2）坍口进行喷射混凝土封闭；

（3）因地制宜，合理采用地表注浆加固技术，防止失稳破坏的拓展；

（4）坍口四周施做截、排水沟；

（5）待洞内失稳破坏处理完毕后，对地表坍口进行回填。

参 考 文 献

陈舞, 张国华, 王浩, 等. 2019. 基于 T-S 模糊故障树的钻爆法施工隧道坍塌可能性评价[J]. 岩土力学, 40(S1)：319-328.

陈子全, 何川, 吴迪, 等. 2018. 高地应力层状软岩隧道大变形预测分级研究[J]. 西南交通大学学报, 53(6)：1237-1244.

何鑫鑫. 2023. 山岭隧道施工期突水发生条件与致灾模式研究[D]. 重庆：重庆交通大学.

贺志军. 2009. 山岭铁路隧道工程施工风险评估及其应用研究[D]. 长沙：中南大学.

侯福金. 2019. 超大跨度水平层状围岩隧道变形机理与稳定性控制[D]. 济南：山东大学.

黄宏伟. 2006. 隧道及地下工程建设中的风险管理研究进展[J]. 地下空间与工程学报, 2(1)：13-20.

李宜城, 薛亚东, 李彦杰. 2017. 一种基于动态权重的施工安全风险评估新方法[J]. 地下空间与工程学报, 13(S1)：209-215.

李忠, 魏嘉, 朱彦鹏. 2014. 大断面城市隧道施工全过程风险管理模式研究[J]. 岩石力学与工程学报, 33(10)：2085-2094.

吕刚, 刘建友, 张民庆, 等. 2020. 京张高铁八达岭长城站超大跨隧道变形控制标准研究[J]. 铁道标准设计, 64(1)：34-39.

钱七虎, 戎晓力. 2008. 中国地下工程安全风险管理的现状、问题及相关建议[J]. 岩石力学与工程学报, 27(4)：649-655.

邵珠山, 李晓照, 陈福成, 等. 2012. 大跨软岩公路隧道围岩稳定性分析[J]. 地下空间与工程学报, 8(6)：1221-1227+1243.

孙景来, 刘保国, 储昭飞, 等. 2018. 隧道坍塌事故类型划分及其主要特征[J]. 中国铁道科学, 39(6)：44-51.

唐涛, 朱大鹏, 苏培东, 等. 2023. 川西地区隧道工程有害气体致灾类型研究[J]. 地下空间与工程学报, 19(S1)：362-367.

吴坚, 黄俊, 李升连, 等. 2009. 基于专家调查法的公路隧道洞口失稳风险分析[J]. 地下空间与工程学报, 5(S1)：1407-1411.

徐国文, 何川, 汪耀, 等. 2018. 层状软岩隧道围岩破坏的连续-离散耦合分析[J]. 西南交通大学学报, 53(5)：966-973.

薛亚东, 董宏鑫, 李彦杰. 2019. 山岭公路隧道施工安全风险评估理论体系[J]. 天津大学学报(自然科学与工程技术版), 52(S1)：84-91.

于丽, 王志龙, 杨涅. 2018. 机械化施工大断面高铁隧道围岩压力测试及分布特征研究[J]. 隧道建设(中英文), 38(8) : 1303-1310.

张顶立, 孙振宇, 陶伟明. 2023. 隧道围岩大变形灾害特点与主动控制方法[J]. 铁道标准设计, 67(1) : 1-9.

张良刚. 2014. 超大跨度公路板岩隧道围岩变形特征及控制技术研究[D]. 北京: 中国地质大学.

张永刚, 王永红, 王梦恕. 2015. 渤海湾海底隧道工程施工风险评估与控制分析[J]. 土木工程学报, 48(S1) : 414-418.

张园. 2018. 山区高速公路施工安全与管理[M]. 成都: 西南交通大学出版社.

仇文岗, 梁文灏, 覃长兵, 等. 2023. 长大隧道建设与运营安全致灾风险评估综述[J]. 铁道标准设计, 67(2) : 1-9.

周庆昕, 薛亚东. 2014. 公路隧道施工风险评估若干问题的探讨[J]. 三峡大学学报(自然科学版), 36(4) : 87-90.

Einstein H H. 1996. Risk and risk analysis in rock engineering[J]. Tunnelling and Underground Space Technology, 11(2) : 141-155.

7 超大跨度层状软岩公路隧道施工控制技术研究

随着我国中西部地区与东部地区的经济和社会交流日益密切，交通压力也日益增长。高速公路和城市快速道路在构建国家快速运输网络、推动经济发展方面扮演着重要角色。然而我国西部地区的地理环境复杂，地势艰险，群山连绵，对复杂条件下公路隧道的修建提出了挑战。传统的公路隧道以双车道为主，跨度不大，施工简单。但双车道隧道的运输能力有限，随着交通出行量的迅速增长，双车道隧道逐渐被三车道隧道甚至四车道隧道等大跨度、超大跨度隧道所代替。针对超大跨度公路隧道的围岩压力计算、围岩稳定性评价和控制措施等方面的研究较少，尤其是对小跨度隧道方面的区别研究较少，因此有必要针对超大跨度公路隧道开展系统研究。

7.1 层状软岩隧道非对称支护技术

层状软岩中层理面的倾角、间距及其物理力学性质对隧道围岩非对称变形的产生有着非常大的影响。层理面的剪切与拉伸破坏是造成隧道非对称变形的主要因素，而不同倾角的层理面会对岩体隧道变形与破坏模式产生不同的影响。针对具体工程而言，首先要通过地质勘察查明岩体层理面的倾向和倾角，确定层理面的力学参数，计算出隧道围岩大变形或者破坏发生的位置，再加强支护，增强层理面的抗剪切和抗拉伸能力，常用的工程措施如下：

1）穿层定向锚固

非对称支护措施可采用穿层定向锚固，沿垂直层理面方向打锚杆起到加固层理面的作用，防止层面在卸荷过程中被拉坏，如图 7-1 所示。

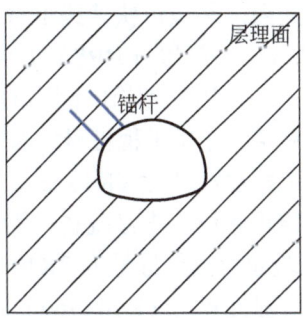

图 7-1 定向锚杆支护

2）长短锚杆联合支护

根据不同层理面倾角和倾向组合，计算得到岩体塑性区和变形最大的区域，首先在该区域需加长或加密锚杆，而在变形或者塑性区较小的地方采用普通系统锚杆支护即可（图 7-2）。

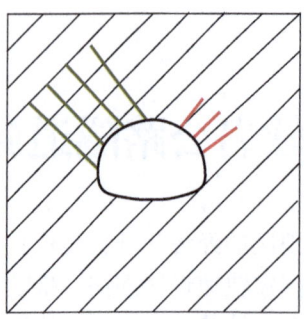

图 7-2 长短锚杆非对称支护

3）定向注浆

注浆能有效改善岩体强度和质量，提高层理面的抗拉和抗剪能力，因此，针对超大跨度层状软岩公路隧道中出现的非对称变形，也可考虑采用定向注浆补强的方式。首先判断出塑性区和变形量较大的区域，然后沿该方向注浆加固。现场施工表明，采用非对称支护技术后围岩变形更均匀。

7.2 工程概况

尽管已经出台了隧道风险评估的指南文件，但指南文件中未给出具体的风险评估实施流程图，已有的评估指标体系还不够完整，评估过程中主观因素影响大等问题亟待解决，大部分风险仍是以定性分析为主，受人为主观因素影响大。对于隧道工程，特别是山岭隧道风险系数较高、开挖难度较大的超大断面隧道来说，更需要提出设计及施工全过程的风险防范关键技术。依托十堰市武十高铁十堰北站—武当山站城市快速路项目，开展超大跨度软岩隧道稳定性控制技术研究，结合各施工阶段的围岩变形规律、应力分布特征、支护体系力学性态及致灾动力机制等因素，全面提出控制隧道围岩变形的有效措施，并依靠反馈数据修正优化设计参数和施工工艺，保证隧道施工的安全和顺利进行。

十堰市武十高铁十堰北站—武当山站城市快速路项目全线共分为三个标段，分别为张湾段（HBSYJTP-001），长 8.1 km；茅箭段（HBSYJTP-002），长 13.0 km；六里坪段，（HBSYJTP-003）长 9.9 km。其中，王家山隧道位于十堰市张湾区王家山村，为分离式隧道。隧道洞轴线走向方位角 159°，左幅隧道起止里程桩号为 ZK13+500～ZK14+242，长 742 m，最大埋深为 95.8 m；右幅隧道起止里程桩号为 YK13+510～YK14+251，长 741 m，最大埋深为 99.9 m。李家院隧道位于十堰市张湾区李家院村，为分离式隧道，隧道洞轴线走向方位角由 159°至 147°变化。左幅隧道起止里程桩号为 ZK14+360～ZK14+915，长 555 m，最大埋深为 89.1 m；右幅隧道起止里程桩号为 YK14+360～YK14+918，长 558 m，最大埋深为 94.5 m。园岭山隧道位于十堰市张湾区园岭山村，为分离式隧道。隧道洞轴线走向方位角 134°。左幅隧道起止里程桩号为 ZK15+872～ZK16+305，长 433 m，最大埋深为 105.2 m；右幅隧道起止里程桩号为 YK15+890～YK16+320，长 430 m，最大埋深为 103.5 m。

7.2.1 工程地质条件

勘察区地处鄂北，属秦巴山区东段，区内为丘陵地貌，山谷相间，地形连绵起伏。地处白河-石花街断裂以北，两郧断裂以南。该区海拔多小于 500 m，相对高差为 40～180 m，地势起伏较大，一般自然坡度为 25°～40°，山体上地表植被较发育，局部覆盖有厚薄不均的残坡积物，沟谷地带有冲洪积物覆盖。遥感图像显示该区为剥蚀堆积的残丘地形，相对切割较浅，沟谷多呈"V"形，少量冲沟呈"U"形。根据钻探揭露，隧址区地层主要为填筑土（Q^{me}）、第四系（Q_4）粉质黏土及武当（岩）群下组姚坪组（Pt_2y）片岩。隧道围岩等级主要为Ⅳ级、Ⅴ级。

三座隧道洞口段主要处于粉质黏土、填土、全-强风化绢云钠长石英片岩中，岩体裂隙稍发育，围岩完整性差，岩体基本质量指标（BQ）小于 250。其中填土呈黄褐色，稍湿，为修筑房屋填土，由片岩碎块及少量黏性土组成，碎石含量为 40%，粒径为 1～10 cm，主要为片岩碎块；粉质黏土呈黄褐色，稍湿，含有少量 2～6 cm 片岩碎块，表层 0.3 m 含少量植物根茎。主要分布于斜坡凹处及冲沟，钻探揭示厚度为 2.8～3.0 m；全-强风化绢云钠长石英片岩呈灰色、白色，变晶结构，片理状构造，主要矿物成分为石英、长石及云母，节理裂隙稍发育，岩心多呈 5～20 cm 柱状和块状，局部见有片理扭曲现象，取心率为 85%，RQD＝32%，其间夹有少量的灰色薄片理片岩。分布于隧道全线，钻探揭示厚度为 3.5～12.5 m。

洞身段主要处于中风化绢云钠长石英片岩中，岩体裂隙弱发育，围岩完整性较好，[BQ]＝260。中风化绢云钠长石英片岩呈灰白色、灰色，变晶结构，片理状构造，主要矿物成分为石英和云母，节理裂隙稍发育，岩心呈 5～30 cm 柱状和块状，局部见有片理扭曲现象，岩心完整，取心率为 90%，RQD＝80%。

项目所在区属于长江中下游地震带鄂西北地震构造区，根据《中国地震动参数区划图》（GB 18306—2015），地震动峰值加速度为 $0.05g$，特征周期为 0.35 s，相应的地震基本烈度为 6 度。

7.2.2 水文气候条件

隧址区地表水体主要接受大气降水，水量受季节影响明显。隧址区地下水主要为第四系孔隙水和基岩裂隙水，第四系孔隙水主要赋存于地表残坡积层，水量较小，无统一水位，接受地表水下渗补给；基岩赋水性差，地下水量总体较贫乏。隧址区水文地质条件相对简单。

7.2.3 结构设计

根据隧道埋置深度、围岩级别、结构跨度、受力条件、施工因素等，隧道结构按新奥法原理进行洞身结构设计，采用复合支护，以锚杆、钢拱架、湿喷混凝土（挂钢筋网）等组成初期支护与二次模筑混凝土相结合的复合衬砌形式，并辅以大管棚、超前注浆小导管及超前锚杆等施工辅助措施（图7-3），充分调动和发挥围岩的自承能力。初期支护以锚杆、钢筋网和喷射混凝土组成联合支护体系，并辅以钢拱架、长管棚、超前注浆小导管及超前锚杆等支护措施，二次衬砌采用模筑混凝土结构，初期支护和二次衬砌之间设置防水板及土工布作为防水层。隧道主要支护手段为：C25 混凝土 31 cm 厚初期支护+Φ50 钢花管@0.6×1.0 m 的系统锚杆+I22b@80 的钢拱架+C30 混凝土 60 cm 厚的二次支护+15 cm 的预留变形量。明洞采用整体式衬砌，Ⅳ级、Ⅴ级围岩采用有仰拱型式的复合式衬砌，Ⅲ级围岩采用无仰拱型式的复合式衬砌。

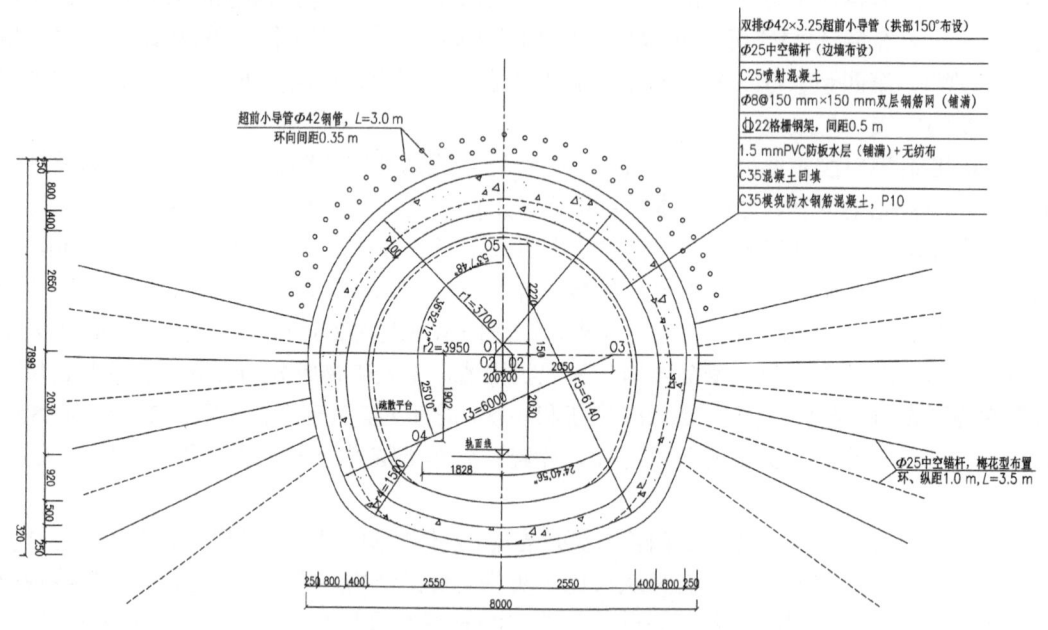

图 7-3　隧道断面结构设计（单位：mm）

项目的工程特点是隧道开挖断面大、围岩岩性较软且为层状岩体，针对超大跨度层状软岩公路隧道施工工序复杂、围岩变形过大、容易发生风险事故等难题，综合运用理论分析、数值模拟和现场监测相结合的研究方法，开展超大跨度层状软岩公路隧道施工控制技术、超大跨度公路隧道施工稳定性控制标准和超大跨度公路隧道施工致灾机制与风险防控技术研究。

7.3　超大跨度层状软岩隧道变形影响因素分析

根据李家院隧道的地质资料，该区的围岩等级以Ⅳ级和Ⅴ级围岩为主，主要分布绢云钠长石英片岩，隧道进出洞段的围岩完整性差，裂隙发育。洞身段围岩的产状为 53°∠60°，呈现出强烈的非线性特征。将岩体的层面与岩块分离开来，用层面结构来模拟层状岩体的不连续性，既能准确模拟岩体位移在层面上的不连续性，也能体现出层状岩体在宏观上的各向异性特征。根据不同层理面倾角设置多种工况（图 7-4），围岩和支护等参数取值见表 7-1、表 7-2。

图 7-4　李家院隧道层理面计算简图

表 7-1　围岩和支护力学计算参数

类别	容重 γ /(kN/m³)	变形模量 E /GPa	泊松比 μ	黏聚力 c /MPa	内摩擦角 φ /(°)
围岩	25	1.5	0.37	0.1	45
初支	25	28	0.2	0	60

表 7-2　层理面参数取值

结构面法向刚度 /(GPa/m)	结构面剪切刚度 /(GPa/m)	结构面摩擦角 /(°)	结构面黏聚力 /MPa
4	2	30	0

7.3.1　围岩劣化参数影响分析

围岩塑性区的力学性态与其劣化特性密切相关。隧道半径为 7.0 m，静水压力 p_0=15 MPa，支护反力 p_i=1.5 MPa，围岩弹性模量为 20GPa，泊松比为 0.5，强度参数 m_i=6，围岩单轴抗压强度 σ_c=20 MPa，围岩临界塑性偏应变 γ^{p*}=0.5%。地质强度指标的初始值 GSI^{peak} 取为 50，其残余值 GSI^{res} 分别取 50、40、30、20、10，GSI^{res}=50 表示不考虑围岩劣化。通过计算得到不同劣化程度下围岩应力分布规律（图 7-5）。对于径向应力 σ_r 而言，在支护压力 p_i 相同的情况下，围岩劣化程度越高，其径向应力越小。而环向应力 σ_θ 因受到塑性区大小的影响，在弹、塑性区范围内分布规律并不相同。在洞壁处，围岩劣化程度越高，其环向应力越小。从图 7-5（b）可以看出，围岩劣化程度对塑性区范围影响非常大，劣化程度越高，围岩塑性区越大。在支护压力 p_i 相同的情况下，围岩的劣化改变了围岩的应力分布，但并不能改变应力的最大值。劣化程度越高的围岩，由于其塑性区半径较大，应力变化较为缓慢。但是无论劣化程度如何，在塑性区边界处以及无穷远处围岩的应力大小保持不变。

围岩的劣化对其应变也有较大影响（图 7-6），且塑性区围岩的应变对劣化尤为敏感。切向应变的变化规律与径向应变相似。可见，围岩劣化后，虽然其塑性区应力相对来说变小了，但其应变却成倍地增加，导致围岩变形大幅增加。

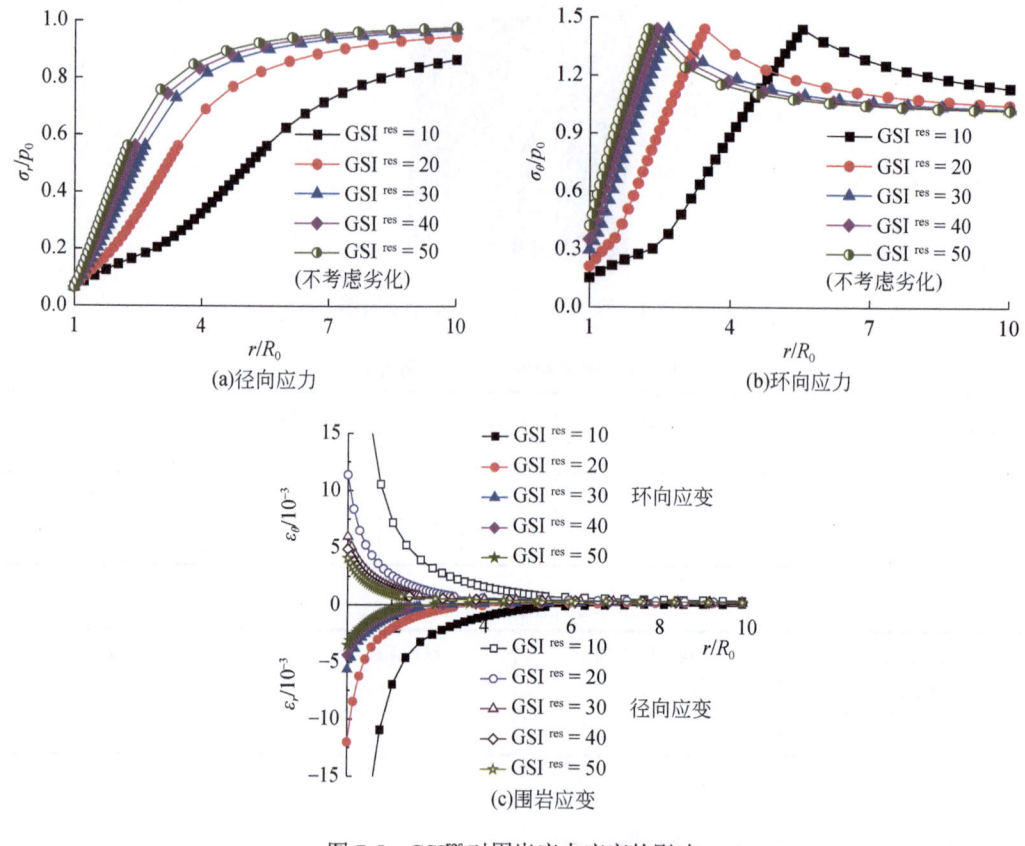

图 7-5 GSI^{res} 对围岩应力应变的影响

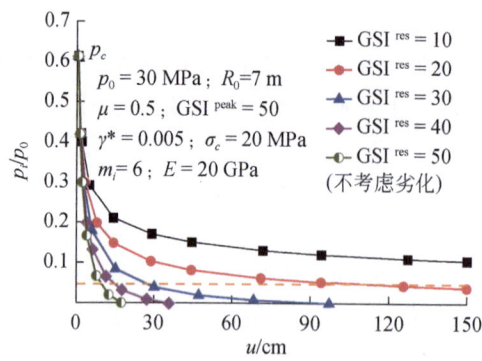

图 7-6 GSI^{res} 对围岩-支护特征曲线的影响

根据计算得到不同劣化程度下的围岩-支护特征曲线（图7-6），当支护压力较大时，由于围岩变形较小，劣化效应对其影响可以忽略。然而，随着支护压力的降低，围岩变形量随劣化程度变化非常显著，在支护压力相同条件下，围岩变形相差数倍甚至数十倍。在洞壁围岩变形相同的条件下，不同劣化程度的围岩所需的支护压力相差数倍甚至数十倍。

由不同劣化程度条件下的围岩塑性区分布（图7-7）可知，围岩劣化程度越高，其塑性区越大，且塑性流动区所占的比例也越大。而在塑性流动区范围内，围岩破碎程度高、强度低，围岩极软弱，其自承能力下降，这就是深埋软岩隧道发生大变形的原因。隧道开挖卸荷后，围岩应力重新分布，由于受到巨大的挤压力作用，岩体结构面发生剪切滑移破坏，围岩变得软弱、破碎，岩体强度大大降低。围岩劣化程度越高，塑性流动区越大。由于围岩自承能力大幅降低，需要提供的支护反力成倍增加，这种情况下若支护结构不能提供所需的支护反力，则导致隧道围岩应变急剧增大（表7-3）。轻则表现为大变形破坏，重则发生失稳坍塌。因此，在隧道支护结构设计时需适当考虑围岩的劣化特征，这对于避免隧道发生失稳破坏十分重要。

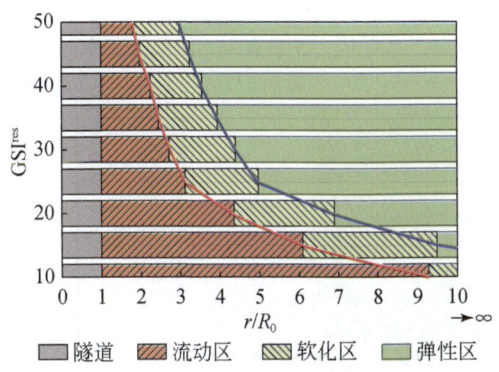

图7-7　GSI^{res}对围岩塑性区的影响

表7-3　围岩物理力学参数

原岩应力 p_0/MPa	弹性模量 E/GPa	泊松比 μ	H-B 强度参数		
			m_i	GSI^{peak}	σ_c/MPa
30	20	0.5	6	50	20

7.3.2　主应力方向的影响

当隧道围岩为Ⅴ级围岩，圆形硐室开挖半径为 15 m 时，根据①水平应力=竖直应力=15 MPa；②水平应力（20 MPa）>竖直应力（15 MPa）；③水平应力（15 MPa）<竖直应力（20 MPa）三种工况下的围岩力学特征（图7-8～图7-11）分析可知，当水平应力与竖

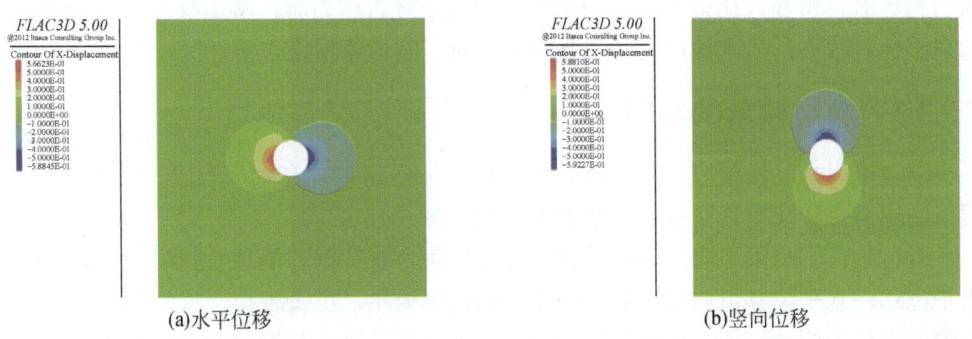

(a)水平位移　　　　　　　　　　　　(b)竖向位移

图 7-8　水平应力=竖直应力时的围岩变形情况

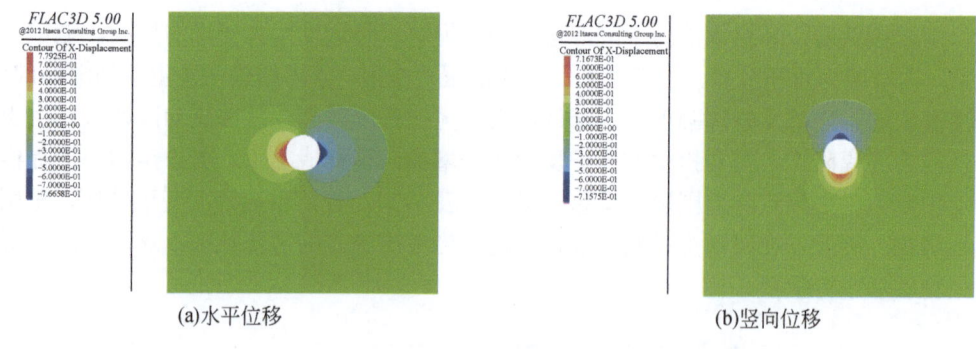

图 7-9　水平应力＞竖直应力时的围岩变形情况

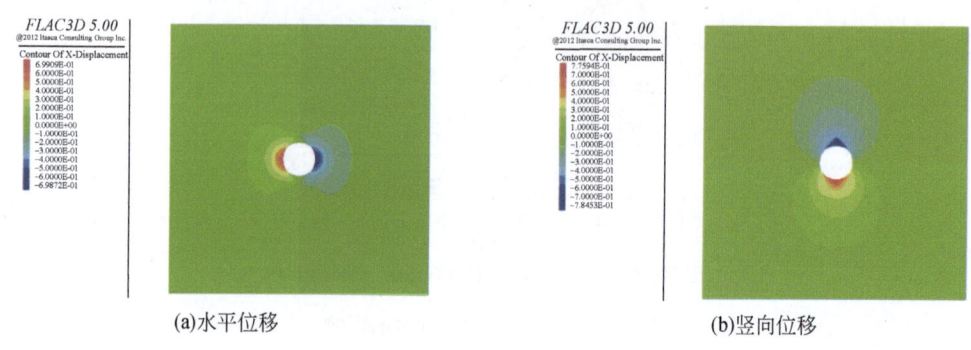

图 7-10　水平应力＜竖直应力时的围岩变形情况

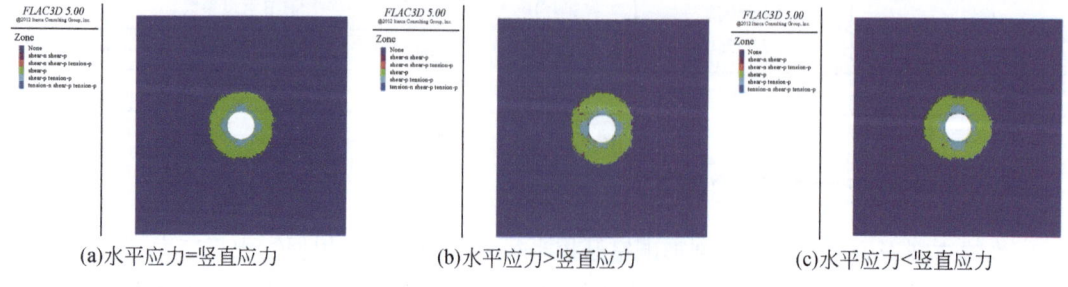

图 7-11　围岩塑性区分布与最大主应力方向的关系

直应力相等时，塑性区比较对称；当水平应力大于竖直应力时，隧道拱顶上方和仰拱底部的围岩塑性区较大；当水平应力小于竖直应力时，隧道两帮围岩塑性区较大。

7.3.3　岩层倾角的影响

当隧道围岩为 V 级围岩，圆形硐室开挖半径为 15 m 时，在水平岩层、倾斜岩层、竖直岩层下的围岩位移及塑性区分布特征如图 7-12～图 7-16 所示。

分析可知：①当围岩岩层为水平岩层（即倾角为 0°）时，隧道开挖后围岩竖向位移大于水平位移，水平位移以岩层沿着层理面方向挤出为主，拱脚处出现成片的受剪破坏区。②当围岩岩层为倾斜岩层（假设岩层倾角为 60°）时，隧道开挖后围岩沿着垂直岩层方向发生了较大的位移，各岩层之间由于黏结较弱而产生张拉裂缝。其中，左拱肩为最危险部

(a)水平岩层　　　　　　　(b)倾斜岩层　　　　　　　(c)竖直岩层

图 7-12　不同倾角岩层的计算模型

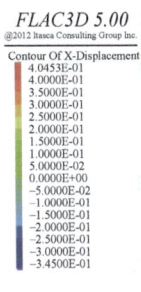 

(a)水平位移　　　　　　　　　　　　(b)竖向位移

图 7-13　水平岩层情况下围岩变形及塑性区分布情况

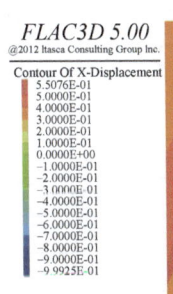 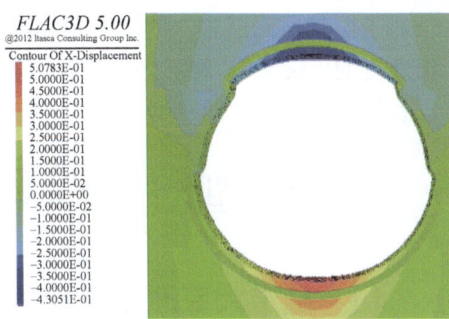

(a)水平位移　　　　　　　　　　　　(b)竖向位移

图 7-14　倾斜岩层情况下围岩变形及塑性区分布情况

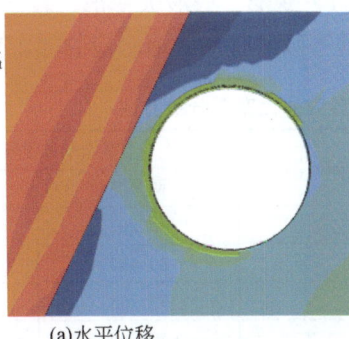 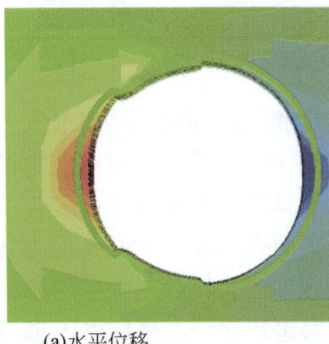

(a)水平位移　　　　　　　　　　　　(b)竖向位移

图 7-15　竖直岩层情况下围岩变形及塑性区分布情况

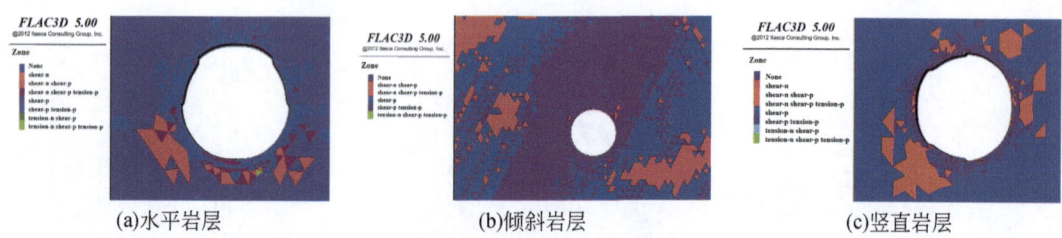

(a)水平岩层　　　　　　　(b)倾斜岩层　　　　　　　(c)竖直岩层

图 7-16　围岩塑性区分布与岩层倾角的关系

位。③当围岩岩层为竖直岩层（即倾角为 90°）时，隧道开挖后围岩水平位移大于竖向位移，拱腰处的围岩水平位移较大，该工况下拱脚处受剪破坏较严重。

对于层状结构围岩，隧道开挖后沿着垂直岩层方向发生了较大的位移。各岩层可视为一组叠合的"梁板"，岩层之间的黏聚力反映了"梁板"之间的结合力。若岩层之间黏结较好，各岩层可形成"组合梁结构"，提高其承载能力。

7.4　超大跨度软岩隧道围岩稳定性控制基准

7.4.1　隧道大变形分级及预测方法

基于已有大变形分级的标准及方法，采用相对变形量作为分级评价指标，将超大跨度软岩隧道的变形分为六个等级：无大变形、轻微大变形、一般大变形、较严重大变形、严重大变形和极度严重大变形，表 7-4 给出了不同等级的变形隧道对应的围岩变形量。

表 7-4　超大跨度软岩公路隧道的大变形分级方法

大变形等级	最大相对变形量（$\Delta u/d$）/%	单侧最大变形量/cm	
		两车道	三车道
Ⅰ级：无大变形	<1.5	<20	<25
Ⅱ级：轻微大变形	1.5～2.5	20～30	25～40
Ⅲ级：一般大变形	2.5～4	30～50	40～70
Ⅳ级：较严重大变形	4～6	50～80	70～100
Ⅴ级：严重大变形	6～10	80～120	100～160
Ⅵ级：极度严重大变形	≥10	≥120	≥160

注：最大相对变形量是指单侧最大变形量或拱顶最大沉降量 Δu 与隧道水平开挖跨度 d 的比值。

深层变质软岩隧道发生大变形与围岩应力密切相关，同时，围岩最大主应力、隧道埋深、岩体构造特征、围岩的含水情况等因素对隧道大变形的产生也有一定影响。需综合考虑围岩的强度应力比、最大主应力、隧道埋深、岩体构造特征以及围岩含水情况等因素的影响，才能对围岩的大变形级别进行全面评价。采用表 7-5 所示高地应力条件下深层变质软岩公路围岩大变形特性评价标准，根据围岩的强度应力比、最大主应力、隧道埋深、岩体构造特征以及围岩含水情况等各项指标，对围岩进行评分，最后将 5 项得分进行累加，得到围岩的综合评分。

表 7-5　特大断面深层变质软岩公路隧道围岩大变形特性评价指标

评分项目	指标	得分
围岩强度应力比 RC/σ_1	$RC/\sigma_1>7$	0
	$4<RC/\sigma_1\leqslant 7$	1~2
	$2<RC/\sigma_1\leqslant 4$	3~4
	$1<RC/\sigma_1\leqslant 2$	5~6
	$0.7<RC/\sigma_1\leqslant 1$	7~8
	$0.4<RC/\sigma_1\leqslant 0.7$	9~10
	$0.3<RC/\sigma_1\leqslant 0.4$	11~12
	$0.2<RC/\sigma_1\leqslant 0.3$	13~15
	$0.1<RC/\sigma_1\leqslant 0.2$	16~20
	$0.05<RC/\sigma_1\leqslant 0.1$	21~24
	$RC/\sigma_1\leqslant 0.05$	25~30
岩体构造特征	掌子面围岩完整，且主要节理走向与隧道掘进方向垂直或大角度斜交	0
	掌子面围岩较完整，节理间距较大，走向与隧道掘进方向接近平行，且倾角>45°	1
	掌子面围岩较破碎，节理间距 0.1~1.0 m，走向与隧道掘进方向平行，且倾角<45°	2
	掌子面围岩破碎，呈散体状或揉皱状，薄层状节理，间距<0.1 m，围岩特别破碎时取大值	3~4
最大主应力 σ_1	$\sigma_1<15$	0
	$15\leqslant\sigma_1<25$	1
	$25\leqslant\sigma_1<35$	2
	$35\leqslant\sigma_1<45$	3
	$45\leqslant\sigma_1<55$	4
	$55\leqslant\sigma_1<65$	5
	$\sigma_1\geqslant 65$	6
地下水条件	干燥	0
	潮湿（隙水）	1
	中等水压	2
	富水，水问题严重	3
隧道埋深 H/m	$H<300$	0
	$300\leqslant H<400$	1
	$400\leqslant H<600$	2
	$600\leqslant H<800$	3
	$800\leqslant H<1000$	4
	$H\geqslant 1000$	5

通过对围岩的综合评分，预测隧道的变形，提出特大断面深层变质软岩公路隧道的大变形分级方法和围岩大变形评分指标，见表 7-6。

表 7-6　特大断面深层变质软岩公路隧道的大变形预测指标

大变形等级	综合评分	最大相对变形量（$\Delta u/d$）/%
Ⅰ级：无大变形	≤6	<1.5
Ⅱ级：轻微大变形	7～8	1.5～2.5
Ⅲ级：一般大变形	9～10	2.5～4
Ⅳ级：较严重大变形	11～16	4～6
Ⅴ级：严重大变形	17～22	6～10
Ⅵ级：极度严重大变形	≥23	≥10

注：表中的最大相对变形量是指隧道在常规支护下（未采取支护加强条件下）的围岩相对变形值。

7.4.2　隧道围岩稳定性判据

以塑性区大小为标准的隧道围岩稳定性判定在理论上主要反映的是连续介质宏观塑性流动力学状态，通常适用于均质岩土体。对于节理发育和破碎岩体，其变形通常是由优势结构面控制的，围岩失稳很大程度上也是由节理面过大变形而引起的，因此，传统的将位移或塑性区的单一判定指标运用在层状岩体隧道中存在较大缺陷。《公路隧道施工技术规范》（JTG/T 3660—2020）中指出：围岩稳定性、二次支护时间应根据所测位移量或回归分析所得最终位移量、位移速度及变化趋势、隧道埋深、开挖断面大小、围岩等级、支护所受压力、应力、应变等进行综合分析判定。实际隧道施工稳定性控制中通常使用围岩变形量大小和变形速率这两个指标。

由于软岩具有流变性，隧道施工过程中除了关注最终变形量，隧道的收敛变形速率或者拱顶沉降速率也是衡量隧道施工过程稳定性的重要指标。

一般认为，当收敛率 $\delta \geq 1.0$ mm/d 时，围岩处于急剧变形状态，应加强初期支护；当收敛率 0.2 mm/d$<\delta<1.0$ mm/d 时，应加强观测，做好加固准备；当收敛率 $\delta \leq 0.2$ mm/d 时，围岩基本达到稳定。

7.4.3　隧道施工控制基准

超大断面软岩公路隧道施工控制应遵循"重视初喷、短进尺早封闭、二衬跟进、钢拱架精准定位、增强锁脚、加固拱脚、连接牢固、加强监控、及时反馈"的原则。

1）重视初喷

隧道开挖完成后，深层变质软岩风化速度快。通风机将洞外新鲜空气送至掌子面，加快了岩体风化，因此在开挖时，应严禁开启通风设施。隧道开挖完成后，及时进行挂网初喷工作，封闭岩体，避免与空气等接触，增加岩面强度，避免岩体挤压滑塌发展。李家院隧道的施工结果证明，初喷在软岩隧道施工中的作用极其显著。

2）短进尺早封闭，二衬跟进

依据监控量测数据分析，控制变形除强支护外，最重要的措施就是及早闭合成环。安全步距控制对于超大断面深层变质软岩隧道施工尤其重要,通常采用预留大核心土三台阶开挖的施工方法,上台阶长 3 m,中台阶紧跟,下台阶距离中台阶 10～15 m,仰拱至下台阶不超过 10 m。仰拱至掌子面距离控制在 35 m 以内,二衬至掌子面距离控制在 50 m 以内。缩短仰拱至掌子面距离,减少初支闭合时间,使支护结构尽早稳定。

中、下台阶开挖时注意左右侧错开 2 榀以上拱架,防止拱架两侧同时悬空。每循环上台阶开挖掘进 1 榀,进尺 0.6 m,循环时间短,可保证岩体的快速封闭。及时跟进永久支护第二层初支,保证二层拱架距掌子面在 6 m 左右。及时施作下导及仰拱,尽快完成支护成环。

3) 钢拱架精准定位

钢拱架施工重点检查钢拱架间距控制在设计间距±5 cm 范围以内;确保拱架竖直度、倾斜度应小于 2°;确保拱架预留量达到设计要求;连接板连接 4 颗螺栓必须全部上紧并骑缝焊接饱满;拱架拱脚必须落在牢固的基础上,有超挖时采用混凝土预制块支垫拱脚。

4) 增强锁脚、加固拱脚

在隧道施工过程中,易出现中台阶拱脚挤压内翘,下台阶拱架无法顺接,拱架形成"尖角",应力集中,结构破坏现象。建议在拱脚板位置增设斜向支撑钢板,加强钢拱架连接板,在拱脚位置采用预制混凝土板进行支垫,扩大拱脚,加强拱脚。同时,在中台阶、下台阶拱脚位置斜向下 45°打设 6m 长 Φ108 锁脚大锚管,钢管壁厚 1 cm,并对管内灌注水泥砂浆加强钢管刚度。锁脚锚管及超前锚管必须符合设计要求的长度、数量及角度,并保证注浆质量。锁脚锚管采用 L 型钢筋与拱架焊接牢固。第二层支护完成后及时施作锁脚管棚,保证管棚型号、长度、角度及注浆效果,并采用钢板与拱架焊接牢固,由于沉降导致脱焊的需及时进行补焊。

5) 连接部位要牢固

钢筋网片施工时保证网片与拱架的焊接质量,并保证搭接长度,使喷射混凝土施工时网片无晃动。拱架连接筋需满足设计要求间距,两榀拱架间连接筋需上下错开,与拱架焊接牢固。拱架不稳定时可加设交叉连接筋。

6) 加强监控、及时反馈

监控量测工作应纳入隧道施工的必要环节。掌子面开挖时,注意监测围岩变化。如围岩较差且已出现较大垮塌,应及时进行初喷。初喷变形不可控时应及时返渣回填。上导开挖时如单侧出现较大垮塌,可以采用分段、分节立架的方式进行支护。围岩破碎部位的中、下导要单独开挖支护,保证拱架无悬空时间,如有特殊情况垮塌致使拱架悬空,采用方木、圆木及时支撑。

7.5 超大跨度软岩隧道稳定性控制技术

7.5.1 超大跨度软岩隧道变形控制技术分类及其力学模型

锚杆加固是控制深层变质软岩隧道变形的重要措施。随着岩体变形量的增大,作用在锚杆上的荷载很可能超过设计值,而让压管锚杆通过锚杆杆体结构伸长,从而降低作用在杆体表面的摩阻力,直至让压管的变形值达到最大让压量,在增强锚固岩体稳定性的同时能够很好地保护锚杆,避免锚杆发生破坏。让压锚杆通过让压管的伸长作用,使得围岩的变形得到释放,有利于岩体的长期持续稳定。与普通锚杆力学机理的区别在于,让压锚杆相对拉伸变形量 δ_i 由两部分组成:一部分由让压锚杆的让压变形量引起;另一部分由锚杆的自身变形量引起。忽略锚杆的自身变形,并假定由让压变形量引起的相对拉伸变形量 δ_i 符合双曲线的变化规律:

$$\delta_i = \frac{\Delta L}{r}R_0 - \frac{\Delta L}{\rho}R_0 \quad (7-1)$$

式中,ΔL 为让压管的让压量;ρ 为中性点至隧道圆心的距离。

考虑到全长锚固锚杆中性点两侧的轴向拉力是一对平衡力:

$$p_s + \int_{R_0}^{R_0+L} \tau_r U \mathrm{d}r = 0 \quad (7-2)$$

式中,p_s 为让压管的让压荷载;L 为让压锚杆的锚固长度;U 为让压锚杆周长;τ_r 为黏结剪力。

将锚杆表面的黏结摩阻力沿半径(r)积分,即可得到任意半径(r)处锚杆轴力 N_r 如下:

$$N_r = p_s + \int_{R_0}^{r} \tau_r U \mathrm{d}r \quad (7-3)$$

假设长锚杆的力学模型及内力分布满足以下条件(图 7-17):

(1)隧道开挖前处于静水压力状态,原岩应力为 p_0;
(2)隧道断面等效为半径 R_0 的圆形;
(3)隧道围岩为连续、均匀、各向同性的弹塑性体,假定塑性区半径为 R_p;
(4)支护结构作用在围岩上的抗力为 p_i;
(5)假定端锚式长锚杆锚固段的黏结剪力为 τ_r,围岩对锚杆托盘的支撑力为 p_bolt;
(6)围岩受压为正,应变以受压为正,位移取向隧道内部发展的方向为正。

假定长锚杆自由段轴力为 N_bolt,根据锚杆自由段的钢材弹性阶段的本构方程可得

$$N_\text{bolt} = \frac{E_b A_b}{L_b}\left(u_{R_0} - u_{R_F}\right) \quad (7-4)$$

式中,E_b 为锚杆弹性模量;A_b 为锚杆截面面积;L_b 为锚杆长度;u_{R_0} 为围岩洞壁处径向位移;u_{R_F} 为围岩在锚固段的左端点径向位移(图 7-17)。

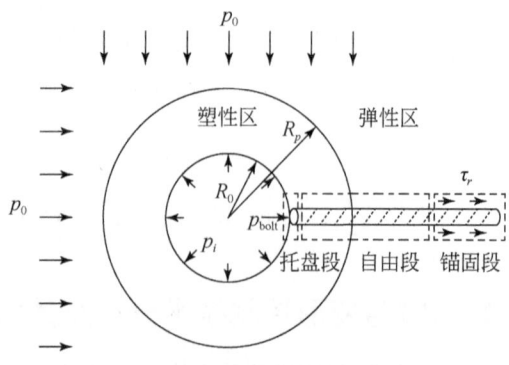

图 7-17 锚杆力学模型及内力分布规律

根据塑性区体积不变假定,可得锚固段的左端点径向位移与围岩洞壁处径向位移关系如下:

$$u_{R_F} = \frac{R_0}{R_0 + L_b - L_{an}} u_{R_0} \quad (7-5)$$

考虑长锚杆支护的支护时机,假定长锚杆支护时,围岩洞壁处径向位移为 $u_{R_0}^t$,此时对应的锚固段的左端点径向位移为

$$u_{R_F}^t = \frac{R_0}{R_0 + L_b - L_{an}} u_{R_0}^t \quad (7-6)$$

式中,L_{an} 为锚固段长度。

同时考虑锚杆的塑性屈服(图 7-18),将热轧钢材的应力-应变全曲线简化为四个阶段:① 弹性阶段;② 塑性屈服阶段;③ 硬化阶段;④ 破坏阶段。同时假定钢材破坏后锚杆的强度降为 0,可得到考虑长锚杆支护的支护时机的长锚杆轴力计算公式:

$$N_{bolt} = \begin{cases} \dfrac{E_b A_b}{L_b}\left(1 - \dfrac{R_0}{R_0 + L_b - L_{an}}\right)(u_{R_0} - u'_{R_0}), & \varepsilon_{bolt} \leqslant \dfrac{\sigma_s^{bolt}}{E_b} \\ \sigma_s^{bolt} A_b, & \dfrac{\sigma_s^{bolt}}{E_b} < \varepsilon_{bolt} \leqslant 0.02 \\ \left(\sigma_s^{bolt} + \dfrac{\sigma_t^{bolt} - \sigma_s^{bolt}}{\varepsilon_b - 0.02}(\varepsilon_{bolt} - 2)\right), & 0.02 < \varepsilon_{bolt} \leqslant \varepsilon_b \\ 0, & \varepsilon_b < \varepsilon_{bolt} \end{cases} \quad (7-7)$$

式中,ε_{bolt} 为锚杆应变;σ_s^{bolt} 为钢材的屈服下限;σ_t^{bolt} 为钢材的抗拉强度;ε_b 为钢材破坏时所对应的拉应变。

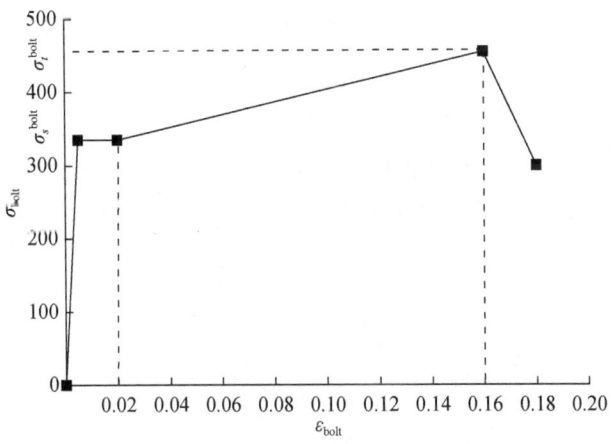

图 7-18 锚杆钢筋应力-应变全曲线(HRB335)

其中,

$$\varepsilon_{bolt} = \left(1 - \frac{R_0}{R_0 + L_b - L_{an}}\right)(u_{R_0} - u_{R_0}^t)\frac{1}{L_b} \quad (7-8)$$

根据《钢筋混凝土用钢》（GB1T 1499.2—2018）规范，HRB335 对应的 ε_b 为 0.16。

7.5.2 多层钢拱架在超大跨度软岩公路隧道中的适用性

当围岩强度较低时，即使在地应力不是特别大的条件下，其强度应力比也很低，采用常规的支护措施可能无法提供足够的支护抗力来抵御围岩压力。因此，需采用较大刚度的支护形式来提高支护的抗变形能力，多层钢架就是一种提高初期支护抗变形能力的有效措施。

以李家院软岩隧道工程为例，讨论多层钢拱架支护在不同埋深条件下的适用性。李家院隧道有限元计算模型如图 7-19 所示。隧道初期支护为双层 H20b 型钢并喷射混凝土（初期支护厚度为 60 cm），截面强度 $E_A = 2.35 \times 10^7$ kN，抗弯刚度为 6.70×10^5 kN·m^2，泊松比为 0.25。隧道二次衬砌为 C35 钢筋混凝土结构，厚 60 cm。假设初期支护承担围岩应力的 90%，其余 10% 的应力由初支和二支共同承担。将上覆围岩自重荷载施加于模型上边界，分别计算隧道埋深为 300 m、350 m、400 m、430 m、450 m 时开挖后围岩及支护结构变形情况。

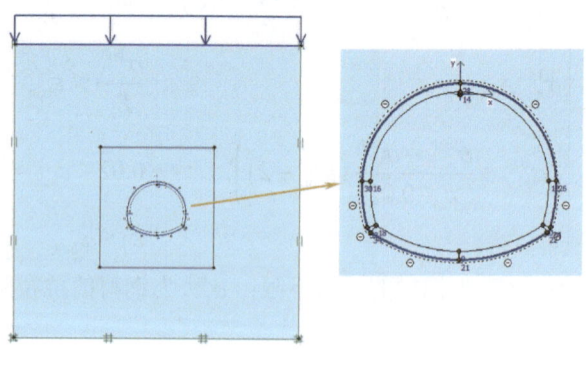

图 7-19 计算模型

1. 双层初期支护的适用范围

从不同埋深下双层支护结构的最大变形量（图 7-20、图 7-21）可以看出，支护结构的最大变形出现在拱顶处。当埋深为 300 m 时，拱顶沉降为 13.5 cm，支护结构位移相对较小，

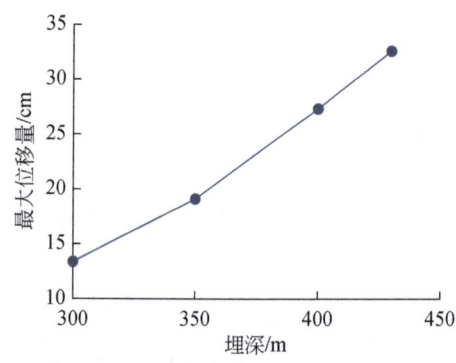

图 7-20 双层初期支护结构变形量随埋深变化

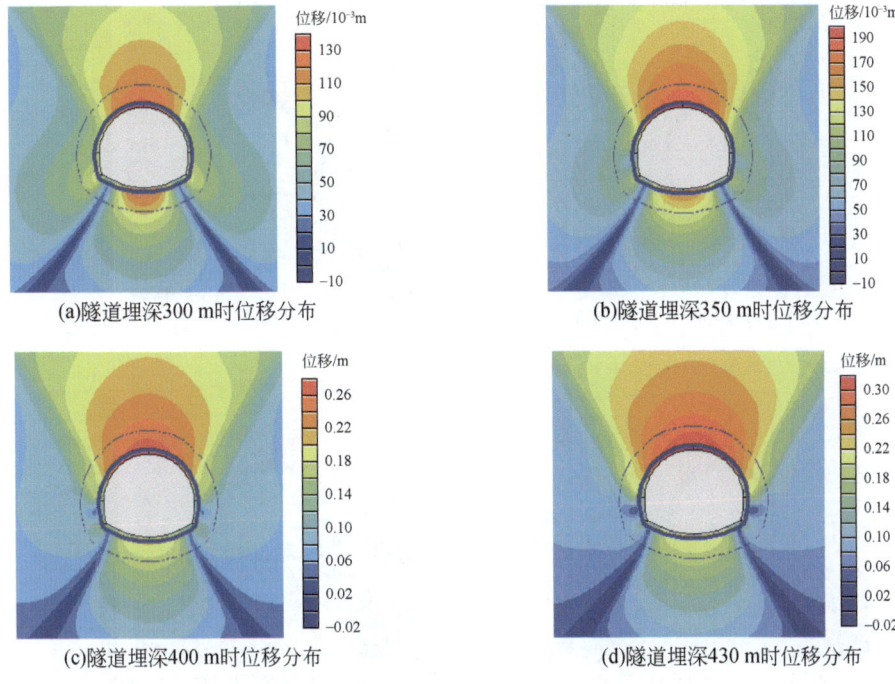

图 7-21 不同埋深条件下的双层初期支护结构变形情况

处于比较安全的状态。随着埋深的增大，拱顶沉降值变化速度不断增大。当埋深达到 450 m 时，双层衬砌结构已经发生屈服破坏，说明支护结构已经不能提供足够的支护抗力。可见，双层初期支护适用于Ⅴ级围岩埋深在 300～450 m 的隧道。

2. 三层初期支护的适用范围

隧道初期支护为三层 H20b 型钢并喷射混凝土（初期支护厚度为 90 cm），截面强度 $E_A = 3.7 \times 10^7$ kN，抗弯刚度为 2.50×10^6 kN·m²，泊松比为 0.25。二次衬砌为 C35 钢筋混凝土结构，厚 60 cm。得到不同埋深情况下三层初期支护结构变形情况（图 7-22、图 7-23），可以看出，支护结构的最大变形出现在拱顶处。在相同埋深条件下，采用双层初期支护的拱顶

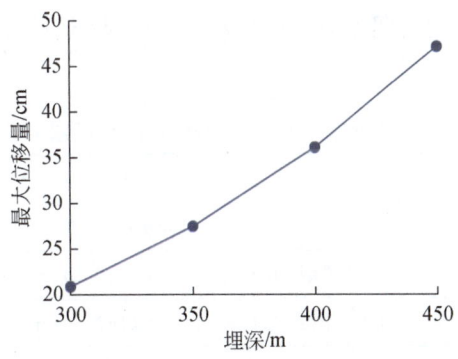

图 7-22 三层初期支护结构变形量随埋深变化

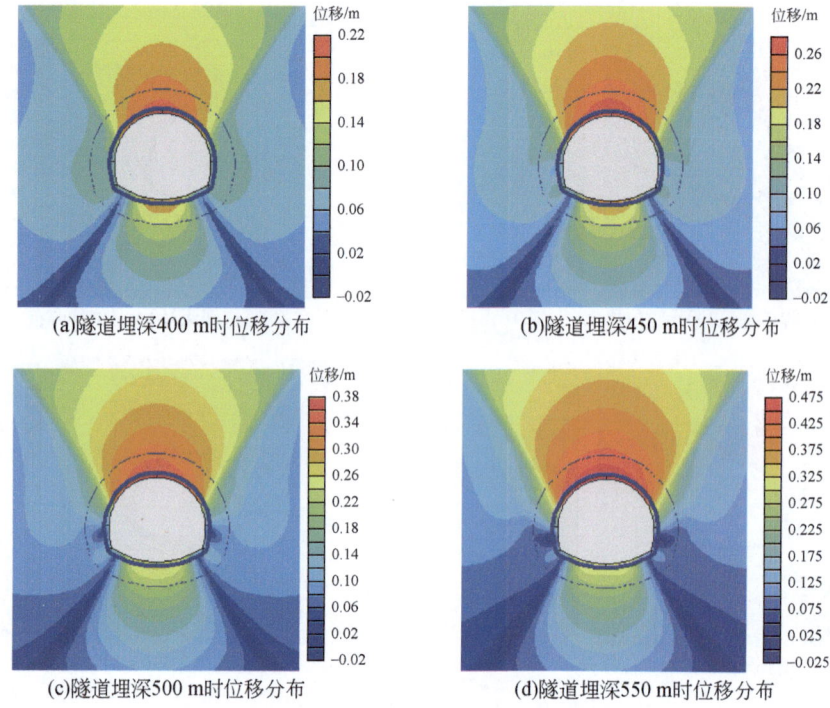

图 7-23　不同埋深条件下的三层初期支护结构变形情况

沉降为 27.4 cm，而采用三层初期支护结构比双层初支的最大变形量减少了 23%。随着埋深的增大，拱顶沉降值变化率不断增大。当隧道埋深为 550 m 时，拱顶沉降为 47.3 cm，此时的变形量已经非常大。继续增加荷载，当埋深达到 560 m 时，三层衬砌结构已经发生屈服破坏。可见，双层初期支护适用于 V 级围岩埋深在 400～550 m 的隧道。

如果将双层衬砌的力学参数增加一倍，则当隧道埋深为 600 m 时，衬砌结构的最大变形量为 13.8 cm，此时衬砌的最大轴力为 $7×10^4$ kN/m，为双层衬砌结构最大承载能力的 5 倍，为三层衬砌结构最大承载能力的 1.9 倍。这种情况下必须进行应力释放，如果在施加支护之前已经释放 20% 的地应力，则衬砌结构的最大变形量为 9.6 cm，衬砌的最大轴力为 $5.7×10^4$ kN/m，即为双层衬砌结构最大承载能力的 4 倍，为三层衬砌结构最大承载能力的 1.5 倍。故所需要的三层衬砌初期支护间距约为 30 cm。综上所述，可得 V 级围岩隧道支护措施的适用范围（表 7-7）。

表 7-7　围岩隧道不同地应力段适宜的初期支护形式

隧道埋深	支护形式
300 m 以下	单层初期支护
300～400 m	H20b 型钢双层初期支护，钢架间距 50 cm，初期支护厚度 60 cm
400～550 m	H20b 型钢三层初期支护，钢架间距 50 cm，初期支护厚度 90 cm
550 m 以上	其他支护形式并配合应力释放措施，如钢管混凝土支架复合支护等

7.5.3 可缩式钢拱架在超大跨度软岩公路隧道中的适用性

钢拱架支护措施能有效加强地下工程锚喷支护中喷射混凝土的刚度和强度。其中，可缩性钢拱架可以通过接头的滑移缩短钢架，使初期支护在围岩压力作用下产生一定的变形，与预留纵向变形缝等措施结合，起到增加初期支护柔性的作用，使初期支护更易于与围岩共同变形。

李家院变质软岩隧道初期支护采用双层 H20b 型钢拱架并喷射 60 cm 厚 C30 混凝土，在初期支护的左右拱肩和拱腰处分别设置了可缩式接头，接头沿环向最大缩进量可达 15 cm。数值计算模型如图 7-24 所示，围岩、支护结构以及让压构件的计算力学参数见表 7-8。

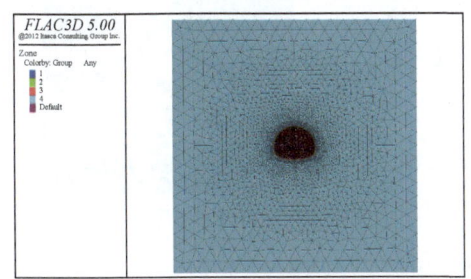
(a)有限元网格模型

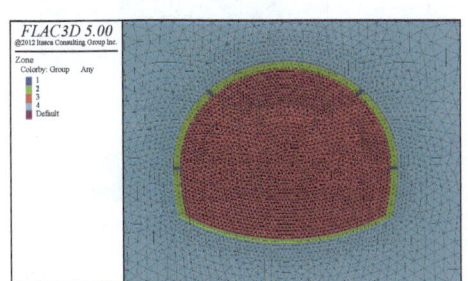
(b)隧道有限元网格放大图

图 7-24　数值模拟模型

表 7-8　计算力学参数的选取

材料	弹性模量 E/GPa	泊松比 ν	容重 γ/(kN·m^{-3})	黏聚力 c/MPa	内摩擦角 ϕ/(°)
围岩	—	—	20	0.2	25
支护衬砌	39.2	0.25	25	3.2	54.9
让压构件	0.05	0.35	21	—	—

根据围岩位移云图（图 7-25）、围岩应力变化特征（图 7-26、图 7-27）可知，在可缩式钢拱架支护下，隧道拱顶位移为 49.5 cm，而无可缩式钢拱架隧道拱顶位移为 34.2 cm。设置可缩式钢拱架使得围岩产生的位移增加。隧道开挖后，硐室围岩基本处于受压状态，

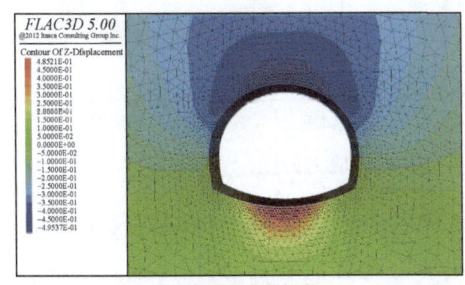
(a)有可缩式钢拱架

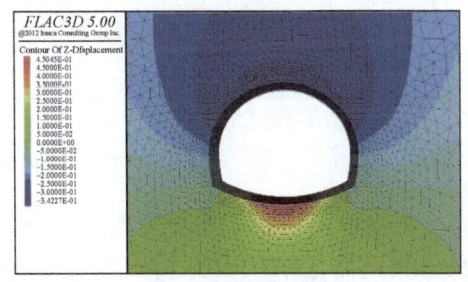
(b)无可缩式钢拱架

图 7-25　有无可缩式钢拱架支护围岩竖向位移分布云图

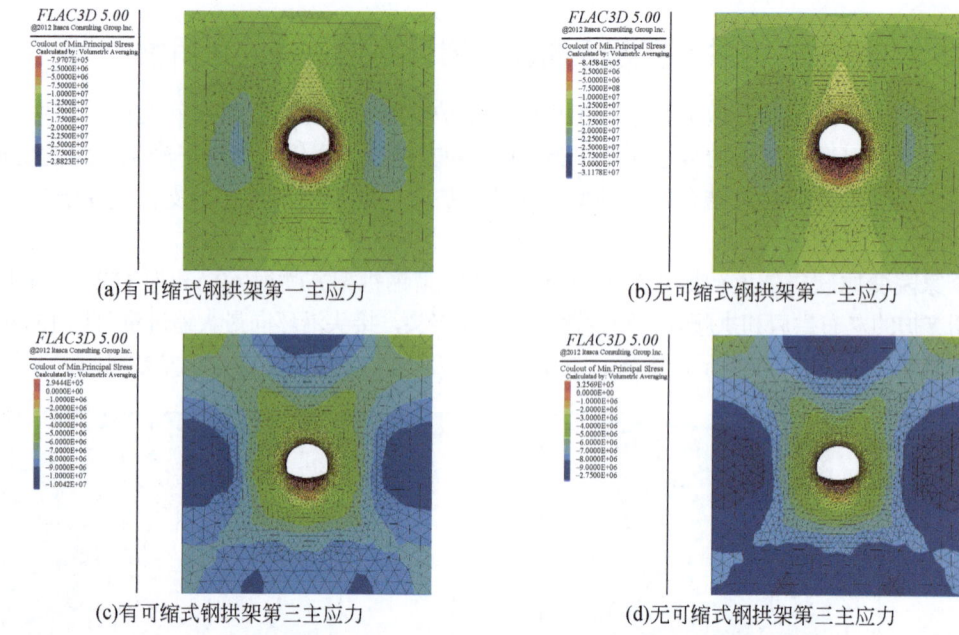

图 7-26　有无可缩式钢拱架支护围岩应力云图

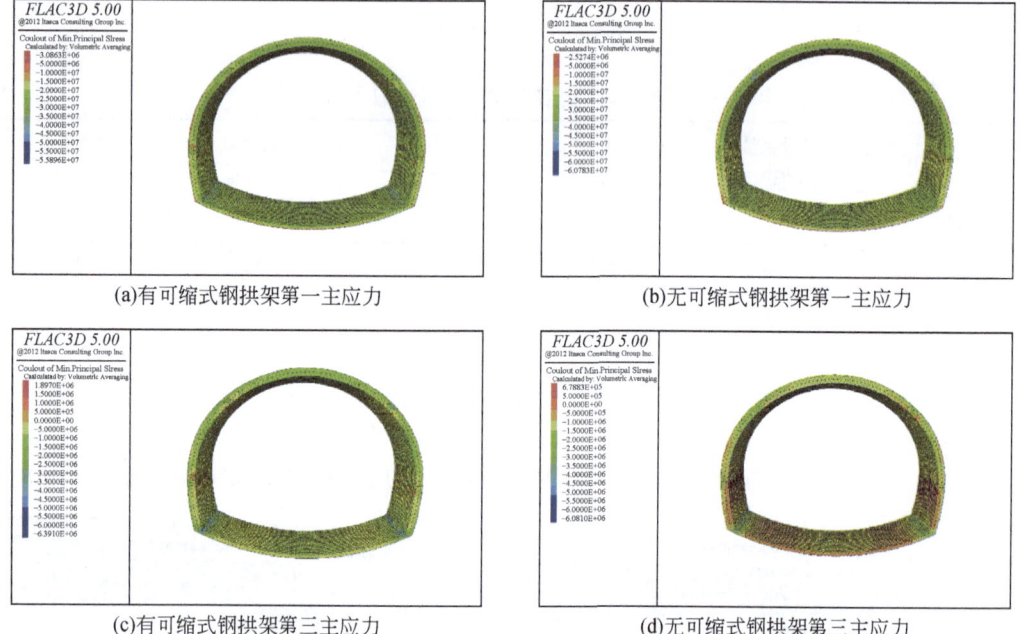

图 7-27　有无可缩式钢拱架支护衬砌应力云图

但也有部分围岩呈现出受拉状态。在可缩式钢拱架支护下的洞壁处围岩最大主应力约 2.5 MPa，而无可缩式钢拱架的洞壁处围岩最大主应力为 2.7 MPa。采用可缩式拱架后，围岩位移将得到一定程度释放，洞壁处围岩最大主应力降低约 7%。当设置可缩式钢拱架后，支护结构的最大主应力减小，最小主应力也减小。支护的主应力整体偏小，整体有所改善。

可缩式支架的最大优点是当围岩作用于支架上的压力达到一定值时，支架便产生屈服缩动，缩动的结果使围岩作用于支架上的压力下降，从而避免了围岩的压力大于支架的承载力而导致支架的破坏。可缩式钢拱架的让压支护在"及时支护"和"强支护"的基础上实现让压支护，既能在隧洞开挖后有效控制围岩塑性区的发展，提高围岩的稳定性，充分发挥围岩的自承载能力；又能实现围岩位移和应力的释放，减小支护结构受力，增加支护结构的安全性。相对于其他支护型式降低了工程风险，成为大变形地下硐室的最佳选择方案之一。因此，合理设计可缩性支架的结构及支护参数，对层状软岩公路隧道安全生产和提高经济效益具有重要的意义。

7.5.4 超前应力释放技术在超大跨度层状软岩公路隧道中的适用性

由于开挖应力释放效应，如果一味控制围岩变形量，只有在提供较大支护反力的情况下围岩才可以达到平衡状态。根据"约束-收敛法"的理念，如果能让围岩在支护结构受力之前先发生一定的变形量，那么作用在支护上的力就会得到一定的降低。采用超前应力释放措施可以降低作用在支护上的围岩压力，节约工程成本。在施加支护之前先让围岩发生Δu的变形量，待变形达到预定值后再施加支护。采取应力释放措施后，作用在支护上的力会得到一定的降低。此外，当支护结构变形量相同时，采取超前应力释放措施后支护所需要提供的抗力小很多，支护刚度也相应减小。

1. 预留变形空间法应力释放的力学模型

采用预留变形空间的方法进行应力释放，是在开挖时以大于隧道的设计尺寸进行开挖，在隧道设计开挖边界外预留Δu的变形空间，施加支护之前先让围岩发生Δu的变形量，待变形达到预定的值后再施加支护。图7-28为采用预留变形空间法进行应力释放的力学模型。

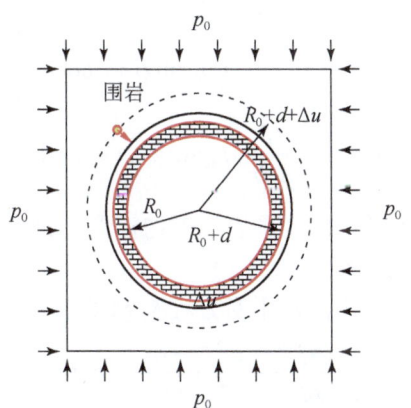

图7-28 预留变形空间法隧道开挖力学模型

（1）假设隧道所处环境的初始地应力为p_0，将隧道开挖简化为轴对称平面应变问题。开挖半径为$R_0+d+\Delta u$，隧道与初期支护之间预留Δu的变形空量。

（2）围岩为均匀、各向同性的理想弹塑性材料，遵循莫尔-库仑（M-C）屈服准则；初期支护结构为弹性材料，其内径为R_0，外径为R_0+d，厚度为d。

(3) 假设结构受拉为正，位移指向圆心为负。

设围岩与初期支护间的接触压力为 σ_r^0，那么，对于初期支护而言，其边界条件为：在 $r=R_0+d$ 处，$\sigma_r^L=\sigma_r^{\text{rock}}=\sigma^0$；在 $r=R_0$ 处，$\sigma_r^L=0$。

根据弹性力学的厚壁圆筒解析解可知初期支护的内力及径向位移为

$$\left.\begin{aligned}\sigma_r^L &= -\frac{(R_0+d)^2(r^2-R_0^2)}{r^2 d(2R_0+d)}\sigma_r^0 \\ \sigma_\theta^L &= -\frac{(R_0+d)^2(r^2+R_0^2)}{r^2 d(2R_0+d)}\sigma_r^0 \\ u_r^L &= -\frac{R_0^2(R_0+d)^2}{2G^L d(2R_0+d)}\left[\frac{1-2v^L}{(R_0+d)^2}r+\frac{1}{r}\right]\sigma_r^0\end{aligned}\right\} \quad (7\text{-}9)$$

式中，r 为围岩计算点到隧道中心的距离；σ_r^L、σ_θ^L、u_r^L 分别为初期支护结构的径向应力、切向应力以及径向位移；v^L 为初期支护的泊松比；G^L 为初期支护的剪切模量。

初期支护结构外边界的径向位移为

$$u_r^L\big|_{r=R_0+d} = -\frac{R_0^2(R_0+d)(1-v^L)}{G^L d(2R_0+d)}\sigma_r^0 \quad (7\text{-}10)$$

将围岩视为理想弹塑性材料，根据厚壁圆筒的弹塑性解（厚壁圆筒的外径无穷大，内径为 $R_0+d+\Delta u$），当厚壁圆筒的内压（即围岩与初期支护结构间的接触压力）σ_r^0 <塑性临界压力 p_c 时，隧洞围岩开始进入塑性阶段，而远处的围岩仍处于弹性阶段。围岩在弹性区（$r>r_p$）的应力及径向位移为

$$\left.\begin{aligned}\sigma_r^{\text{rock}} &= p_0 - \frac{r_p^2}{r^2}(p_0\sin\varphi+c\cos\varphi) \\ \sigma_\theta^{\text{rock}} &= p_0 + \frac{r_p^2}{r^2}(p_0\sin\varphi+c\cos\varphi) \\ u_r^{\text{rock}} &= -\frac{r_p^2}{2Gr}(p_0\sin\varphi+c\cos\varphi)\end{aligned}\right\} \quad (7\text{-}11)$$

式中，r_p 为弹塑性区边界的半径；G 为围岩的剪切模量；σ_r^{rock}、$\sigma_\theta^{\text{rock}}$、$u_r^{\text{rock}}$ 分别为围岩的径向应力、切向应力以及径向位移。

围岩进入塑性阶段后，其应力满足平衡方程及 M-C 强度准则：

$$\frac{d\sigma_r^{\text{rock}}}{dr}+\frac{\sigma_r^{\text{rock}}-\sigma_\theta^{\text{rock}}}{r}=0 \quad (7\text{-}12)$$

$$\frac{\sigma_r^{\text{rock}}+c\cot\varphi}{\sigma_\theta^{\text{rock}}+c\cot\varphi}=\frac{1-\sin\varphi}{1+\sin\varphi} \quad (7\text{-}13)$$

式中，c、φ 分别为围岩的黏聚力和内摩擦角。

根据弹塑性区界面位移连续性条件，可以得到塑性区围岩（$r_p<r<R_0+d+\Delta u$）的位移：

$$u_r^{\text{rock}}=\frac{(p_0+c\cot\varphi)\sin\varphi r_p^2}{2Gr} \quad (7\text{-}14)$$

塑性区围岩的应力为

$$\left.\begin{array}{l}\sigma_r^{\mathrm{rock}}=\left(\sigma_r^0+c\cot\varphi\right)\left(\dfrac{r}{R_0+d+\Delta u}\right)^{\frac{2\sin\varphi}{1-\sin\varphi}}-c\cot\varphi\\[2mm]\sigma_\theta^{\mathrm{rock}}=\left(\sigma_r^0+c\cot\varphi\right)\left(\dfrac{1+\sin\varphi}{1-\sin\varphi}\right)\left(\dfrac{r}{R_0+d+\Delta u}\right)^{\frac{2\sin\varphi}{1-\sin\varphi}}-c\cot\varphi\end{array}\right\} \quad (7\text{-}15)$$

其中，塑性区半径 r_p 为

$$r_p=\left(R_0+d+\Delta u\right)\left(\dfrac{(p_0+c\cot\varphi)(1-\sin\varphi)}{\sigma_r^0+c\cot\varphi}\right)^{\frac{1-\sin\varphi}{2\sin\varphi}} \quad (7\text{-}16)$$

在开挖边界处（$r=R_0+d+\Delta u$），围岩径向位移为

$$\left.u_r^{\mathrm{rock}}\right|_{r=R_0+d+\Delta u}=\dfrac{(p_0+c\cot\varphi)(R_0+d+\Delta u)\sin\varphi}{2G}\left(\dfrac{(p_0+c\cot\varphi)(1-\sin\varphi)}{\sigma_r^0+c\cot\varphi}\right)^{\frac{1-\sin\varphi}{\sin\varphi}} \quad (7\text{-}17)$$

变形协调条件为

$$\left.u_r^{\mathrm{rock}}\right|_{r=R_0+d+\Delta u}+\Delta u=\left.u_r^{\mathrm{L}}\right|_{r=R_0+d} \quad (7\text{-}18)$$

联立式（7-10）、式（7-16）、式（7-17），可解得围岩与初期支护结构间的接触压力 σ_r^0。得到 σ_r^0 后，再代入式（7-9）、式（7-11）、式（7-15）、式（7-16），可得到初期支护及围岩的应力及径向位移。

2. 超前导洞法应力释放的力学模型

超前导洞法进行应力释放分为两步求解（图7-29）。

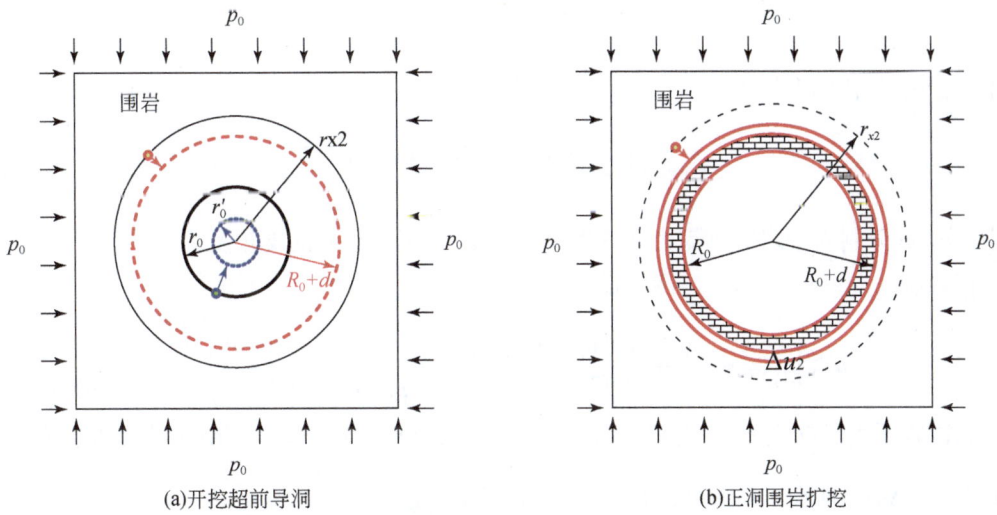

(a) 开挖超前导洞　　　　　　　　　(b) 正洞围岩扩挖

图 7-29　超前导洞法隧道开挖力学模型

第一步，开挖导洞并施加支护 [图7-29（a）]，假设导洞位于隧道断面正中央，其开挖半径为 r_0。导洞开挖后围岩发生收敛变形，原来位于 $r=r_0$ 位置处的围岩变形至 $r=r_0'$ 处；原

来位于 $r=r_{x2}$ 位置处的围岩变形至 $r=R_0+d+\Delta u_2$ 处；

第二步，开挖正洞并施加正洞初期支护，预留 Δu_2 的变形量 [图 7-29（b）]，将 $r<r_{x2}$ 范围内的围岩（导洞开挖后，变形后的围岩范围为 $r<R_0+d+\Delta u_2$）挖掉，并预留 Δu_2 的变形量，施加内径为 $r=R_0$、外径为 R_0+d、厚度为 d 的初期支护结构。待围岩变形至 $r=R_0+d$ 时，初期支护结构与围岩共同承担荷载。

根据弹塑性理论可知，在弹性区，围岩的应力应变及径向位移为

$$\left.\begin{aligned} \sigma_r^{\text{rock}} &= p_0 - \frac{r_{p1}^2}{r^2}(p_0\sin\varphi + c\cos\varphi) \\ \sigma_\theta^{\text{rock}} &= p_0 + \frac{r_{p1}^2}{r^2}(p_0\sin\varphi + c\cos\varphi) \\ u_r^{\text{rock}} &= -\frac{r_{p1}^2}{2Gr}(p_0\sin\varphi + c\cos\varphi) \end{aligned}\right\} \quad (7\text{-}19)$$

式中，r 为围岩计算点到隧道中心的距离；p_0 为原岩应力；r_{p1} 为导洞开挖后围岩的塑性区半径；σ_r^{rock}、$\sigma_\theta^{\text{rock}}$、$u_r^{\text{rock}}$ 分别为围岩的径向应力、切向应力以及径向位移。

在塑性区（$r_{p1}<r<r_0$），围岩的应力、位移为

$$\left.\begin{aligned} \sigma_r^{\text{rock}} &= (p_i' + c\cot\varphi)\left(\frac{r}{r_0}\right)^{\frac{2\sin\varphi}{1-\sin\varphi}} - c\cot\varphi \\ \sigma_\theta^{\text{rock}} &= (p_i' + c\cot\varphi)\left(\frac{1+\sin\varphi}{1-\sin\varphi}\right)\left(\frac{r}{r_0}\right)^{\frac{2\sin\varphi}{1-\sin\varphi}} - c\cot\varphi \\ u_r^{\text{rock}} &= -\frac{(p_0 + c\cot\varphi)\sin\varphi r_{p1}^2}{2Gr} \end{aligned}\right\} \quad (7\text{-}20)$$

其中，围岩的塑性区半径为

$$r_{p1} = r_0 \left(\frac{(p_0+c\cot\varphi)(1-\sin\varphi)}{p_i' + c\cot\varphi}\right)^{\frac{1-\sin\varphi}{2\sin\varphi}} \quad (7\text{-}21)$$

式中，c、φ 分别为围岩的黏聚力和内摩擦角；p_i' 为超前导洞的支护反力。

在导洞的洞壁处（$r=r_0$），围岩径向位移为

$$u_r^{\text{rock}}\big|_{r=r_0} = -\frac{(p_0+c\cot\varphi)\sin\varphi r_0}{2G}\left(\frac{(p_0+c\cot\varphi)(1-\sin\varphi)}{p_i'+c\cot\varphi}\right)^{\frac{1-\sin\varphi}{\sin\varphi}} \quad (7\text{-}22)$$

当围岩压力足够大时，在围岩塑性区内必存在一半径为 $r\neq r_{x2}$ 的圆，其变形后的半径为 $r=R_0+d+\Delta u_2$。即在 $r=r_{x2}$ 处，$u_r^{\text{rock}} = (R_0+d+\Delta u_2) - r_{x2}$。

正洞开挖时，将 $r<r_{x2}$ 范围内的围岩挖掉，预留 Δu_2 的变形量，并施加内径为 $r=R_0$、外径为 R_0+d 的初期支护结构，待围岩变形至 $r=R_0+d$ 时，初期支护结构与围岩共同承担荷载。其变形协调条件为：在围岩与初期支护接触的界面处，围岩的后期变形等于初期支护

结构外边界的变形。

设围岩与初期支护结构间的接触压力为 σ_r^1，初期支护结构为弹性材料，其厚度为 d，剪切模量为 G^L，泊松比为 v^L。其边界条件为：在 $r=R_0+d$ 处，$\sigma_r^L = \sigma_r^{rock} = \sigma_r^1$；在 $r=R_0$ 处，$\sigma_r^L = 0$。初期支护结构应力及位移为

$$\left.\begin{aligned}\sigma_r^L &= \frac{(R_0+d)^2(r^2-R_0^2)}{r^2 d(2R_0+d)}\sigma_r^1 \\ \sigma_\theta^L &= \frac{(R_0+d)^2(r^2+R_0^2)}{r^2 d(2R_0+d)}\sigma_r^1 \\ u_r^L &= -\frac{R_0^2(R_0+d)^2}{2G^L d(2R_0+d)}\left[\frac{1-2v^L}{(R_0+d)^2}r+\frac{1}{r}\right]\sigma_r^1\end{aligned}\right\} \quad (7\text{-}23)$$

初期支护结构外边界的径向位移为

$$\left.u_r^L\right|_{r=R_0+d} = -\frac{R_0^2(R_0+d)(1-v^L)}{G^L d(2R_0+d)}\sigma_r^1 \quad (7\text{-}24)$$

在弹性区（$r>r_{p2}$），施加初期支护后的围岩应力应变及径向位移为

$$\left.\begin{aligned}\sigma_r^{rock} &= p_0 - \frac{r_{p2}^2}{r^2}(p_0\sin\varphi + c\cos\varphi) \\ \sigma_\theta^{rock} &= p_0 + \frac{r_{p2}^2}{r^2}(p_0\sin\varphi + c\cos\varphi) \\ u_r^{rock} &= -\frac{r_{p2}^2}{2Gr}(p_0\sin\varphi + c\cos\varphi)\end{aligned}\right\} \quad (7\text{-}25)$$

在塑性区（$r_{p2}<r<r_{x2}$），施加初期支护后的围岩应力、位移为

$$\left.\begin{aligned}\sigma_r^{rock} &= (\sigma_r^1+c\cot\varphi)\left(\frac{r}{r_{x2}}\right)^{\frac{2\sin\varphi}{1-\sin\varphi}} - c\cot\varphi \\ \sigma_\theta^{rock} &= (\sigma_r^1+c\cot\varphi)\left(\frac{1+\sin\varphi}{1-\sin\varphi}\right)\left(\frac{r}{r_{x2}}\right)^{\frac{2\sin\varphi}{1-\sin\varphi}} - c\cot\varphi \\ u_r^{rock} &= -\frac{(p_0+c\cot\varphi)\sin\varphi\, r_{p2}^2}{2Gr}\end{aligned}\right\} \quad (7\text{-}26)$$

其中，r_{p2} 为施加初期支护后的围岩塑性区半径，其值为

$$r_{p2} = r_{x2}\left(\frac{(p_0+c\cot\varphi)(1-\sin\varphi)}{\sigma_r^1+c\cot\varphi}\right)^{\frac{1-\sin\varphi}{2\sin\varphi}} \quad (7\text{-}27)$$

在围岩与初期支护结构接触的界面上，围岩径向位移为

$$u_r^{\text{rock}}\Big|_{r=r_{x2}} = -\frac{(p_0+c\cot\varphi)\sin\varphi r_{x2}}{2G}\left(\frac{(p_0+c\cot\varphi)(1-\sin\varphi)}{\sigma_r^1+c\cot\varphi}\right)^{\frac{1-\sin\varphi}{\sin\varphi}} \quad (7\text{-}28)$$

根据变形协调条件，在围岩与初期支护结构接触的界面，围岩的后期变形与初期支护结构外边界的变形相等：

$$u_r^{\text{rock}'}\Big|_{r=r'_{x2}} = u_r^{L}\Big|_{r=R_0+d} - (r_{x2}-R_0-d-\Delta u_2) \quad (7\text{-}29)$$

可得到初期支护及围岩的最终应力及径向位移。

根据不同相对预留变形量和导洞半径下围岩与支护间的接触应力变化规律（图7-30），采用预留变形空间和超前导洞法可以较大程度地降低围岩与支护间的接触压力。

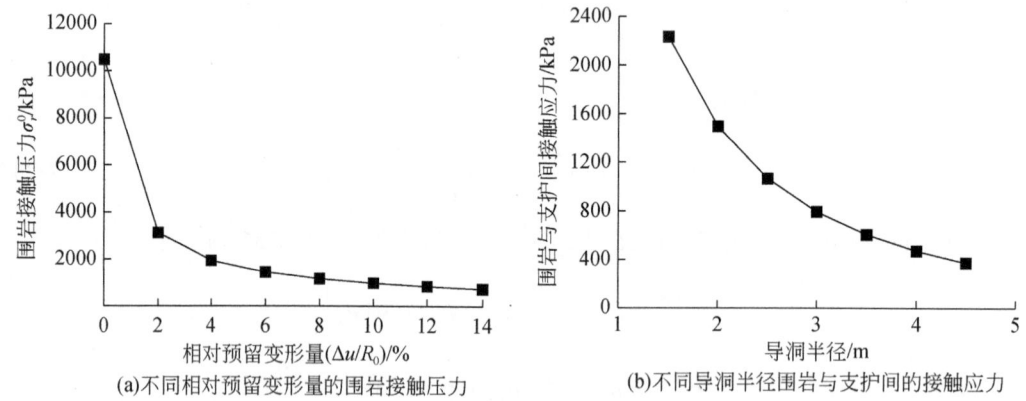

(a) 不同相对预留变形量的围岩接触压力　　(b) 不同导洞半径围岩与支护间的接触应力

图 7-30　不同超前应力释放下围岩与支护间的接触应力

3. 地应力及围岩力学参数对应力释放效果的影响

为反映不同应力释放方法对围岩接触应力的影响，定义围岩应力释放比（ζ）为应力释放后的围岩与支护间接触应力的减少量（$\Delta\sigma_r$）和应力释放前的围岩与支护间接触应力（σ_{r0}）的比值。其中，ζ 的取值范围为 $0\sim1$，ζ 的值越大，表示围岩与支护间接触应力的相对减少量越大，应力释放效果越好。特别地，当 $\zeta=1$ 时，围岩应力完全释放；当 $\zeta=0$ 时，围岩应力没有得到任何释放。

1）初始地应力对应力释放效果的影响

根据预留变形空间法和超前导洞法两种应力释放下，围岩应力释放比 ζ 随初始地应力 p_0 变化的规律（图7-31）可以看出，随着初始地应力的增加，围岩与支护间接触应力的相对减少量逐渐降低，围岩的应力释放效果逐渐变差。在地应力相同的情况下，当预留变形量逐渐增大时，围岩的应力释放效果越好。但预留变形量并非越大越好，在释放围岩应力的同时还需兼顾围岩的稳定性。当预留变形量（Δu）从 10 cm 增加到 20 cm 时，围岩应力释放比得到了大幅的提高；而 Δu 超过 30 cm 后，围岩应力释放比增加并不明显，因此，建议施工时围岩与初期支护间的预留变形量不宜超过 30 cm。

从不同超前导洞半径条件下围岩应力释放比 ζ 随初始地应力 p_0 变化的规律 [图 7-31

(b)]可以看出，当导洞半径保持一定时，围岩应力释放比逐渐增加，说明在地应力较高的条件下采用超前导洞进行应力释放是有效的，且地应力越高围岩应力释放效果越明显。当导洞半径从 1.5 m 增加到 2.0 m 时，围岩应力释放比有大幅的增加，而当导洞半径超过 3.0 m 时，围岩应力释放比虽然有所增加，但增幅并不大。因此，建议施工时超前导洞半径不宜超过 3 m。

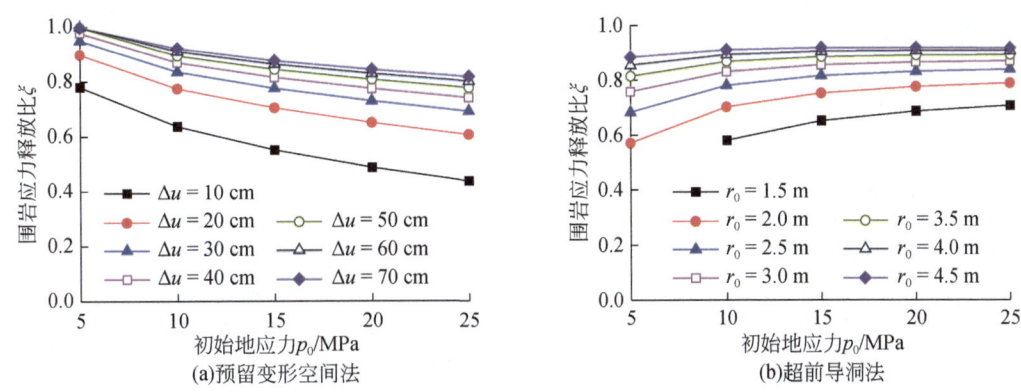

图 7-31　初始地应力对围岩应力释放比的影响

2）弹性模量对应力释放效果的影响

从围岩应力释放比（ξ）随围岩弹性模量（E）变化的规律（图 7-32）可知，对于预留变形空间法，在预留变形量保持一定的情况下，围岩的应力释放比逐渐增加，说明对于质量等级较高的围岩来说，通过预留变形空间法进行应力释放的效果更明显。对于超前导洞法，在导洞半径保持一定的情况下，围岩的应力释放比随着围岩弹性模量的增加而降低，说明对于这种等级较低的软岩来说，通过超前导洞法进行应力释放的效果更明显。

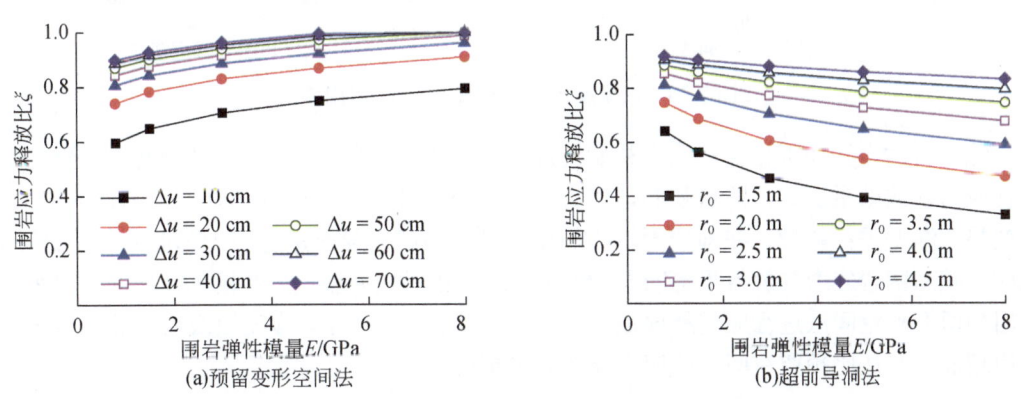

图 7-32　围岩弹性模量对围岩应力释放比的影响

3）围岩强度参数对应力释放效果的影响

从围岩应力释放比（ξ）随围岩黏聚力（c）和内摩擦角（φ）变化的规律（图 7-33、图 7-34）可知，对于预留变形空间法，随着黏聚力的增加，围岩应力释放比逐渐提高，说明黏聚力越大应力释放效果越好。随着内摩擦角的增加，围岩应力释放比逐渐提高，说明内摩擦角越大应力释放效果越好。

对于超前导洞法[图 7-33（b）和图 7-34（b）]，在预留变形量或导洞半径保持一定的情况下，随着围岩黏聚力的减小或内摩擦角的降低，围岩应力释放比越来越大，说明对于强度更低的软弱围岩来说，超前导洞法的应力释放效果更好。

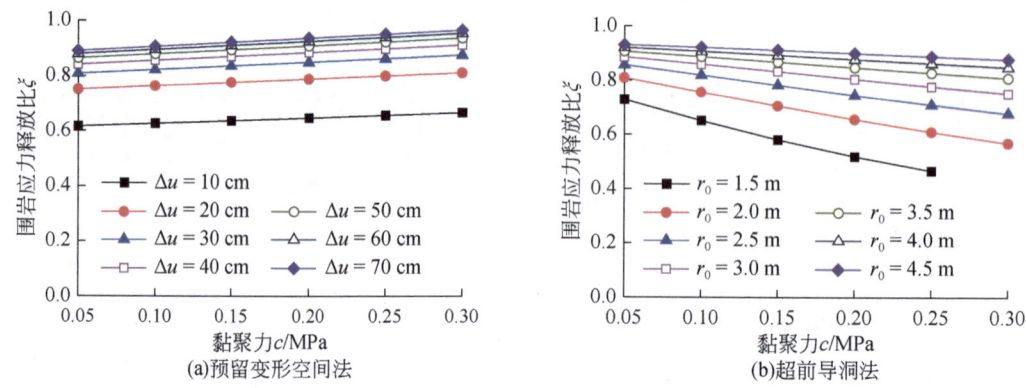

图 7-33 黏聚力对围岩应力释放比的影响

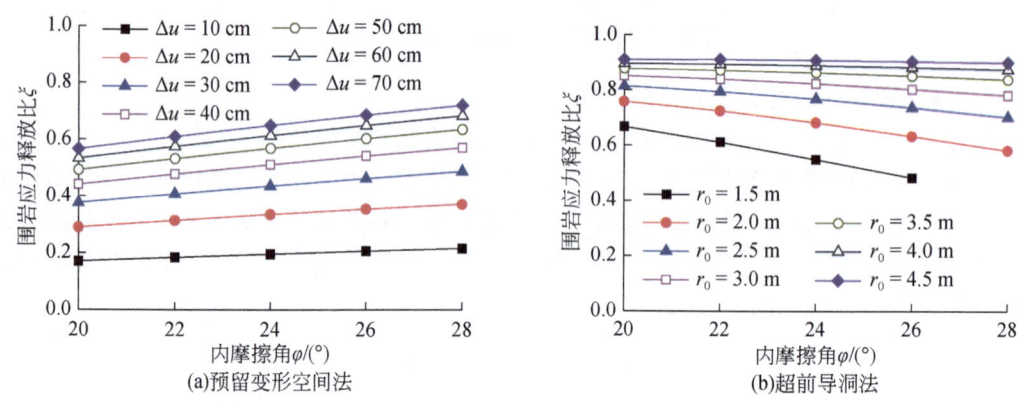

图 7-34 内摩擦角对围岩应力释放比的影响

综上所述得到如下结论：①在初始地应力不是特别高的情况下，采用预留变形空间法进行应力释放效果更好。随着初始地应力的增加围岩应力释放比逐渐降低，围岩的应力释放效果逐渐变差；相反，在地应力较高的条件下采用超前导洞进行应力释放效果更好，且地应力越高围岩应力释放效果更明显。②对于围岩相对较完整、强度相对较高的围岩来说，采用预留变形空间法进行应力释放是有效的；但对于模量较小、强度较低的软弱围岩来说，采用超前导洞法比预留空间法的应力释放效果更好。

7.5.5 长锚杆和让压锚杆在超大跨度软岩公路隧道中的适用性

可让压式锚杆是具有延伸性的新型锚杆，由于其可适应围岩的大变形，不会因为变形过大而出现被拉断的现象。何满潮院士提出的恒阻大变形锚杆是其中一种比较有代表性的可让压式锚杆，能够在围岩蠕变阶段提供近乎恒定的高阻力，并可被拉伸到一定长度以适应围岩的大变形，使锚杆既能稳固围岩而不致垮落，又具有很好的让压性而不致损坏。

采用 FLAC3D 软件对无锚杆支护、仅短锚杆支护、长锚杆与短锚杆联合支护、让压长锚杆与短锚杆联合支护四种支护方式下的隧道围岩加固效果进行研究。根据《公路隧道设计规范 第一册 土建工程》(JTG 3370.1—2018),端锚式长锚杆的设计应符合以下规定:①杆体材料宜用 HRB335(屈服强度 335 MPa,抗拉强度 455 MPa)、HRB400(屈服强度 400 MPa,抗拉强度 540 MPa),杆体直径为 16~32 mm;②树脂锚杆锚头的锚固长度宜为 200~250 mm,快硬水泥卷锚杆锚头的锚固长度宜为 300~400 mm;③锚头的设计锚固力不应低于 50 kN。为考虑锚固段与岩石的黏结强度,根据《公路隧道设计规范 第一册 土建工程》(JTG 3370.1—2018),对于软岩,岩石与水泥浆之间的黏结强度取为 0.3~1.0 MPa;而合成树脂与坚硬岩石间的黏结力比水泥浆与岩石间的黏结力大 2~3 倍(《岩土锚杆与喷射混凝土支护工程技术规范》GB 50086—2015),考虑软岩的影响,将岩石与锚固段树脂之间的黏结强度取为 1.2 MPa。采用 Cable 单元(图 7-35)来模拟锚杆对围压的加固作用,为反映锚杆与围岩的黏结和摩擦作用,计算时在节点的轴向引入了弹簧和滑块元件,来模拟水泥浆或其他黏结材料的黏结强度和剪切强度。

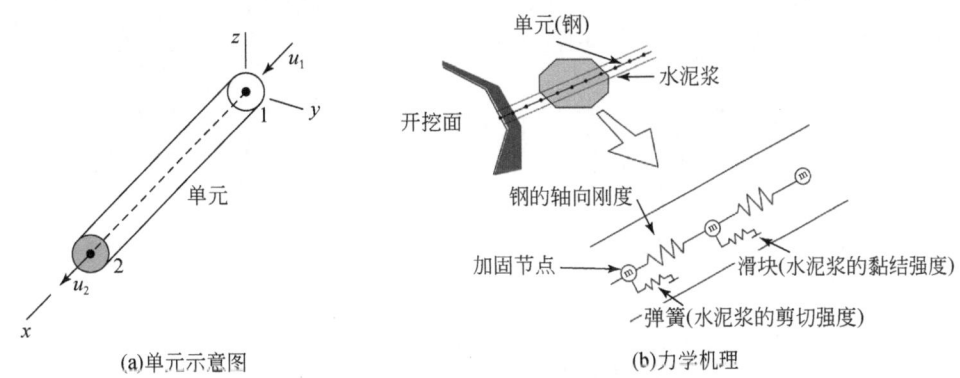

图 7-35 Cable 单元及力学机理

在长锚杆与短锚杆联合支护的情况下,短锚杆支护的纵向间距和环向间距分别取为 0.7 m、1.0 m,设置在隧道的拱顶和边墙处,长锚杆支护的纵向间距和环向间距分别取为 0.7 m、3.0 m,主要设置在隧道的边墙处。仅短锚杆支护、长锚杆与短锚杆联合支护、让压长锚杆与短锚杆联合支护三种工况的每米隧道锚杆用量相同,均为 280 m。表 7-9、表 7-10 给出了普通短锚杆、长锚杆和让压长锚杆的支护材料物理力学参数。

表 7-9 不同工况的锚杆支护设计参数表

工况	支护类型	弹性模量/GPa	锚杆半径 r_b/m	锚杆长度 L/m	锚杆纵向间距 s_l/m	锚杆环向间距 s_r/m	每米隧道锚杆用量/m
仅短锚杆支护	短锚杆	200	0.025	4	0.4	1.0	280
长锚杆与短锚杆联合支护	长锚杆	200	0.025	8	0.7	3.0	114
	短锚杆	200	0.025	4	0.7	1.0	166
让压长锚杆与短锚杆联合支护	让压长锚杆	200	0.025	8	0.7	3.0	114
	短锚杆	200	0.025	4	0.7	1.0	166

表 7-10　锚杆支护材料物理力学参数表

支护类型		弹性模量/GPa	横截面积/m²	抗拉强度/kN	黏结力/MPa	水泥浆刚度/MPa
短锚杆		200	5.0×10⁻⁴	223	0.6	20
长锚杆		200	5.0×10⁻⁴	223	1.2	30
让压长锚杆	常规构件	200	5.0×10⁻⁴	223	1.2	30
	让压构件	10	5.0×10⁻⁴	164	1.2	30

根据不同支护方式下隧道围岩竖向位移云图和水平位移云图（图 7-36、图 7-37）和围岩变形位移特征（表 7-11、表 7-12）可知，相比于无锚杆支护和短支护，长锚杆支护能有效降低围岩边墙处的水平位移，最大水平位移位置由边墙处变为拱底的两侧处。

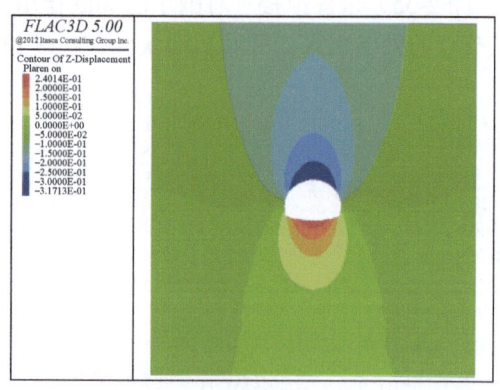

(a) 无锚杆支护

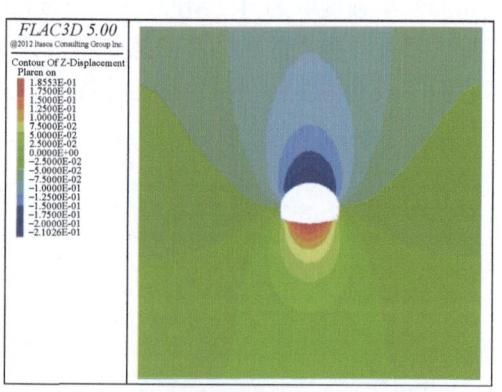

(b) 仅短锚杆支护

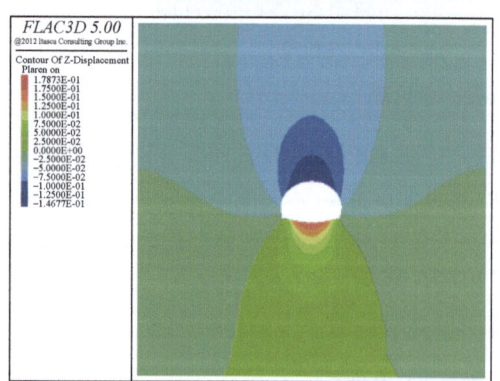

(c) 长锚杆与短锚杆联合支护

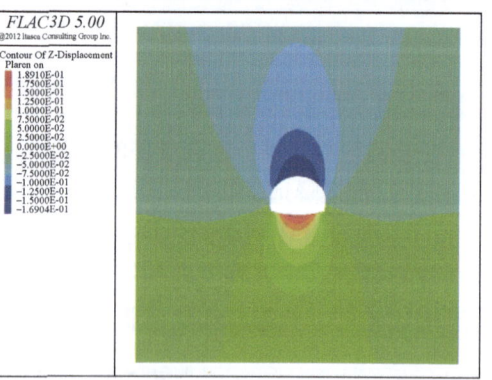

(b) 让压长锚杆与短锚杆联合支护

图 7-36　不同支护方式下隧道围岩竖向位移云图

表 7-11　不同工况下围岩隧道断面竖向位移　　　　　　　　　　（单位：cm）

工况	拱顶	拱肩	边墙	拱脚	拱底
无锚杆支护	31.7	28.8	15.2	7.7	-24.0
仅短锚杆支护	21.0	18.8	10.1	5.2	-19.5
长锚杆与短锚杆联合支护	14.7	11.2	7.2	-1.0	-17.9
让压长锚杆与短锚杆联合支护	16.9	14.0	8.3	1.5	-18.9

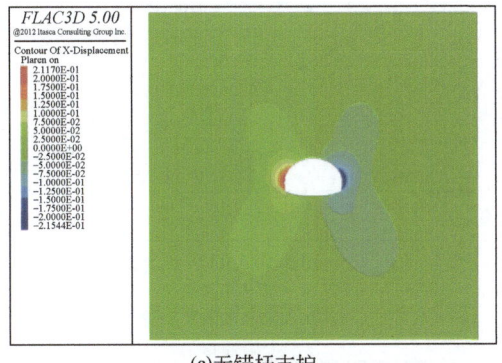
(a)无锚杆支护

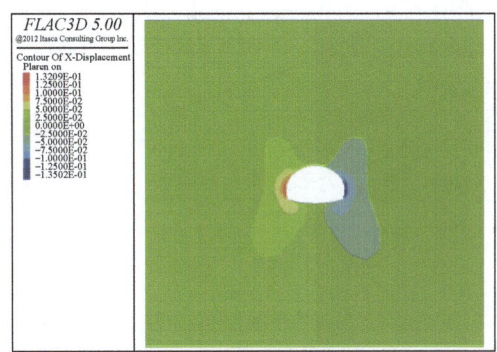
(b)仅短锚杆支护

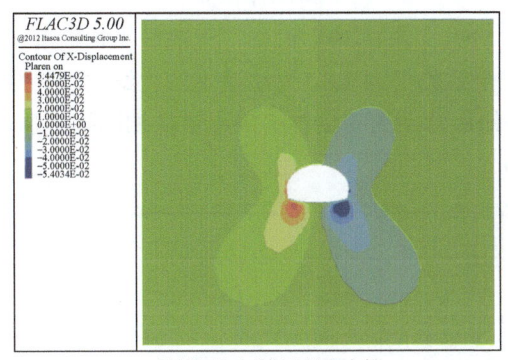
(c)长锚杆与短锚杆联合支护

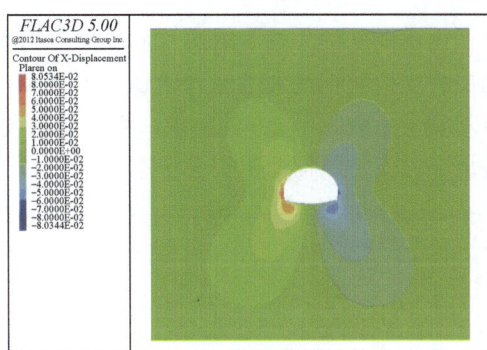
(b)仅短锚杆支护

图 7-37　不同支护方式下隧道围岩水平位移云图

表 7-12　不同工况下围岩隧道断面水平位移　　　　　　　　　　　　（单位：cm）

工况	拱顶	拱肩	边墙	拱脚	拱底
无锚杆支护	0	8.4	21.0	8.5	0
仅短锚杆支护	0	4.5	11.4	7.1	0
长锚杆与短锚杆联合支护	0	1.9	4.0	3.1	0
让压长锚杆与短锚杆联合支护	0	2.5	6.3	4.8	0

不同支护方式下隧道拱顶围岩竖向位移和隧道拱腰围岩水平位移随隧道半径变化规律如图 7-38 所示，隧道拱顶围岩竖向位移和隧道拱腰围岩水平位移均随半径增大而减小且逐渐趋于平缓。相比于无锚杆支护，仅短锚杆支护、长锚杆与短锚杆联合支护和让压长锚杆与短锚杆联合支护三种支护均能显著降低隧道拱顶围岩竖向位移和隧道拱腰围岩水平位移，说明短锚杆和长锚杆支护均能对围岩起到加固作用。

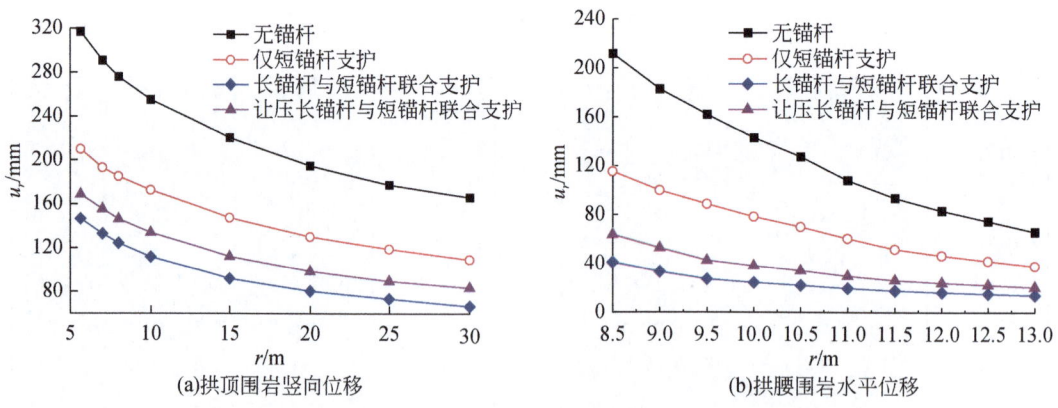

(a) 拱顶围岩竖向位移　　　　　　(b) 拱腰围岩水平位移

图 7-38　不同支护方式下隧道围岩径向位移分布规律

由不同支护方式下隧道二衬支护结构最大主应力（图 7-39）可知，无锚杆支护情况下的二衬支护结构最大主应力达到了 14.4 MPa，安全系数仅为 1.8，无法满足二衬结构设计规范对安全系数大于 2.0 的要求，将无法保证隧道的运营期的安全性。采用锚杆加固措施后，隧道二衬支护结构处于安全状态。

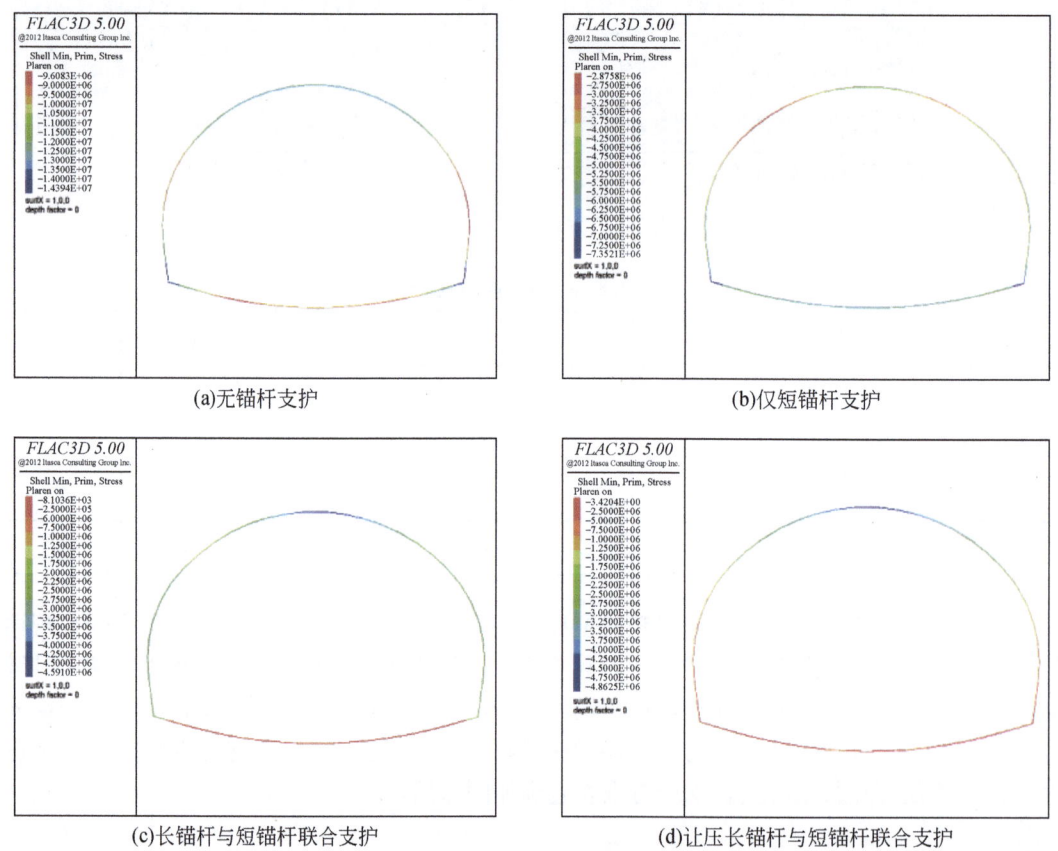

(a) 无锚杆支护　　　　　　　　(b) 仅短锚杆支护

(c) 长锚杆与短锚杆联合支护　　　(d) 让压长锚杆与短锚杆联合支护

图 7-39　不同支护方式下隧道二衬支护结构最大主应力

根据不同长锚杆的预紧力作用下围岩隧道断面竖向位移和水平位移（表 7-13、表 7-14）可知，对长锚杆施加预紧力后，预紧力所引起的锚杆拉伸作用力能立即反向施加给隧道围岩。施加预紧力能一定程度上降低围岩变形，但降低幅度有限。在 80 kN 预紧力情况下，隧道拱顶最大沉降为 14.1 cm。当预紧力增大至 100 kN 后，隧道拱顶最大沉降为 13.9 cm，相比无预紧力情况，减小值为 0.8 cm，降低幅度为 5.4 %，表明高地应力作用下软岩隧道采用长、短锚杆相结合的联合支护方式，对长锚杆支护施加预紧力是有效的，预紧力的施加有利于控制围岩早期变形。

表 7-13 不同工况下围岩隧道断面竖向位移　　　　　　　　（单位：cm）

工况	拱顶	拱肩	边墙	拱脚	拱底
无预紧力	14.7	11.2	7.2	-1.0	-17.9
60 kN 预紧力	14.4	10.9	7.1	-0.8	-17.2
80 kN 预紧力	14.1	10.6	6.9	-0.7	-16.5
100 kN 预紧力	13.9	10.4	6.7	-0.6	-15.8

表 7-14 不同工况下围岩隧道断面水平位移　　　　　　　　（单位：cm）

工况	拱顶	拱肩	边墙	拱脚	拱底
无预紧力	0	1.9	4.0	3.1	0
60 kN 预紧力	0	1.8	3.9	2.9	0
80 kN 预紧力	0	1.8	3.8	2.7	0
100 kN 预紧力	0	1.8	3.7	2.6	0

7.5.6　超大跨度软岩公路隧道变形协调支护体系及其适用条件

超大断面隧道深层变质软岩大变形的控制应当以"让抗结合"为原则，以"支护结构变形与围岩变形相协调、支护结构强度与围岩强度相协调、支护结构之间受力与变形相互协调"为目标，按照人变形的级别分类，分等级综合控制变形。在设计阶段布局要合理、围岩预留变形量要适宜（图 7-40）。

（1）勘察区域地应力，隧道选线时应沿区域主应力方向布置，以最大程度降低主应力对隧道变形的影响。探明地下水条件和岩层产状、层厚、岩体强度，尽量避开不良地质条件。地应力高的区段应对断面型式优化，将椭圆形断面改为马蹄形断面或圆形断面，改善结构受力。双线隧道的间距要合理，以降低两条隧道开挖施工过程中的相互影响。

（2）通过深层变质软岩大变形预测模型明确适宜的预留变形量，精准预测围岩变形，减少支护拆换。在开挖施工阶段，要分等级分阶段综合控制围岩变形，"抗""让"结合，边"抗"边"让"，并且"抗"与"让"之间要做到协调变形。

（3）开挖后及时采用预应力锚杆支护，主动加固围岩，恢复临空面的法向应力，使洞壁处的围岩由两向受力状态转变为三向受力状态，改善围岩应力状态。采用高强树脂预应力锚杆快锚固,早承载,形成压缩带,限制围岩张开变形,控制松动区扩大。结合岩层产状,将松散、薄层状岩层锚固成厚层状,薄板变厚层。

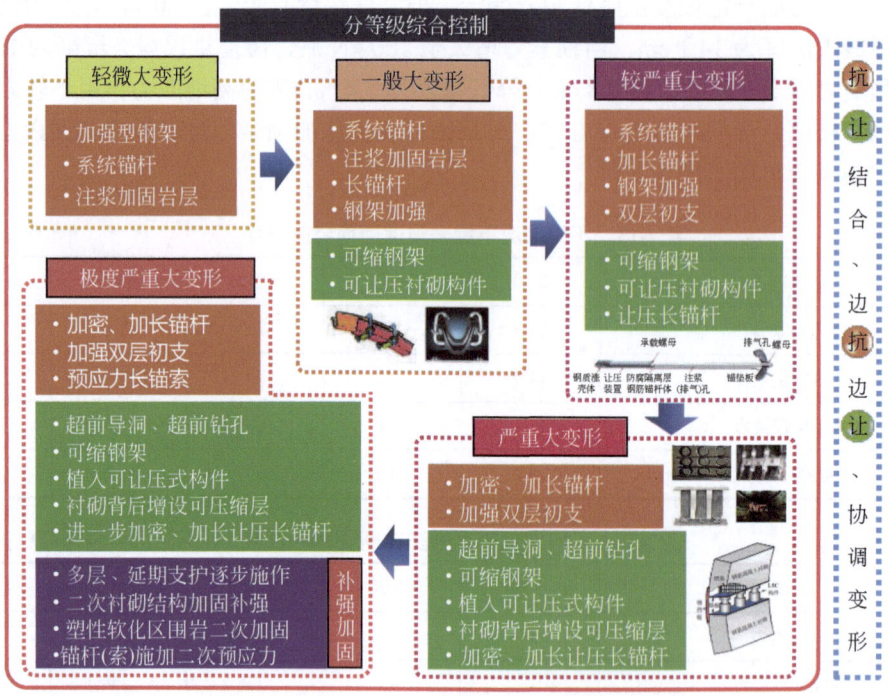

图 7-40　超大跨度公路隧道软岩变形控制对策

（4）对一般大变形,采用"以抗为主,辅之以让"的措施来控制变形。"抗"是为了提高支护刚度和强度,包括采用加强型钢架、增设系统锚杆、增设长锚杆、注浆加固岩层等;"让"的措施包括采用可缩式钢架、在衬砌纵向切槽并植入可让压的构件,以释放部分围岩压力。

（5）对较严重大变形,采用"让抗结合"的措施来控制变形。在一般大变形控制措施的基础上,增加初期支护的刚度,可采用双层支护,并对锚杆长度进行加长,锚杆锚固到围岩弹性区。适当增加可让压式锚杆,释放部分围岩压力。

（6）对严重大变形,采用"让抗结合,以抗为主,协调变形"的措施来控制变形。在较严重大变形控制措施的基础上,加密系统锚杆并加长加密长锚杆,加强双层初期支护的刚度,使支护结构有较大的整体刚度。此外,在主洞施工前先行施工超前小导洞释放围岩压力,对可让压式锚杆进行加密和加长,在衬砌背后增设可压缩层或缓冲层。

（7）对极度严重大变形,采用"让抗强相结合"的措施来控制变形。在严重大变形控制措施的基础上,进一步加密、加长让压长锚杆。采用可让压式锚索结构,并施加预应力。同时厘清围岩的流变特性,考虑支护结构的长期稳定性,采用支护补强的措施抵御流变压力,确保隧道的长期稳定。

7.6 超大跨度公路隧道施工控制技术

7.6.1 超大跨度公路隧道变形综合控制技术

超大断面隧道围岩变形的控制应当以"让抗结合"为原则,采用"多手段、强锚注、快封闭、严步距、降速率、控拆换"的施工控制技术。以"支护结构变形与围岩变形相协调、支护结构强度与围岩强度相协调、各类支护措施之间受力与变形相互协调"为目标,按照变形级别分类,分等级综合控制变形。施工阶段须遵循"提前加固、初支补强、适当变形、释抗结合、适时衬砌、实时监控、及时优化、动态调整"的总体思路及总体方案。

7.6.2 施工工序优化

根据地质条件变化和围岩变形发展趋势,结合开挖特点,在三台阶开挖的基础上,优化调整开挖循环进尺、台阶长度和高度。可采用"多台阶同步开挖同时起爆法",适用于多种地质和水文条件,通过结合现场围岩变化,动态调整优化循环进尺、结构参数、预留沉降量等措施,能够有效控制收敛沉降变形。通过结合支护分节高度,合理划分台阶高度,减少工序时间。三台阶交叉、顺序施工,钻孔、出碴、锚杆施做、钢拱架架立、喷射砼等工序可平行、交叉、顺序作业,在适当允许变形的基础上,及时支护保证了结构安全,同时缩短了循环作业时间。结合设备配置调整灵活度较高,适合多种断面形式。

根据隧道地质构造特点及围岩产状,获知地应力、地质顺层条件下岩石倾角对隧道稳定性的影响,进而确定不同倾角与不同地应力条件下隧道的施工方法和施工关键控制技术,特别是爆破开挖技术。根据不同倾角下不同部位的受力状况,结合光面爆破的技术要求,计算爆破参数。动态调整施工参数,对不稳定或最不利部位采取间隔空眼、微差爆破技术,采用不对称不均衡装药爆破技术,开展调整药量、钻孔深度、起爆顺序、动态最小抵抗线设置等工作,采用"多台阶同步开挖同时起爆法",尽可能减小对地层的扰动。

三台阶开挖时,在保证施工机具和人员正常作业的条件下,尽可能缩短各台阶的长度,但也不宜过短,因中下台阶需掏马口,掏马口须左右侧交错进行,根据地质情况和围岩自稳能力,按照1~3榀钢架距离施工。

支护结构及时封闭是复杂地应力软岩隧道的关键点。在适当变形的基础上,结合地应力监测和监控量测分析,结构应尽早闭合,特别是初支支护封闭。在初期支护封闭的基础上,尽早施做仰拱及仰拱填充。按照设计施作初期支护,做好围岩监控量测工作,随时掌握隧道围岩的稳定情况,发现问题及时上报和解决,坚决杜绝安全、质量事故发生。为控制变形,必要时可在上台阶施工时设临时仰拱。

7.6.3 掌子面加固技术

1. 掌子面锚杆

掌子面锚杆一般在不良围岩中采用,掌子面锚杆可减小开挖面围岩压力并控制地层变形，是一种良好的工作面加固方法。锚杆的材料常采用易于切断的玻璃纤维筋，这样可以方便使用掘进机等机械进行隧道开挖。掌子面锚杆的优点在于可控制隧道开挖时产生的掌子面挤出位移，提高掌子面的自稳性；注浆材料能够渗透到围岩中，可起到改良围岩的效果；开挖的掌子面高度大，可采用大型开挖机械及开孔台车，提高施工效率。掌子面锚杆施工时，由于是在自稳性差的掌子面进行作业，要充分认识到掌子面有可能崩落和岩片剥落，因此，最好与掌子面喷混凝土并用。

2. 掌子面喷混凝土

在围岩自稳性较差隧道施工中，掌子面开挖后喷射混凝土以防止掌子面松弛，以增强开挖面的稳定性。掌子面喷混凝土常与掌子面锚杆同时配合使用。喷混凝土施工时所使用的机械和材料，与初期支护使用的一样。在具有挤压性围岩地层中，为防止掌子面喷混凝土发生早期开裂，通常可采用纤维喷射混凝土提高其韧性。

为减少掌子面暴露的时间，在掌子面自稳性差的情况下，可以将开挖机械和喷射机并列放置，在局部开挖后能立即喷射混凝土。在具有挤压性围岩中，掌子面喷射混凝土一般会发生开裂。因此，对掌子面喷混凝土开裂情况监测是非常重要的，防止掌子面造成大规模的崩塌。掌子面喷射混凝土应与其他工法相组合。

3. 大管棚

隧道位于软弱破碎地层时，隧道开挖前沿隧道开挖面轮廓外，钻孔并打入较粗直径的钢管，并压注水泥桩，形成由管棚与格栅、钢拱架所组成的棚架体系。

4. 超前注浆小导管

超前小导管通过注浆机具设备以一定的压力向管内压注水泥、化学浆液，浆液经扩散、凝固、硬化，充分填充土体空隙，以减小岩土的渗透性，形成一定厚度的结合体，达到超前加固围岩和止水的目的。超前注浆小导管既能对隧道围岩进行预加固，又能起超前预支护作用（图 7-41）。小导管预注浆的注浆所需设备工艺简单，具有较强操作性，当遇到地层变化时，可随时根据情况，调整施工方案，具有经济效益好等优点。

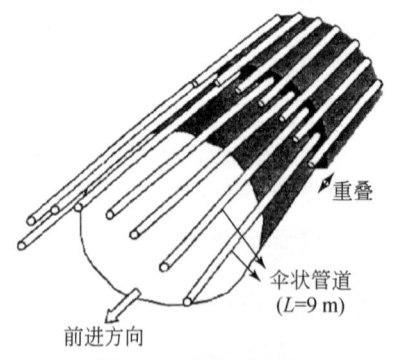

图 7-41 管棚示意图

小导管注浆施工方便成本低，注浆效果优于大管棚和锚杆，杜绝了管棚注浆压力过小，施工难度较大及自进式锚杆施工时的断杆、卡钻等现象。

参 考 文 献

曹升亮, 李照众, 赵兵. 2021. 隧道工程施工及风险防控[M]. 武汉: 华中科技大学出版社.

陈建勋, 罗彦斌, 万利, 等. 2018. 超大跨度公路隧道研究现状与面临的挑战[J]. 筑路机械与施工机械化, 35(6): 36-44.

陈子全, 何川, 吴迪, 等. 2018. 高地应力层状软岩隧道大变形预测分级研究[J]. 西南交通大学学报, 53(6): 1237-1244.

付欣. 2021. 层状软岩隧道非对称大变形释能锚杆支护数值模拟研究[D]. 成都: 成都理工大学.

姜旭东. 2022. 大跨度软岩隧道变截面段施工及稳定性研究[D]. 西安: 西安建筑科技大学.

李涛, 刘瑞辉, 王万平, 等. 2023. 大跨度软岩隧道施工中双层初期支护施作时机优化分析[J]. 公路, 68(7): 58-62.

刘天长. 2021. 大跨度铁路隧道顺层偏压软岩大变形治理及施工技术[J]. 工程机械与维修, (4): 240-242.

罗彦斌, 石州, 陈建勋, 等. 2020. 超大跨度隧道上台阶CD法中隔壁力学计算模型及施工力学行为研究[J]. 中国公路学报, 33(12): 235-248.

梅宇, 李凯雷, 林中川, 等. 2023. 大跨度扁平四车道软岩隧道施工工法优化研究[J]. 交通世界, (11): 153-156, 159.

潘文韬, 何川, 吴枋胤, 等. 2023. 层状软岩隧道超前支护及锚杆定向预加固研究[J]. 地下空间与工程学报, 19(2): 571-585.

舒晓云, 田洪铭, 陈卫忠, 等. 2023. 不同水平应力条件下层状软岩隧道开挖变形破坏模型试验研究[J]. 岩石力学与工程学报, 42(S2): 4204-4215.

唐勇, 孙智慧. 2020. 层状软岩隧道开挖稳定性及锚杆非对称支护方式研究[J]. 重庆交通大学学报(自然科学版), 39(4): 52-60.

田敏哲. 2020. 大跨度层状软岩公路隧道现场监测与分析[J]. 公路交通科技(应用技术版), 16(3): 261-264.

汪波, 喻炜, 訾信, 等. 2023. 软岩大变形隧道不同支护模式的合理性探讨——以木寨岭公路隧道为例[J]. 隧道建设(中英文), 43(1): 36-47.

殷小亮, 张艳博, 钟科, 等. 2023. 浅埋大跨度隧道预应力锚杆锚固参数及支护设计研究[J]. 金属矿山, (2): 58-66.

He M C, Guo A P, Du Z F, et al. 2023. Model test of negative Poisson's ratio cable for supporting super-large-span tunnel using excavation compensation method[J]. Journal of Rock Mechanics and Geotechnical Engineering, 15(6): 1355-1369.

He S H, He J X, Ma J F, et al. 2023. Mechanical behavior of anchor bolts for shallow super-large-span tunnels in weak rock mass[J]. Materials (Basel, Switzerland), 16(17): 5862.

Wang H, Chen W Z, Tan X J, et al. 2012. Development of a new type of foam concrete and its application on stability analysis of large-span soft rock tunnel[J]. Journal of Central South University, 19(11): 3305-3310.

Yu G X, Zhou Y, Wang Q Y, et al. 2021. The construction scheme analysis and its application of the southern portal section of urban mountain large-span road tunnel under shallow-buried bias and high voltage tower in Zhuhai[J]. IOP Conference Series: Earth and Environmental Science, 861(5): 052099.